Heiner Heseler/Jörg Huffschmid/
Norbert Reuter/Axel Troost (Hrsg.)
Gegen die Markt-Orthodoxie
Perspektiven einer demokratischen
und solidarischen Wirtschaft

**Festschrift zum 60. Geburtstag
von Rudolf Hickel**

W0189098

VSA-Verlag Hamburg

Die Veröffentlichung erfolgt mit freundlicher Unterstützung der Hans Böckler Stiftung.

www.vsa-verlag.de

© VSA-Verlag 2002, St. Georgs Kirchhof 6, 20099 Hamburg
Alle Rechte vorbehalten
Druck- und Buchbindearbeiten: Idee, Satz & Druck, Hamburg
Foto S. 2: Dirk Eisermann, Hamburg
ISBN 3-87975-844-1

∎ Inhalt

Heiner Heseler/Jörg Huffschmid/
Norbert Reuter/Axel Troost
Politische Ökonomie als Programm 9
Rudolf Hickel zum 60. Geburtstag

∎ I. Aspekte einer alternativen Wirtschaftswissenschaft

Herbert Schui
Bildung und Wissen – marktgerecht organisiert 16

Norbert Walter
**Globalisierung der Wirtschaft
vs. Identifikation durch die Muttersprache** 25

Jan Priewe
Fünf Keynesianismen 33
Zur Kritik des Bastard-Keynesianismus

Harald Mattfeldt
**Arbeitsmarkt und realwirtschaftliche Entwicklung:
Anmerkungen zur Entkopplungsthese** 48

Karl Georg Zinn
**Der Kapitalismus und die neue Hegemonialstellung
der USA im Kontext der Debatte um die »New Economy«** 64

Heide Gerstenberger
Politische Ökonomie? Politische Ökonomie! 77

Wolfram Elsner
**Wie die Gesellschaft (wieder) in die Theorie
der Wirtschaftspolitik integriert werden kann** 90

II. Aspekte einer alternativen Wirtschaftspolitik

Christa Müller/Oskar Lafontaine
Stehvermögen 106

Hartmut Tofaute
Keine Blankovollmacht für Sparpolitik 110
Gewerkschaftliche Vorstellungen zum Kurs
der öffentlichen Finanzpolitik

Dieter Vesper
**Anmerkungen zu den Stabilisierungsmöglichkeiten
der Finanzpolitik in einem föderalen Staat** 123

Ewald Nowotny
Perspektiven einer europäischen Finanzverfassung 138

Jörg Huffschmid
**Europäische Beschäftigungspolitik:
Arbeitsplätze um jeden Preis?** 155

Peter Mayer
**Südkorea im Wandel –
Die Modernisierung der Wirtschafts-
und Sozialverfassung in einem Schwellenland** 166

III. Bilanz der deutschen Vereinigungspolitik

Christa Luft
Das Wendejahr 1989/90 180
Erinnerungen einer Zeitzeugin

Edelbert Richter
Spaltung als Preis der Einheit 193
Zum Hintergrund der Entscheidungen von 1990

Norbert Reuter
Mehr »error« als »trial« 203
Der Prozess der deutschen Einheit
im Spannungsfeld ökonomischer Theorien

Klaus Steinitz
Eine »zweite Chance« nach dem Fehlstart? 217
Perspektiven Ostdeutschlands
im zweiten Jahrzehnt nach der Vereinigung

Hasso Düvel
Viele Wissenschaftler erklären die Welt –
nur wenige helfen, sie zu verändern 232

▌ IV. Gewerkschaften, Tarifpolitik, ▌ Mitbestimmung

Detlef Hensche
Wissenschaft und gewerkschaftliche Praxis 244

Horst Schmitthenner/Hans-Jürgen Urban
Sisyphos als Leitbild? 259
Zum Verhältnis von alternativer Wirtschaftswissenschaft
und Gewerkschaften

Frank Teichmüller
Unternehmen und Gesellschaft –
Zur Zukunft der Tarifpolitik 271

Heinz-J. Bontrup
Für mehr unternehmensbezogene Mitbestimmung –
Ein Reformvorschlag 282

Günter Geisler
Das »weitere Mitglied« der Arbeitnehmerseite
eines montan-mitbestimmten Aufsichtsrates 297

▌ V. Erlebnisse und Begegnungen

Eckard Wandel
Rudolf Hickel in Tübingen 1962-1970 312

Gespräch mit dem Bremer Bürgermeister Henning Scherf 322

Klaus Pierwoß
Zwischen Kooperation und Konfrontation 331
Beispiele kulturpolitischer Kontroversen in Bremen

Verzeichnis der Schriften Rudolf Hickels 1968-2001 341

Die Autorinnen, Autoren und Herausgeber 358

Politische Ökonomie als Programm
Rudolf Hickel zum 60. Geburtstag

Die Generation der heute 60-Jährigen in Deutschland durchlebt gegenwärtig die fünfte Wirtschaftskrise seit Gründung der Bundesrepublik. Die erste 1967/68 wurde relativ schnell durch ein energisches Konjunkturprogramm überwunden. In der zweiten Krise Mitte der 70er Jahre dauerte es länger, bis die Bundesregierung sich zu einer Gegensteuerung durch ein »Zukunftsinvestitionsprogramm« durchrang und damit der These entgegentrat, den »Sachzwängen des Weltmarktes« könne nur begegnet werden, indem man sich ihnen anpasst und den Gürtel entsprechend enger schnallt. Das Zögern hatte jedoch seinen Preis: Es entwickelte sich eine tiefe Krise, in der die Wirtschaft zunächst stagnierte und dann sogar um 1,4% schrumpfte. In der Folge wurde die Zahl von einer Million registrierter Arbeitsloser erstmals überschritten, was damals noch als eine soziale Katastrophe begriffen wurde. Heute würde die – wie damals sozialdemokratisch geführte – Bundesregierung eine solche Zahl vermutlich als Vollbeschäftigung feiern.

Die nächste Krise Anfang der 80er Jahre brachte nicht nur das Ende der sozialliberalen Koalition und den Beginn der konservativ-liberalen Ära, sondern auch die Abkehr von dem Anspruch, durch Konjunktur- und Strukturpolitik stabilisierend und gestaltend auf die wirtschaftliche und soziale Entwicklung einzuwirken. Sozialabbau zur Stärkung der internationalen Wettbewerbsfähigkeit heißt seitdem die wirtschaftspolitische Parole, an der auch ein neuerlicher Regierungswechsel im Jahr 1998 kaum etwas geändert hat. Die volle Wucht dieser neoliberalen Doktrin kam erstmals in der Krise nach der deutschen Vereinigung Anfang der 90er Jahre zur Geltung, als die Bundesbank in ihrer missionarischen Engstirnigkeit den durch staatliche Stützungsprogramme von West nach Ost getragenen Aufschwung abwürgte. Die Folgen dieser politisch herbeigeführten Krise haben die ohnehin schweren Probleme in Ostdeutschland massiv verschärft. Die vollmundig versprochenen »blühenden Landschaften« in »drei, vier, fünf Jahren« blieben ebenso aus wie eine Angleichung der Lebensverhältnisse. Bis heute ist eine sich selbsttragende Entwicklung in den neuen Ländern nicht in Sicht. Dies wiegt umso schwerer, als wir uns mittlerweile in einer neuen Depressionsphase befinden, in der ein normaler Konjunkturabschwung durch den Absturz der Finanzmärkte und eine weitgehende internationale Synchronisierung noch verschärft wird.

Und wieder lehnt die Regierung – diesmal im Einklang mit der EU – ein Gegensteuern ab, verweist auf die Zwänge der Globalisierung und besteht darauf, eine »Konsolidierungs«politik fortzusetzen, die in den letzten zehn Jahren zwar zur Stabilisierung der Unternehmensgewinne, gleichzeitig aber zur Destabilisierung der Beschäftigung, zu höherer Arbeitslosigkeit und schärferen sozialen Spaltungen geführt hat.

Diese Entwicklung hat den Wirtschaftswissenschaften erhebliche Anpassungsleistungen abverlangt: Die Abkehr von einer Konzeption, wonach die Wirtschaft ein soziales System darstellt, das durch Fehlentwicklungen und Instabilitäten gekennzeichnet ist und nach stabilisierenden Interventionen und reformpolitischen Korrekturen verlangt. Stattdessen setzte sich der alte Glaube an die Allmacht der Märkte wieder durch, was zu einer Vertreibung von (Reform-)Politik aus der Wirtschaft führte. Diese Anpassungsleistung ist überwiegend bemerkenswert schnell und in erschreckender Intensität erbracht worden, wie ein Blick auf die aktuelle Literatur und das Personal an wirtschaftswissenschaftlichen Fakultäten belegt. Zu den Ausnahmen, die sich dieser Anpassung verweigert haben, gehört Rudolf Hickel, der nicht zuletzt aus diesem Grunde mit der vorliegenden Festschrift aus Anlass seines 60. Geburtstages geehrt werden soll.

Das wirtschaftswissenschaftliche Studium von Rudolf Hickel fiel zeitlich unmittelbar vor, die ersten wissenschaftlichen Anstellungen in Tübingen mitten in die Phase der Studentenbewegung, also der öffentlichkeitswirksam vorgetragenen Kritik nicht nur an der traditionellen Wissenschaft, sondern auch an den etablierten Verhältnissen – nicht zuletzt an den Universitäten. Rudolf Hickel engagierte sich, gelegentlich zum Leidwesen seiner professoralen Vorgesetzten, in der Studentenbewegung, in der organisierten Assistentenschaft und beim Aufbau der Reformuniversität Bremen. Er betrieb und förderte die Kritik an den immunisierten Axiomen der Marktorthodoxie und trug dazu bei, die gesellschaftlichen und politischen Grundlagen der Wirtschaftswissenschaften zu erforschen und deutlich zu machen. Diese »Politisierung« der Ökonomie ist ein Grundthema seiner wissenschaftlichen Arbeiten geblieben: Wissenschaft und erst recht Wirtschaftswissenschaft hat er nie als politikfrei oder gar als unpolitisch verstanden. Ökonomie ist für ihn politische Ökonomie, auch und gerade da, wo sie sich als reine Wissenschaft gibt. In einer demokratischen Gesellschaft komme es darauf an, das politische Element in der Wirtschaft und in der Wirtschaftswissenschaft herauszustellen, die Ideologie der wertfreien Sachzwänge zu durchbrechen, die dahinter stehenden Interessen herauszuarbeiten und damit einer öffentlichen Diskussion überhaupt erst zugänglich zu machen. Die Professur, die Rudolf Hickel im Jahre 1971 an der sich damals in Gründung befindenden Universität Bremen übernahm, war folgerichtig eine für Politische Ökonomie. Die Politik in der Wirtschaft war und ist Rudolf Hickels zentrales Thema. Es kennzeichnet bereits die frühen Kommentierungen der Schriften Schumpeters und Goldscheids über den Steuerstaat und reicht bis zu seinen Abhandlungen über die Geldpolitik der EU und seinem jüngsten Buch über Aufstieg, Fall und mittelfristige Aussichten der New Economy. Aus einer solchen Perspektive ergibt sich als eine konsequent von Anfang an durchgehaltene Linie die Kritik am Marktradikalismus in seinen vielen Varianten: von den blutleeren Modellen der vollständigen Konkurrenz über die Ideologie der effizienten Märkte bis hin zur zerstörerisch-fundamentalistischen Überstülpung eines rabiaten Privatisierungskurses in Ostdeutschland und zum Standort-Wahn, der Sozialabbau im Namen der internationalen Wettbewerbsfähigkeit betreibt. Rudolf Hickel hat die Wende des *Sachverständigenrates zur Begutachtung der gesamtwirtschaftlichen Entwicklung* von einem gemäßigt keynesianischen zu einem marktideologischen Gremium von Anfang an genau verfolgt und scharf kritisiert – jedoch nicht ohne immer wieder die abweichenden Meinungen einzelner Mitglieder des Sachverständigenrates von der neoliberalen Generallinie hervorzuheben und nach Kräften zu unterstützen. Er hat als einer der ganz wenigen ÖkonomInnen in Deutschland die Fehler der Treuhand- und Transformationspolitik in den neuen Bundesländern bereits früh kritisiert und Alternativen aufgezeigt. Sein Einschätzungsvermögen und seinen ökonomischen Sachverstand belegt nicht zuletzt die Tatsache, dass er den »Fehlstart«, zu dem die neoliberale Vereinigungspolitik geführt und die sich in einer anhaltenden und sich zuletzt sogar wieder deutlich verschärfenden ökonomischen und sozialen Spaltung zwischen Ost- und Westdeutschland niedergeschlagen hat, präzise vorausgesagt hat.

Einen besonderen Schwerpunkt in Rudolf Hickels wissenschaftlicher Arbeit stellt die Finanzpolitik dar, die er nicht auf eine einfache Gegenüberstellung von – immer zum Ausgleich zu bringenden – öffentlichen Ausgaben und Einnahmen reduziert.

Demgegenüber versteht er Finanzpolitik als einen Bereich, in dem die Gesellschaft in einem politischen Verfahren die Bereiche festlegt, die den Marktgesetzen und Gewinnzwängen entzogen und als »öffentliche Güter« den Menschen unabhängig von der Höhe ihrer Einkommen zur Verfügung gestellt werden sollen. Hier steht Rudolf Hickel in der besten Tradition orthodoxer Finanzwissenschaftler wie Fritz Neumark oder Robert Musgrave, die in der Finanzpolitik den stabilisierenden und gestaltenden Eingriff in die Wirtschaft akzeptieren und nutzen wollen. In zahlreichen wissenschaftlichen Publikationen, Gutachten, Vorträgen und Diskussionsbeiträgen hat er Steuerpolitik und Staatsausgaben aus dieser Perspektive thematisiert, die verdeckten und offenen Umverteilungswirkungen von unten nach oben kritisiert und konkrete Möglichkeiten und Perspektiven einer ökonomisch effizienteren, solidarischen, sozial gerechteren und ökologisch wirksamen Finanzpolitik entwickelt. An Themen hat es dabei in den letzten 30 Jahren nicht gefehlt: Die verschiedenen Steuerreformen, die, immer wieder als »Jahrhundertwerk« gepriesen, nach wenigen Jahren neuen Reformbedarf nach sich zogen; die neoliberale Kehrtwende zur »Konsolidierungs«politik, deren Hauptinhalt der Sozialabbau war und ist; zuletzt das System des vertikalen und vor allem des horizontalen Finanzausgleichs: Kaum jemand kennt sich in den komplizierten Verästelungen dieses einzigartigen Systems so gut aus wie Rudolf Hickel, der auf der Basis dieses Wissens das dahinter stehende Prinzip des solidarischen Ausgleichs zwischen den Bundesländern vehement verteidigt, was nicht zum Schaden des kleinsten Bundeslandes Bremen ist, das ihm zur zweiten Heimat geworden ist.

In der wissenschaftlichen Auseinandersetzung hat Rudolf Hickel sich klar als gewerkschaftsnaher Ökonom positioniert, der allerdings gelegentlich auch kritische Bemerkungen an die Adresse derer nicht scheut, denen er sich verbunden fühlt und für die er enorm viel leistet. Derartige Einwürfe können die Grundsolidarität jedoch nicht erschüttern. Sie resultiert einerseits aus der klaren Sicht der realen Machtverhältnisse in kapitalistischen Gesellschaften zugunsten der Kapitalbesitzer und auf der anderen Seite aus einer Parteinahme für die Schwächeren in der Gesellschaft, die nur durch Solidarität und gemeinsames

Handeln ein Gegengewicht gegen diese Übermacht schaffen können. Rudolf Hickel versteht sich als Teil dieses Gegengewichts. Dies kommt nirgendwo besser zum Ausdruck als in der geradezu leidenschaftlichen Verteidigung des Flächentarifvertrages gegen alle Angriffe aus dem Arbeitgeberlager. Welche verheerenden Wirkungen die Aushöhlung des Flächentarifvertrages mit sich bringt, hat er bei seinen umfangreichen Studien und Beratungen in Ostdeutschland hautnah erfahren.

Rudolf Hickel ist freilich kein Mensch, der sich auf die Erarbeitung und Veröffentlichung seiner Erkenntnisse in wissenschaftlichen Publikationen beschränkt. Dies vermag angesichts seiner wissenschaftlichen Forschungsschwerpunkte und der bei der Arbeit gewonnenen Erkenntnisse nicht zu erstaunen. Erstaunen und Bewunderung hervorrufen muss aber die Bravour, mit der er sich in die öffentliche Diskussion einbringt. Zahllose Artikel in Tages- und Wochenzeitungen, regelmäßige Radio- und Fernsehinterviews, unzählige Auftritte bei Podiumsdiskussionen, in Universitäten, Schulen und Volkshochschulen belegen seine Auffassung, dass Wissenschaftler auch einen Aufklärungs- und Bildungsauftrag haben. Trotz seiner oft harten Kritik bleibt Rudolf Hickel im Ton aber immer so verbindlich, dass er als Diskussionspartner auch von denen akzeptiert wird, die seine Positionen nicht teilen und die er kritisiert.

Man findet Rudolf Hickel aber nicht nur in wissenschaftlichen Positionen – etwa als wissenschaftlichen Direktor des *PIW Progress Instituts für Wirtschaftsforschung* oder seit jüngstem als Direktor des als Kooperationsstelle zwischen Universität und Gewerkschaften in Bremen gegründeten *Institut Arbeit und Wirtschaft (IAW)*. Daneben sitzt er für die Gewerkschaften in Aufsichtsräten großer und größter Unternehmen, ist häufiger Gast – und fast immer der einzige Vertreter einer linken Position – in Talkshows, lässt sich aber auch nicht lange bitten, an einer Diskussion im kleinen SeniorInnenkreis teilzunehmen.

Rudolf Hickel gehört der *Arbeitsgruppe Alternative Wirtschaftspolitik* – besser bekannt unter dem Namen *Memorandumgruppe* – seit ihrer Gründung im Jahre 1975 an. In diesem letzten Vierteljahrhundert dürfte es kein Jahr gegeben haben, in dem er nicht aktiv an der Formulierung der jährlichen Gutachten mitgearbeitet hat, die sich als Gegengewicht zu den einseitigen Analysen und Empfehlungen von Sachverständigenrat und der überwiegenden Mehrheit der etablierten Wirtschaftswissenschaft verstehen. Es ist zu einem erheblichen Teil das Verdienst Rudolf Hickels, dass diese Memoranden auch über den engen Kreis progressiver ÖkonomInnen und unmittelbarer Adressaten aus den Gewerkschaften einer breiteren Öffentlichkeit bekannt sind. Gründe genug für seine Kollegen und Freunde, Rudolf Hickel aus Anlass seines 60. Geburtstages am 17. Januar 2002 diese Festschrift zu widmen!

Die Herausgeber haben die 26 Beiträge entsprechend den Schwerpunkten, die der Jubilar sich in vier Jahrzehnten intensiver Arbeit gesetzt hat, in vier Themenblöcke gegliedert.

Der erste, »Aspekte einer alternativen Wirtschaftswissenschaft«, reicht von der Kritik traditioneller Theorien bis zur Formulierung eigenständiger – und durchaus kontroverser – Ansätze zur Erklärung wirtschaftlicher Vorgänge.

Daran schließen sich im zweiten Teil – »Aspekte einer alternativen Wirtschaftspolitik« – Beiträge an, die aus der Sicht von Politikern, Gewerkschaftlern und WissenschaftlerInnen von der Möglichkeit einer anderen, sich nicht den Weltmarktzwängen ausliefernden Wirtschaftspolitik in Deutschland und im europäischen und internationalen Kontext handeln.

Dann folgt der Abschnitt über die »Bilanz der deutschen Vereinigungspolitik«, die Rudolf Hickel von Anfang an kritisch begleitet und der er einen großen Teil seiner wissenschaftlichen und politischen Arbeit während des letzten Jahrzehnts gewidmet hat. Die Beiträge, die aus der Feder von Politikern und Gewerkschaftern stammen, mit denen er auf diesem Gebiet teilweise eng zusammengearbeitet hat, können auch als Anerkennung seines Engagements und als persönliches Dankeschön verstanden werden.

Der vierte Abschnitt thematisiert den Bereich der gewerkschaftlichen Politik. Auch hier ist es ein Zeichen der hohen Anerkennung und Verbundenheit, dass die Beiträge überwiegend von gewerkschaftlichen Funktionsträgern verfasst wurden, mit denen Rudolf Hickel in den letzten beiden Jahrzehnten zusammengearbeitet hat.

Schließlich gibt es – vor dem Verzeichnis der Publikationen des Jubilars – noch einen kleinen fünften Block, der etwas aus der Systematik herausfällt und den Bogen schlägt von der Vergangenheit, dem bewegten Leben des Studenten Rudolf Hickel in Tübingen, bis zur Gegenwart, nämlich der Wahrnehmung des unruhig-kritischen Geistes durch den Bremer Bürgermeister. Die Kontinuität, die auch hier erkennbar wird, möchten wir mit dieser Festschrift würdigen.

Bremen/Aachen, im Dezember 2001   *Die Herausgeber*

I. Aspekte einer alternativen Wirtschaftswissenschaft

Herbert Schui
Bildung und Wissen – marktgerecht organisiert

Wissen als Bildung, als Kultur und Alltagskultur oder als berufliche Fertigkeiten steht in einem engen Verhältnis zum technisch-ökonomischen Entwicklungsstand und zu den gesellschaftlichen Verhältnissen, unter denen produziert wird. Wenn sich beide, Entwicklungsstand und Verhältnisse, nicht gegenseitig ergänzen, sondern zueinander in Widerspruch geraten, dann muss dies auf das Wissen und auf die Formen, in denen es sich darstellt, durchschlagen. Dann kann es dazu kommen, dass rückständige gesellschaftliche Verhältnisse das Wissen, seine Herausbildung und Verbreitung in ihrem Interesse regeln. Die gegenwärtigen Anstrengungen, alles, was Wissen ist oder auch nur mit ihm zusammenhängt, lediglich als eine Ansammlung von Teilmärkten zu begreifen, die der Wettbewerb koordiniert, sind so zu verstehen. Und dass mit so viel Energie auf einen »Wissensmarkt« hingearbeitet wird, verdeutlicht, dass es Widersprüche gibt, die nicht gelöst, sondern weggeschminkt werden sollen. Was aber stört die großen Maskenbildner, welcher Schein muss aus welchen Gründen inszeniert werden?

1. Möglicher gesellschaftlicher Reichtum kann nicht erzeugt werden

Eine kurze Skizze zum historischen Umgang der Gesellschaft mit technischem Fortschritt, neuen Produktionsverfahren und steigender Arbeitsproduktivität kann verdeutlichen, welche Frage im Kontext von technischem Fortschritt und gesellschaftlicher Wohlfahrt gegenwärtig zu lösen ist oder, wenn die Lösung mit den vorherrschenden Interessen nicht vereinbart werden kann, nicht mehr gestellt werden soll. Einfach war der Umgang mit dem technischen Fortschritt nie. Marx führt das Beispiel der Handmühle an, deren Einsatz durch ein kaiserliches Edikt verboten wurde, weil sie die Handwerker arbeitslos machte. Dem Kapitalismus konnten dann solche Regeln nicht widerstehen, aber Maschinenstürmerei als Widerstand gegen neue Produktionstechniken, die augenscheinlich die Wohlfahrt minderten, wurde durch Polizei und Militär niedergeschlagen. Schließlich – als weitere Illustration – der Heizer auf der E-Lok, dessen didaktischer Zweck darin besteht, den Studierenden der Wirtschaftswissenschaft die nötige Abscheu vor den Gewerkschaften näherzubringen. (Sicher wird nicht erklärt, dass es diesen Heizer dann nicht gegeben hätte, wenn die Eisenbahngesellschaft gezwungen worden wäre, einen Teil ihres Rationalisierungsgewinns aus der Elektrifizierung etwa als Steuern an die Gemeinden zu zahlen. Diese hätten dann z.b. die öffentlichen Anlagen vergrößern und den Heizer als Gärtner beschäftigen können.) Eingehender lässt sich für die Gegenwart die gestellte Frage mit Keynes' Theorie zu Vollbeschäftigung und Wohlfahrt erfassen: Wenn der technische Fortschritt die Produktivität der Arbeit steigert, der Lohn und die wohlfahrtsstaatlichen Leistungen, also der Massenkonsum, aber nicht mit einer hinreichenden Rate wachsen, dann wird ein Mangel an effektiver Nachfrage und folglich Arbeitslosigkeit die Folge sein. Denn es ist nicht anzunehmen – auch nicht bei sehr niedrigen Zinsen –, dass die unzureichende Konsumquote durch eine entsprechend steigende Investitionsquote ausgeglichen würde. Wenn aber die rentablen Investitionsmöglichkeiten früher oder später ausgeschöpft sind, also eine Obergrenze haben, die steigende Arbeitsproduktivität jedoch bei einem gegebenen Beschäftigungsstand (Vollbeschäftigung) den potenziellen Output steigert, dann gibt es auf der Basis von Keynes' Überlegungen nur eine Möglichkeit, aus der wachsenden Ergiebigkeit der Arbeit mehr Wohlfahrt zu machen, nämlich die Nachfrage nach Output durch einen höheren Massenkonsum zu steigern oder die Outputsteigerung durch Arbeitszeitverkürzung bei vollem Lohnausgleich zu begrenzen. Dies beides aber lässt sich nicht mit Markt und Wettbewerb erreichen.

Sicherlich ist diese praktische und einfache Einsicht schwer zu realisieren: Die Lösung bedeutet höhere Kosten und niedrigere Rentabilität. Lässt sich dies bei internationaler Konkurrenz durchhalten, lässt sich ein kapitalistisches System überhaupt noch auf einer solchen Grundlage betreiben? Oder müssen nicht wenigstens die großen Wirtschaftsbereiche nationalisiert werden, damit die niedrigere Rentabilität kein Hindernis für Produktion und Investition ist? Wie soll eine solche Wirtschaft gelenkt werden, wenn die Rentabilität nicht mehr das Steuerungsinstrument ist? Man sieht, sobald das Problem der wohlfahrtsmehrenden Nutzung des technischen Fortschritts in dieser Weise angegangen wird, reiht sich Frage an Frage, die intellektuellen und politischen Herausforderungen werden immens. Wird sich diesen

Herausforderungen gestellt, ist soziale und intellektuelle Unruhe die Folge: an den Universitäten, in den Betrieben, Parteien, Parlamenten und Gewerkschaften. Die Verhältnisse bekommen die nötige Dynamik. Wie auch immer die Lösungen und ihre Reihenfolge aussehen: Es gibt schwerlich ein Zurück zur Ausgangslage, alles zielt darauf ab, sich nicht mehr bewusst und willenlos dem Markt anzuvertrauen, sondern nach der politischen, der rationalen, kollektiven, bewussten Lösung zu suchen, die es ermöglicht, aus technischem Fortschritt nicht Armut, sondern Wohlfahrt zu machen.

2. Wissen und Daseinsbewältigung

Unwissen ist Ohnmacht, aber auch Wissen ist solange nicht Macht, wie die Theorie, das Wissen – um ein wenig die Marxsche Emphase einfließen zu lassen – nicht die Massen ergreift. Damit ist die subjektive Seite der rationalen Aneignung der sozialen Umwelt angesprochen. Auch bei einer Arbeitswelt, die viel differenzierter ist als dies im Rahmen des Fabrikwesens bis weit in das zweite Drittel des 20. Jahrhunderts der Fall war, kann zweierlei unterstellt werden: Die überwiegende Mehrzahl der Menschen bestreitet ihren Lebensunterhalt zum allergrößten Teil durch den Verkauf ihrer Arbeitskraft, und folglich lässt sich für all diese ein Interesse an Vollbeschäftigung und an einer Absicherung gegen Risiken wie Erwerbslosigkeit, Krankheit, Armut im Alter unterstellen. Nicht daran scheitert die Verteidigung und Fortentwicklung des Wohlfahrtsstaates, die Nutzung des technischen Fortschritts für allgemeine Wohlfahrt. Unklar ist vielmehr in den Köpfen, wie denn diese Aufgaben gemeistert werden sollen. Macht ein hoher Preis für Arbeit erwerbslos, ist die Absicherung gegen Risiken besser bei der Privatwirtschaft aufgehoben, demotiviert der Wohlfahrtsstaat bei der Bewältigung des Alltags? Es ist, was Soziologen unterstreichen, sicher richtig, dass diese Unklarheit durch die sehr unterschiedlichen Lebensverhältnisse gefördert wird – der gut bezahlten Spezialisten auf der einen und der Tagelöhner in prekären Arbeitsverhältnissen auf der anderen Seite. Aber diese Unklarheiten haben nicht dort ihren Ursprung. Der Lieferant ist vielmehr eine Bewusstseinsindustrie, die vermeintlich plausible, stets im Unmittelbaren verharrende, Abstraktion peinlichst vermeidende Ansichten über Wirtschaft und Gesellschaft erzeugt und verbreitet. Dieser Manipulation liegt kein boshafter, im Einzelnen ausformulierter Plan zugrunde, obwohl natürlich die Herstellung von falschen und sophistischen Interpretationen von Regierungen, Parteien, von der Geschäftswelt in Auftrag gegeben und von Fachleuten, in Universitäten, Stiftungen und Werbeagenturen ausgearbeitet werden. Das System kommt zunehmend ohne einen Goebbels aus, der die Fäden zieht, die Medien gleichschaltet und die Universitäten mit einem NS-Dozentenbund beherrscht. Vielmehr funktioniert der ganze Bereich mehr und mehr wie ein privater Geschäftszweig, der auf Bedarf reagiert, diesen sicherlich auch manipuliert, dabei aber ganz im Sinne der professionellen Werbung auf die konditionierten Sehnsüchte seiner Kunden eingeht. Es ist dies der Komplex, der schon in den 60er Jahren im Rahmen der Bildungsökonomie diskutiert wurde, und mit dem sich auch Rudolf Hickel damals sehr intensiv befasst hat. Viel Aufmerksamkeit hat in dieser Diskussion Enzensbergers Essay zur Bewusstseinsindustrie ausgelöst. Dieselbe Frage wird nun von Bourdieu und den Autoren von Raison d'Agir erneut angegangen.

3. Die Lehre an den Universitäten: Ein Input-Output-Schema

Der Widerspruch, der sich angesichts der hohen Arbeitsproduktivität und der Lebenslage sehr vieler Menschen auftut – die Mittel zur Beseitigung von Armut, Unwissenheit, Depravierung stehen bereit, die Gesellschaft, die Betroffenen können und wollen sie für diesen Zweck nicht nutzen – müsste, wenn er die Verhältnisse vorwärts bringen soll, Unruhe auslösen, kognitive Dissonanzen, Initiativen, Aktionen mit dem objektiven Ziel, die Produktionsverhältnisse weiterzuentwickeln, bis sie dem Produktivkraftstand angemessen sind, die vorhandenen Mittel also ihrem Zweck dienlich gemacht werden können. Das aber soll in diesem Regime nicht sein, das bei all seiner Dynamik und Wirksamkeit in der Aneignung der natürlichen Umwelt, der naturwissenschaftlichen Forschung und ihrer Umsetzung in der Produktion an überkommenen gesellschaftlichen Vorstellungen und Verhältnissen festhalten will, von Modernisierung redet, aber nur den alten Wein in neue Schläuche füllt.

Blinder Traditionalismus, gelegentlich modern aufgemotzt, wie ihn beispielsweise Roepke mit seiner nobilitas naturalis oder Hayek mit seinem moralischen Korsett der Gesellschaft beschreiben, oder die ohne gesellschaftliche Wahrnehmung autistisch vor sich hin hämmernden Zwerge des dritten Weges, die Parvenus der neuen Mitte, die unablässig ihr Glück schmieden, Markt und Wettbewerb als das Einzige sehen, das Gesellschaft herstellt, das soll das Leben der Gesellschaft ausmachen, ihren intellektuellen Habitus, ihren Esprit, ihre Kraft zur Gestaltung bringen. Wie sind die Universitäten hier einzupassen, die Studierenden, von denen ja oft bedeutende Impulse ausgegangen sind? Neue, auf dem Verordnungsweg geregelte Berufsverbote wären zu diesem Zweck ebenso anachronistisch wie Goebbels straffe Vereinigungen für Professoren und Studierende. Es muss ein automatisches Regelwerk her, Smiths unsichtbare Hand, die allen ihre vermeintliche Freiheit lässt und die individuellen Präferenzen der Studierenden und der Hochschullehrer koordiniert. Der Kern dieses Regelwerks ist die Steuerung durch Studiengebühren und Drittmittel. Wenn diese Studiengebühren nicht pauschal gezahlt werden, sondern wenn die Studierenden damit die von ihnen gewünschten Lehrveranstaltungen zusammenkaufen, lässt sich die Lehre in Analogie zum Markt entsprechend den Präferenzen der Nachfrager steuern. Studiengebühren dienen dann als Allokationsinstrument, damit das Unternehmen Universität marktgängige »Produkte« anbietet. Für ärmere Studierende (der Begriff sozial schwach sollte vermieden werden, denn er legt fest, dass die Reichen gesellschaftlich stark sind, was dann nicht mehr zutrifft, wenn sich die Armen zusammenschließen) wird es in diesem Kontext Bildungsgutscheine geben, die das klassische Stipendium ersetzen. Mit diesem Kunstgriff lassen sich Widerstände beseitigen, die damit begründet werden könnten, dass der Zugang zu einer akademischen Ausbildung kein Privileg der Reichen sein dürfe. Verknüpft wird dies mit einem anderen Argument, nämlich dass diese Ausbildung zu überdurchschnittlichen Einkommen führt und dass die Studierenden ihre Ausbildung durch Kredite finanzieren sollen, statt hiermit die öffentlichen Haushalte zu belasten. Dies wird ausstaffiert mit allerlei Gerechtigkeitsargumenten: Warum soll privilegierte Bildung aus Massensteuern, aus Lohn- und Verbrauchssteuern finanziert werden? Auch wenn die Frage richtig gestellt ist, ist sie zu verneinen. Die Lösung besteht nicht in Studiengebühren und Krediten, sondern in hohen Gewinnsteuern und einer starken Progression bei der Einkommensteuer.

Sind erst die Stipendien für Bedürftige durch Bildungsgutscheine ersetzt oder ist ihnen doch wenigstens ein öffentlich garantierter Zugang zu Ausbildungskrediten zu mäßigen Zinsen ermöglicht, hat also das neue Bildungswesen hierdurch seine soziale Legitimation, dann kann der Markt auch diese Facette der Gesellschaft erobern. Die Funktionsprinzipien sind leicht zu skizzieren: Es lässt sich ohne weiteres unterstellen, dass Studierende nach ihrem Examen eine angemessene Arbeit finden möchten – ganz im Sinne des vorhin genannten objektiven Interesses all derjenigen, die vom Verkauf ihrer Arbeitskraft leben. Hierzu ist es wichtig, eine marktgängige Ausbildung zu haben. Folglich müssen die Fertigkeiten erlernt werden, die die Unternehmen oder auch der Staat, dieser im Rahmen der Ökonomisierung des Politischen mehr oder weniger wie ein Unternehmen aufgezogen, nachfragen.

Ausbildung und intellektuelle Anstrengung allgemein sind damit in ein Input-Output-Schema eingepasst: Die in bestimmter Weise qualifizierte Arbeit ist Input für Unternehmen und Staat, sie ist Output der Universitäten, soweit die Studierenden den genannten Input im Voraus richtig einschätzen und bei den Universitäten nachfragen. Die Freiheit der Studierenden besteht darin, aus Gründen ihrer künftigen Erwerbstätigkeit Input und Output zur Deckung zu bringen. Es ist nicht so, wie die gängige Floskel lautet, dass Humboldts Bildungsideal »in der Masse erstickt« würde: Das Marktschema lässt ihm keine Luft zu atmen. Und auch den Rat der Weitsichtigen unter den klassischen Ordinarien wird es nicht mehr geben können, nämlich sich an der Universität umzusehen und nicht sogleich mit äußerster Zielstrebigkeit auf einen der neuen Master-Abschlüsse (günstiger cw-Wert und »entrümpelt«) hinzuarbeiten. Eines ist sicher: Die Erzeugung dieses verwertbaren, rentablen Wissens ist nicht das, was den Intellektuellen hervorbringt und erst recht nicht seine Verantwortlichkeit. Dieses System ist darauf ausgerichtet, Fachleute hervorzubringen, aber schwerlich einen Einstein, der in den 40er Jahren seine politische Überzeugung in einem Essay »Why Socialism?« klarmacht, nicht 18 Göttinger Physiker, die sich in den 50er Jahren öffentlich gegen die atomare Bewaffnung Westdeutschlands wenden, und vieles andere mehr an intellektueller Unruhe. All das wird ersetzt durch *Correctness* und *Business Ethics*. Auch wenn die deutschen Gedenktage zum Faschismus weiter eingehalten werden, es wird versäumt, dagegen zu arbeiten, dass es neue Anlässe für ganz andere beschämende Ereignisse und Entwicklungen geben wird.

Keynes schrieb vom »öffentlichen Skandal ungenutzter wirtschaftlicher Hilfsquellen«: Wird das neue marktgesteuerte Universitätssystem dazu beitragen können, dass es in der Zukunft hierfür einen Gedenktag gibt (nachdem dies überwunden ist), und dafür, dass vermeidbare Armut die Menschen erniedrigt hat, ihrer Würde beraubt, Kriminalität verursacht und drakonische Strafen ausgelöst hat? Wer wird im neuen Marktsystem den Studierenden, der Öffentlichkeit erläutern, warum die Erwerbslosigkeit, die prekären Arbeitsverhältnisse, das Phänomen der working poor auch dann nicht verschwindet, wenn sich alle auf das genaueste in das Input-Output-Schema eingepasst haben? Wer wird die Gründe für den Widerspruch zwischen hoher Arbeitsproduktivität und wachsender Armut erforschen? Werden sich die Studierenden künftig mit ernst zu nehmender Makroökonomie befassen, die deutlich macht, dass die Beseitigung der Erwerbslosigkeit ausserhalb der Reichweite ihrer individuellen, marktkonformen Bemühungen liegt? Wird dies durch Drittmittel gelenkte Forschung gefördert?

4. Die Forschung: Produktivkraft entwickeln, Produktionsverhältnisse konservieren

Bei der öffentlichen Finanzierung der Forschung sind vor allem drei Fragen zu lösen: Wie können die Unternehmen als Nutznießer von Forschung an den Kosten beteiligt werden, was soll Forschungsgegenstand sein und wer, welche Personen oder Gruppen erbringen je Forschungsmark die besten Ergebnisse?

Damit ist angesprochen, dass Forschungsmittel knapp sind und dass es Kriterien geben muss, nach denen sie verteilt werden. Nun sollte man, noch bevor von der Allokation der Mittel die Rede ist, den Hinweis auf Knappheit nicht unwidersprochen lassen. Denn warum eigentlich verzichtet der Staat auf Gewinnsteuern, die ja auch den Universitäten zugute kommen könnten? Warum müssen diese nun von den Unternehmen Sponsoring und Drittmittel erbetteln, wo doch der Staat in der Lage wäre, viel würdeloses Scharwenzeln durch eine angemessene Steuergesetzgebung oder auch nur durch einen weniger laschen Vollzug der Steuergesetze zu vermeiden?

Wenn aber einmal die Mittel knapp gemacht sind, dann verpflichten sich die Universitäten in Leistungsvereinbarungen mit dem jeweiligen Wissenschaftsministerium mehr und mehr Drittmittel einzuwerben, mehr noch, es gibt zusätzliches öffentliches Geld, wenn der Quotient aus Drittmitteln zur Anzahl der Hochschullehrer recht hoch ausfällt. Zwar existiert die Freiheit von Forschung und Lehre im Sinne des Grundgesetzes weiter, aber das ganze Verfahren stellt doch sicher, dass wissenschaftliche Mitarbeiter da eingestellt werden und forschen, wo dies die Drittmittelgeber wünschen (viel Zeit geht allerdings bereits bei der Ausarbeitung neuer Anträge verloren). Öffentliche Mittel gibt es nur dort, wo »Drittmittelfähigkeit« vermutet wird. Besonders in den Sozialwissenschaften, den humanities, ist dies ein äußerst zweifelhaftes Verfahren. Denn wer gibt nun die Richtung vor? Eine sehr große Anzahl von Stiftungen, die gemäß ihren unterschiedlichen Satzungen, Beiräten, Kuratorien und jeweiligen Forschungsschwerpunkten vorab entscheiden, was Sache ist, und Unternehmungen, die durchweg an einer Zuarbeit in den Naturwissenschaften interessiert sind. Die Forderung des Staates an die Universitäten, sich um die Beschaffung von Geld aus nicht öffentlichen Kassen zu kümmern, wird, und dies ist noch um einiges bedenklicher, vielfach (und auch ernsthaft in Universitätsgremien) damit begründet, dass »Drittmittelfähigkeit« etwas über die Güte der Forschung aussagen könnte. »Drittmittelfähigkeit« sei einfacher und zuverlässiger als die Beurteilung von wissenschaftlichen Veröffentlichungen, denn schließlich hätten die jeweiligen Monographien und Aufsätze unterschiedliche Qualität. Aber haben nicht die Fremdmittel, das ist doch die Frage, nicht auch unterschiedliche Qualität? Ist das Urteil, das mit einer Mark aus einer Roosevelt-Stiftung verbunden wäre, identisch mit dem Urteil einer Mark aus einer Reagan-Stiftung?

Kann so organisierte sozialwissenschaftliche Forschung ernsthaft die brennenden Gegenwartsfragen angehen, oder sind nicht doch die falschen Fragen gestellt, sodass die Forschung schließlich allerlei Moden folgt, weil alle, auch die Stiftungen, zeitgemäß sein möchten, aber kaum jemand die Gelegenheit hat zu klären, warum einiges zeitgemäß und anderes nicht (mehr) zeitgemäß sein soll? Überhaupt scheint »zeitgemäß« die traditionellen Falsifikationskriterien für wissenschaftliche Behauptungen zu ersetzen. Der triviale Hinweis muss erlaubt sein: Die Wahrheit sollte interessieren und die Bedeutung der gestellten Frage. Von vorne herein ist es schwierig, solide zu beurteilen, welches Projekt die größeren Chancen hat, der »Wahrheit« zum Vorschein zu verhelfen. Eine gediegene Forschungspolitik muss sich daher auf Vielfalt verlegen, unterschiedliche Herangehensweisen, Paradigmen, Positionen gleichermaßen fördern. Das aber kann nicht ein ungeordnetes Ensemble autonomer Stiftungen und Unternehmen im Verein mit öffentlich finanzierter Forschung leisten. Doch auch bei politisch vernünftig organisierter Forschung ist vor Illusionen zu warnen: Besonders in den Sozialwissenschaften ist es Sache des Bewusstseins, der vorherrschenden Einstellungen, ob die »Wahrheit« wahrgenommen wird – ganz abgesehen davon, dass der praktische Test gesellschaftswissenschaftlicher Aussagen, ihr empirischer Beweis schwierig ist. Aber trotz all dieser Schwierigkeiten: Forschung und Lehre an den Universitäten könnten ihren Beitrag leisten für eine vernunftgeleitete Erzeugung und Nutzung des potenziellen Reichtums der Gesellschaft. Gegenwärtig aber wird alles darangesetzt, dass die entscheidenden Fragen nicht gestellt werden. Die Wissenschaft soll sich bei der Analyse der Produktionsverhältnisse blind stellen. Die Gesellschaftswissenschaften sollen sich dem social engineering widmen, den Gefälligkeitsattesten, dem Herausputzen alter Traditionen oder der postmodernen Verantwortungslosigkeit.

Norbert Walter
Globalisierung der Wirtschaft vs. Identifikation durch die Muttersprache

1. Das Phänomen Muttersprache

Welch eine Spannung liegt in diesem Thema! Zwischen höchster Form der Effizienz und elementarster Form von Verständnis. Zwischen der Orientierung an der weiten Welt und dem Schoß der Mutter. Aber mit der Mutter-Sprache beginnt der Weg des Ich in die Welt über eine Form der Abstraktion beim Kommunizieren. Sender und Empfänger müssen sich über die Botschaft verständigen. Aber dieser Zivilisationsfortschritt ist damit nur unzureichend charakterisiert: Mit der Muttersprache wird die Fähigkeit zur Kommunikation mit dem Lebensraum vermittelt. Da ist sie zu finden, die Schnittstelle zum Thema! Aber was ist sie, die Muttersprache? Und schwieriger noch, was ist er, der Lebensraum? Ist Muttersprache das gesprochene Wort samt seines Klanges, des Dialektes? Ist es die Schriftsprache des Stammes, des Volkes, der Gesellschaft? Hat sich die Bedeutung der Muttersprache durch gesellschaftlichen, sozialen und ökonomischen Wandel verändert? Unterscheidet sich das Konzept bei Nomaden, Bauern, Handwerkern, Industriearbeitern, Bildungsbürgern? Was war Muttersprache vor Gutenberg und Luthers Bibelübersetzung in dem, was wir heute deutschen Sprachraum nennen? Ist also Muttersprache die in einer Sprache geronnene Kulturleistung der Dichter und Denker? Oder ist und bleibt Muttersprache, was Hans-Georg Gadamer in folgender Weise beschreibt:

»Sprache ist Heimat. Ich bedauere es deshalb sehr, dass an den Schulen die Dialekte nicht mehr gepflegt werden. In ihnen ist Heimat am ursprünglichsten bewahrt. Stattdessen sind die Kinder in unzuträglicher Weise den Einflüssen der Werbe-, Computer- und Managementsprache ausgesetzt. Das führt zu einer kulturellen Entortung, die das Gegenteil von Heimat bedeutet. Heimat ist ein Gefühlswert, der an einen Ort gebunden ist. Heimat ist das Haus, in dem wir heimisch sind. Heimatlichkeit wird von Menschen vermittelt, durch die Mutter vor allem, die uns unsere Muttersprache gab. Wem im Ausland die vertraute Sprache ins Ohr dringt, der spürt, wo seine Wurzeln sind. Aber Heimat ist im Sinken. Die Welt ist zu beweglich geworden, um uns verwurzeln zu lassen. Hoffen wir, dass die Lehrer wieder lernen, den Kindern Heimat in der Sprache zu geben. Das wäre schon viel.« Die gesellschaftliche Wirklichkeit des Phänomens Muttersprache hat längst begonnen, sich zu differenzieren. Immer schon lebten Menschen in sprachlichen Grenzgebieten; die Menschen in kleinen Ländern viel öfter als die Angehörigen großer Völker. Dort ist Muttersprache oft weniger eindeutig, als wir es zumeist begrifflich einordnen. Immer öfter werden Kinder zweisprachig groß. Immer öfter hat die Muttersprache wegen der Mobilität von Müttern und Vätern keine dialektische Färbung. Welche Erfahrungen machen wir in solchen Wirklichkeiten? Bewirkt solche Sprachausstattung Mangel an Heimat, Wurzel, Bindung? Stehen solche Biografien in Gefahr, weniger, weniger tief sowie schlechter zu kommunizieren? Torpediert dies Sprachkompetenz, jedenfalls sprachliche Spitzenleistung? Bedeutet die Konzentration auf die – ja die Ausschließlichkeit der – Hochsprache Verarmung und Abstraktion, die schließlich Bezugsverlust nach sich zieht?

Alle diese Fragen haben unmittelbar Relevanz. Sie beziehen aber ihre besondere Bedeutung erst aus der Auseinandersetzung mit der Frage nach dem, was heute der Lebensraum ist, für den uns die Mutter und der Vater durch Sprache in Stand setzen zu kommunizieren. Der Lebensraum ist – schon für Kinder – nicht mehr allein der Bauernhof, die Nachbarschaft, die Straße oder das Dorf. Es ist dies die Schule mit Kindern meist unterschiedlicher geografischer Herkunft, fast überall auch nicht-deutscher Herkunft. Die Lebenswirklichkeit des Urlaubs ist fast immer die eines fremden Sprachraumes. In der Ausbildung ist das Aufeinandertreffen mit Menschen anderer Zunge immer öfter die Regel, sowohl für Lehrer als auch für Schüler. In der Lebenswirklichkeit des Berufes sind schließlich immer öfter Kunden, Lieferanten, Kollegen oder Berater nicht Teil des eigenen Sprachraumes.

Wie nun gehen Eltern mit dieser Lebenswirklichkeit um? Welche Sprache(n) vermitteln sie ihren Kindern, um sie auf die Lebensaufgabe vorzubereiten? Die Antworten werden sehr oft von den Lebensumständen der Eltern geprägt, nicht so oft hingegen von den absehbaren Lebensumständen der Kinder.

2. Zur Globalisierung

Manchmal möchte man meinen, Globalisierung sei ein Phänomen der letzten Dekaden des 20. Jahrhunderts. Aber dies ist wohl weit gefehlt. Die Herrschaftsansprüche eines Alexander des Großen, das Römische Reich, die Katholische Kirche, das alles sind Ansätze zur Globalisierung. Die Seefahrernationen auf dem einen Weltmeer sind alte Sinnbilder dieses weltweiten Ansatzes. Deutlich drückt sich diese Orientierung auch in der Sprache aus. Herrschaftssprache ist die Sprache der Herrscher. Am weitesten ging dies durch die lingua franca des Mittelalters, die Sprache der Religion und Wissenschaft, des Lateinischen. Es war die Sprache der Eliten. Wahrscheinlich war die Entscheidung für diese Sprache von elementarer Bedeutung für die gegenseitige Befruchtung und die Entstehung eines europäischen Kulturraumes und folglich die Basis für das daraus entstehende Kulturgut.

Das 19. Jahrhundert war eine zweite Hoch-Zeit der Globalisierung, die durch Industrialisierung und Etablierung von Freihandel durch Großbritannien ausgelöst wurde. Handel, Direktinvestitionen und große Wanderungen – vor allem von Europa nach Amerika – prägten diese Phase. Deutschland trat erst spät und schwach in diesen Prozess ein. Staatswerdung, wissenschaftliche Anstrengung und industrielle Expansion waren die Pfeiler der deutschen Partizipation im Prozess der Globalisierung des 19. Jahrhunderts. Politisch, wirtschaftlich und gesellschaftlich waren die beiden Weltkriege und die Zeit dazwischen Perioden der Rückentwicklung hin zu Nationalismus, Autarkie und Deutschtümelei.

Der Neubeginn nach dem Zweiten Weltkrieg war geprägt durch einen USA-Bezug, eine Etablierung einer westeuropäischen Friedensordnung und einer europäischen Wirtschaftsintegration. Politisch wurde der Globalisierungsprozess Ende der 80er Jahre durch Gorbatschows »Percstroika« und »Glasnost« komplettiert, worauf das Sowjetreich zerbrach. Seither stellen Demokratie, Marktwirtschaft und Offenheit für Handel mit Gütern und Diensten, die Freizügigkeit von Kapital und (teils) Arbeit die etablierte Ordnung dar. Globalisierung in einem umfassenden Sinn ist die Lebenswirklichkeit des beginnenden 21. Jahrhunderts.

Die Triebkräfte für diese Ordnung sind sicher vielschichtig. Sie sind zuletzt und im Innern gesellschaftlich und politisch. Es waren die Gründer der Bretton-Woods-Institute Weltbank und Internationaler

Währungsfonds, es waren die Väter der Römischen Verträge, es waren Bush und Gorbatschow, die diese Prozesse auslösten und trugen. Und die Weichenstellungen durch Politiker ruhten in dem gesellschaftlichen Willen, die Grausamkeiten und Ärmlichkeiten der Welt des Gegeneinander (bis zum Krieg) hinter sich zu lassen.

Die vordergründige Zuordnung der Globalisierung zum Wirken weniger machtvoller multinationaler Unternehmen, hält einer auch nur oberflächlichen Betrachtung der Phänomene nicht stand. Die Attraktivität der USA, des Zentrums dieser globalen Ordnung, zeigt sich im entschlossenen Willen der Eliten aus aller Welt, aber auch der einfachen Menschen, dort zu leben: die mächtigste Manifestation dieser Qualität. Natürlich sind Unternehmen – insbesondere multinationale – wichtige Träger der Verwirklichung des »Konzepts« Globalisierung. Ihre Absicht, neue Märkte zu erobern, neue Qualitäten zu erreichen, preiswerter zu produzieren und neue Standards zu setzen, all dies macht sie hierbei zu machtvollen Akteuren.

Globalisierung drückt sich ebenso kraftvoll in der Wissenschaft aus. Immer öfter sind Entdeckungen und Forschungsarbeiten das Gemeinschaftswerk von Menschen verschiedener Nationalitäten, immer öfter auch Resultat des Zusammenwirkens unterschiedlicher Standorte. Dabei spielt – ebenso wie in der Wirtschaft – die veränderte Informations- und Kommunikationstechnologie eine bedeutende Rolle: Mit dem Internet ist »man« real time, global und zu minimalen Kosten vernetzt. Wissen und Einschätzungen sind zeitgleich überall vorhanden.

Die Welt wird zum Dorf. Aber zu welchem? Wie ist das Dorf organisiert in Bezug auf seine Sprache? Ist es der Turm zu Babylon? Ist es ein Haus, fast vollständig gefüllt mit Übersetzern zwischen allen Sprachen der Welt? Oder ist es ein Haus, in dem »man«, d.h. alle, eine (einfache) Sprache spricht?

3. Das globale Dorf

Alle drei Formen des Dorfes existieren. Im Turm von Babylon (Modell I) finden wir uns alle immer wieder einmal. Das mit Übersetzern überfüllte Dorf »Europa«, sprich die EU (Model II), bringt uns diese Lösung immer wieder vor Augen. Bereits die heutige EU weist 110 Sprachpaare auf, das um Mittel- und Osteuropa erweiterte Europa bereits über 400. Das globale Dorf ist jedoch zumeist der Ort, an dem (fast) alle sich um die eine, einfache Sprache bemühen (Modell III).

Die Sprache von Wissenschaft und Wirtschaft ist seit vielen Dekaden eine einfache Form des Englischen. Seit wenigstens 25 Jahren gilt das – unausgesprochen und nicht offiziell anerkannt – auch für die Politik. Dort wird offiziell weiter »gedolmetscht«; auf den Korridoren aber, am Kamin und beim Spaziergang ist die lingua franca ebenso wie in Wirtschaft und Wissenschaft Englisch.

Da das globale Dorf aufgrund der Formen und (niedrigen) Kosten der Kommunikation Wirklichkeit ist, da Transport immer einfacher und billiger wird und da Reiselust unstillbar ist, bleibt nur herauszufinden, welche Form das globale Dorf in Bezug auf seine Kommunikation wählen wird bzw. wählen soll. Der Turm zu Babylon als Modell fällt aus. Da kann man dem Verdikt der Bibel folgen. Aber die beiden anderen Modelle stehen auf dem Prüfstand. Das Modell II ist das Modell zur Rettung der Bedeutung der Muttersprachen in der Globalisierung. Das Modell III scheint indes das Modell zu sein, das durch Abstimmung mit den Füßen derzeit eindeutig zum Favoriten gekürt ist.

4. Pro und Contra der Modelle

Die Wissenschaft – die Naturwissenschaft allemal – hat beschlossen, das Modell III zu wählen. Es scheint das Modell mit dem größten Grad an Freiheit und Kreativität zu sein. Es erlaubt der relativ größten Zahl, an einem befruchtenden Diskurs teilzunehmen. Es sorgt am sichersten und schnellsten für die Verbreitung von Wissen und lässt damit die Verwertung von Entdeckungen am effektivsten für die größten Kundengruppen zu. Das rettet mehr Leben, macht für viele vieles bequemer, preiswerter und angenehmer. Es schließt weniger Menschen vom Fortschritt aus als existierende Alternativen bei gleichzeitiger Beachtung von Budgetbeschränkungen.

Was sind die Beschränkungen von Modell III? Wo bietet es keine Lösung oder nur eine Scheinlösung? Gibt es unterschiedliche Grade der Nützlichkeit von Modell III, je nach Alter, Geschlecht, nationaler Zugehörigkeit? Was folgt daraus? Sind Perspektiven vorhanden, dass sich in den nächsten Jahrzehnten die Qualität einschließlich der Verteilungen von Vorteilen und Nachteilen von Modell III verändern? Fragen über Fragen. Antworten sind oft schwer zu finden und wenn doch, dann sind sie zumeist wenig belegt und damit sicherlich sehr subjektiv. Aufgrund dessen sind sie angreifbar und können revidiert werden.

Es sieht so aus, als ob Literatur – vielleicht auch Philosophie – in das Modell III nicht, oder zumindest schwer einzugliedern sind. Dort ist Muttersprache sehr oft Lebenselixier. Oft gelingt es auch in politischen und ökonomischen Diskussionen nicht, in einer einfachen Sprache sicher zu kommunizieren. Man redet zu oft unbeabsichtigt, aber erfolgreich aneinander vorbei, weil man Worte spricht, aber den Kontext nicht kennt oder nicht zu beurteilen vermag. Es entsteht eine Scheinlösung.

In Technik und Naturwissenschaft ist wegen der wirksamen Kontrollmechanismen und der oftmals vorherrschenden Formelhaftigkeit der Bezüge eine Kommunikation gemäß Modell III erfolgreich, wie z.b. die Flugkontrolle und internationale Buchungssysteme, aber auch mathematische Ausbildung und Forschung, internationale Forschungszentren – etwa hinsichtlich der Energieforschung oder der Raumfahrt – verdeutlichen. Modell III ist die bessere Lösung für Frauen, die Sprachen erfolgreicher lernen, für Junge, die Sprachen leichter (vor allem im fremden Sprachraum) aufnehmen und insbesondere natürlich für jene, deren Muttersprache Englisch ist. Damit diskriminiert Modell III in beachtlicher Weise. Kompetenz im Professionellen und Sozialen wird für alle »Outsider« (gemäß obiger Diskriminierungsliste) – in freilich unterschiedlichem Umfang – abgewertet. Das bedingt zum einen einen (theoretischen) Gesamt-Nutzenverlust im Vergleich zum Nirwana Approach, nicht jedoch gegenüber realisierbaren Modellen, und zum anderen einen relativen Verlust an Rang und somit an Anerkennung und Einkommen für die so Diskriminierten. Dies löst sicherlich Ablehnung des Modells aus, mindestens aber Unzufriedenheit mit ihm.

Am Anfang des dritten Jahrtausends sieht es nicht wirklich danach aus, als ob Modell III sich in seiner Qualität und den mit ihm verbundenen Konsequenzen rasch ändere. Derzeit und für die nächste Generation spricht vieles für »bad English« als lingua franca der globalisierten Welt. Dies liegt nicht vor allem daran, dass die, deren Muttersprache Englisch ist, weiterhin in der Mehrheit sind, wenngleich die Bevölkerungsdynamik Indiens – ein Land, dessen gemeinsame Sprache wohl Englisch ist – größer ist als die anderer volkreicher Nationen. Hier wäre schon zu fragen, ob Chinesisch in einer Generation die im Internet am häufigsten verwendete Sprache ist. Wichtiger für die anhaltende Dominanz von »bad English« ist die dominante Akzeptanz dieser Sprache als *Zweit*sprache und ihre (damit zusammenhängende Dominanz) als Forschungs- und Wirtschaftssprache. Entwicklung in diesen Feldern findet zumeist in dieser Sprache statt. Modell III wird in einer Generation freilich weniger oft diskriminierend sein, weil Sprachausbildung – dem (neuen) Lebensraum entsprechend – immer öfter das verlässliche Erlernen der Zweitsprache Englisch beinhaltet. Ob das Kompetenz über Konversation hinaus, d.h. einschließlich wirklicher Meisterschaft in der schriftlichen Ausdrucksform beinhaltet, ist etwas, was – ob allgemeiner, einschließlich jener in der Muttersprache bestehender Sprachschlamperei – zutiefst zu bezweifeln ist. Mit der Skizze der Stärken, Schwächen und Trends für Modell III ist implizit fast alles auch in Bezug auf Modell II gesagt.

Es ist wahr, dass dann, wenn Kosten und Zeitbedarf keine Rolle spielten und Ressourcen für qualifizierte Übersetzung nicht knapp wären, Modell II wegen seiner Qualitätsverbesserung für Kommunikation vorziehenswert wäre. Modell II wäre auch fairer, weil es Kompetenz nicht so oft durch den sprachlichen Filter mäße. Es würde Talente nutzen, die in Modell III mindestens unterbewertet werden. Je mehr die Globalisierung fortschreitet, umso teurer und zeitaufwendiger wird Modell II, faktisch wird es zum Babylon. Damit ist Modell II wohl als ein praktikables Konzept in einer Welt kleiner Eliten zu charakterisieren. Es ist einfach nicht die Antwort auf das Massenphänomen Globalisierung.

5. Und sie bewegt sich doch

Globalisierung heißt also Bedeutungsverlust für die Muttersprache aller außerhalb des englischen Sprachraumes. Globalisierung heißt auch Bedeutungsgewinn für alle, deren Muttersprache durch den Zufall der Geburt Englisch ist, jedenfalls für lange Zeit, d.h. etwa eine Generation. Das bedeutet, dass jene Franzosen, Deutschen, Russen und Chinesen, die Modell III akzeptieren, ihrerseits für lange Zeit Bedeutungsverlust hinnehmen, ja ihn aktiv betreiben. Ist dies eine sachgerechte Charakterisierung? Es ist einzuräumen, dass theoretische Überlegungen, betriebliche und andere empirische Beobachtungen eine solche Einschätzung für die letzten 20 Jahre und wohl auch für die nächsten 20 Jahre als zutreffend erscheinen lassen. Folglich müsste das Modell III abgelehnt und strikt die Nutzung der Muttersprache *und* Übersetzer aller Orten gefordert werden? Mitnichten. Der Weg nach vorn ist vor allem der rasche Sprachkompetenzgewinn in der dominanten

Zweitsprache für möglichst viele. Hierzu ist längerfristiger Aufenthalt im englischen Sprachraum ein Muss. Alle anderen Formen der Verbesserung der Sprachkompetenz bleiben hinter dieser gleichzeitig sprachlichen und kulturellen Injektion in ihrer Wirkung zurück. Hinzu muss die laufende Beschäftigung mit Kultur und Wirtschaft des englischen Sprachraumes, vor allem der USA kommen. Auf diese Weise wird mit den Jahren die Sprachkompetenz jener der Muttersprachler näher, ja nahe kommen. Es spricht viel dafür, dass damit für Nicht-Englisch-Muttersprachler schon bald Kompetenz in mindestens zwei Sprach- und Kulturkreisen entsteht. Dies wird zu Überlegenheit in vielerlei Hinsicht führen, was sich dann in Selbsteinschätzung, Selbstbewusstsein – aber wichtiger noch – im Anerkennungsmarkt und schließlich auch in den Einkommenschancen widerspiegelt. Dies wird auch die Zeit sein, in der Englisch-Muttersprachler ihre Perspektiven in immer mehr Fällen durch das Erlernen und Erobern einer weiteren Sprache zu verbessern versuchen.

Jan Priewe
Fünf Keynesianismen
Zur Kritik des Bastard-Keynesianismus

1. Fünf Keynesianismen

Joan Robinson, der sich Rudolf Hickel vermutlich mehr als jedem/ jeder Anderen unter den großen Ökonomen und wenigen Ökonominnen in ihrer häretischen Art geistesverwandt fühlt (vgl. Hickel 1994), hat jene Varianten des Keynesianismus, die ihn zu einer speziellen Theorie machen und ihn als Sonderfall der Neoklassik behandeln, »*bastard keynesianism*« genannt (Robinson 1973). Für Robinson war klar: harsche Ablehnung des Bastards und Suchbewegung nach etwas Neuem, das erst in Umrissen bekannt ist, mit dem praktischen Ziel, die Realität des Kapitalismus zu verändern.

Der Keynesianismus hat seit 1936, dem Erscheinungsjahr der »General Theory«, eine dramatische Karriere durchlaufen: Dem raschen Siegeszug in der gesamten westlichen Welt, genährt u.a. durch die Erfahrungen der Weltwirtschaftskrise, des Staatsinterventionismus im Kriegskapitalismus, aber auch propagiert durch simplifizierende »Bastard«-Lehrbuchmodelle, folgte der steile Niedergang in den 70er Jahren. Als sich nach dem Ende des »golden age« der Nachkriegszeit Inflation und steigende Arbeitslosigkeit ausbreiteten und einer der Grundpfeiler dieser Ära, das von Keynes mit geschaffene Bretton-Woods-Währungssystem von 1944, zusammenbrach, sahen die Keynesianer alt aus. Sie konnten keine konsistente Alternative anbieten. Die damals Jungen, etwa im Umfeld der Studentenbewegung, waren mehr an Marx als an Keynes interessiert. Dass der Paradigmenwechsel zum Monetarismus und später zur so genannten Angebotspolitik und zum »Neoliberalismus« so rasch erfolgen konnte, hatte auch mit jenem Bastard-Keynesianismus zu tun, der leicht zur neoklassischen und monetaristischen Beute wurde und zudem zur Bewältigung der Inflations- und Stagflationsprobleme nicht viel beitragen konnte. Seitdem sich die Illusionen und Hoffnungen über Monetarismus und Angebotspolitik nach und nach verflüchtigen und einem eher hilf- und theorielosen, ja blindem Pragmatismus Platz machen, kommt es mitunter zu einer leisen Renaissance des Keynesianismus, insbesondere in der Theorie, und zwar vorwiegend in Form des so genannten Neukeynesianismus (»Neue Makroökonomie«). Aber auch andere Keynesianismen werden in kleineren Kreisen revitalisiert.

Der Keynesianismus lässt sich in fünf Strömungen unterteilen, die außerordentlich heterogen sind, gleichwohl sich teilweise überlappen. Sie einigt der Bezug auf Keynes und die – zumindest partielle – Ablehnung der allgemeinen Gleichgewichtstheorie und des Monetarismus, also der heutigen *mainstream*-Neoklassik.

1. Da ist zunächst *Keynes' Werk*, das vor allem auf der »Treatise on Money« (aus dem Jahre 1921) und der »General Theory of Employment, Interest and Money« (aus dem Jahre 1936) beruht; starke Verbindungen zum neoklassischen Lehrer Marshall verbleiben: Die neoklassische Mikroökonomie wird weitgehend übernommen, damit auch die Grenzproduktivitätstheorie der Arbeit,[1] sowie die quantitätstheoretische Vorstellung einer exogen gesetzten Geldmenge. Die »Treatise« ist geld- und inflationstheoretisch weiter entwickelt als die »General Theory«, blieb jedoch viel weniger beachtet. Insgesamt bleibt Keynes' Werk imposant, aber schwer verständlich und zuweilen widersprüchlich – für eine theoretische Revolution, einen Paradigmenwechsel, eigentlich nicht gut geeignet.

2. Der *Standardkeynesianismus von Hicks, Modigliani, Patinkin und Samuelson*: Aufbauend auf Hicks' Interpretation der »General Theory« aus dem Jahre 1937 entwickelte sich das berühmte IS-LM-Modell, bis heute das standardkeynesianische Lehrbuchmodell. Hicks distanzierte sich später (1976) davon,[2] auch Keynes selbst hatte sich kritisch geäußert. Gleichwohl war es ein eingängiges Modell, was vermutlich die Grundlage für den Siegeszug war. Beschrieb es bei Hicks zunächst nur das simultane Gleichgewicht auf dem Gütermarkt (Gleichheit von Sparen S und Investieren I) und dem Geldmarkt (Gleichheit von exogenem Geldangebot M und Geldnachfrage L), so wurde ihm später ein neoklassischer Arbeitsmarkt, eine neoklassische Produkti-

---

[1] Auch für Keynes gilt, dass Reallöhne im Arbeitsmarktgleichgewicht gleich dem monetär bewerteten Grenzprodukt der Arbeit sind. Allerdings lehnt Keynes die Grenzproduktivitätstheorie des Kapitals ab; den Profit leitet er nicht aus der physischen Grenzproduktivität des Kapitals ab.

[2] »(...) I must say that that diagram is now much less popular with me than I think it still is with many other people. It reduces the *General Theory* to equilibrium economics (...).« Hicks 1976: 141.

onsfunktion sowie die Phillips-Kurve hinzugefügt (vgl. Modigliani 1944 und 1963). Samuelson (1955) machte daraus die berühmte »neoklassische Synthese«, die als allgemeiner makroökonomischer Konsens erstmals in der 3. Auflage der »Economics« im Jahre 1955 erschien. Samuelson meinte, dass damit 90% aller Ökonomen übereinstimmten, bis auf 5% Rechte und 5% Linke (zitiert nach Blanchard 1987: 634). Genau dies ist jener *Bastard-Keynesianismus*, durch den Joan Robinson Keynes zu einem Spezialfall des allgemeinen neoklassischen Gleichgewichts zusammengestutzt sah. In der erweiterten Version (mit neoklassischem Arbeitsmarkt und Realkasseneffekten) ist dem IS-LM-Modell nicht mehr viel Keynesianisches anzumerken – aber es findet sich nach wie vor in der Mehrzahl der gängigen Lehrbücher in aller Welt.

3. Anknüpfend an Clower, Patinkin, Leijonhufvud und Malinvaud entwickelte sich der *Neukeynesianismus*: Dieser fundiert die keynesianische Makroökonomie mit der ungleichgewichtstheoretischen Mikroökonomie. Demnach liegt die Schwäche von Keynes in der fehlenden Mikrofundierung. Bekanntlich hatte Samuelson (1947) unter breiter Zustimmung die Mikrofundierung der Makroökonomie gefordert. Zentrale Bedeutung haben dabei die Annahmen vorrangiger Mengenanpassung und verzögerter Preis- und Lohnanpassung bei exogenen Schocks, sodass es zum Tausch im Ungleichgewicht auf den Güter-, Arbeits- und Kapitalmärkten kommt. So wird Unterbeschäftigung als Folge falscher Preise abgeleitet. Der neoklassische *mainstream* betrachtet dies als kurzfristiges Anpassungsproblem, langfristig würden sich aber neoklassische Gleichgewichte durchsetzen. Einige Neukeynesianer folgen dieser Auffassung, andere insistieren darauf, dass es auch anhaltende Ungleichgewichte geben könne. In vieler Hinsicht bleibt dieser Ansatz im mikroökonomischen walrasianischen Denken stecken. Die heute wohl wichtigsten Vertreter sind Mankiw und Romer (vgl. u.a. Richter 1998). Bei einigen Neukeynesianern wird die Theorie rationaler Erwartungen eingebaut, ferner werden Transaktionskosten berücksichtigt, sodass Preis- und Lohnrigiditäten als rational betrachtet werden.

4. Die *älteren Postkeynesianer*: Dies ist eine Gruppe von Postkeynesianern, eher prägnanten Einzelpersonen, die teils Keynes' Zeitgenossen waren, teils ihn eigenständig in unterschiedliche Richtungen weiterentwickelt haben. Die meisten dieser Postkeynesianer sind an der Dynamisierung der Keynesschen Theorie orientiert, sei es in Rich-

tung Konjunktur-, sei es in Richtung Wachstumstheorie. Zunächst sind *Michal Kalecki* und *Joan Robinson* zu nennen. *Kalecki* entwickelte unabhängig von Keynes, vom Marxismus kommend, eine Kreislauftheorie der Produktion, Akkumulation und der Einkommensverteilung, die in mancher Hinsicht Keynes' Theorie sehr nahe war, jedoch geldtheoretisch schwach entwickelt blieb. Kalecki war Sozialist, glaubte nicht an die Möglichkeit von Vollbeschäftigung im Kapitalismus und kehrte schließlich in den 50er Jahren nach Polen zurück, um sich mit der zentralen Wirtschaftsplanung zu befassen. *Joan Robinson* trug, nach ihrer bahnbrechenden mikroökonomischen Arbeit *»The Economics of Imperfect Competition«*, maßgeblich zur Klärung, Präzisierung und Verbreitung der Keynesschen Ideen in der ganzen Bandbreite der ökonomischen Theorie bei, war eine Protagonistin der berühmten Cambridge-Cambridge-Debatte, in der die neoklassische Kapitaltheorie ihr Waterloo erlebte; schließlich entwickelte sie eine Wachstums- und Akkumulationstheorie, die die komparativ-statische Beschäftigungstheorie Keynes' verallgemeinern, d.h. dynamisieren sollte. *Harrod* und *Domar* schufen die sog. postkeynesianische Wachstumstheorie, die weite Verbreitung fand, aber in einigen Kernfragen neoklassischer Natur blieb - eine höhere Sparquote führt demnach automatisch zu einer höheren Investitionsquote und zu höherem Wirtschaftswachstum. Schließlich gehören *Nicholas Kaldor* und *James Tobin* zu dieser Gruppe. Hervorzuheben sind Kaldors Verbindung von Wachstumstheorie, technischem Fortschritt und Einkommensverteilung sowie seine weniger bekannte Keynes-kritische geldtheoretische Auffassung (Endogenität des Geldes, vgl. Kaldor 1982), bei Tobin dominiert sein Beitrag zur Weiterentwicklung der Keynesschen Geldtheorie (Portfoliotheorie).

5. Die *modernen Postkeynesianer* (vgl. zum Überblick Arestis 1996, Sawyer 1991, Harcourt 1987, Eichner/ Kregel 1975, Cottrell 1994, Palley 1996): Auch dies ist eine heterogene Gruppe zeitgenössischer Keynesianer, die einerseits die neoklassischen Synthesen ebenso wie die walrasianischen Keynes-Interpretationen der Neukeynesianer ablehnen, andererseits zu Keynes zwar zurückkehren, aber seine »halbe Revolution« vervollständigen wollen. Zwar beziehen sie sich stark auf einige der älteren Postkeynesianer, aber gehen doch über diese hinaus, insbesondere in der Geldtheorie, die hier eine größere Bedeutung erhält. Dabei knüpfen sie vielfach stärker an Keynes' »Treatise« als an der »General Theory« an. Die wichtigsten Protagonisten sind Shack-

le, Davidson, Minsky, Kregel, Arestis, Chick, Dow, Moore und Palley. Manche beziehen die Neoricardianer in der Nachfolge von Sraffa ein, insbesondere Harcourt, Eatwell, Milgate, Garegnani u.a. In Deutschland werden diese Postkeynesianer als »Fundamentalisten« wenig wahrgenommen.

Die mehr oder minder gemeinsamen Grundideen der Postkeynesianer lauten:

■ Zentrale Bedeutung einer Instabilität der *effektiven Nachfrage*, die vor allem aus instabiler Investitionstätigkeit resultiert, und zur Instabilität des gesamten marktwirtschaftlichen Systems führt.

■ *Endogenität des Geldes*: Die Geldmenge passt sich endogen der Geld- bzw. Kreditnachfrage an, wobei die Zentralbank den kurzfristigen Zinssatz fixieren kann.

■ Der *Zinssatz* ist der Maßstab für die Profitrate: Anstelle der klassischen Dichotomie von Geld und Produktion mit Geld als bloßem Schleier existiert eine Hierarchie der Märkte mit den Finanzmärkten an der Spitze, die ihrerseits die Gütermärkte bestimmen und diese wiederum den Arbeitsmarkt. *Money matters* – monetäre Faktoren bestimmen nicht nur kurzfristig Produktion und Beschäftigung.

■ Anhaltende *Inflation* und *Deflation* resultieren in erster Linie aus Verteilungskämpfen, also aus der Dynamik der Lohnstückkosten. Die Phillips-Kurve wird überwiegend abgelehnt.

■ Investitionen sind der Motor des Wirtschaftswachstums, vor allem abhängig vom Zins und den *Erwartungen*, die durch *Unsicherheit*, nicht durch berechenbares Risiko, geprägt sind. Keynes wird als Theoretiker der Erwartungen verstanden; simple adaptive Erwartungsbildung, in der Klassik und Neoklassik bis zur Theorie rationaler Erwartungen vorherrschend, wird abgelehnt.

■ Viele Postkeynesianer halten am Postulat der *Mikrofundierung der Makroökonomie* fest, indem sie Oligopole oder monopolistische Konkurrenz anstelle von vollständiger Konkurrenz als »Normalfall« der Realität wie der Theoriebildung nehmen.

■ *Wachstumstheorien* werden eher mit Skepsis betrachtet, da Wachstum aus kurzfristigen Entwicklungen resultiert und es daher keiner besonderen Wachstumstheorie bedarf.

■ Durchgängig wird *historische* Zeit, nicht *logische* Zeit unterstellt, es wird also von häufig einmaligen, irreversiblen Prozessen ausgegangen, die nicht quasi-physikalischen Gesetzmäßigkeiten folgen, sondern in gesellschaftliche Strukturen eingebettet sind.

Im Folgenden soll der Standard-Keynesianismus kritisch beleuchtet werden, der – besonders in Deutschland – nach wie vor im Zentrum der Keynes-Wahrnehmung steht.

2. Der Bastard – das IS-LM-Modell

Das von Hicks (1937) als spontane Interpretation der »General Theory« entwickelte Modell besteht aus nur zwei Kurven, der IS- und der LM-Funktion, die im Schnittpunkt ein gesamtwirtschaftliches Gleichgewicht von Güter- und Geldmarkt darstellen sollen (vgl. die Abbildung). Die IS-Funktion beschreibt die Gleichheit von Nettoinvestitionen (I) und periodenbezogenem Sparen (S), also die Gleichgewichtsbedingung für den aggregierten Gütermarkt. Auf dem Geldmarkt treffen das exogene, von der Zentralbank irgendwie fixierte Geldangebot (M) und die Geldnachfrage (L) zusammen; letztere sei von der Höhe des Volkseinkommens und – im Gegensatz zur Neoklassik – vom Zins abhängig.

Darin soll Keynes' Theorie der Liquiditätspräferenz zum Vorschein kommen: Geld wird aus spekulativen und Vorsichtsgründen in Abhängigkeit von der Höhe des Wertpapierzinses, dem Kehrwert des Kurswertes, gehalten. Bei gegebenem Geldangebot bestimmt demnach die Liquiditätspräferenz die Höhe des Zinses. Sind nun Güter- und Geldmarkt simultan im Gleichgewicht, wozu die Marktkräfte tendieren, dann führt dies zu einer bestimmten Höhe der Produktion, die nur zufällig groß genug für Vollbeschäftigung ist. Der Arbeitsmarkt taucht im Modell nicht auf, denn die Beschäftigung wird bei Keynes als von der Produktionshöhe abhängig gesehen, wenn die Technik gegeben ist.

Damit beschreibt das IS-LM-Modell ein mögliches Gleichgewicht bei Unterbeschäftigung. Freilich wird Keynes' Clou weggelassen – dass es marktendogen keine Tendenz zu Vollbeschäftigung gibt, weil der Gleichgewichtsmechanismus sinkender Reallöhne nicht funktioniert: Wären die Nominallöhne bei Arbeitslosigkeit nach unten flexibel, was Keynes für unrealistisch hält, würden Kosten und Preise sinken und damit die Reallöhne mehr oder minder konstant bleiben, aber Deflationsgefahr erzeugt. Sind die Preise starr, führen Nominallohnsenkungen zu zusätzlichen Nachfrageproblemen. Keynes bestimmt das Preisniveau durch die Nominallöhne, nicht quantitätstheoretisch durch die Geldmenge. Hier kommt die in der »Treatise« enthaltene Inflations- und Deflationstheorie zum Ausdruck, in der die Lohn-

Das IS-LM-Modell

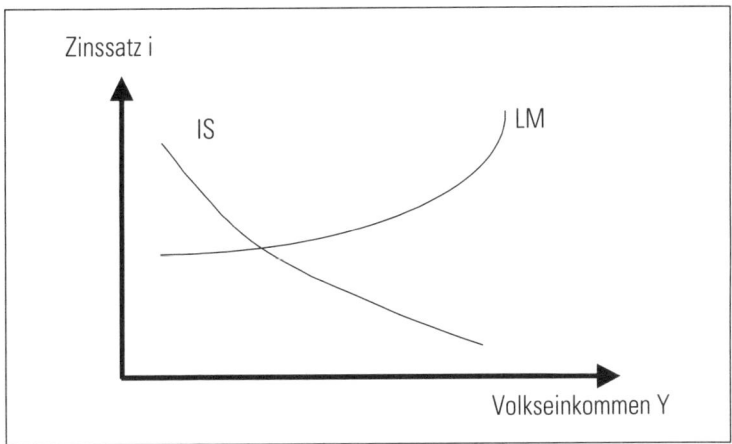

Zinssatz i

IS   LM

Volkseinkommen Y

stückkosten der entscheidende das Preisniveau bestimmende Faktor sind (s. Abb.).

Das Grundmodell scheint auf den ersten Blick große Vorteile zu haben. Es zeigt, dass der Ausgleich von Investieren und Sparen über die Einkommensbildung, nicht über den Zins erfolgt, wie die Neoklassiker glauben. Es streicht die Bedeutung von Geld und Zins heraus und bestimmt den Zinssatz, im Gegensatz zur Neoklassik vermeintlich ausschließlich monetär, indem auf Keynes' Theorie der Liquiditätspräferenz zurückgegriffen wird. Des Weiteren nimmt es die Möglichkeit, ja Wahrscheinlichkeit eines stabilen Unterbeschäftigungszustandes an. Zugleich zeigt das Grundmodell der Wirtschaftspolitik den erforderlichen (sehr einfachen) Instrumentenkasten: Bei Unterbeschäftigung wird die IS-Funktion mit Hilfe aktiver Fiskalpolitik nach rechts verschoben, oder die Geldpolitik sorgt für ein größeres Geldangebot und verschiebt die LM-Kurve nach rechts. Bei zinsunelastischen Investitionen ist Fiskalpolitik angesagt, denn die Geldpolitik bleibt wirkungslos, ebenso in der Liquiditätsfalle, in der die spekulierenden Vermögensbesitzer zusätzliches Geld, das eine expansive Geldpolitik bereitstellt, in einer aufgeblähten Spekulationskasse horten, so dass die Geldpolitik den Zins nicht weiter zu senken vermag – wieder ist die Fiskalpolitik am Zuge. Damit begründet das Modell, sofern man diese beiden Fälle für die relevantesten hält, eine Präferenz für die Fiskalpolitik, weshalb Friedman die Keynesianer für Fiskalisten

hielt, die der Geldpolitik nicht viel zutrauten. Wird das gesamte Geldangebot in der Transaktionskasse gehalten, dann ist die Geldnachfrage nur noch einkommens-, nicht mehr zinsabhängig, so dass man der
LM-Kurve einen vertikalen »klassischen« Ast geben kann, während
der horizontale Ast, der für die Liquiditätsfalle steht, als eigentlicher
keynesianischer Teil verstanden wird. Dazwischen liegt ein halbkey-
nesianischer wie halbklassischer Bereich. Das ist das Material, aus dem
man ein fast alle zufriedenstellendes Modell bauen kann, wahrlich aber
keine keynesianische Revolution.

Einige zentrale Punkte, an denen sich aus den unterschiedlichsten
Richtungen Kritik entzündet hat, seien kurz erwähnt (vgl. zur Kritik
Leijonhufvud 1973, Arestis 1992, Heine/Herr 2000):

1. Es wird ein *Fixpreismodell* mit reinen Mengenanpassungen dargestellt, Inflation wie Deflation sind also nicht analysierbar. Legiti-
miert wurde dieses Vorgehen, weil bis zum Punkt der Kapazitätsauslastung keine Nachfrageinflation entsteht; die Möglichkeit kostenbe-
dingter Inflation wurde ausgeklammert. Da zudem der *fehlende Arbeitsmarkt* bemängelt wurde, wurde das Modell von *Modigliani* um
einen traditionellen neoklassischen Arbeitsmarkt – Arbeitsangebot und
-nachfrage sind von der Höhe des Reallohns abhängig – und eine Preis-
niveau-Axe erweitert (vgl. z.B. Felderer/Homburg 1994: 131ff.). In
der Folge führt eine Unterbeschäftigungssituation zu sinkenden No-
minallöhnen und parallel dazu sinkendem Preisniveau, und jetzt können der sogenannte Keynes- und der Pigou-Effekt infolge steigender
Realkasse (bei konstanter nominaler Geldmenge steigt die reale Kas-
senhaltung) automatisch wieder zu Vollbeschäftigung führen: Der
Keynes-Effekt lässt die Zinsen sinken und die Investitionen steigen,
sodass sich die LM-Kurve nach rechts verschiebt, und der *Pigou*-Ef-
fekt lässt den realen Konsum steigen, sodass sich die IS-Kurve nach
rechts verschiebt. Keynes wird damit aber zusammengestutzt auf die
Spezialfälle zinsunelastischer Investitionen und die Liquiditätsfalle,
in denen *Keynes*- und *Pigou*-Effekt nichts ausrichten können. Ausgeklammert bleibt der viel gravierendere *Fisher*-Effekt, nach dem ein
sinkendes Preisniveau negative Wirkungen auf die Investitionstätigkeit hat.

Lässt man dies unberücksichtigt, dann bleibt eigentlich von Keynes
fast nichts übrig. Die neoklassische Synthese ist perfekt. Dass Keynes
die Liquiditätsfalle für einen unwahrscheinlichen Spezialfall hielt, und
im Normalfall der Unterbeschäftigung nicht von zinsunelastischen In-

vestitionen ausging, dass er den nach ihm benannten Keynes-Effekt ablehnte, weil sehr riskant und unsicher, und stattdessen auf expansive Geldpolitik setzte, dass er Lohndeflation gerade bekämpfte – all dies ist in Samuelsons neoklassischer Synthese untergegangen. Hicks lieferte dafür die Steilvorlage.

Jetzt ging man noch einen Schritt weiter: Gerade wenn man mit Keynes die Liquiditätsfalle und zinsunelastische Investitionen für Spezialfälle hält, aber zugesteht, dass die Güterpreise zumindest kurzfristig starr sind, insbesondere weil die Nominallöhne, wie Keynes annahm, kurzfristig nicht sinken, dann setzt der klassische Gleichgewichtsmechanismus immerhin mittelfristig ein: Ein Keynessches Unterbeschäftigungsgleichgewicht wird damit auf ein kurzfristiges, vorübergehendes Problem reduziert – ein Problem kurzfristig *starrer Preise und Löhne*. Starre Nominallöhne werden mit Geldillusion der Arbeitnehmer begründet, so dass dies zum dritten Keynesianischen Spezialfall hochstilisiert wird. Keynes wird zum Ökonom der kurzen Frist, zum Theoretiker der Depression, der mit nicht-rationalen oder gar irrationalen Erwartungen hantiert.

Wirtschaftspolitisch bieten sich damit drei Optionen an. Man beschleunigt (1.) die zu trägen Selbstheilungskräfte der Märkte ein wenig mit leicht dosierter keynesianischer Fiskal- und/oder Geldpolitik, man wartet (2.) ab (das Gleichgewicht wird schon kommen), oder man setzt (3.) auf Lohn- und Preisflexibilisierung. Eigentlich ist Letzteres das Naheliegendste, wenn man Lohn- und Preisstarrheiten als Störenfriede ausgemacht hat. Damit wird die neoklassische Synthese unter der Hand zur Blaupause für neoklassisch inspirierte, in der Konsequenz geradezu anti-keynesianische Wirtschaftspolitik.

2. Das Geldmarktgleichgewicht ist höchst fragwürdig modelliert. Eine entscheidende Schwäche, die Keynes' »General Theory« selbst zu verantworten hat, ist die Annahme einer konstanten Geldmenge, die die Zentralbank kontrollieren kann. In diesem Punkt folgt er bzw. Hicks den üblichen quantitätstheoretischen und monetaristischen Annahmen – mit folgenschweren Konsequenzen: Damit wird der Möglichkeit systemstabilisierender Realkasseneffekte (Keynes- und Pigou-Effekte) Tür und Tor geöffnet. Einerseits wird das geldpolitische Handlungspotenzial von Zentralbanken maßlos überschätzt (faktisch ist die Geldmengensteuerung keiner Zentralbank der Welt gelungen), und der Monetarist Friedman musste an der skurrilen Vorstellung von Zentralbankgeld, das von Hubschraubern abgeworfen

wird, festhalten, um die Annahme zu illustrieren. Andererseits wird die tatsächliche Kompetenz von Zentralbanken unterschätzt: Sie können sehr weitgehend den kurzfristigen Zins fixieren (beschränkt man sich auf die nationalstaatliche Perspektive). Demnach wäre der kurzfristige Zins zu exogenisieren, nicht die Geldmenge, die sich passiv, also endogen aus dem Marktgeschehen ergibt. Genau dies postulieren die meisten Postkeynesianer, insbesondere Kaldor. Natürlich impliziert dies nicht, dass die Zentralbank die Geldmenge überhaupt nicht beeinflussen kann, nur muss dies stets über den Zinssatz verlaufen. Daher forderte beispielsweise jüngst Romer (2000), die LM-Kurve abzuschaffen und durch einen exogenen Zinssatz zu ersetzen.

Ein anderes Problem mit der LM-Funktion ist die extrem simplifizierende Annahme, dass nur Geld und festverzinsliche Wertpapiere, deren Bestand gegeben ist, als Vermögenswerte gehalten werden können. Es fehlt ein Kreditmarkt, es fehlt die Rolle der Geschäftsbanken als geldschöpfungsfähige Institutionen. Es gibt nur *einen* Zinssatz, offenbar den kurzfristigen, der zugleich der für Investitionen relevante sein soll. Wie werden bei Hicks eigentlich die Investitionen finanziert? Aus Hicks ursprünglicher Darstellung kann man entnehmen, dass die IS-Funktion eigentlich einen Kapitalmarkt beschreiben soll (Hicks 1937: 44, so auch Felderer/Homburg 1986: 128ff), auf dem die Kreditnachfrage den Investitionen gleich ist.[3] Dann würde die IS-Funktion aber keine Gütermarkt-, sondern Kapitalmarktgleichgewichte beschreiben, und das ganze Modell stellte nur den Zusammenhang von Geld- und Kapitalmarkt dar. Es fällt schwer, den Zinssatz allein aus der Liquiditätspräferenz abzuleiten, also aus dem Wunsch nach Spekulationskasse seitens der Spekulanten, deren Kurserwartungen von einem imaginären Normalniveau gesteuert sind, bei gegebenem Geldangebot (kritisch dazu auch Heine/Herr 2000: 476ff). Schließlich ist einzuwenden, dass der senkrechte Ast der LM-Kurve, der so genannte klassische Bereich, eine konstante Umlaufgeschwindigkeit des Geldes impliziert, was aber eine (neo-)klassisch-quantitätstheo-

---

[3] Man muss das wohl so interpretieren: Der Zinssatz hat bei Hicks zwei Funktionen – eine (neo-)klassische, indem er bei gegebenem Volkseinkommen Sparen und Investieren zum Ausgleich bringt, und eine keynesianische, indem er Geldangebot und Geldnachfrage ausgleicht. Wenn beide Funktionen erfüllt werden, ist ein Gleichgewicht erreicht. So vermischt er Keynes und Klassik.

retische Annahme ist, die Keynes und später besonders prägnant Tobin heftig bekämpften.

3. Eine mehr fundamentalistische Richtung der IS-LM-Kritik betont, dass die Rolle *unsicherer Erwartungen*, insbesondere der Investoren, unberücksichtigt bleibt. Tatsächlich werden, bezogen auf die kurze Frist, konstante, exogene Erwartungen unterstellt. Ändern sich diese, verschieben sich die Funktionen, insbesondere die IS-Funktion. Sich verändernde »*animal spirits*« des unternehmerischen Investitionskalküls – diese waren für Keynes neben dem Zins langfristig die entscheidenden Investitionsdeterminanten – können die Lage der Kurven verändern. Nimmt man stark instabile Erwartungen an, dann kann überhaupt nicht von einer stabilen IS-Funktion ausgegangen werden, und wirtschaftspolitische Verschiebungen beider Funktionen können stets durch Erwartungsänderungen konterkariert werden. Makropolitik erscheint relativ machtlos. Um diese Fragen zu klären, müssten die Rolle und die Determinanten von Erwartungen für das Handeln von Investoren und Vermögensbesitzern untersucht werden.

Wie man das IS-LM-Modell auch dreht und wendet, es bleiben viele Fragen offen. In vielerlei Hinsicht muss man Hicks Recht geben. Obwohl Keynes Hicks' Darstellung nicht zustimmen mochte, lieferte er doch in der »General Theory« für das meiste, was Hicks darstellte, zahlreiche Belege, selbst für die spätere neoklassische Synthese, die den neoklassischen Arbeitsmarkt hinzufügte. Freilich muss man Keynes zugute halten, dass er zugleich sehr viel weitergehende Ansichten vertrat, die nicht zu Hicks' Modell passen. Was letztlich vom IS-LM-Keynesianismus bleibt, ist die einfache Botschaft: Der Kapitalismus ist mit maßvoller Makropolitik zu Vollbeschäftigung fähig, vor allem durch geschickte Fiskalpolitik. Hat man etwas Geduld mit den zu trägen Marktkräften, dann kann man auch auf Makropolitik verzichten, erst recht, wenn man sich dem neoliberalen Programm der Lohn- und Preisflexibilisierung verschreibt, verbunden mit strenger Geldmengensteuerung.

3. Was folgt?

Die (post)keynesianische Makroökonomie ist noch weit davon entfernt, eine kohärente Theorie zu werden, die auf breitem Konsens beruht und als weithin akzeptiertes wirtschaftspolitisches Leitbild fungieren kann. Erwähnt sei die Frage, ob eine Mikrofundierung der Makroökonomik notwendig ist und wie sie aussehen müsste. Viele Postkeynesianer glaubten, der Makroökonomik eine mikroökonomische Theorie eines repräsentativen Unternehmens, etwa eine Oligopoltheorie, unterschieben zu müssen, um Keynes' in der »General Theory« angewandte Prämisse vollständigen Wettbewerbs abzulösen. Die Neukeynesianer suchen nach allerlei Begründungen für vorrangige Mengenreaktionen und mangelnde Preisflexibilität. So verdienstvoll dies sein mag, es hilft der Makroökonomik nicht weiter. Makroökonomische Aussagen lassen sich nicht durch einfache Aggregation von unten nach oben ermitteln – was mikroökonomisch richtig ist, gilt noch lange nicht makroökonomisch: Trugschlüsse der Aggregation. Eine andere Debatte betrifft die Rolle der Erwartungen. Sind die der keynesianischen Theorie impliziten Erwartungen rational? Inwieweit lassen sich überhaupt noch makroökonomisch gehaltvolle Aussagen treffen, wenn Erwartungen relevant, instabil und exogen sind?

Der postkeynesianische Diskurs bestätigt: Makroökonomische Analyse ist für Wachstum und Beschäftigung von kardinaler Bedeutung, Makropolitik ist notwendig und möglich. Es geht nicht darum, *ob* Makropolitik in der Form der Geld-, Währungs-, Fiskal- und Lohnpolitik betrieben wird, sondern darum, *welche* angewendet wird und welche Relevanz sie hat. Die vorherrschende Philosophie favorisiert »stabile makroökonomische Rahmenbedingungen«, vor allem geringe Inflation, ausgeglichenes Budget, bei Arbeitslosigkeit Lohnzurückhaltung (Nominallohnzuwächse unterhalb der Produktivitätssteigerung). Der Rest soll durch institutionelle Änderungen (z.B. Deregulierung, Privatisierung) erfolgen, die zu optimalerer Faktorallokation und dadurch induziertem Wachstum führen soll. Aus keynesianischer Sicht haben Allokation und Wachstum nur wenig miteinander zu tun. Aktive Makropolitik ist durch nichts zu ersetzen; mikroökonomische Interventionen wirken selektiv in schmalen Bereichen der Volkswirtschaft ohne makroökonomisches Gewicht. Strukturpolitik ist makroökonomisch neutral, zumindest in der direkten Wirkung. Dies gilt auch für Technologieförderung, die – außer bei seltenen Basisinnovationen – neue Produktion fördert und zugleich andere obsolet macht. Selbst starke Produktivitätsdynamik wirkt nicht zwingend wachstumsstimulierend. Technischer Fortschritt ist nur unter bestimmten Bedingungen wachstumsfördernd, ganz im Gegensatz zur alten und neuen Wachstumstheorie.

Ohne eine kohärente alternative makroökonomische Theorie, jenseits der ausgetretenen Pfade des Standardkeynesianismus, lassen sich

neue wirtschaftspolitische Leitbilder, die aktive Makropolitik einschließen, nicht realisieren. Alte Theorien gehen nur unter, wenn sie durch
neue ersetzt werden. Aus der postkeynesianischen Debatte kristalli-
sieren sich die folgenden Schlussfolgerungen heraus: Keynesianische
Situationen sind nicht temporäre Abweichungen vom Vollbeschäfti-
gungszustand, wozu sie häufig stilisiert werden, indem der größte Teil
der Unterbeschäftigung als freiwillige, »strukturelle« oder »natürliche Arbeitslosigkeit«, in letztlich ähnlicher Version als NAIRU (»non-
accelerated-inflation-rate-of-unemployment«) klassifiziert wird (so
z.b. bei Mankiw 1990). Vielmehr geht es im Kern um unzureichende
Investitionstätigkeit, also mangelnde Nachfrage auf den Gütermärk-
ten. Entscheidender als die Fiskalpolitik ist die Geldpolitik, die besonders in der IS-LM-Tradition und der deutschen Variante fiskalischer »Globalsteuerung« gemäß dem »Stabilitäts- und Wachstumsge-
setz« unterschätzt wurde. Produktivitätsorientierte Lohnpolitik stabilisiert das Preisniveau und die konsumtive Nachfrage und vermindert
»conflict inflation«, sodass die Zentralbank mehr Spielraum für expansive Geldpolitik hat, die zugleich die Einkommensverteilung zu-
lasten der Vermögensbesitzer ändert. Darüber hinaus sollte die Wirtschaftspolitik Unsicherheit durch erwartungsstabilisierende Institutionen und Regeln reduzieren, insbesondere auf volatilen Finanz- und
Devisenmärkten, was geeignete Regulierungen einschließt. Von zentraler Bedeutung angesichts globaler Finanzmärkte sind dabei stabile
Wechselkurse. Hier erweist sich das gegenwärtige Währungssystem
als entscheidendes Hemmnis für eine an nationalstaatlichen Erfordernissen ausgerichtete Geldpolitik (etwa der Europäischen Zentralbank).
   Dass freilich die Makroökonomen mit einem kleinen Ärzteköffer-
chen in der Hand, der zwei Mittelchen enthält, welche die IS- und die
LM-Kurve zu verschieben imstande sind, eine fundamental instabile
Marktökonomie so stabilisieren können, dass Vollbeschäftigung und
Preisstabilität erreicht werden – diese Illusionen des »hydraulischen
Keynesianismus« sind wohl restlos zerstoben. Keynes selbst hatte einen viel umfassenderen Staatsinterventionismus vertreten als die meisten seiner Interpreten. Voraussetzung für einen Aufschwung keynesianisch inspirierter Wirtschaftspolitik ist ein breiter makroökonomischer
Konsens, wie er in der Nachkriegszeit lange existierte. Die neoklas-
sisch-monetaristische Vorherrschaft ist längst brüchig geworden, aber
von einem neuen Konsens sind wir – anders als manche Neukeynesianer glauben – noch weit entfernt.

Literatur

Arestis, P. (1992): The Post-Keynesian Approach to Economics. An Alternative Analysis of Economic Theory and Policy, Aldershot.

Arestis, P. (1996): Post-Keynesian economics: towards coherence, in: Cambridge Journal of Economics, Vol. 20, S. 111ff.

Barens, I./Caspari, V. (Hrsg.) (1994): Das IS-LM-Modell. Entstehung und Wandel, Marburg.

Blanchard, O.J. (1987): Neoclassical synthesis, in: Eatwell, J. et al. (eds.), The New Palgrave, Vol. 3, London/Basingstoke, S. 634ff.

Cottrell, A. (1994): Post-Keynesian monetary economics, in: Cambridge Journal of Economics, Vol. 18, S. 587ff.

Eichner, A.S./Kregel, J.A. (1975): An Essay on Post-Keynesian Theory: A New Paradigm in Economics, in: Journal of Economic Literature, Vol. 13, No. 4, S. 1293ff.

Felderer, B./Homburg, S. (1986): Eine Fehlinterpretation des Keynesianischen Modells, in: Jahrbücher für Nationalökonomie und Statistik, Band 201, S. 457ff.

Felderer, B./Homburg, S. (1994): Makroökonomik und neue Makroökonomik, 6. Auflage, Berlin u.a.

Harcourt, H.C. (1987): Post-Keynesian economics, in: Eatwell, J. et al. (eds.), The New Palgrave, Vol. 3, London/Basingstoke, S. 924ff.

Heine, M./Herr, H. (2000): Volkswirtschaftslehre, 2. Aufl., München/Wien.

Hickel, R. (1994): Joan Violet Robinson - Genie im Männerzirkus, in: Die ZEIT (Hrsg.): Die großen Ökonomen. Leben und Werk der wirtschaftswissenschaftlichen Vordenker, Stuttgart, S. 176ff.

Hicks, J.R. (1937): Mr. Keynes and the »Classics«: A Suggested Interpretation, in: Econometrica, Vol. 5, April, S. 147ff. (abgedruckt in deutscher Übersetzung in: Barens/Caspari 1994, S. 31ff.).

Hicks, J.R. (1976): Some Questions of Time in Economics, in: Tang, A.M. et al. (eds.), Evolution, Welfare, and Time in Economics, Lexington, S. 135ff.

Kaldor, N. (1982): The Scourge of Monetarism, Oxford.

Leijonhufvud, A. (1973): Über Keynes und den Keynesianismus. Eine Studie zur monetären Theorie, Köln.

Mankiw, N.G. (1990): A Quick Refresher Course in Macroeconomics, in: Journal of Economic Literature, Vol. 28, S. 1645ff.

Modigliani, F. (1944): Liquidity preference and the theory of interest and money, in: Econometrica, Vol. 12, S. 45ff.

Modigliani, F. (1963): The monetary mechanism and its interaction with real phenomena, in: Review of Economics and Statistics, Vol. 45, No. 1, S. 79ff.

Palley, T.I. (1996): Post Keynesian Economics. Debt, Distribution and the Macro Economy. Houndsmills/New York.

Richter, R. (1998): Zur Entwicklung der Makroökonomik in den vergangenen 50 Jahren (1947-1997), in: RWI-Mitteilungen, Jg. 49, Nr. 1-2, S. 1ff.

Robinson, J. (1973): What has become of the Keynesian revolution?, in: Robinson, J. (ed.), After Keynes, Oxford, S. 1ff.

Romer, D. (2000): Keynesian Macroeconomics without the LM Curve, in: The Journal of Economic Perspectives, Vol. 14, No. 2, S. 149ff.

Samuelson, P.A. (1947): Foundations of Economic Analysis, Cambridge/ Mass.

Samuelson, P.A. (1955): Economics, 3. Aufl., New York.

Sawyer, M.C. (1991): Post-Keynesian Macroeconomics, in: Greenaway, D./ Bleaney, M./Stewart, I. (eds.), Companion to Contemporary Thought, London/New York, S. 184ff.

Harald Mattfeldt
Arbeitsmarkt und realwirtschaftliche Entwicklung: Anmerkungen zur Entkopplungsthese

»*Someone once defined an economist as a parrot trained to repeat ›Supply and demand, supply and demand‹... It is often argued that individual unemployed workers could accept lower-paid jobs. Since they do not do so, their ›unemployment‹ should be regarded as ›voluntary‹. I think, by this standard, all the American soldiers who were killed in Vietnam could be counted as suicides since they could have deserted, emigrated to Canada or shot themselves in the foot, but did not.*«

Robert M. Solow

1. Entkopplungsthesen

Die Diskussion der Entwicklungen von Wachstum und Konjunktur auf der einen sowie den Arbeitsmärkten und den Geld- und Finanzmärkten auf der anderen Seite war in den vergangenen Jahren stark durch Entkopplungsthesen geprägt. So hat die Behauptung, dass sich die Finanzmärkte gegenüber der realwirtschaftlichen Entwicklung verselbständigt hätten, in der internationalen Krisen- und Globalisierungsdiskussion eine erhebliche Rolle gespielt und spielt sie noch immer. Diese Entkopplungsthese ist die zentrale Begründung für die Forderungen von Ökonomen und Politikern nach einer internationalen Regulierung der Finanzmärkte. Eine überzeugende theoretische und empirische Fundierung dieser These fehlt aber bisher. Im Lichte der jüngsten Entwicklungen lässt sich mit gleicher Berechtigung die Gegenthese begründen, dass nämlich die Finanzmärkte selten so eng mit der realwirtschaftlichen Entwicklung verkoppelt, von ihr abhängig waren wie heute. Ähnliches gilt für die Entkopplungsthese, die sich auf den Zusammenhang von Gütermarkt und Arbeitsmarkt bezieht. In diesem Beitrag wollen wir uns mit der empirischen Plausibilität dieser These befassen, die insbesondere immer wieder für die Bundesrepublik formuliert wird und deren Gültigkeit (oder Ungültigkeit) von erheblicher wirtschafts- und beschäftigungspolitischer Relevanz ist. Sie liefert einen Begründungszusammenhang für die

Ablehnung einer Konjunkturpolitik zur Verbesserung der Arbeits-
marktsituation. Eine antizyklische Konjunkturpolitik hätte in der Tat
wenig Sinn, wenn sie wegen der Entkopplung von Wachstum und
Arbeitsmarkt das Beschäftigungsniveau nicht beeinflussen könnte.
Die Analyse des Zusammenhangs (der »Verkopplung«) des realwirtschaftlichen Gütersektors mit dem Arbeitsmarkt gehört zum Kern
bisheriger Wirtschaftstheorie. Die keynesianische Analyse unterscheidet sich dabei von der neoklassischen Schule dadurch, dass sie eine
andere Hierarchie der makroökonomischen Märkte behauptet. Die
Entwicklungen auf dem Arbeitsmarkt werden bei ihr von der gesamtwirtschaftlichen Nachfrage abgeleitet, während die Neoklassik die Pro-
duktionsfunktion und den Arbeitsmarkt zum Ausgangspunkt ihrer
Analyse nimmt.

Vor genau 40 Jahren (1962) untersuchte Arthur Okun den Zusammenhang von Produktionspotenzial und Beschäftigungsentwicklung
bzw. Arbeitslosigkeit (Okuns Law) empirisch. Okuns Ansatz mündete in eine Diskussion um Beschäftigungsschwellen, d.h. um die
Wachstumsraten der realen Bruttosozial- oder -inlandsprodukte, ab
denen es zu einem Beschäftigungsaufbau kommt. Die Entkopplungsthese stellt die Sinnhaftigkeit solcher Untersuchungen in Frage.

Ist mit Entkopplung allerdings lediglich gemeint, dass es bei den
Zyklen der vergangenen 20 bis 30 Jahre zu einer signifikanten Erhöhung der Beschäftigungsschwellen gekommen ist, so wäre dies kein
Argument für die Behauptung der Loslösung des Arbeitsmarktes von
der Güterproduktion. Vielmehr sollte dann zunächst, statt vorschnell
auf eine Verselbständigungsthese einzuschwenken, nach den Kreis-
lauf- und anderen Ursachen hierfür gesucht werden (Inlandsnachfra-
ge, Entwicklung der funktionalen und personellen Einkommensverteilung, Sättigungsprobleme, Arbeitszeitverlängerungen durch Überstunden, beschäftigungspolitisch verfehlte Finanzpolitik, technischer
Fortschritt mit Produktivitätssteigerungen, organisatorische Rationa-
lisierungsprozesse etc.).

Wirtschaftspolitisch hätte die Verifizierung der Entkopplungsthese
gerade für eine alternative Wirtschaftspolitik erhebliche Konsequenzen. Die Ursachen der Arbeitslosigkeit wären nämlich dann im »Über-
konjunkturellen«, in den »Rahmenbedingungen«, den staatlichen Regulierungen zu suchen, insbesondere in der Ausgestaltung des sozialstaatlichen Bereichs (»soziale Hängematte«), in »unflexiblen Arbeitsmärkten«, im Tarifvertragssystem, in nicht marktgerechten Löhnen

etc. Nicht zuletzt würden die Gründe auch bei den Arbeitslosen selbst vermutet. »Wir haben am Arbeitsmarkt ein strukturelles und kein konjunkturelles Problem. Viele Arbeitslose besitzen nicht die Fähigkeiten, die verlangt werden. Selbst wenn die Konjunktur anziehen würde, führt dies nicht automatisch zum Abbau der Arbeitslosen. Dies hängt mit dem falschen Verständnis der Deutschen vom Sozialstaat zusammen.« (Straubhaar 2001: 21)

Dem ließe sich nur durch eine generelle »Reform« und einen grundlegenden Umbau der sozialstaatlichen Sicherungssysteme, des Tarifrechts und anderer, die Konjunkturverkopplung des Arbeitsmarktes hindernde Regulierungen beikommen. Die Entkopplungsthese liefert von daher einen Begründungszusammenhang für weitere Deregulierungsforderungen für den Arbeitsmarkt und den Sozialstaat.

Wenn es sich bei der vorhandenen Arbeitslosigkeit und dem sich verfestigenden und vergrößernden »Sockel« von Arbeitslosen im Wesentlichen um ArbeitnehmerInnen handelt, die in früheren oder aktuellen Krisen entlassen wurden und die bei anziehender Konjunktur keinen neuen Arbeitsplatz gefunden haben, lässt sich dies u.a. durch Theorien über eine »natürliche Arbeitslosenquote« und den darauf aufbauenden und sich ständig verfeinernden NAIRU-Ansätzen erklären. Sie sind inzwischen fester Bestandteil der neoklassischen Lehre und Forschung und Bezugspunkt entsprechender wirtschaftspolitischer Strategien.

2. »Sockelarbeitslosigkeit«

Seit über 25 Jahren ist für die Bundesrepublik eine Zunahme der sog. Sockelarbeitslosigkeit deutlich erkennbar. Dabei wird Sockelarbeitslosigkeit nirgendwo genau definiert. Gemeint sind offenbar die Arbeitslosen, die selbst in der Boomphase keinen neuen Arbeitsplatz finden. Wer also selbst in dieser Phase der Konjunktur keinen Arbeitsplatz findet, ist »entkoppelt«. Dies scheint irgendwie plausibel, ist aber auch tautologisch. Was ist, wenn sich durch Bevölkerungswachstum oder die Erhöhung der Erwerbsquote von Frauen die Anzahl derjenigen, die einen Arbeitsplatz suchen, aber vorher noch niemals dem Arbeitsmarkt zur Verfügung standen, die (Sockel-)Arbeitslosigkeit erhöht hat? Waren oder sind sie auch konjunkturell entkoppelt? Was ist, wenn das Erwerbspersonenpotenzial demnächst stark zurückgeht und selbst bei geringen Wachstumsraten des realen Bruttoinlandsprodukts der Arbeitsmarkt leergefegt ist? Wäre das dann ein Beweis für eine neue starke Verkopplung? Genau wie bei der Entkopplungsthese hinsichtlich der Finanzmärkte ist es notwendig, empirisch etwas genauer hinzusehen.

Eine wesentlich durch Bevölkerungswachstum, verändertes Erwerbsverhalten, Zuwanderung (»bevölkerungsbedingte Arbeitslosigkeit«, Wagner 1998: 443ff.) oder durch die Transformationsprozesse verursachte steigende Arbeitsplatzlücke mit dem Begriff »Entkopplung« zu belegen, wäre fehl am Platze. Wenn die Beschäftigungslücke nicht durch Entkopplung, sondern wesentlich durch das Bevölkerungswachstum und die Bevölkerungsstruktur sowie das geänderte Erwerbsverhalten verursacht wird, würde die Notwendigkeit einer aktiven Beschäftigungspolitik (z.b. als aktive Struktur- und Regionalpolitik mit ökologischer und sozialer Ausrichtung) sehr viel deutlicher gemacht werden können als bei »Entkopplungsarbeitslosigkeit«.

In der Regel ist die hohe Sockelarbeitslosigkeit Ausgangspunkt für die Entkopplungsthese. So schreibt Rudolf Hickel in einem neueren Beitrag:

»Deutlich wird seit der konjunkturellen Krise 1975 das Muster steigender Sockelarbeitslosigkeit sichtbar. Während zwar in der konjunkturellen Krise erwartungsgemäß die Zahl der Arbeitslosen zunimmt, werden in der anschließenden Phase des Konjunkturaufschwungs über die Kompensation des vorangegangenen Abbaus keine neuen Beschäftigungsverhältnisse zur Verfügung gestellt. Deshalb vollzieht sich in der nachfolgenden Wirtschaftsrezession der Abbau der Arbeitsplätze vom hohen Sockel des vorangegangenen Konjunkturzyklus aus. (...) Ich will hier schon anmerken, daß sich offensichtlich die *Bewegung der Arbeitslosigkeit in wachsendem Maß vom Zuwachs der Güter- und Dienstleistungsproduktion entkoppelt hat*.« (Hickel 2000: 1, Hervorhebung H.M.)

Er weist anschließend darauf hin, dass der Indikator »registrierte Arbeitslose«, der sich in den offiziellen Arbeitslosenquoten niederschlägt, nur ein unvollständiges Bild über das Ausmaß der Beschäftigungskrise zeichnet und fordert, dass die demographischen Entwicklungen, veränderte Erwerbsquoten, Zu- und Abwanderungen von Ausländern und der Auf- und Abbau der Stillen Reserve zur Erklärung von Arbeitsplatzlücken ebenfalls herangezogen werden müssen.

Die folgenden Ausführungen sollen dazu beitragen, die empirische Relevanz der Entkopplungsthese für die Bundesrepublik zu klären.

Zunächst geht es darum herauszufinden, ob eine Reagibilität wichtiger Arbeitsmarktindikatoren auf die konjunkturelle Entwicklung vorhanden ist. Die Entkopplungsthese behauptet diese für frühere, aber nicht mehr für Konjunkturzyklen der letzten 20-30 Jahre. Sie geht in ihrer milderen Variante davon aus, dass die Bewegungen dieser Indikatoren, gemessen an denen einer realwirtschaftlichen Referenzgröße, zunehmend asymmetrischer geworden sind. Im Abschwung sei eine starke negative Arbeitsmarktreaktion festzustellen, im Aufschwung dagegen eine nicht entsprechend starke positive, zumindest nicht in dem Maße wie die der Referenzgröße. Die Wachstumsraten und Elastizitäten von Güter- und Arbeitsmarktindikatoren müssten sich also in früheren Boomphasen von denen in neueren signifikant unterscheiden – bis hin zu einer Auflösung des Zusammenhangs.

Bei dem Arbeitsmarktindikator »Arbeitslose« ist genau hinzusehen. Stammt die Zunahme von Arbeitslosen aus der Gruppe der vor der Krise Beschäftigten? Handelt es sich also um ArbeitnehmerInnen, die in der vorherigen Krise entlassen wurden oder um Arbeitsuchende, die aus verschiedenen Formen vorheriger Nichterwerbstätigkeit kommen? Wie symmetrisch sind Auf- und Abbau der Referenzgröße wie der Arbeitsmarktindikatoren? In einem weiteren Teil wird dann untersucht, welche Bedeutung die nichtkonjunkturellen Faktoren wie Bevölkerungswachstum, Bevölkerungsstruktur und Erwerbsquoten haben und, sofern eine solche feststellbar ist, sie zu- oder abgenommen hat und schließlich welche Bewegung den Auf- und Abbau der Beschäftigung abbildet, die konjunkturelle oder die bevölkerungsbedingte.

3. Zyklische Schwankungen von Arbeitsmarktindikatoren

Zunächst soll überprüft werden, ob relevante Arbeitsmarktindikatoren in der Bundesrepublik vergleichbare Konjunktur- und Wachstumsmuster zeigen wie das reale Bruttoinlandsprodukt (BIPR). Mit Hilfe seiner Veränderungsraten wird die Konjunktur- und Wachstumsentwicklung in der Bundesrepublik dargestellt. Sie bildet die Bezugsgröße für die Arbeitsmarktindikatoren. Schwingen sie – in der gleichen Weise wie das BIPR, so können wir von Kopplung sprechen. Entkopplung liegt dann vor, wenn eine frühere Kopplung signifikant lockerer wird oder gar nicht mehr besteht, d.h. sich die bisherigen zeitlichen und/oder quantitativen Zusammenhänge aufgelöst haben.

Die verwendeten Arbeitsmarktindikatoren sind neben der Anzahl der offiziell ausgewiesenen Arbeitslosenzahlen und -quoten die Zahl der abhängig Beschäftigten, der Erwerbspersonen und Erwerbstätigen, die Vermittlungen und weitere wichtige Aggregate aus der Arbeitskräfte-Gesamtrechnung der Bundesanstalt für Arbeit.[1] Die Entkopplungsthese wird mit Hilfe von Korrelations- und Komponentenanalysen untersucht, also im Rahmen der deskriptiven Statistik unter Berücksichtigung der üblichen theoretischen Überlegungen. Sie beziehen sich auf die Wachstumsraten der Indikatoren und die der Referenzgröße.[2] Dafür wurden sowohl vierteljährliche als auch jährliche Daten herangezogen.[3] Da die Ergebnisse für die vierteljährlichen Daten zum Teil von der Art der Saisonbereinigung abhängen (für die dazu notwendigen methodischen Erläuterungen ist hier kein Platz), werden im Wesentlichen nur die Ergebnisse aus den Jahreswerten wiedergegeben, die sich aber nicht von denen der Vierteljahreswerte unterscheiden.

Wenn wir die Bewegungen der Wachstumsrate des BIPR seit 1960 konjunkturell interpretieren, so sind vier Jahre eindeutig als Rezessionsjahre (negative Wachstumsraten) erkennbar (1967, 1975, 1982, 1993). Ohne den Vereinigungsprozess wäre es bereits 1989/90 zu einem Abschwung gekommen. Der Vereinigungsboom verschob die Rezession um einen halben Zyklus. Die Periodogramm- und Spektralanalyse zeigt für diese Rezessionsphasen einen deutlichen Sieben-Jahresrhythmus. Nehmen wir allerdings die oberen Wendepunkte, so sind die Konjunkturzyklen hinsichtlich ihrer Länge nicht so eindeutig identifizierbar. Die Zeiträume umfassen fünf bis sechs Jahre zwischen den jeweils ausgeprägtesten Höhepunkten, aber die von Helmstädter (1989) mit einem M verglichenen Kurz- oder Zwischenkonjunkturen sind ebenfalls gut erkennbar und deuten auf einen weiteren

---

[1] Der übliche Hinweis, dass die Zeitreihen für die Bundesrepublik insbesondere seit 1990 durch den Vereinigungsprozess in vielfacher Hinsicht nicht mit denen für die Zeiträume davor vergleichbar sind, sei hier schon gegeben. Im konkreten Fall wird jeweils darauf eingegangen.

[2] Für die Darstellung der ebenfalls vom Verfasser für diese Untersuchung durchgeführten Regressionsschätzungen und Spektralanalyse sowie einiger Kointegrationstests fehlt hier der Raum.

[3] Die Daten stammen aus den Veröffentlichungen des Statistischen Bundesamtes, der Bundesanstalt für Arbeit und des Deutschen Instituts für Wirtschaftsforschung (Vierteljährliche volkswirtschaftliche Gesamtrechnungen).

zu beachtenden Zwischenzyklus von drei bis vier Jahren hin (vgl. Abb.1).

Die Veränderungsraten der Arbeitsmarktindikatoren der abhängig Beschäftigten wie der Erwerbstätigen, die der Arbeitslosenquote und der Arbeitslosen wie auch der offenen Stellen und der Vermittlungstätigkeit der Arbeitsämter weisen über den gesamten Zeitraum von 1960 bis 1999 dieselbe Rhythmik auf. Für die Berechnung der Regressionsgleichungen zwischen diesen Indikatoren und der Wachstumsrate des BIPR ergaben sich hochsignifikante Zusammenhänge mit den theoretisch begründbaren Vorzeichen. Dies gilt ebenso für die Korrelationskoeffizienten. Die Korrelationsanalyse wurde sowohl mit dem Bravais-Pearson- wie mit dem nichtparametrischen Rangkorrelationskoeffizienten nach Spearman durchgeführt. Eine Kreuzspektralanalyse bestätigt ebenfalls diese Kopplung. Hieraus lässt sich insgesamt folgern, dass sich die verwendeten Arbeitsmarktgrößen für die gesamte Periode zyklisch bewegen und dieser Zyklus durch die realwirtschaft-

Abb.1: Entwicklung der Wachstumsraten des realen Bruttosozialprodukts (WrBIPR), der Arbeitslosenquote (WrALQ) und der Zahl der abhängig Beschäftigten (WrBSAN) in der Bundesrepublik von 1961 bis 1999

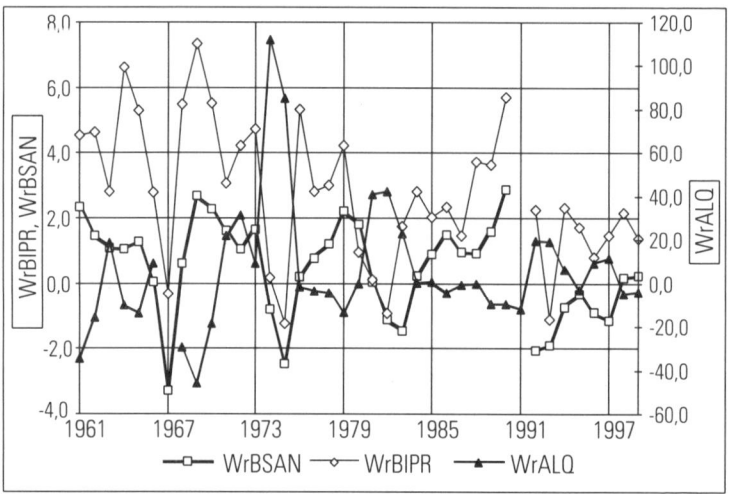

»Ausreißer« bei der Arbeitslosenquote wurden in der Grafik aus Dimensionsgründen für die Ordinatenskalen nicht berücksichtigt.

liche Güterbewegung bestimmt ist. Ein Granger-Kausalitätstest mit einem Einperioden-time-lag und der Wachstumsrate der Arbeitslosenquote sowie der Wachstumsrate des BIPR bestätigt die Plausibilität dieser Aussage noch einmal. Gibt es nun einzelne Zeiträume bzw. Zyklen, für die behauptet werden kann, dass für sie eine Entkopplung zu konstatieren ist, d.h. kein signifikanter Zusammenhang zwischen Güter- und Arbeitsmarktbewegung besteht oder mehr besteht?

Bilden wir zunächst zwei Teilzeiträume mit jeweils zwei 7-Jahreszyklen, 1961 bis 1975 sowie 1976 bis 1990 (nur Westdeutschland), so zeigt die Korrelationsanalyse der verwendeten Arbeitsmarktindikatoren mit der Wachstumsrate des BIPR signifikante Koeffizienten mit den Indikatoren für beide Zeiträume. Unverkennbar ist dabei, dass die Korrelationskoeffizienten im zweiten Zeitraum leicht abgenommen haben, für die Veränderungsraten des BIPR und der Arbeitslosenzahlen bzw. Arbeitslosenquote von -0,87 auf -0,77. Beide Koeffizienten sind aber weiter hoch signifikant. Bei einer Irrtumswahrscheinlichkeit von 0,05 müsste der Korrelationskoeffizient hier unter 0,51 fallen, um nicht mehr signifikant zu sein. Aus der Abb. 1 ist dieser Zusammenhang für beide Teilperioden gut ablesbar. Die Korrelation zwischen der Zahl der Vermittlungen durch die Arbeitsämter bzw. ihrer Veränderungsrate als Zeichen der Dynamik am Arbeitsmarkt in Abhängigkeit von der konjunkturellen Bewegung ist erwartungsgemäß etwas stärker geworden. Sie war im ersten Teilzeitraum noch insignifikant (Korrelationskoeffizient unter 0,5) und ist dann in der zweiten Periode auf 0,6 angestiegen. Hinter der Veränderung der Vermittlungszahlen stecken zahlreiche Faktoren, auf die hier nicht näher eingegangen werden kann. Wichtig ist festzuhalten, dass auch dieser Indikator die Entkopplungsthese nicht stützt. Dies führt zu einem weiteren Punkt, der sich in Fortführung der Grundidee des »Okunschen Gesetzes« auf die BIPR-Wachstumsraten bezieht, bei denen es zum Abbau der Arbeitslosigkeit bzw. zum Beschäftigungsaufbau kommt (vgl. Okun 1983: 145ff.).

4. Beschäftigungsschwellen

Okun nahm an, dass es kurzfristig eine konstante Beziehung zwischen dem Wachstum der Realgütersphäre und der Veränderung der Arbeitslosenquote gibt und stellte die Frage, wie hoch das Wachstum sein müsste, um die Arbeitslosenquote um ein Prozent zu senken. Wir wollen im Sinne unserer Problemstellung fragen: Wie hoch war für die Bundesrepublik die durchschnittliche Wachstumsrate des BIPR von 1961 bis 1999, ab der sich die Zahl der Arbeitslosen verringerte und die Zahl der Erwerbstätigen zunahm. In einem weiteren Schritt werden dann wieder zwei Teilperioden gebildet (1961-1982 und 1983-1999), um zu sehen, ob es Veränderungen zwischen den beiden Zeiträumen gegeben hat, die die Behauptung einer zunehmenden Entkopplung rechtfertigen. Die Berechnungen erfolgen wieder unter Fortlassung der Werte für 1991, die wegen der Vereinigungswirkung insbesondere bei den Wachstumsraten erhebliche Abweichungen (»Ausrutscher«) zu den Werten davor und danach aufzeigen. Die Ergebnisse für die Gesamtperiode zeigt die Abbildung 2. Auf der Ordinate rechts sind die Wachstumsraten für die Zahl der Erwerbstätigen abgetragen, auf der linken die für die Arbeitslosenzahlen (jeweils in vH). In der Grafik ist zu beachten, dass die Abszisse für die Erwerbstätigen oberhalb von der für die Arbeitslosen liegt.

Die BIPR-Schwellenwerte für diese beiden Arbeitsmarktindikatoren unterscheiden sich sowohl für die gesamte Periode wie für die beiden Teilperioden erheblich. Für den gesamten Zeitraum kommt es bereits bei einem BIPR-Wachstum von 2,51% zu einer Erhöhung der Erwerbstätigenzahl, während für einen Abbau der Arbeitslosigkeit durchschnittlich ein höherer Wachstumswert des BIPR von 3,76%

Abb. 2: Beschäftigungsschwellen für die Bundesrepublik 1961 bis 1999

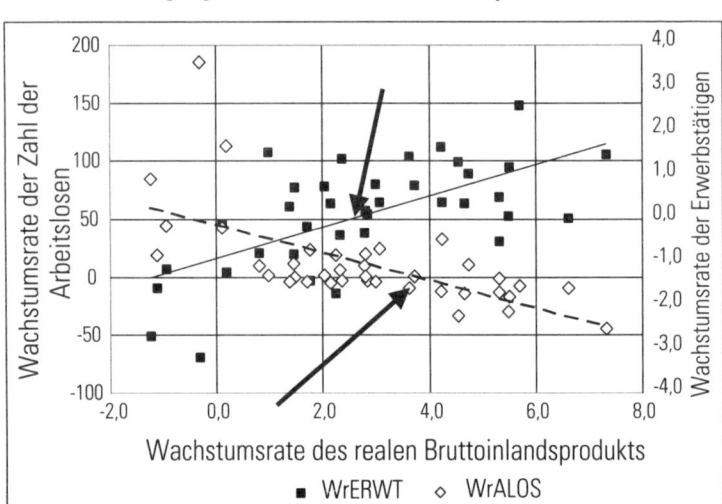

notwendig ist (vgl. die Pfeile in Abbildung 2). Für die Teilperiode von 1961 bis 1982 ergaben sich als Wachstumsschwelle für den Erwerbstätigenzuwachs 2,97%, für die Verminderung der Arbeitslosenzahlen sogar 4,34%. Die entsprechenden Werte für die zweite Teilperiode von 1983 bis 1999 wurden mit 1,97 bzw. 3,10% berechnet. Die Veränderungen in der zweiten Unterperiode signalisieren eine signifikant stärkere Reagibilität der beiden Arbeitsmarktindikatoren auf Wachstumsveränderungen beim BIPR als in der ersten Teilperiode, stützen also mithin keineswegs die Entkopplungsthese, sondern weisen sogar auf eine Zunahme der Sensitivität des Arbeitsmarktes auf Veränderungen im Güter- und Dienstleistungsbereich (stärkere Verkopplung) hin. Die Ursachen dafür seien hier nicht weiter untersucht. Was außerdem sofort ins Auge fällt, ist die Diskrepanz zwischen den Schwellenwerten für die Zunahme der Zahl der Erwerbstätigen und die Verringerung der Zahl der Arbeitslosen. Die Erhöhung der Zahl der Erwerbstätigen (dies gilt ebenso für die Zahl der abhängig Beschäftigten) führt nicht automatisch in gleichem Maße zu einer Verringerung der Arbeitslosenzahlen. Es handelt sich offenbar nicht um eine Art System kommunizierender Röhren. Es muss Seitenzu- und -abflüsse geben, die nicht mit dem realwirtschaftlichen Wachstum zusammenhängen. Dies ist ein Hinweis darauf, dass es sich nicht um dieselben Personengruppen handelt und enthält damit die Aufforderung, sich genauer die für die Arbeitsmarkt- und Beschäftigungsentwicklung relevanten demographischen Daten, die Zahlen der Arbeitskräfte-Gesamtrechnung und ausgewählte Arbeitsmarktströme anzusehen.

5. Bevölkerungsbedingte Arbeitslosigkeit?

Ausgangspunkt von Untersuchungen über eine wesentlich durch das Bevölkerungswachstum mitbestimmte Höhe der Arbeitslosigkeit ist die Entwicklung der Erwerbspersonenzahl. Die nachstehende Tabelle zeigt das Wachstum der Bevölkerung, der Erwerbspersonen und der Erwerbstätigen sowie der abhängig Beschäftigten und der Zahl der registrierten Arbeitslosen für einige Zeitabschnitte von 1960 bis 1999 (in 1.000) im alten Bundesgebiet und seit 1991 in Deutschland. Bevölkerungswachstum, Bevölkerungsstruktur und Erwerbsquoten sind die zentralen Faktoren, die die Entwicklung der Erwerbspersonenzahlen beeinflussen. Sie lassen sich komponentenanalytisch isolieren. Das Verfahren ist ähnlich wie bei der Analyse der Determinanten für die

Entwicklung der Lohnquote. Dabei werden jeweils »bereinigte« Lohnquoten gebildet, um einzelne Bestimmungsfaktoren (Beschäftigungsstruktur, Einkommensstruktur) in ihrer Gewichtung für die Lohnquotenentwicklung zu erfassen.

Jahr	Bevölkerung	Erwerbspersonen	Erwerbstätige	abhängig Beschäftigte	Arbeitslose (i.Tsd.)
1960	55.433	26.518	26.247	20.257	271
1970	60.651	26.817	26.668	22.246	149
1990	63.254	30.369	28.486	25.460	1.883
1991	79.984	40.012	37.804	34.224	2.208
1999	82.110	39.604	36.038	32.015	3.566

Die Zahl der Erwerbspersonen (ERWPERS) ist abhängig von der Bevölkerungszahl (BEV), der Anzahl der 15- bis 65-Jährigen (Bevölkerung im erwerbsfähigen Alter, BEV(15-65)) und der Erwerbsquote (ERWQ), hier berechnet als Quotient aus ERWPERS und BEV(15-65). Der Anteil der Bevölkerung im erwerbsfähigen Alter an der Gesamtbevölkerung wird mit QBEV(15-65) bezeichnet. Es gilt (Bellgardt 2000: 226ff.):

$$\text{ERWPERS} = \text{QBEV(15-65)} * \text{BEV} * \text{ERWQ}$$

Damit kann die Gesamtentwicklung der Erwerbspersonen in drei Effekte zerlegt werden, den Bevölkerungsbestandseffekt, den Bevölkerungsstruktureffekt und den Erwerbsquoteneffekt. Sie ergeben sich, wiederum wie bei der Lohnquotenanalyse, aus dem Vergleich der Berechnungen der obigen Formel für das zu analysierende Jahr mit einem Basisjahr. Da uns insbesondere die Zeit ab 1970 interessiert, führen wir entsprechende Rechnungen ab diesem Jahr durch.

Für die »alte« Bundesrepublik war die Entwicklung der Bevölkerungsstruktur, d.h. hier die Altersstruktur, für den Zeitraum von 1970 (Bezugsjahr) bis 1990 der einflussreichste Faktor. Er wird durch die Größe QBEV(15-65) ausgedrückt. Bei isolierter Betrachtung wäre allein aufgrund der Entwicklung der Zahl der 15-65-Jährigen die Erwerbspersonenzahl um 9,01% gestiegen. Immerhin ist in der Zeit von 1970 bis 1990 die Zahl der 15-65-Jährigen von 38,6 Millionen auf 43,9 Millionen, ihr Anteil an der Gesamtbevölkerung von 63,6 auf 69,4% gestiegen.

Diese Steigerung ist auch auf den »Sockel« durchgeschlagen. Das Ansteigen der Bevölkerung erklärt die Entwicklung der Erwerbspersonenzahl mit 4,29%, während der Erwerbsquoteneffekt zu einer Verringerung der Zahl der Erwerbspersonen um 6,04% geführt hätte. Nach der Vereinigung für den Zeitraum von 1991 bis 1999 verändern sich die Einflussschwerpunkte.

Jetzt dominiert bei den Einflussfaktoren mit positivem Vorzeichen der Erwerbsquoteneffekt mit 4,17%, danach kommt erst das Bevölkerungswachstum mit 2,66%. Die Veränderung der Altersstruktur, d.h. der Anteil der 15-65-Jährigen wirkt sich dagegen ab diesem Zeitpunkt nachteilig auf die Zahl der Erwerbspersonen aus und schlägt mit 10,86% negativ zu Buche.

Der starke Einfluss der demographischen Entwicklung und des Erwerbsquoteneffekts zeigt sich in der Arbeitskräfte-Gesamtrechnung (AGR) für die registrierten Arbeitslosen (vgl. Institut für Arbeitsmarkt- und Berufsforschung 2000: 26f.). Es ist sehr deutlich zu erkennen, dass eine immer größer werdende Zahl der Arbeitslosen vor der Arbeitslosigkeit nicht berufstätig war, sondern aus dem Bereich der Nichterwerbspersonen stammt. Während sich die Zahl der Arbeitslosen, die unmittelbar vorher als ArbeitnehmerInnen tätig war, von 1970 bis 1995 etwas mehr als verdoppelt hat, ist die Zahl der aus den »Nichterwerbspersonenbeständen« kommenden Arbeitslosen um das Siebzehnfache gestiegen. Die Abbildung 3 zeigt diesen ausgeprägten Trend sehr deutlich.

Im Jahre 1999 ist der Prozentsatz der vorher erwerbstätigen Arbeitslosen an den gesamten Zugängen sogar auf unter 50% (48,9% mit Auszubildenden) gefallen, die der vorher nicht Erwerbstätigen auf 51,1% gestiegen (ebenda: 89). Da die Zugänge von Arbeitslosen aus Nichterwerbstätigkeit die Abgänge von Arbeitslosen in Nichterwerbstätigkeit seit Beginn der 80er Jahre (bis auf 1989 und 1990) übersteigen – unabhängig von der konjunkturellen Entwicklung – erhöht sich die Zahl der Arbeitslosen aus dieser Gruppe. Aus ihr, und nicht nur aus den »arbeitslosen ArbeitnehmerInnen« stammt ein erheblicher Teil der vom Arbeitsamt Vermittelten und verstärkt die Verkopplung von Wachstum und Arbeitsmarkt auch bei Strukturveränderungen und Mismatch-Arbeitslosigkeit.

Eine einfache Methode, um aus der Entwicklung der Erwerbspersonenzahlen, der Erwerbstätigen und Arbeitslosen die bevölkerungsbedingte Arbeitslosigkeit festzustellen, zeigt Wagner (1998: 445). Ausgangspunkt ist die Definitionsgleichung für die Veränderung der Arbeitslosenzahl als Differenz aus der Veränderung der Anzahl der Er-

Abb. 3: Prozentualer Anteil der Zugänge an Arbeitslosen aus Arbeitnehmern (ohne Auszubildende) und aus Nichterwerbspersonen an den
gesamten Zugängen an Arbeitslosen für Westdeutschland 1970 bis 1994

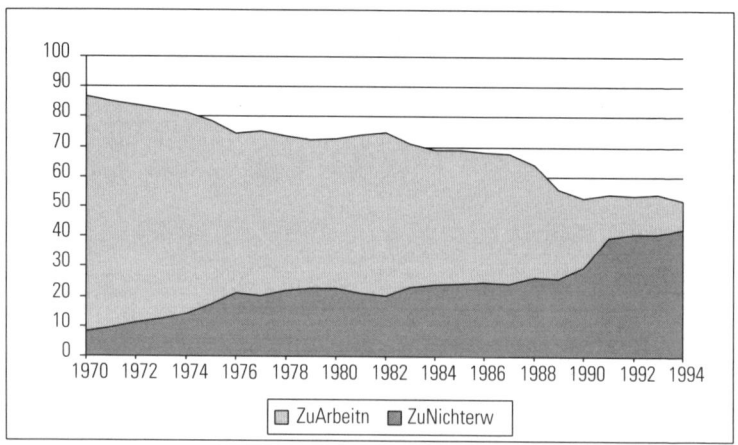

werbspersonen und der Erwerbstätigen jeweils zur Vorperiode. Ist
das Vorzeichen der Veränderung der Arbeitslosenzahlen gleich dem
der Veränderung der Erwerbspersonen, so lässt sich die Arbeitslosigkeit als *bevölkerungsbedingt, d.h. demographisch mitverursacht* klas-
sifizieren. Dies gilt sowohl für die Zunahme wie für die Abnahme der
Arbeitslosigkeit. *Ausschließlich bevölkerungsbedingt* ist die Arbeitslosigkeit dann, wenn eine zur Arbeitslosenänderung entgegengesetz-
te Beschäftigungsänderung hinzukommt. Man kann auch sagen, wenn
alle drei Veränderungswerte (Änderung der Erwerbspersonen-, der
Erwerbstätigen- und der Arbeitslosenzahl) dasselbe Vorzeichen aufweisen.

Die Tabelle (S. 61) zeigt die Entwicklung in der Bundesrepublik
seit 1960. Von den 38 Jahren (das Jahr 1991 wird nicht mitgezählt)
lassen sich 31 Jahre als solche bevölkerungsbedingter Arbeitslosigkeit
kennzeichnen, zehn davon als ausschließlich bevölkerungsbedingte Arbeitslosigkeit. Summieren wir die Arbeitslosenzahlen für diese Jahre,
so betrug die bevölkerungsbedingte Zunahme der Arbeitslosigkeit insgesamt 2,509 Millionen, die Abnahme 625.000, die saldierte Zunahme
also 1,884 Millionen.

Schauen wir uns die doppelte Sockelung der Arbeitslosigkeit für
die Bundesrepublik an, so ist der erste Sockel im Anschluss an die

Bevölkerungsbedingte Arbeitslosigkeit in der Bundesrepublik 1961-1999

Jahr	DiffERWPERS	diffERWT	diffALOS	Bevölkerungsbedingte Arbeitslosigkeit
1961	254	344	-90	
1962	73	99	-26	
1963	85	54	31	*ausschließl. bev.bedingt*
1964	-8	9	-17	bevölkerungsbedingt
1965	112	134	-22	
1966	-72	-86	14	
1967	-553	-851	298	
1968	-118	18	-136	bevölkerungsbedingt
1969	244	388	-144	
1970	282	312	-30	
1971	140	104	36	*ausschließl. bev.bedingt*
1972	164	103	61	*ausschließl. bev.bedingt*
1973	312	285	27	*ausschließl. bev.bedingt*
1974	-22	-331	309	
1975	-227	-719	492	
1976	-150	-136	-14	*ausschließl. bev.bedingt*
1977	4	34	-30	
1978	174	211	-37	
1979	316	433	-117	
1980	420	407	13	*ausschließl. bev.bedingt*
1981	357	-26	383	bevölkerungsbedingt
1982	253	-308	561	bevölkerungsbedingt
1983	47	-378	425	bevölkerungsbedingt
1984	54	46	8	*ausschließl. bev.bedingt*
1985	238	200	38	*ausschließl. bev.bedingt*
1986	291	367	-76	
1987	198	197	1	*ausschließl. bev.bedingt*
1988	222	209	13	*ausschließl. bev.bedingt*
1989	191	395	-204	
1990	570	725	-155	
(1991)	(9643)	(9318)	325	*(ausschließl. bev.bedingt)*
1992	-229	-642	413	
1993	-94	-585	491	
1994	66	-137	203	bevölkerungsbedingt
1995	-181	-64	-117	*ausschließl. bev.bedingt*
1996	15	-285	300	bevölkerungsbedingt
1997	120	-289	409	bevölkerungsbedingt
1998	-64	133	-197	bevölkerungsbedingt
1999	-41	103	-144	bevölkerungsbedingt

Krise 1974/75 entstanden, die die Arbeitslosigkeit auf die Dauermarke von einer Million anhob. Die zweite Sockelung, die zu einer Dauerarbeitslosigkeit (bis zur Vereinigung) von zwei Millionen und mehr führte, beginnt nach 1980. Diese Zeit ist geprägt durch ein vergleichsweise starkes Bevölkerungswachstum, insbesondere der Gruppe der 15-65-Jährigen. Deshalb findet sich auch in der obigen Tabelle für die alten Bundesländer der dichteste Block mit bevölkerungsbedingter Arbeitslosigkeit.

6. Zusammenfassung

Die empirische Analyse zeigt, dass es keinen Anlass gibt, von einer Entkopplung von Arbeitsmarktentwicklung und Gütermarktentwicklung für die untersuchten Perioden auszugehen. Alle herangezogenen Arbeitsmarktindikatoren schwingen weitgehend im Takt der realwirtschaftlichen Entwicklung. Die für die alte Bundesrepublik deutlich erkennbaren beiden Niveauverlagerungen bei den Arbeitslosenzahlen und den Arbeitslosenquoten, die sog.»Sockel«, sind kein Beleg dafür, dass sich die Verkopplung der beiden genannten Makromärkte gelöst habe. Die Verbreitung der Entkopplungsthese lässt sich also nicht aus ihrer empirischen Relevanz ableiten, sondern weil sie sich zur Legitimation des Mainstreams in Politik und Wissenschaft sehr gut heranziehen lässt, dass nämlich staatliche antizyklische Konjunkturpolitik nichts (mehr) zur Beseitigung der Arbeitslosigkeit beitragen könne (neuerdings als»Politik der ruhigen Hand« euphemisiert). Die Zustimmung zur Entkopplungsthese, zusammen mit dem Globalisierungsargument, eignet sich gut, um vorgeschlagene keynesianische wirtschafts- und arbeitsmarktpolitische Optionen zurückzuweisen.

Literatur
Bellgardt, E. (2000): Arbeitsbuch Statistik, München.
Helmstädter, E. (1989): Die M-Form des Wachstumszyklus, in: Jahrbücher für Nationalökonomie und Statistik, Nr. 4/5, S. 383-394.
Hickel, R. (2000): Zukunftsfähige Politik für Arbeit und Umwelt – Thesen zur Konzeption und den Instrumenten. Beitrag zur Denkwerkstatt Mecklenburg-Vorpommern, unter: http://www.denkwerkstatt-mv.de/pages/schlossSN_wortmeld_hickel.htm.
Institut für Arbeitsmarkt- und Berufsforschung (Hrsg.) (2000): Beiträge zur Arbeitsmarkt und Berufsforschung 101: Zahlen-Fibel, Nürnberg.

Okun, A.M. (1983): Potential GNP: 1st Measurement and Significance (1962), in: Ders.: Economics for Policymaking, Cambridge, Mass.

Straubhaar, T. (2001), Präsident des Hamburgischen Welt-Wirtschafts-Archivs (HWWA) in einem Interview im Hamburger Abendblatt vom 9.8.

Wagner, A. (1998): Makroökonomik, 2. Aufl., Stuttgart.

Karl Georg Zinn
Der Kapitalismus und die neue Hegemonialstellung der USA im Kontext der Debatte um die »New Economy«

1. Prognosen als Leitideen

Den folgenden Ausführungen liegen zwei Thesen zugrunde. Erstens wird die globale Entwicklung auf mittlere Sicht, d.h. für die nächsten Jahrzehnte, vorwiegend durch die wirtschaftlichen und politischen Prozesse innerhalb der reichen Ökonomien, insbesondere der Hegemonialmacht USA, und den daraus folgenden weltpolitischen Interessen bestimmt (Johnson 2000).

Zweitens ergibt sich aus der asymmetrischen Relation zwischen Ökonomie und Politik, dass die Weltgeschichte der nächsten Jahrzehnte weiterhin durch die Ausbreitung der kapitalistischen Wirtschaft, ihre Dynamik, d.h. die Prosperität, die Krisen, die strukturellen Veränderungen und die damit verbundenen sowie ausgelösten gesellschaftlichen Wandlungen geformt wird. Solche Prognosen sind aus erklärbaren Gründen unsicher (vgl. Zinn 2000). Diese Annahmen werden bei all jenen auf weltanschaulich motivierte Ablehnung stoßen, die eine derart determinierte Zukunft – dass sie sich prognostizieren lässt – nicht wahrhaben *wollen*, weil das der Willensfreiheit der Menschen widerspricht.

Doch die Prognosen *langfristiger* ökonomischer Entwicklungen im Sinn der Vorhersage »stilisierter Fakten« haben sich als recht treffsicher erwiesen, wenn den Prognosen empirisch bewährte Theorien zugrunde lagen. Auf solche Theorien und die daraus abgeleiteten Prognosen kann somit zurückgegriffen werden, wenn es um einen Ausblick auf den Fortgang des 21. Jahrhunderts geht (vgl. auch Reuter 2000). Einige der empirisch bestätigten, theoretisch begründeten Hypothesen zur langfristigen Entwicklung des Kapitalismus seien kurz in Erinnerung gerufen:

■ Der kapitalistische Konkurrenzprozess treibt den technologischen Wandel dauerhaft an. Die Produktion der technologischen Neuerungen und deren Realisierung als technischer Fortschritt in Form von Prozess- und Produktinnovationen erfordert Investitionen, sodass mit einer Fortsetzung der Akkumulation zu rechnen ist.

■ Der Akkumulationsprozess verläuft nicht kontinuierlich, sondern in zyklischen Schwankungen. Diese Konjunkturbewegungen unterscheiden sich zwar in den Details, aber trotz der Modifikationen zeigen sich charakteristische Gemeinsamkeiten, so genannte »stilisierte Fakten«, und da das Ausmaß der gesamtwirtschaftlichen Schwankungen definitionsgemäß von der jeweiligen Entwicklung der vier Nachfrageaggregate, Investition, Konsum, Staatsausgaben und Außenbeitrag bestimmt wird, unterscheiden sich Zyklen vor allem durch die jeweilige relative Bedeutung dieser Aggregate und ihrer gegenseitigen Beeinflussung.

■ Der produktivitätwirksame technische Fortschritt ist unabdingbar für intensives Wachstum, und intensives Wachstum (steigende Pro-Kopf-Einkommen) führt zur relativen Sättigung entsprechend dem Ersten Gossenschen Gesetz (Sättigungsgesetz), woraus der langfristige Strukturwandel resultiert. Der Strukturwandel verläuft sowohl innerhalb von Branchen und Sektoren als auch zwischen den Branchen und den Sektoren. Die Theorie/Prognose des säkularen Strukturwandels (Fisher, Clark, Fourastié) konnte die gegenwärtig zu beobachtende Anteilsverschiebung zwischen sekundärem und tertiärem Sektor bereits zu einem Zeitpunkt vorhersagen, als die Industrie bzw. der sekundäre Sektor sein Anteilsmaximum noch nicht erreicht hatte.

■ Der kapitalistische Konkurrenzprozess tendiert zur Konzentration und Selbstauflösung, sodass Wettbewerbsverhältnisse nur durch eine umfassende Wettbewerbspolitik aufrechterhalten werden können.

■ Der Konkurrenzmechanismus potenziert in seinen Ergebnissen relativ geringe Ausgangsunterschiede, sodass selbst bei vollkommener Chancengleichheit (Ausschaltung von Zufälligkeiten, Privilegien etc.) leistungswidrige Verteilungshierarchien entstehen, die wiederum die Grundlage für weitere Verteilungsdivergenzen bilden.

■ Mit steigendem Durchschnittseinkommen ergeben sich aus folgenden Gründen nachfrageseitige Begrenzungen für das zur Vollbeschäftigung erforderliche Investitionsvolumen:
– die Nachfragestimulierung durch neue Produkte wird in dem Maße kraftloser, wie aufgrund gestiegenen Wohlstandes die Dringlichkeit bzw. Attraktivität weiterer Konsumsteigerungen nachlässt und die Freizeitvorliebe zunimmt;

– trotz temporärer Auffrischung der Konsumneigung bei Auftreten neuer Güter sinkt der Grenznutzen des Konsums rascher als der der Vermögensbildung, sodass sich entsprechend dem Brentano-Keynes-schen Gesetz (Zinn 1993) bei steigender Sparneigung das Risiko eines Überhangs der freiwilligen Ersparnis über die freiwillige Investition (auf Vollbeschäftigungsniveau) vergrößert;

– wenn und soweit die Abschwächung der Konsumdynamik von den Investoren als Gefährdung künftigen Absatzes wahrgenommen wird, sinkt die Grenzleitungsfähigkeit des Kapitals, d.h. die Investitionstätigkeit wird relativ schwächer und verlagert sich mehr und mehr von den Erweiterungs- zu den Rationalisierungsinvestitionen.

Die skizzierten Tendenzen, die sich theoretisch aus dem Prozess der Kapitalverwertung erklären lassen und über die 200jährige Entwicklung des industriellen Kapitalismus hinweg historisch bestätigt wurden, liefern allerdings nur eine plausible Grundlage für Prognosen. Erkenntnistheoretisch betrachtet besteht immer das Problem der praktischen Kontingenz: Selbst wenn die Zukunft determiniert ist, bleibt unbekannt, ob wir alle determinierenden Größen und ihre Verlaufsgesetzmäßigkeiten kennen. Jede Prognose kann nur unter diesem Vorbehalt geschehen.

Um die innere Entwicklung der kapitalistischen Hemisphäre – insbesondere die der USA – einzuschätzen, muss gegenwärtig eine Frage mit Vorrang erörtert werden: Setzt sich der langfristige Trend, wie er durch die vorstehend skizzierten Merkmale charakterisiert ist, fort oder tritt ein grundlegender qualitativer Wandel im Charakter des modernen Kapitalismus ein (vgl. hierzu Chaloupek/Delapina 2001)? Gründe für diese Frage sind die breite öffentliche Wahrnehmung, es gebe eine »New Economy«, *und* deren mögliche Folgen für Akkumulation, Politik und ideologische Systemreproduktion. Wegen der Dominanz des Ökonomischen steht der Akkumulationsaspekt im Vordergrund der folgenden Überlegungen. Gefragt ist also nach dem Potenzial der New Economy, quasi eine Transformation des Kapitalismus derart zu bewirken, dass die bisher registrierten langfristigen Charakteristika wenn nicht völlig außer Kraft gesetzt, so doch in einem Maße modifiziert werden, dass eine neue Qualität des Systemverhaltens zu konstatieren ist.

2. »Neue Ökonomie« und »neuer Typ der Akkumulation«

Die US-amerikanische Wirtschaftsentwicklung verlief bis Mitte der 1990er Jahre eher unbefriedigend. Abgesehen von der Dauer und dem Ausmaß der Leistungsbilanzdefizite zeigten sich weitere Probleme. So war über mehr als zwei Jahrzehnte das Produktivitätswachstum weit unter dem Durchschnitt anderer Industrieländer geblieben, die Einkommenssituation breiter Schichten hatte sich verschlechtert, und auch die Wachstumsraten des Bruttoinlandsprodukts bewegten sich nur auf mittlerem Niveau. Lediglich bei der Beschäftigungsentwicklung stachen die USA durch die starke Zunahme der Arbeitsplätze positiv von der in anderen Ländern ab. Die Beschäftigungszunahme entsprach dem relativ starken Bevölkerungswachstum der USA in zweifacher Hinsicht: Das demographische Wachstum stimulierte Konsum und Investition, und das Arbeitskräftepotenzial nahm erheblich zu. Die Entwicklung bestätigte auch die theoretischen Erwartungen zum Strukturwandel: Industrielle Arbeitsplätze wurden abgebaut, und die Dienstleistungsbereiche expandierten mit teilweise erheblichen Negativeffekten für die Einkommenssituation von abhängig Beschäftigten beim Wechsel vom sekundären in den tertiären Sektor. Zumindest bis zu Beginn der 1990er Jahre entfiel deshalb auch ein erheblicher, wenn nicht sogar der überwiegende Teil der neuen Beschäftigungsmöglichkeiten auf Niedriglohnjobs mit prekären Arbeits- und Einkommensbedingungen, und es hatte sich der für die USA charakteristische gesellschaftliche Missstand der »working poor« noch verstärkt. Trotz der problematischen Aspekte der Gesamtentwicklung überwog jedoch – vor allem wegen der Zunahme der Beschäftigung – der Optimismus, und die US-Wirtschaft bekam auch damals schon weltweit eine recht gute Presse. Der optimistische Grundzug wurde bekanntlich besonders eindrucksvoll vom Anstieg der Wertpapierkurse unterstrichen. Bis zur Mitte der 1990er Jahre gab es jedoch keinen Anlass, von einem fundamentalen Wandel der US-Ökonomie auszugehen. Jedoch veränderte sich die Situation kurze Zeit später schlagartig.

Die frappierenden Wirtschaftsdaten der USA in der zweiten Hälfte der 1990er Jahre, die als Ausdruck der »New Economy« galten, schienen die Optimisten letztlich vollauf zu bestätigen, die seit längerem zu ernten gehofft hatten, was die Saat der informations- und kommunikationstechnischen Investitionen seit den 1980er Jahren zu versprechen schien. Die Produktivität stieg rapide, die Inflation verlief trotz

Annäherung an das Vollbeschäftigungsniveau sehr moderat, und die Einkommenssituation auch der breiteren Bevölkerungsschichten verbesserte sich wieder. Die Popularität des »Solow-Paradoxons«, d.h. der von Robert Solow 1987 getroffenen Feststellung, dass trotz flächendeckender Installation des Computers kein Produktivitätsschub zustande gekommen war, schien obsolet – als ein vorschnelles, ungeduldiges, ja kleingläubiges Urteil nörgelnder Pessimisten. An den positiven Sachverhalten besteht auch bei Skeptikern kein Zweifel mehr.

Wenn die »New Economy« jedoch wirklich etwas völlig Neues bedeuten sollte, so müsste sich dies in einer dauerhaften Veränderung der kapitalistischen Akkumulation zeigen. Die Frage ist aber nicht ganz so neu, wie ihr aktueller Anlass, nämlich die »New Economy«, suggeriert. In der Monographie »Ein neuer Typ der Akkumulation« hatte Rudolf Hickel 1987, also Jahre bevor die Rede von der »New Economy« aufkam, nicht nur die Bedeutung des mikroelektronisch fundierten technischen Wandels für die strukturelle Entwicklung der Wirtschaft herausgestellt, wie dies auch andere Autoren vor ihm getan hatten, sondern Hickel gelangte zu einer Reihe recht dezidierter prognostischer Feststellungen über die Spezifika das ablaufenden Strukturwandels, die sich inzwischen als zutreffend herausgestellt haben.

Hickels Strukturanalyse von 1987 konzentrierte sich auf die Veränderungseffekte der neuen Technologien, ohne ausdrücklich eine Verbindung zu dem schon seit längerem ablaufenden und bereits in den 1940er Jahren vorhergesehenen säkularen Strukturwandel von der Industrie- zur Dienstleistungsökonomie herzustellen. Als einen zentralen Aspekt des »neuen Akkumulationstyps« stellte Hickel die Strukturveränderungen bei den Investitionen heraus: eine Schwerpunktverlagerung von der Erweiterungs- zur Rationalisierungsinvestition und die Anteilsverschiebung von den industriellen Bau- zu den Ausrüstungsinvestitionen. Diese beiden Veränderungen stehen in engem Zusammenhang:

»Durch die Umschichtung der Investitionen von Erweiterungs- auf Rationalisierungsaktivitäten zum Zweck der Kostensenkung kommt es zu einem Anstieg der Wiederbenutzung vorhandener Bauten. Daraus erklärt sich für das Verarbeitende Gewerbe ein Anstieg der marginalen Kapitalproduktivität.« (Hickel 1987: 74)

Methodisch entwickelt Hickel seine Entwicklungshypothese primär induktiv, d.h. er umreißt die Nachkriegsentwicklung, wobei die bundesdeutsche Wirtschaft als repräsentatives Beispiel dient. Auswahl und Interpretation der empirischen Daten setzt jedoch theoretisches Vorverständnis voraus.

Für Hickel sind drei theoretische Vorgaben leitend: Erstens wird der Kern der kapitalistischen Dynamik im Strukturwandel gesehen. Zweitens spiegeln sich in der materiellen, politischen und ideologischen Systemreproduktion die Machtverhältnisse wider. Drittens werden die Wohlstandspotenziale des kapitalistischen Produktionssystems und des endogen erklärbaren technischen Wandels aufgrund der – mehr und mehr auch in der Wirtschaftspolitik – vorherrschenden mikroökonomischen, betriebswirtschaftlichen Handlungslogik nicht ausgeschöpft, woraus sich eine *Verstärkung* des langfristigen Stagnationstrends und damit des Beschäftigungsrückgangs erklären ließen:

»Durch den Einsatz neuer Technologien entsteht gesamtwirtschaftlich die Gefahr der Stagnationsverstärkung (Spiraleffekt). In diesem Sinn wird hier der Begriff der ›technologischen Arbeitslosigkeit‹ vertreten: Im Zusammenspiel von Wirtschaftswachstum und technologiebedingter Produktivitätsentwicklung gewinnen die Effekte der Arbeitsplatzreduktion (›Freisetzung‹) die Oberhand. Diese Wirkungen liegen jedoch nicht in der ›Natur‹ des technologischen Wandels, sondern resultieren aus der einzelwirtschaftlichen Gewinnrationalität, die verhindert, dass die gesamtwirtschaftlichen Entwicklungspotentiale über problemadäquate Umverteilung der Einkommen zur Finanzierung qualitativen Wachstums und Arbeitszeitverkürzung optimal ausgeschöpft werden.« (Hickel 1987: 74)

Die von Hickel hervorgehobenen Momente des wirtschaftlichen Strukturwandels gruppieren sich um zwei längerfristige Trends: Erstens der tendenzielle Rückgang der gesamtwirtschaftlichen Wachstumsraten derart, dass die absoluten BIP-Zuwächse etwa konstant blieben (= lineares Wachstum); zweitens wird der Strukturwandel zwar nach wie vor vom technologischen Fortschritt bestimmt, aber mehr und mehr tritt der Rationalisierungseffekt gegenüber dem Erweiterungseffekt in den Vordergrund, d.h. die Prozessinnovationen überwiegen die Produktinnovationen. Die Produktivitäts-Produktions-Schere öffnet sich immer weiter.

Einerseits betont Hickel, dass die skizzierten Entwicklungslinien bereits seit den späten 1950er Jahren sichtbar wurden und dass es keinen Trendbruch gegeben hat – auch in den 1970er Jahren nicht. Andererseits sieht er aber im langfristigen Strukturwandel Merkmale eines

»neuen Akkumulationstyps«. Dieser kristallisiere sich allmählich heraus, trete also nicht bruchartig ein.

»Die relativ kontinuierlich durchgesetzten Strukturveränderungen deuten darauf hin, dass sich ein *neuer Akkumulationstyp* abzuzeichnen beginnt: Rationalisierungsintensive Produktion bzw. Produktionsflexibilisierung korrespondieren mit dem Rückgang des Arbeitsvolumens sowie dem Rückgang der für die ›Prosperitätsphase‹ typischen Erweiterung der Kapazitäten.« (Hickel 1987: 75)

Als diese prognostische Hypothese von Hickel formuliert wurde, schien die Entwicklung in den USA ihr zu widersprechen. Dort zeigten sich nur sehr geringe gesamtwirtschaftliche Produktivitätssteigerungen, und das erwähnte »Solow-Paradoxon« erregte publizistisch viel Aufmerksamkeit. Statt Beschäftigungsabbau wuchs die Beschäftigung in den USA, und die Wachstumsraten des amerikanischen BIP lagen über den europäischen. Auf den ersten Blick scheint Hickels Hypothese also von der US-Entwicklung widerlegt worden zu sein. Das Bild gewinnt jedoch ein ganz anderes Aussehen, wenn statt von einer Analogie bzw. Parallelität der Entwicklung in allen kapitalistischen Ländern von Komplementarität ausgegangen wird. EU-Europa und Japan erzielen Exportüberschüsse gegenüber den USA und finanzieren die US-Leistungsbilanzdefizite durch Kapitalexporte. Hinter der Komplementarität der Zahlungsbilanzen – Leistungsbilanzdefizite und Nettokapitalimporte der USA korrespondieren mit Leistungsbilanzüberschüssen und Nettokapitalexporten anderer OECD-Länder – stehen komplementäre Nachfragetrends: Übernachfrage in den USA und Nachfragemangel (Stagnationstrend) in anderen Volkswirtschaften. Entsprechend fallen die nationalen Produktionslücken (output gaps) aus, d.h. die Differenz von gesamtwirtschaftlichem Produktionspotenzial und Nachfrage. (OECD 2000: 253)

Mit der New Economy hatte sich jene Komplementarität nochmals verstärkt. Das Nachfragewachstum der USA verstärkte sich. Die Ersparnisse der US-Haushalte setzten ihren Abwärtstrend fort. Die Sparquote fiel von 8,7% 1992 an von Jahr zu Jahr und unterschritt 2000 schließlich sogar die Null-Linie, d.h. es wurde entspart. (OECD 2000: 266)

3. Nur 12% oder mehr – wie weit wirkt die »New Economy« auf die Gesamtwirtschaft?

Die erstaunliche, lehrbuchwidrige Attraktivität der US-Wirtschaft für anhaltenden Kapitalimport ist nicht ohne die Sonderstellung der USA als kapitalistische Hegemonialmacht und das daraus resultierende Vertrauen der Kapitaleigner zu erklären. Hickels Hervorhebung der steigenden marginalen Kapitalproduktivität im Zuge der Herausbildung des »neuen Akkumulationstyps« wird auch von Jorgenson (2001) aufgrund seiner – mit anderen Autoren durchgeführten – umfangreichen empirischen Forschung zum Anteil der Informations- und Telekommunikationstechnologie (IKT) am New-Economy-Phänomen hervorgehoben. Die Kapitalproduktivität von Hardware und Software sei sehr viel höher als die der herkömmlichen Kapitalgüter, weshalb es zu einer Umschichtung von diesen zu jenen komme.

Die extreme Stückkosten- bzw. Preissenkung der Halbleiter (Mooresches Gesetz; Moore 1965) führte auch zu den sensationellen Preissenkungen für Computer. Jorgenson errechnete mit einem qualitätsbereinigten Preisindex für Computer eine Preissenkung zwischen 1959 und 1999 auf 0,0588% des Ausgangsniveaus. Normiert auf 1995 = 1 gibt Jorgenson (2001: 9) folgende Werte an: 1959: 662.98; 1969: 79,16; 1979: 12,81; 1989: 3,52; 1999: 0,39. Der extreme (relative) Preisverfall der PC-Leistung führte zur Substitution herkömmlichen Sachkapitals durch Investitionen in Hard- und Software, was sowohl den Investitionsboom bei der IKT erklärt als auch verständlich macht, dass – nach einer gewissen Ausreifungszeit – erhebliche Produktivitätssteigerungen eintraten.

Die Umstrukturierung der Komponenten der Bruttoanlageinvestitionen wird auch von Vatter/Walker als eine sehr auffällige Besonderheit der amerikanischen Akkumulation in den 1990er Jahren hervorgehoben. Die Autoren versuchen zwar, das vermeintlich »Neue« der »New Economy« durch einen Vergleich der beiden in wichtigen Merkmalen sehr ähnlichen Wachstumsphasen von 1923-1929 und 1992-1998 zu relativieren, aber gerade bei dem zentralen Phänomen, der Akkumulation, zeigen sich gravierende Gegensätze:

»One rough quantitative contrast maybe found in the vigorous expansion rates of real gross fixed investment. The rate in the 1990s substantially exceeded that for the 1920s:

1923-1929: 4.21 percent/yr
1992-1998: 8.91 percent/yr

The performance in the 1920s was robust, but the 1990s have been historically extraordinary. The details of the private investment picture reveal mixed differences, but the producers' durable equipment (PDE) explosion is the dominant factor in contrast between real gross domestic investment in the 1990s and the still strong annual percent increase in the 1920s. The annual rate of real PDE investment of 11.82 percent for the 1990s is no doubt unsustainable. Certain other components of the gross private domestic investment should be noted. For example, in the 1920s, business structures investment rose at a vigorous rate. In the 1990s it was totally stagnant. It should also be realised that housing investment in the 1920s shows erratic rates and is sluggish. In the 1990s it is also erratic, but it does increase.

A striking difference is also present in the expansion rate of real all-government purchases:

1923-1929: 5.12 percent/yr
1992-1998: 0.43 percent/yr
1992-1999: 1.21 percent/yr (revised data).« (Vatter/Walker 2001: 92f.)

Das relativ geringe Wachstum der amerikanischen Staatsausgaben (ohne Transfers) in den 1990er Jahren entsprach dem Konsolidierungskurs, d.h. dem kontinuierlichen Abbau der öffentlichen Defizite, die 1992 ihren Spitzenwert mit -5,9% des BIP erreicht hatten, und dem Wechsel zur Überschussposition von 1998 an (OECD 2000: 270). Im Unterschied zur Bundesrepublik Deutschland und anderen europäischen Ländern, wo die Konsolidierung der öffentlichen Haushalte von einer äußerst kurzsichtigen Einschränkung der öffentlichen Investitionen begleitet war, nahmen die Staatsinvestitionen in den USA aber auch in jüngerer Vergangenheit deutlich zu (OECD 2000: 44 u. 53). Dies ist umso bemerkenswerter, als der Anteil der öffentlichen Hände an den Bruttoanlageinvestitionen in den USA ohnehin höher als in Deutschland liegt.

Die explosionsartige Zunahme der Ausrüstungsinvestitionen in den 1990er Jahren ließe, bei Unkenntnis weiterer Einflussgrößen, erwarten, dass auch ein entsprechend hervorstechendes Wachstum des realen Bruttoinlandsprodukts sowie der Produktivitätsentwicklung zu registrieren sein müsste, doch das ist keineswegs der Fall. Die Wachstumsraten des realen BIP der USA zeigen für die 1920er und die 1990er Jahre keineswegs einen den Akkumulationsdifferenzen gemäßen Unterschied (vgl. Vatter/Walker 2001: 96):

Jährliche Wachstumsrate des realen BIP der USA
1923-1928: 3.18%
1992-1999: 3.39% (korrigierte Daten)
Die Erklärung, die Vatter/Walker (2001: 93) für die scheinbar widersprüchliche Kombination aus extrem hohem Investitionswachstum
und nur mäßigem BIP-Wachstum der 1990er Jahre geben, scheint plausibel: Addiert man nämlich jeweils die Wachstumsraten von Investition und Staatsausgaben in den beiden Perioden, so verschwindet die
Differenz:

»The exclusively private investment-driven expansion of the 1990s
is or is not as vigorous as the combined (I + G)-driven (I = Investment; G = Government, Anmerkung des Autors) expansion of the
1920s, depending upon the use of the older or more recently revised
data. In either case in the 1990s, I statistically ›crowded out‹ G and
therefore produced a more sluggish combined expansion rate than one
would expect from such a high I expansion.«

Wenn die gesamtwirtschaftliche »Effizienz« von Investitionen am
Produktivitätswachstum gemessen wird, so schneiden die 1990er Jahre eindeutig schlechter als die 1920er ab:

»On the basis of output per labor hour in the private economy, the
annual rate of rise was about 2,7 percent in the 1920s and only 1,2
percent in the 1990s. (...) Despite the two official ›troughs‹ in the
›roaring twenties‹, that decade would seem to have done as well eco-
nomically as the alleged ›new economy‹ of the 1990s, if indeed not
somewhat better.« (Vatter/Walker 2001: 98)

Trotz der atypischen Wachstums- und Produktivitätsbeschleuni-
gung, die in die zweite Hälfte des US-Aufschwungs der 1990er Jahre
fiel, wird dadurch die skeptische Beurteilung des »New Economy-
Booms« im Sinn des schon erwähnten »Solow-Paradoxons« (s. auch
Scherrer 2001: 12f.) wohl doch nicht ganz und gar hinfällig. Gordon,
einer der prominentesten New-Economy-Skeptiker unter den US-
Ökonomen, sieht das vermeintliche Produktivitätswunder auf einen
engen Bereich von 12% der US-Wirtschaft beschränkt und bezwei-
felt, dass die Gesamtwirtschaft von größeren Spill-over-Effekten des
Informations- und Telekommunikationsbooms profitieren wird.

»While the aggregate numbers are impressive, the productivity re-
vival appears to have occured primarily within the production of computer hardware, peripherals, and telecommunications equipment, with
substantial spillovers to the 12 percent of the economy involved in

manufacturing durable goods. However, in the remaining 88 percent of the economy, the New Economy's effect on productivity growth are surprisingly absent, and capital deepening has been remarkably unproductive. Moreover, it is quite plausible that the greatest benefits of computers lie a decade or more in the past, not in the future.« (Gordon 2000: 50)

Die US-amerikanischen Wachstumsraten der 1990er Jahre erweisen sich in der langfristigen Betrachtung also keineswegs als so sensationell, wie sie von der Propaganda dargestellt werden. Das Wirtschaftswachstum nach den beiden Weltkriegen erreichte vergleichbare Höhe und Dauer, sodass die New-Economy-Prosperität nur vor dem Hintergrund der relativ schwachen Leistung der US-Wirtschaft während der beiden unmittelbar vorhergehenden Jahrzehnte, also zwischen 1970 und 1991 auffällt, und auch nur vor diesem Hintergrund wird die Jubel-Rhetorik plausibel, die nach 1995 von den Medien gepflegt wurde.

Die starke Zunahme der US-Investitionen in ITK (Details u.a. bei Jorgenson 2001) erklärt sich aus dem sensationellen Preisrückgang bzw. der Leistungssteigerung der Hardware entsprechend dem Mooreschen Gesetz, aber ob die Anwender der neuen Techniken auch nur annähernd vergleichbare Produktivitätssteigerungen realisieren können, ist äußerst fraglich, ja unwahrscheinlich. Einfacher ausgedrückt: Auch wenn die Leistungsfähigkeit eines PC – einmal abgesehen von dem Messproblem – sich verdoppelt bzw. der Preis halbiert wird, so verdoppelt sich doch nicht notwendig auch die Produktivität des PC-Nutzers – beispielsweise einer Sekretärin. Auch Computer werden oft nur gekauft, weil sie so billig wurden, dass nun der Nachahmungseffekt beim Massenkonsum zum Tragen kommen kann, und weil »moderne« Technik zum innovativen Image und Prestige einer Firma gehört, und als Nebeneffekt kann das unterhaltsame Internet-Surfen die Produktivität sogar senken. Gordon konstatiert, dass »(...) three-quarters of all computer investment has been in industries with no perceptible trend increase in productivity. In this sense the Solow computer paradox survives intact for most of the economy (...).« (Gordon 2000: 57)

Die Besonderheiten der US-Wirtschaft im letzten Jahrzehnt des 20. Jahrhunderts – eine starke Beschäftigungszunahme bei mäßiger Inflation und verbesserten Wachstums- und Produktivitätsziffern – lassen sich auch ganz traditionell erklären, nämlich mit den weltwirtschaftlichen Privilegien einer Hegemonialmacht. In Scherrers (2001: 25) punktgenauer Charakterisierung dieser Konstellation heißt es: »Angesichts dieser Zweifel am Kern des New-Economy-Postulats erscheint die These von der spezifischen Globalisierungsform der US-Wirtschaft ebenso plausibel zu sein. Laut dieser These hält die Globalisierung in Form weitgehend liberalisierter Gütermärkte die Inflation unter Kontrolle. Die liberalisierten Finanzmärkte stellen ihrerseits die Mittel für Investitionen und für die inflationsdämpfenden Leistungsbilanzdefizite zur Verfügung. Im Letzteren läge die Einzigartigkeit des US-Aufschwungs begründet, denn alle anderen Länder verfügen nicht über dieses hohe Vertrauen der internationalen Geldvermögensbesitzer in ihre Zahlungsfähigkeit. (...) Als sicher erscheint mir nur, dass der US-amerikanische Boom der letzten Jahre ganz entscheidend von äußeren Bedingungen begünstigt wurde und somit in seiner Gänze nicht verallgemeinerbar ist.«

4. Resümee

Die historische Einbettung des amerikanischen Wirtschaftsaufschwungs der 1990er Jahre führt zu dessen weitgehender Relativierung, da es sich weder um eine völlig einmalige Erscheinung handelt, noch verlässt das zweifellos eindrucksvolle Investitions- und Produktivitätswachstum den langfristigen Korridor des Akkumulationsprozesses und des von ihm bewirkten technologischen Wandels. Die Besonderheiten der jüngeren US-Entwicklung lassen sich weit besser mit der historisch neuen Position als einzige Hegemonialmacht erklären als mit besonderen Leistungen der amerikanischen Gesamtwirtschaft. Wir geben daher der Prognose hohe Plausibilität, dass sich die seit 200 Jahren verlaufenden Grundtrends der kapitalistischen Expansion auch künftig fortsetzen werden. Stabilisierung oder Destabilisierung der durch die USA bestimmten hegemonialen Konstellation wird von den inneren (ökonomischen) Entwicklungen der USA und des kapitalistischen Länderblocks selbst abhängen.

Die Relativierung der »New Economy« widerspricht jedoch nicht der älteren Hypothese, dass die IKT dem Akkumulationsprozess eine tiefgreifende Veränderung aufzwingen (vgl. hierzu aktuell Hickel 2001). Im Zusammenspiel mit Stagnationstendenz und Strukturwandel vollzieht das Akkumulationsgeschehen einen deutlichen Richtungswechsel zu verstärkter Rationalisierung. Temporäre Einflussfaktoren – etwa die kapitalistische Durchdringung von Teilen der Dritten Welt oder der Austausch obsoleter Infrastrukturen durch neue, von der IKT bestimmter – sind auch in der Lage, den Stagnationskräften vorübergehend entgegenzuwirken. Doch sie werden nicht außer Kraft gesetzt, sodass sich die langfristige Systemprognose nach wie vor auf die empirisch bewährten »alten« Theorien der säkularen Entwicklung des Kapitalismus stützen kann.

Literatur

Chaloupek, Günther/Delapina, Thomas (Hrsg.) (2001): Kapitalismus im 21. Jahrhundert. Ein Survey über aktuelle Literatur, Wien.

Gordon, Robert J. (2000): »Does the ›New Economy‹ Measure up to the Great Inventions of the Past?«, in: The Journal of Economic Perspectives, Jg. 14, Nr.4, Herbst, S. 49-74.

Hickel, Rudolf (1987): Ein neuer Typ der Akkumulation? Anatomie des ökonomischen Strukturwandels – Kritik der Marktorthodoxie, Hamburg.

Hickel, Rudolf (2001): Die Risikospirale. Was bleibt von der New Economy, Frankfurt a.M.

Johnson, Chalmers (2000): Ein Imperium verfällt. Wann endet das Amerikanische Jahrhundert?, München.

Jorgenson, Dale W. (2001): Information Technology and the U. S. Economy, in: American Journal of Economics, vol. 91/1, März, S. 1-32.

Moore, Gordon E. (1965): Cramming More Components onto Integrated Circuits, in: Electronics, vol. 38(8), 19. April, S.114-117.

OECD (2000): Wirtschaftsausblick. Volkswirtschaft, Nr. 68, Paris, Dezember.

Reuter, Norbert (2000): Ökonomik der »Langen Frist«. Zur Evolution der Wachstumsgrundlagen in Industriegesellschaften, Marburg.

Scherrer, Christoph (2001): New Economy: Wachstumsschub durch Produktivitätsrevolution?, in: Prokla 122, Jg. 31, Nr. 1, März, S. 7-30.

Vatter, Harold/Walker, John (2001): Did the 1990s Inaugurate a New Economy?, in: Challenge, Bd. 44, 1, Jan./Feb., S. 90-116.

Zinn, Karl Georg (1993): Keynes' »fundamentales psychologisches Gesetz« und dessen Vorwegnahme von Lujo Brentano, in: Zeitschrift für Wirtschafts- und Sozialwissenschaften, Bd. 113, S. 447-459.

Zinn, Karl Georg (2000): Zukunftswissen – Ein Essay über Vorhersagen und das Zuverlässigkeitsproblem von Prognosen, in: Lutz, Dieter S., Hrsg., Globalisierung und nationale Souveränität. Festschrift für Wilfried Röhrich, Baden-Baden, S. 127-156.

Heide Gerstenberger
Politische Ökonomie?
Politische Ökonomie!

1978 haben Rolf Richard Grauhan und Rudolf Hickel einen Sonderband der Zeitschrift »Leviathan« zur »Krise des Steuerstaates« herausgegeben und dafür einen längeren gemeinsamen Beitrag verfasst. In diesem entwickelten sie den Strukturtyp »Steuerstaat«. Dessen Besonderheit, so die beiden Autoren, bestehe darin, dass er nicht direkt über Produktion herrsche, sondern sich durch Abschöpfung von Produktionsergebnissen alimentiere. Die Reproduktion konkurrenzkapitalistischer Produktion mache der Steuerstaat dadurch möglich, dass er die entsprechenden Eigentumsverhältnisse garantiere. Die beiden Verfasser kritisierten die damals aktuelle Debatte über die Finanzkrise des Staates und schlugen als eine Reformstrategie zur Überwindung von Blockierungen des Steuerstaates den Ausbau der Dienstproduktion vor. Da die Arbeit des Lehrers, des Sozialarbeiters und des Arztes nicht im Rahmen privater Kapitalverhältnisse stattfinde und außerdem »im Widerspruch zu der auf Herrschaftsfunktionen hin zugeschnittenen Bürokratiestruktur des Steuerstaates« (Grauhan/Hickel 1978: 29) ausgeübt werde, bedeute ein Ausbau dieser Art – kostenlos zur Verfügung gestellter – gesellschaftlicher Arbeit einen Ansatz für die Entwicklung grundlegend neuer Formen des Produzierens. In dem zitierten Sonderband veröffentlichten die beiden Herausgeber dann auch einen von mir verfassten Beitrag, in dem die analytische Beschränktheit des Konzeptes »Steuerstaat« behauptet wird. Der Beitrag endet mit der These, »daß die Kritik der Strukturen des bürgerlichen Staates von der Kritik des kapitalistischen Akkumulationsprozesses und nicht von derjenigen des Staatsapparates ihren Ausgang zu nehmen hat«. (Gerstenberger 1978: 57) Würde Rudolf Hickel heute noch formulieren wie 1978? Vermutlich nicht. Würde ich heute noch formulieren wie 1978? Ganz sicher nicht.

Beide Positionen wurden im Zusammenhang der Debatte über die allgemeine Form »Staat im Kapitalismus« entwickelt. Ausgehend von einer akademischen Diskussion in der Bundesrepublik, waren an dieser Debatte in den siebziger Jahren gesellschaftskritische Wissenschaftler in vielen Ländern beteiligt. Einig waren sie sich lediglich im Ausgangspunkt ihrer Fragestellungen: Die schlichte These einer Instrumentalisierung von Staatsgewalt zur Förderung von Kapitalinteressen, wie sie etwa in der damals einflussreichen Arbeit von Ralph Miliband (1975) entwickelt wurde, galt ihnen als unzureichend. Es ging ihnen nicht um den Nachweis der parteilichen Nutzung von Staatsgewalt, sondern um die Erklärung der allgemeinen Form des Staates aus der allgemeinen Form des Kapitals (deshalb auch die Bezeichnung »Ableitungsdebatte«). Nach einigen Jahren brach diese Debatte ab. Das erklärt sich nicht zuletzt aus den Grenzen des theoretischen Ansatzes: Der sehr hohe Abstraktionsgrad der Formanalyse bot kaum einen Zugang zur Analyse konkreter Staaten, konkreter Politik und konkreter politischer Auseinandersetzungen.[1] Was sich langfristig als Hemmnis erwies, ermöglichte zunächst aber ein wichtiges theoretisches Ergebnis: die Einsicht, dass kapitalistische Produktionsverhältnisse nicht dadurch politisch reproduziert werden, dass staatliche Regelungs- und Gewaltkompetenzen parteilich zugunsten von Kapitalbesitzern genutzt werden, sondern dass Staaten diese Reproduktionsfunktion bereits dadurch erfüllen, dass sie Privateigentum garantieren, sei es Eigentum in der Form des produktiven Kapitals oder der Arbeitskraft (vgl. Grauhan/Hickel 1978: 11).

Viele, die sich damals an dieser Debatte beteiligten, haben sich längst völlig anderen Fragestellungen zugewandt. Andere haben neuere historische Entwicklungen und theoretische Debatten, die in den letzten Jahrzehnten geführt wurden, als Provokationen verstanden, die es zu verarbeiten galt. Einige wenige dieser Herausforderungen werde ich im Folgenden in Erinnerung rufen. Das erscheint insofern sinnvoll, als viele Theorieprojekte, die zunächst als Provokation wirkten, zwischenzeitlich selbstverständliche Bestandteile einer Analyse des Verhältnisses von Staat und Markt geworden sind.

1. Die kulturalistische Wende

In gewisser Weise lag der Staatsdebatte, die Marxisten in den siebziger Jahren führten, eine Konzeption von Entwicklung zugrunde, die derjenigen des vehementen Anti-Marxisten Walt Rostow (1967) nahe ver-

---

[1] Insofern Grauhan/Hickel (1978) eine konkrete politische Strategie zur Debatte stellten, hatten sie diese Schwäche des damals in der Linken weithin etablierten Diskurses bereits verlassen.

wandt war: die Vorstellung, dass mit den Anfängen kapitalistischer
Formen der Produktion zugleich eine bestimmte Dynamik der historischen Entwicklung in Gang gesetzt werde. Unterschiede wurden
zwar konstatiert, aber für theoretisch wenig relevant erachtet. Zur
Analyse kapitalistischer Gesellschaften, so die Unterstellung in beiden Theoriediskursen, reiche Universalökonomik. Die Staatsdebatte
stellte der Universalökonomik die Theorie einer universalen Form
»Staat im Kapitalismus« an die Seite. Zusammen mit der Entwicklung
kapitalistischer Produktion entwickle sich die Notwendigkeit, das
Kapitalverhältnis zu legitimieren. Das geschehe auf zweierlei Weise:
durch die formale Freiwilligkeit des Arbeitsvertrages und durch die
Illusion eines gesellschaftlich neutralen – und deshalb als Instrument
für Reformprojekte tauglichen – Staatsapparates.

Einen ersten Anstoß zur Kritik der historischen – und damit theoretischen – Bornierungen dieser Konzeptionen brachte die Rezeption
der Arbeiten des englischen Sozialhistorikers Edward P. Thompson
(1963), insbesondere seiner Arbeit über »die Entstehung« der englischen Arbeiterklasse. Sehr kurz gefasst ist das Ergebnis dieser Rezeption die Einsicht, dass im Verhältnis zwischen Kapital und Arbeitskraft zwar eine objektive – in sich widersprüchliche – Struktur vorliegt, dass sich das Verhalten von Kapitalbesitzern und Arbeitskräften
aber nicht zureichend aus dieser Struktur erklärt, sondern auch davon
abhängt, wie sie dieses Verhältnis und ihre jeweilige Position verstehen. In jeder konkreten historischen Situation gibt es – innerhalb der
Konkurrenzsituation auf beiden Seiten von Arbeitsverhältnissen –
gewisse Spielräume für die Praxis. Welche Möglichkeit realisiert wird,
hängt nicht zuletzt davon ab, was die Beteiligten für angemessen, legi-
tim und wünschenswert halten, welche Denkweisen, Verhaltensweisen, religiösen Überzeugungen, welchen Ehrenkodex oder welche
Familienverpflichtungen die Handelnden mitbringen.[2]

---

[2] Ich beziehe mich bewusst auf die Wirkungen der Arbeiten von Thompson
(1963) und nicht auf deren Inhalt selbst. Bei Thompson war die Entstehung
einer klassenbewussten Arbeiterklasse in England, so sehr sie den Subjekten
zugeschrieben wird, nämlich noch das »notwendige« Resultat der Erfahrungen, die Arbeitskräfte machen mussten. Solche Kritik aber wurde erst formuliert – am deutlichsten von Sewell, Jr. (1990) –, als sich die kulturalistische Wende längst durchgesetzt hatte.

Diese sog. kulturalistische Wende des Marxismus hat die Analyse politisch ökonomischer Strukturen weit über den engeren Kreis derjenigen hinaus, die sich dem Marxismus zurechneten, beeinflusst. Auf einer allgemeinen Ebene bedeutet sie, dass die konkrete Geschichte einer Gesellschaft in der Zeit vor dem Kapitalismus weiterhin Bestandteil der Dynamik spezifischer kapitalistischer Gesellschaften ist, und dass die historische Erfahrung keineswegs nahelegt, eine allgemeine Dynamik der Entwicklung »des« Staates im Kapitalismus anzunehmen. Diese Kritik der Universalkonzepte hatte eine unmittelbare aktuelle Relevanz. Sie trug mit dazu bei, die Disziplinen der Entwicklungstheorie und Entwicklungspolitik zu etablieren. Hatte Walt Rostow noch die Position vertreten, dass die nachholende Entwicklung zwar durch äußere Einflüsse in Gang gesetzt werden könne und müsse, dass ansonsten aber ein Entwicklungspfad zu erwarten sei, der demjenigen der zuerst industrialisierten Länder weitgehend entspreche, so verbreitete sich in den siebziger und achtziger Jahren zunehmend die Einsicht, dass andere historische Traditionen, andere Auffassungen von legitimem Verhalten und berechtigter Herrschaft nicht nur als unterschiedliche Ausgangsbedingungen für Industrialisierung, sondern auch als dauerhafte Merkmale der Entwicklungsdynamik in Drittweltgesellschaften verstanden werden müssen.

2. Feministische Gesellschaftstheorie

Waren in der Staatsdebatte der siebziger Jahre noch »Unisex-Arbeitskräfte« und »Unisex-Staatsbürger« unterstellt worden, so gab es in der ersten Phase feministischer Theoriebildung eine Tendenz, Patriarchalismus, also die Herrschaft von Männern über Frauen, als eine dem Kapitalismus inhärente und notwendige Struktur zu interpretieren. Ganz entsprechend wurde Politik als eine männliche, vielfach direkt gegen Frauen gerichtete Veranstaltung interpretiert, Kriege galten als Ausfluss von Männerwahn. In der Bundesrepublik hatte diese Tendenz einer naturalistischen Interpretation politischer Verhältnisse (sie arbeiten mit der These, dass Frauen als Frauen und Männer als Männer von Natur aus bestimmte Eigenschaften haben) ihren Höhepunkt in der Darstellung des Nationalsozialismus als männliche politische Form.[3] Wenn ich es recht sehe, werden derartige Ansätze heute

---

[3] Zur Kritik dieser Richtung der Frauenforschung vgl. Schmidt (1987).

nicht mehr einflussreich vertreten. Sie sind abgelöst worden durch
Forschungen zur sozialen Konstitution spezifischer Geschlechterrollen, durch Forschungen zu Interessengegensätzen zwischen Frauen
(mit wachsender weiblicher Berufstätigkeit in gehobenen Positionen
wächst die Zahl der schlecht entlohnten Hilfskräfte im Haushalt) sowie durch differenzierte Forschungen über Politikfelder, die entweder ausschließlich oder doch überwiegend Frauen betreffen. Damit
hat sich Frauenforschung heute weitgehend in die allgemeinen Wis-
senschaftsdiskurse integriert. Aber schon die ersten Konzepte feministischer Interpretation wiesen auf einen Umstand hin, der in der
marxistischen Staatsdebatte der siebziger Jahre schlicht übergangen
worden war, die Tatsache nämlich, dass kapitalistische Produktion ohne
weiteres mit rechtlicher Ungleichheit funktionieren kann, dass es in
diesem Wirtschaftssystem keine innere Notwendigkeit gibt, der Ungleichheit im Arbeitsverhältnis die Gleichheit aller Staatsbürger und
Staatsbürgerinnen vor dem Recht gegenüberzustellen. Inzwischen
herrscht weitgehende Übereinstimmung in der Auffassung, dass der
Umkehrschluss theoretisch genau so wenig haltbar ist: Profitstrategi-
en sind nicht auf rechtliche Ungleichheit angewiesen. Ebensowenig
wie Kapitaleigner die rechtliche Benachteiligung von Frauen brauchten und brauchen, waren und sind sie auf rassistisch motivierte rechtliche Diskriminierungen oder auf den Bau von Konzentrationslagern
zur endgültigen Vernutzung kostengünstiger Arbeitskräfte angewiesen.[4] Wo solche Ungleichheit aber politisch und gesellschaftlich hergestellt ist, wird sie in aller Regel auch genutzt. Damit hat sich feminis-
tische Analyse – auch sie zunächst überwiegend als Universalkonzept
formuliert – langfristig in die theoretischen Debatten eingereiht, die
der Bedeutung spezifischer politischer, gesellschaftlicher und kultureller Verhältnisse für die Entwicklung konkreter Kapitalstrategien
nachspüren.

3. Stamokap

Die Theorie des staatsmonopolistischen Kapitalismus wurde von Wissenschaftlern entwickelt, die kommunistischen Parteien nahestanden.
Im Zentrum stand die These, dass im Zuge der Entwicklung des Kapitalismus Großkapital und Staatsapparat miteinander verschmolzen

---

[4] Die These von der ökonomischen Bedeutung der Konzentrationslager wurde beispielsweise vertreten von Kaminski (1982): 114-187.

seien. Damit sei der frühere Klassengegensatz durch den Gegensatz »des Volkes« zum staatsmonopolistischen Kapitalismus abgelöst worden. Denn dem Block von monopolisiertem Kapital und Staat stünden nicht nur Arbeitskräfte gegenüber, sondern auch mittelständische Unternehmer, Handwerker, geistig Schaffende samt den Studierenden. Sie alle hätten, so die These, zwar unterschiedliche Interessen, im Verhältnis zum politisch ökonomischen Machtblock hätten sie objektiv aber gemeinsame Interessen. Es gelte, ihnen allen, »dem Volk« also, diese Gemeinsamkeit bewusst zu machen. Dann sei eine Überwindung der gegenwärtigen Strukturen möglich. In den siebziger und teilweise auch noch in den achtziger Jahren waren diese Theoriekonzepte[5] weit über den engeren Kreis der Mitglieder von Kommunistischen Parteien und ihren Hilfsorganisationen hinaus einflussreich.

Das erklärt sich leicht. In dieser theoretischen Konzeption lag ein Versuch vor, die aktuellen Verhältnisse in entwickelten kapitalistischen Gesellschaften zu erfassen. Viele erfuhren diese Konzeption als eine Bestätigung ihrer eigenen Anschauung der Realität. Jede bekanntgewordene Begünstigung eines großen Unternehmens, jede Mitwirkung von Vertretern der Industrie bei Plänen zur Bildungsreform, jede Einschränkung einer staatlichen Leistung zugunsten von Benachteiligten wurden als Belege für die Richtigkeit der Theorie gesehen. Heute redet niemand mehr vom »Stamokap«, und das nicht nur, weil es die Sowjetunion und die DDR nicht mehr gibt, sich kommunistische Parteien aufgelöst oder politisch umorientiert haben. Vielmehr hatte sich schon zuvor die Einsicht durchgesetzt, dass dieser Vorschlag zur Analyse der Strukturen des Kapitalismus in der zweiten Hälfte des 20. Jahrhunderts eher von politisch-strategischen Zielsetzungen als von wissenschaftlicher Analyse geprägt war. Mit der zunehmenden Krisenhaftigkeit der Entwicklung wurde allmählich unabweisbar, was Kritiker von Anfang an eingewandt hatten, dass der Staat im Kapitalismus nämlich keineswegs in der Lage ist, die Wirtschaft zu lenken, sei es ohne, sei es mit der Zustimmung des Großkapitals.[6] Und doch bedeutete die Theorie des staatsmonopolitischen Kapitalismus lang-

---

[5] Bekannte Versionen wurden vom ZK der SED und vom ZK der PCF veröffentlicht. Vgl. Imperialismus heute (1967); Le capitalisme monopoliste d'Etat (1971); Autorenkollektiv (1971); Wygodski (1972).

[6] Beispiele für eine frühe systematische Kritik sind Negri (1971); Ebbinghausen (1974).

fristig eine Provokation, die Analysen der Beziehungen zwischen Staat und Gesellschaft vorangetrieben hat. Denn mit der These vom »Stamokap« wurde ganz unausweichlich die Analyse von unterschiedlichen historischen Ausprägungen des Kapitalismus auf die Tagesordnung gesetzt. Im Stamokap wurde das orthodoxe leninistische Konzept vom Imperialismus »fortentwickelt«. Wer sowohl den Leninismus als auch dessen Fortentwicklung kritisierte, sah sich nun veranlasst, eine bessere Analyse aktueller Verhältnisse vorzulegen. Dafür war es ganz unausweichlich, von dem Abstraktionsniveau herabzusteigen, das in den Diskursen über den Staat (unter den nicht parteikommunistisch orientierten Wissenschaftlerinnen und Wissenschaftlern) dominiert hatte.

Ein erster Vorschlag zur Analyse bestimmter Stadien in der Entwicklung des Kapitalismus entstand im Konzept des Akkumulationsregimes, das in der sog. Regulationstheorie im Anschluss an Antonio Gramsci und Nicos Poulantzas entwickelt wurde.[7] Anders als in der Debatte über allgemeine Strukturen »des Kapitalismus« wird in der Regulationstheorie versucht, die spezifischen Merkmale eines bestimmten Zeitabschnittes der kapitalistischen Entwicklung herauszuarbeiten. Dabei werden die jeweiligen Strukturen der kapitalistischen Akkumulation (die Organisation der Produktion, die Distribution zwischen den Branchen und die Bedingungen des Konsums) mit den sozialen, institutionellen, politischen und kulturellen Gegebenheiten einer Epoche in Zusammenhang gebracht.[8] Es waren Regulationstheoretiker, die den Terminus »Fordismus« zur Kennzeichnung jener Phase im Verlauf des 20. Jahrhunderts vorschlugen, in welcher die Entwicklung des Kapitalismus durch Massenproduktion, Binnenmarktorientierung, höhere Löhne, Ausbau des Sozialstaates sowie durch das 1944 in Bretton Woods beschlossene internationale Währungsregime gekennzeichnet war. »Keynes at home and Smith abroad« hat Robert Gilpin (1987: 207) die speziellen Merkmale dieser historischen Phase auf den Begriff gebracht. Kritikerinnen und Kritiker dieses – inzwischen weit über den engeren Rahmen der Regulationstheorie hinaus verbreiteten – Konzeptes monieren, dass es vorwiegend deskriptiv orientiert ist, keine Entwicklungsdynamik aufzeigen kann und des-

---

[7] In der Bundesrepublik haben sich vor allem J. Hirsch und R. Roth (1986) früh auf diese Konzepte bezogen.
[8] Besonders einflussreich wurden Aglietta (1976) und Lipietz (1992).

halb nur zur retrospektiven Analyse taugt. Niemand aber bestreitet heute mehr, dass es darauf ankommt, sich mit den jeweils aktuellen Ausprägungen politischer Ökonomie, mit den jeweils aktuellen Krisen- und Entwicklungstendenzen auseinander zu setzen. Diese Einsicht ist durch die Auseinandersetzung mit den Thesen vom »Stamokap« nachdrücklich gefördert worden.

4. Foucault

In den siebziger Jahren setzte in Deutschland, zunächst noch sehr verhalten, eine Rezeption der Schriften Michel Foucaults ein. Den Kollegen, die den Staat analysierten, warf Foucault vor, ihre theoretischen Konzepte verblieben noch immer in den Strukturen des *Ancien Régime*. Während dieses in der historischen Realität inzwischen beendet worden sei, lebe es in den Theorien vom Staat fort. Aus der vorhergehenden historischen Epoche sei das Konzept der Souveränität übernommen worden, folglich werde Macht noch immer juristisch gefasst. Das aber sei »eine völlig negative, beschränkte, zu kurz gefasste Auffassung der Macht«. (Foucault 1978: 35) In modernen Gesellschaften durchdringe Macht die Körper, sie produziere Dinge, Wissen und Diskurse und bringe Lust hervor, »...man muss sie als ein produktives Netz auffassen, das den ganzen sozialen Körper überzieht und nicht so sehr als negative Instanz, deren Funktion in der Unterdrückung besteht«. (ebd.) Theoretisch müsse die Entwicklung der »Gouvernementalität«, die am Ende des 18. Jahrhunderts stattgefunden habe, noch zur Kenntnis genommen werden. Dann werde man auch aufhören, den Staat als eine autonome Quelle der Macht zu betrachten (Foucault 2000: 69). Unter Gouvernementalität versteht Foucault selbst »die Gesamtheit, gebildet aus den Institutionen, den Verfahren, Analysen und Reflexionen, den Berechnungen und den Taktiken, die es gestatten, diese recht spezifische und doch komplexe Form der Macht auszuüben, die als Hauptzielscheibe die Bevölkerung, als Hauptwissensform die politische Ökonomie und als wesentliches technisches Instrument die Sicherheitspositive hat«. (ebd.: 64f.) Foucault geht es also um die Analyse des Regierens, nicht um die Analyse des Staates. In den letzten Jahren ist diese Fragestellung verstärkt zur Analyse neoliberaler Praktiken des Regierens genutzt worden. Zunächst war Neoliberalismus in der internationalen kritischen Diskussion vor allem in der Manier des Nullsummenspiels analysiert worden: Mehr Markt = weniger Staat. Neuerdings wird diese Art der Analyse zunehmend kritisiert. Im Zusammenhang dieser Kritik hat sich die analytische Konzeption der Gouvernementalität als fruchtbar erwiesen. Insoweit Foucault darauf hingewiesen hat, dass modernes Regieren sehr viel weniger durch Gesetze als durch Taktiken geschieht,[9] macht er die Feststellung möglich, dass neoliberale Gouvernementalität darauf hinausläuft, alle gesellschaftlichen Subsysteme, und damit auch den Staat, in das frühere Subsystem Wirtschaft zu integrieren. Heute gebe es keine Realität mehr außerhalb von Wirtschaft.[10] Eine radikalisierte, über Foucault hinausreichende Version dieses Ansatzes haben neuerdings Michael Hardt und Antonio Negri (2000) vorgelegt. Die Verschmelzung der vordem eher getrennten Bereiche »Markt« und »Staat« bezeichnen sie als »Empire«. Der Terminus soll erfassen, was sie als das Projekt zur Herstellung einer »wirklich kapitalistischen Weltordnung« bezeichnen: die Vereinigung ökonomischer und politischer Macht. (ebd.: 9) Heute werde buchstäblich alles der ökonomischen Rationalität untergeordnet: Aus der Frage nach dem Recht werde so die Frage nach der Möglichkeit, Ordnung durch Polizeimaßnahmen zu schaffen; an die Stelle des internationalem Rechts trete zunehmend ein Prozess der Kontraktualisierung, der Regelung von Konflikten in Verträgen. Derartige Analysen richten sich gegen die Vorstellung, es bedürfe lediglich verstärkter nationaler oder internationaler Regulierung, um den negativen Auswirkungen des globalisierten Kapitalismus Einhalt zu gebieten. Ist Politik dem Markt integriert, verliert das Konzept der »politischen Wiedereinhegung« des Marktes an theoretischer und politische Schlagkraft.[11] Auch internationale Regulation ist nicht per se gegen Markttendenzen gerichtet (vgl. hierzu systematisch Brand u.a. 2001). Die Diskussion ist noch im Gange.

[9] Vorlesung von 1978, auszugsweise abgedruckt in: die tageszeitung. Beilage zur Buchmesse 1989.
[10] So die durchgängige Argumentation in den Beiträgen des Sammelbands Bröckling/Krasmann/Lemke (2000).
[11] Der Terminus »Re-Embedding« orientiert sich an Karl Polanyis Analyse der Entstehung von Marktgesellschaften. Damals, so Polanyi (1977, Teil 3), sei der Markt aus allen sozialen und politischen Bindungen gelöst worden. Nun gelte es, diesen Prozess des »dis-embedding« dadurch umzukehren, dass die Gesellschaft gegenüber dem Markt wieder in ihr Recht gesetzt werde.

5. Die Globalisierungsdebatte

Als Rolf Grauhan, Rudolf Hickel und ich die eingangs zitierten Beiträge verfassten, war das System von Bretton Woods bereits zusammengebrochen und zumindest die Regierungen der USA sowie der Schweiz hatten schon den Forderungen nachgegeben, die Kapitalverkehrskontrollen abzuschaffen, damit sich aus dem Floaten der Wechselkurse Profit schlagen ließ. Die Entwicklung des internationalen Finanzmarktes, die schließlich zu einem Umschlagen von der Investitionsfinanzierung zum Finanzinvestment führen sollte, war damit bereits eingeleitet. In gesellschaftkritischen Diskussionen spielten nicht nur diese Entwicklungen lange Zeit keine Rolle. Auch der internationale Zusammenhang kapitalistischer Entwicklung blieb lange Zeit ganz generell ausgeblendet.[12]

Selbst als sich in den USA und in Großbritannien nahezu zeitgleich eine politische Wende vollzog, wurden »Thatcherismus« und »Reaganismus« überwiegend als nationalstaatlich spezifische Entwicklungen (mit einer gegenseitigen Beeinflussung der beiden Regierungschefs) und kaum als Elemente einer internationalen wirtschaftlich-politischen Situation interpretiert. Die neue Phase der Globalisierung, deren Anfänge wir rückwirkend unschwer in den siebziger und achtziger Jahren erkennen können, wurde erst dann zu einem beherrschenden Thema gesellschaftskritischer Diskussionen, als sich Regierungen bereits daran gewöhnten, sich auf diese Dynamik zu berufen, wenn sie Sparmaßnahmen im Bereich sozialer Sicherung und Veränderungen des Arbeitsrechts zugunsten größerer Flexibilisierung rechtfertigen wollten.

Abgesehen von vielen konkreten Untersuchungen hat die Globalisierungsdebatte zwei theoretische Argumentationen provoziert. Die eine – sie wird auf einem vergleichsweise hohen Abstraktionsniveau geführt – arbeitet heraus, was es bedeutet, dass Kapital keine Nationalität hat, potentiell also immer global agiert. »Die Beziehungen zwischen Arbeitgebern und Arbeitnehmern, zwischen Produzenten und Konsumenten, zwischen Finanzleuten und Industriellen überschreiten allesamt nationale Grenzen. Kapital ist seiner Natur nach ein globales Verhältnis.« (Holloway 1993: 19) Deshalb, so John Holloway,

---

[12] Lediglich Braunmühl (1976: 275 passim) wies schon in den siebziger Jahren immer wieder darauf hin, dass sich die Staatsdebatte ausschließlich auf nationalstaatsinterne Dynamiken bezog.

gehen Analysen kapitalistischer Entwicklung, die den internationalen Zusammenhang ausblenden, in die Irre. Denn der Staat, der im Unterschied zum Geld territorial fixiert ist, konkurriert mit anderen Staaten darum, produktives Kapital im Land zu halten oder anzuziehen. Er versucht, und muss versuchen, andere Nationalstaaten als günstige Standorte auszustechen. Diese Struktur ist nicht neu, sie tritt neuerdings aber deutlicher und in neuen Methoden in Erscheinung.[13] Dass sich eine Theorie der politischen Ökonomie des Kapitalismus nicht an die Grenzen von Nationalstaaten halten darf, ist eine Erkenntnis, die sich bereits in den Diskussionen über die Theorie vom kapitalistischen Weltsystem durchgesetzt hatte. Deren Autoren versuchten, die weltweit fortdauernd ungleich verteilten Entwicklungschancen zu verarbeiten, argumentierten dabei aber überwiegend mit der Strukturnotwendigkeit von Entwicklungstendenzen, vor allem behaupteten sie, dass Kapitalismus immer auf eine »Peripherie« angewiesen sei, in welcher verstärkte Ausbeutung möglich ist.[14] Die kritische Auseinandersetzung mit dem derzeit dominanten Globalisierungsdiskurs geht vom internationalen Charakter des Kapitalverhältnisses aus; anders als die Vertreter der Theorie vom kapitalistischen Weltsystem kritisieren die Beteiligten an der aktuellen Diskussion aber gerade die Behauptung einer quasi naturgesetzlichen Dynamik aktueller kapitalistischer Entwicklung. Sie heben hervor, dass zentrale Strukturbedingungen aktueller wirtschaftlicher Entwicklungen, insbesondere die weitgehende Loslösung des internationalen Finanzmarktes von Handel und produktiven Investitionen, auf politische Entscheidungen zurückgehen (vgl. Huffschmid 1999: 98-123) Um den politischen, sozialen und kulturellen Auswirkungen dieser Dynamik Einhalt zu gebieten, bedarf es der politischen, aber auch der theoretischen Fantasie.

---

[13] Besonders dramatisch in der aggressiven Vermarktung des Tatbestands fehlender Kontrollen durch Regierungen, die ihre Flagge Reedern anbieten, deren Schiffe keinen internationalen Vorschriften entsprechen.
[14] Vgl. insbes. Wallerstein (1979) sowie die Beiträge von Wallerstein und Frank in Senghaas (1982).

Literatur

Aglietta, M. (1976): Régulation et crises du capitalisme, Paris.

Autorenkollektiv (1971): Der Imperialismus der BRD, Berlin.

Brand, U./Brunnengräber, A./Schrader, L./Stock, C./Wahl, P. (2001): Global Governance, Münster.

Braunmühl, C. v. (1976): Die Nationalstaatliche Organisiertheit der bürgerlichen Gesellschaft; in: Gesellschaft. Beiträge zur Marxschen Theorie 8/9, Frankfurt a.M.

Bröckling, U./Krasmann, S./Lemke, T. (Hg.) (2000): Gouvernementalität der Gegenwart, Frankfurt a.M.

Ebbinghausen, R. (Hrsg.) (1974): Monopol und Staat. Zur Marx-Rezeption in der Theorie des staatsmonopolistischen Kapitalismus, Frankfurt a.M.

Foucault, M. (1978): Dispositive der Macht, Berlin.

Foucault, M. (2000): Staatsphobie; in: U. Bröckling/S. Krasmann/T. Lemke (Hrsg.): Gouvernementalität der Gegenwart, Frankfurt a.M.

Gerstenberger, H. (1978): Anmerkungen zum Begriff des Steuerstaates; in: R. Grauhan/R. Hickel (Hrsg.) (1978): Krise des Steuerstaates? Widersprüche, Perspektiven, Ausweichstrategien, Leviathan, Sonderheft 1.

Gilpin, R. (1987): The political economy of international relations, Princeton, N.J. (hier zitiert nach: H.-J. Bieling: Dynamiken sozialer Spaltung und Ausgrenzung. Gesellschaftstheorien und Zeitdiagnosen, Münster 2000, S.207).

Grauhan, R./ Hickel, R. (Hrsg.) (1978): Krise des Steuerstaates? Widersprüche, Perspektiven, Ausweichstrategien, Leviathan, Sonderheft 1.

Hardt, M./Negri, A. (2000): Empire, Cambridge (Mass.)/London.

Hirsch, J./Roth, R. (1986): Das neue Gesicht des Kapitalismus. Vom Fordismus zum Post-Fordismus, Hamburg.

Holloway, J. (1993): Reform des Staats: Globales Kapital und nationaler Staat; in: Prokla, 23. Jg., Nr. 90.

Huffschmid, J. (1999): Politische Ökonomie der Finanzmärkte, Hamburg.

Imperialismus heute. Der staatsmonopolistische Kapitalismus in Westdeutschland (1967), 4. Aufl., Berlin.

Kaminski, A.J. (1982): Konzentrationslager 1896 bis heute, Stuttgart.

Le capitalisme monopoliste d'Etat (1971), Paris.

Lipietz, A. (1992): Vom Althusserianismus zur »Theorie der Regulation«; in: A. Demirovic u.a. (Hg): Hegemonie und Staat, Münster, S. 9-54.

Miliband, R. (1975): Der Staat in der kapitalistischen Gesellschaft (1969), Frankfurt a.M.

Negri, A. (1971): Sur quelques tendances de la théorie communiste de l'État la plus récente: revue critique; in: Association pour la critique des sciences économiques et sociales (Hg.): Sur l'État, Brüssel, S. 375-428.

Polanyi, K. (1977): The Great Transformation (1944), Frankfurt a.M.

Rostow, W.W. (1967): Stadien des wirtschaftlichen Wachstums (1960), 2. Aufl., Göttingen.

Schmidt, D. (1987): Die peinlichen Verwandtschaften – Frauenforschung zum Nationalsozialismus, in: H. Gerstenberger/D. Schmidt (Hrsg.): Normalität oder Normalisierung? Geschichtswerkstätten und Faschismusanalyse, Münster, S. 50-65.

Senghaas, D. (Hrsg.) (1982): Kapitalistische Weltökonomie. Kontroversen über ihren Ursprung und ihre Entwicklungsdynamik, Frankfurt a.M.

Sewell, W.H. Jr. (1990): Thompson's Theory of Working-Class Formation; in: H.J. Kaye/K. McLelland (Hrsg.): E.P. Thompson. Critical Perspectives, Cambridge, S. 50-77.

Thompson, E.P. (1963): The Making of the English Working Class, London.

Wallerstein, I. (1979): The capitalist world economy, Cambridge.

Wygodski, S.L. (1972): Der gegenwärtige Kapitalismus. Versuch einer theoretischen Analyse (1969), Köln.

Wolfram Elsner
Wie die Gesellschaft (wieder) in die Theorie der Wirtschaftspolitik integriert werden kann

In der zunehmend globalisierten und in ihrer Diversität reduzierten Welt scheint immer weniger legitimer Platz zu bleiben für gesellschaftliche und politische Alternativen, ergebnisoffene Diskurse oder alternative Wertentscheidungen. Der angebliche Sachzwang »Markt« scheint Vielfalt von Interaktionskulturen, Allokationsmechanismen und Wertsystemen – generell: die Dominanz von Gesellschaft über ihr Subsystem »Wirtschaft« – zunehmend zu verbieten. »Markt« wird zum eindeutigen und alle gesellschaftlichen Bereiche umfassenden Handlungszwang – und Wirtschaftspolitik zu seinem (angeblich rein technokratischen) Hilfsinstrument. Das Soziale und seine diversen »gewachsenen« Formen haben hier keine legitime Zukunft mehr. Dieser Beitrag soll zeigen, (1.) dass gesellschaftliche und politische Willensbildungsprozesse nicht nur aus normativen, sondern vor allem aus funktionalen (d.h. Effektivitäts-)Gründen in die (Theorie der) Wirtschaftspolitik zu integrieren sind und (2.) wie dies konzeptionell begründet und instrumentell gestaltet werden kann.

1. Handlungsblockaden und die Defizite individualistischen Handelns in einer interdependenten und dilemmabehafteten Welt

Sobald wir das wohlfahrtsökonomische Nirwana modelltheoretisch vollkommener Märkte verlassen, haben wir es grundsätzlich mit »verbesserungsfähigen« ökonomischen Prozessen zu tun. Die Verbesserung ökonomischer Prozesse und dementsprechend ihrer Ergebnisse geschieht in der Regel durch die Entwicklung »wirtschaftsrelevanter Faktoren«, beispielsweise von »Standortfaktoren« in räumlichen Kontexten, die den ökonomischen Prozess und seine Ergebnisse »strategisch« beeinflussen. Betrachten wir also einen gesellschaftlichen Produktionsprozess, dessen Ergebnis ein gesellschaftliches Gut ist, so gibt

es in der Regel »wirtschaftsrelevante Faktoren«, die zudem strategiefähig sind, also so beeinflusst werden können, dass der Produktionsprozess und sein Ergebnis »verbessert« werden können. An dieser
»Verbesserung« sind in der Regel zahlreiche, wenn nicht alle Akteure
(mehr oder weniger stark) interessiert. Eine Ausschöpfung dieser wirtschaftlichen Potentiale, also die Erstellung, Entwicklung oder Verbesserung jener »wirtschaftsrelevanten Faktoren«, scheitert jedoch in
dezentralen, spontanen Allokationssystemen (»Märkten«) in der Regel daran, dass man mit individualistischen Handlungsblockaden (lock-
ins) konfrontiert ist, die dazu führen, dass zwar viele Einzelne, oft
sogar alle privaten Akteure individuell durchaus handlungswillig sind,
alle privaten Akteure zusammen sich jedoch als handlungsunfähig oder
zumindest nur unzureichend handlungsfähig erweisen. Bei der theoretischen Interpretation solcher Problematiken kann in durchaus
fruchtbarer Weise rekurriert werden auf die bekannten Ursachen und
Formen des »Marktversagens«. Kapitalistische Marktwirtschaften
produzieren bekanntermaßen – und je individualistischer ihre Kultur,
umso mehr – systematisch und in der Regel nicht intendiert dauerhafte Situationen, die wir als »wirtschaftliche (oder wirtschaftspolitische)
Probleme« bezeichnen. Bestimmte erforderliche Aktivitäten, die auf
die Lösung anstehender Probleme gerichtet sind, erfolgen auf individueller Basis und bei spontaner dezentraler Allokation nicht. Dies gilt
typischerweise für Güter mit hohen positiven externen Effekten (wie
z.B. grundlegende Innovationen oder Netztechnologien), insbesondere für Kollektivgutproblematiken, für Güter mit Langzeithorizon-
ten bzw. bei verschiedenen Formen von Informationsunvollkommen-
heiten (v.a. bei so genannter echter Unsicherheit). Eine entsprechend
angemessenre ökonomisch-theoretische Welt, die sich von der Nir-
wana-Welt des »vollkommenen Wettbewerbs« fundamental unterscheidet, kann mit folgenden Elementen beschrieben werden:

1. Direkte Interdependenzen zwischen den Akteuren, im Gegensatz zur indirekten, bloß preisvermittelten Interdependenz im »Markt«-
Modell. Dies bedeutet die Anerkennung originär multipersoneller bzw.
gesellschaftlicher Situationen in der Ökonomie.

2. Rekurrenz der darauf basierenden direkten Interaktionen, d.h.
unendliche bzw. zahlenmäßig unbestimmte Wiederholung von Inter-
aktionssituationen. Dies impliziert, dass es eine irgendwie geartete,
wenngleich unbekannte, so doch gemeinsame Zukunft für die Akteure gibt.

3. Soziale Dilemma-Strukturen, d.h. Kollektivgut-Problematiken.
4. Prozessualität bzw. Sequentialität der Interaktionen bzw. Entscheidungsabfolgen. Dies impliziert eine Unsicherheit zwischen den Akteuren, zumindest darüber, wie sich die Interaktionspartner (anfänglich) verhalten werden (»strategische Unsicherheit« als ein Teil echter Unsicherheit).

Insgesamt bilden wir damit ökonomische Problemlagen ab, die verbreiteter sind als ihre wenig entwickelte analytische Konzeptionierung in der Mainstream-Ökonomik vermuten lässt. Es ist sogar davon auszugehen, dass solche gesellschaftlichen Problemlagen geradezu ubiquitär sind und als untrennbares Element in allen sozio-ökonomischen Interaktionen, einschließlich – und z.t. sogar vorrangig – in allen »marktlichen« Interaktionen enthalten sind.

2. Elemente eines Modells der Wirtschaftspolitik

2.1 Interaktive und evolutionäre Ökonomik
Ein einfaches, jedoch wegen seines hohen Erklärungsgehaltes relevantes Modell mit vermutlich immer noch unterschätzter empirischer Bedeutung, welches die genannte grundlegende sozio-ökonomische Problematik abbildet, ist das Prisoners' Dilemma. Es illustriert, wie leicht »Märkte« versagen können, wenn das Ergebnis der Entscheidung eines Akteurs zugleich unmittelbar abhängig ist von der Entscheidung eines anderen Akteurs (direkte Interdependenz, s.o.). Bei dilemmabehafteter direkter Interdependenz hat jeder individuelle Akteur bekanntlich einen Anreiz zum individualistischen Defektieren (individualistischer Extragewinn). Dieser Extragewinn kann aber nur dann realisiert werden, wenn ein bei den anderen schon bestehendes kooperatives Verhalten, genauer: eine schon bestehende Institution (gesellschaftliche Verhaltensregel) der Kooperation, ausgebeutet werden kann.[1] Wenn jedoch alle Akteure versuchen, den Extragewinn zu erreichen, werden alle relativ schlecht dastehen. Koordination (Ko-

---

[1] Ein Gutteil der gesellschaftlichen Unterminierung des Sozialstaates wird heute ja auch auf diese Weise, über die »neoliberale« Organisation und Ermunterung der individualistischen Ausbeutung von Institutionen der Koordination und Kooperation, also organisiert von der »großen Politik«, jedoch an der Basis der Gesellschaft selbst, herbeigeführt.

operation) lässt demgegenüber ein gesellschaftlich (pareto-)superiores Ergebnis möglich werden. Die Anreizstruktur (Auszahlungsmatrix) des einmal gespielten Prisoners' Dilemma bildet bekanntlich das Phänomen ab, dass individualistisches »Nutzenmaximieren« in eine stabile sub-optimale Situation führt. Für alle individualistischen Akteure ist es jedoch das vorherrschende Verhalten, nicht zu kooperieren. Würden die Akteure kooperieren, so würde die superiore gesellschaftliche Lösung, das Kollektivgut, bekanntlich erstellt werden können. Die o.g. »wirtschaftsrelevanten« Faktoren zur Verbesserung der gesellschaftlichen Produktionsprozesse sind typischerweise zugleich solche Kollektivgüter, also zugleich auch Ergebnisse gesellschaftlicher Produktionsprozesse. Diese Faktoren besitzen also i.d.R. Kollektivgutcharakter. Hier geht es z.B. um ein Verhalten der privaten Akteure zur koordinierten Produktion von Bedingungen für einen vorausschauenden Strukturwandel oder um gemeinsame Infrastrukturen bzw. um sonstige gemeinsame Standortbedingungen i.w.S.

Ein Übergang vom individualistisch nicht erreichbaren Kollektivgut zu einem im Prinzip im spontanen, dezentralen Prozess individualistisch erstellbaren Gut, also »Privatgut«, wird nun bekanntlich möglich in der Folge eines Übergangs vom Einmal-Prisoners' Dilemma zum sog. Superspiel, der unendlich oft bzw. unbestimmt oft wiederholten Interaktion (zur Rekurrenz, s.o.). Im Superspiel wird es im eigenen Interesse der Individuen grundsätzlich möglich, das Kollektivgut durch Kooperation – und zwar auf individueller Basis, also im spontanen, dezentralen Prozess – zu erstellen. Die formale Lösung des Superspiels soll hier nicht Gegenstand der Erörterung sein. Sie gibt die Bedingung für eine Überlegenheit und damit für eine grundsätzliche Möglichkeit von Kooperation im individualistischen Interaktionsprozess an. In ihrer einfachsten Form sind die dafür relevanten Größen die Anreizstruktur (d.h. die relativen »Auszahlungshöhen«) sowie die sog. Diskontrate. Da die Lösung nicht nur eine Bedingungskonstellation für superiore Verhaltensweisen der privaten Akteure untereinander angibt, sondern interessanterweise zugleich Faktoren enthält, die auch wirtschaftspolitisch strategiefähig sind, ist darauf bei der Instrumentierung des Ansatzes der interaktiven Wirtschaftspolitik noch zurückzukommen. Diese Bedingung ist zunächst einfach ableitbar aus einem sog. single-shot-Superspiel, d.h. im Fall zweier über den Zeitablauf fixer idealer Strategien (»Kooperieren« und »Defektieren«). Um jedoch einer prozessualen Sichtweise (zur Prozessualität, s.o.) gerecht werden zu können, muss darüber hinaus gezeigt werden, wie kooperative Verhaltensweisen in Interaktion mit Repräsentanten anderer, nicht-kooperativer Kulturen entstehen und sich verbreiten können. In diesem Rahmen kann man nun in der Tat zeigen, dass in einem evolutionären Prozess Kooperation als gesellschaftliche Verhaltensregel, also als Institution, selbst in einem nonkooperativen Umfeld spontan gelernt werden kann (s. z.B. Schotter 1981; Axelrod 1984, 1997). Es kann dabei gezeigt werden, dass ein individueller Akteur, trotz defektionsfördernder Anreizstruktur, sein Verhalten wechseln, also lernen kann zu kooperieren (s. z.B. Liebrand/Messick 1996; Lindgren 1997; Fudenberg/Levine 1998). Zentraler Mechanismus ist hierbei, dass die Wirkungen einer defektionsfördernden Anreizstruktur durch das Gewicht einer in einem Lernprozess wahrgenommenen gemeinsamen Zukunft (über-)kompensiert werden können (s.u.). Alles in allem kann vor diesem Hintergrund ein kultureller Evolutionsprozess mit Lernen rekonstruiert, modelliert, simuliert und experimentell ermittelt werden, in dem durch Herausbildung von Institutionen der Kooperation die soziale Dilemmasituation grundsätzlich überwunden und das ursprünglich blockierte Kollektivgut als »privates Gut« hergestellt werden kann. Die Emergenz, Existenz, Reproduktion und Aufbereitung gesellschaftlicher Kulturen der Kooperation, ohne die eine gesellschaftliche Koordination, also Gesellschaft schlechthin, nicht denkbar ware, können so rekonstruiert und genauer analysierbar gemacht werden (s. Elsner 2001a).

»Neoliberale« Ökonomen haben diese Ergebnisse natürlich begierig aufgegriffen und als »evolutionären« Beweis der Fähigkeit des »Marktes« zur Selbstorganisation interpretiert. Dabei haben sie allerdings die große Relevanz der kritischen Faktoren dieses Prozesses übersehen. Offen und unbestimmt bleiben nämlich in solchen evolutionären Prozessen der Zeitrahmen und die Sicherheit, in dem sich die Kooperation in einer individualistischen Gesellschaft durchsetzt. Kooperation bleibt in dezentralen, spontanen, individualistischen Systemen im Spannungsfeld der zugrundeliegenden dilemmabehafteten Anreizstruktur, mit ihren strukturellen Anreizen zu defektieren und ihrer echten Unsicherheit, weiterhin grundsätzlich unsicher und brüchig. Experimente und Simulationen evolutionärer Prozesse auf Prisoners' Dilemma-Basis zeigen oft die Notwendigkeit Tausender von Interaktionsrunden (bzw. Lernakten), um zur Emergenz und zur hinreichenden Stabilisierung kooperativer Kulturen zu gelangen. Und selbst dann bleibt die Institution der Kooperation anfällig und kann – oft aus kaum erkennbarer innerer Dynamik oder aufgrund nur leichter Veränderung »exogener« Faktoren – stets wieder zusammenbrechen. Solche Zeiterfordernisse und solche grundsätzlichen Unsicherheiten der privaten, spontanen dezentralen Interaktionsprozesse kann sich die Gesellschaft und kann sich v.a. der öffentliche, wirtschaftspolitische Akteur nicht leisten. Es besteht daher wirtschaftspolitischer Handlungsbedarf. Dieser stellt sich auf der Basis eines institutionentheoretischen und evolutionären Ansatzes nun allerdings nicht als Verstärkung der »marktlichen Ordnungspolitik«, aber auch nicht primär als Interventionismus, sondern eher als spezifisch »ordnungspolitischer«, nämlich gleichsam als *institutionenpolitischer Handlungsbedarf*, einer Kombination aus Rahmensetzung und Prozessorientierung, dar. Die Theorie der Wirtschaftspolitik muss und kann vor diesem Hintergrund neu konzipiert werden.

2.2 Meritorik

Das Konzept des meritorischen Gutes wird in der ökonomischen Theorie inzwischen seit über drei Jahrzehnten diskutiert (Musgrave 1976), wobei seit den neunziger Jahren ein wiedererwachtes Interesse an diesem empirisch höchst relevanten, in der »Mainstream«-Ökonomik jedoch nur schwer bearbeitbaren theoretischen Konzept feststellbar ist. In den letzten Jahren wurde dabei das ursprüngliche Thema »falscher Präferenzen« als Begründungskomplex für Meritorisierung von Gütern auch von Musgrave selbst in Richtung auf »community preferences ... to reflect the outcome of a historical process of interaction among individuals« neu fokussiert. (Musgrave 1987: 452) Eine moderne Interpretation meritorischer Güter geht in die Richtung, statt »falscher Präferenzen« einen defizitären Allokationsmechanismus als Ausgangspunkt zu nehmen, der – in unserem Kontext v.a. im Hinblick auf Zeitnähe und Sicherheit der Gutsentstehung – »unbefriedigende« Ergebnisse produziert, welche eine öffentliche Meritorisierung erforderlich machen. (s. z.B. Brennan/Lomaski 1982; Priddat 1992; Ver Eecke 1998) Daher müssen wirtschafts- und gesellschaftspolitische Ziele auf der Grundlage *politischer und gesellschaftlicher Willensbildungsprozesse* definiert werden. Solche Prozesse abzubilden, leistet der gegenwärtige Stand der Ökonomik alles in allem jedoch nur unzulänglich – eine Ökonomik auf individualistischer Basis logischerweise grundsätzlich überhaupt nicht. Der Kritische Institutio-

nalismus bzw. die *Original Institutional Economics* (OIE) mit ihrer
Vorstellung einer *negotiated economy* mit ihren vielfältigen stakehol-
der-Beziehungen und dem Ergebnis sozial verhandelter »reasonable
values« scheint den Erfordernissen noch am ehesten gerecht zu werden. (Commons 1934; Nielsen/Pederson 1988) Sie hat ihre Wurzeln
übrigens auch in der deutschen sozialökonomischen Tradition. (s. insbes. Katterle 1971)

Auf dieser Basis kann dann Wirtschaftspolitik als der Versuch interpretiert werden, das im »Markt« nicht (angemessen) Zustandege-
kommene herzustellen. Wirtschaftspolitische Ziele und entsprechende Meritorisierungen beziehen sich daher auf Güter, die – aufgrund
strategischer Interdependenzen, sozialer Dilemmata, relativ defizitä-
rer Allokationsmechanismen und damit schließlich zusammenhängen-
der Handlungsblockaden bzw. -defizite – über das dezentrale Allokationssystem entweder gar nicht oder nicht in gewünschter oder erfor-
derlicher Quantität bzw. Qualität, zum gewünschten relativen Preis
oder – nun als neue kritische Faktoren: im gewünschten bzw. erforderlichen Zeitrahmen oder mit der gewünschten bzw. erforderlichen
Versorgungssicherheit – zu Stande kommen. Diese Güter werden von
Politik und Gesellschaft zu wünschbaren Gütern mit definierten gewünschten Qualitäten erhoben; für sie müssten also anzustrebende
Standards hinsichtlich Quantität, Qualität, relativem Preis und eben
auch Zeitrahmen und Versorgungssicherheit definiert werden. Dieses
Konzept von Meritorik setzt das Wirken eines vom individualistischen,
dezentralen Allokationssystem unabhängigen und ihm *übergeordneten, kollektiven institutionellen Arrangements* voraus. Die Entscheidungssituation der Individuen könnte dann im Grundsatz durch öffentliche Meritorisierungen und entsprechenden wirtschaftspolitischen
Instrumenteeinsatz (s.u.) so verändert werden, dass die Individuen
nicht mehr unbeabsichtigt (und letztlich zum eigenen Schaden) in der
defizitären und inferioren sozialen Dilemmasituation gefangen bleiben bzw. immer wieder dahin zurückfallen – was ja dann in realen
»Marktwirtschaften« typischerweise kaum kontrollierbare Umverteilungsprozesse nach Maßgabe der sozio-ökonomischen Machtvertei-
lung in Gang setzt. Mit diesem Grundkonzept einer »interaktiven«
Theorie der Wirtschaftspolitik können also ursprünglich blockierte
bzw. auf andere Weise defizitäre Koordinations- und Kooperationsprozesse grundsätzlich *initiiert* bzw. *beschleunigt* und *stabilisiert* werden. Sie führen dann zur Produktion von Gütern, die zuvor meritori-

siert, also mit wirtschaftspolitischen Zielen verknüpft wurden und für deren Erstellung entsprechende wirtschaftspolitische Instrumente eingesetzt wurden.

2.3 Implikationen: Paradigmawechsel zu einer schlanken Wirtschaftspolitik und die Meso-Ökonomik als neuer theoretischer Fokus

Der wirtschaftspolitische Akteur kann in diesem Rahmen dazu beitragen, die gewünschte Lösung wesentlich von den individualistisch handelnden privaten Akteuren herstellen zu lassen, indem er private Kooperationsprozesse deblockiert bzw. effektiviert. Die Anreiz-Struktur des Prisoners' Dilemma vermittelt dabei unmittelbar die Erkenntnis, dass die privaten Akteure systematisch zur Herstellung der gesellschaftlich superioren Situation im Eigeninteresse auch an den Ergebnissen der kooperativen Lösung, die ihnen deutliche individuelle (wenngleich nicht »maximale«) Nutzen bringt, beitragen können und insoweit auch dazu herangezogen werden können.[2] Der Staat muss keineswegs die volle Verantwortung und Last für die Erstellung dieser Güter tragen, wie es die traditionelle Marktversagens- und Kollektivgutanalyse impliziert. Wirtschaftspolitik kann auf diese Weise – begründet sowohl aus der spieltheoretischen Analyse als auch aus der Theorie der Meritorik – bereits grundsätzlich schlanker und möglicherweise auch – ganz profan – billiger werden. Sie kann den Privaten die Möglichkeit eröffnen und Anreize schaffen, an der Realisierung der meritorischen Güter (und damit wirtschaftspolitischer Ziele) mitzuwirken und natürlich auch individuell aus diesen nicht unerheblich (gegenüber der individualistischen »Gleichgewichts-Lösung« sogar »pareto-superioren«) Nutzen zu ziehen. Sie kann die individuellen Akteure mit anderen Worten dazu anreizen, einen höheren Grad an Rationalität i. S. der Mitproduktion der meritorischen Güter bzw. wirtschaftspolitischer Ziele in ihre Entscheidung zu integrieren, ohne dabei ihre individuellen Interessen aufzugeben. *Das Gesellschaftliche* (also die direkten Interaktionsprozesse zwischen den Privaten) wird auf diese Weise funktional, effektivitätssteigernd in die (Theorie der) Wirtschaftspolitik integriert.

---

[2] Der »maximale« Nutzen im Prisoners' Dilemma bleibt im Wesentlichen eine Illusion der Akteure, sofern sie nicht bestehende Institutionen der Kooperation einseitig ausbeuten können.

Ein Paradigmawechsel zu einer grundsätzlich schlankeren Wirtschaftspolitik wird auch dadurch begründet, dass die zugrunde liegende Dilemmastruktur keineswegs durch den Staat gänzlich aufgehoben werden muss. Dies könnte eine relativ aufwendige und – banal gesprochen – teure Lösung sein, also hohe öffentliche Bonizifierungsleistungen für wirtschaftspolitisch förderliches kooperatives Verhalten bedeuten. Tatsächlich haben wir es, nach allen theoretischen Erkenntnissen und praktischen Erfahrungen, mit einem graduellen Problem zu tun: schon relativ kleine wirtschaftspolitische Bonifizierungen kooperativen Verhaltens können eine Situation befördern, in der sich Kooperation für die Privaten mehr lohnt, also entweder gänzlich deblockiert wird oder schneller zu Stande kommt und sicherer wird. (s. ausf. Elsner 1998, 2001b)

Aus der ökonomischen, insbesondere spieltheoretischen *Theorie des (interaktiven, kollektiven) Lernens* von Kooperation ergibt sich nun die Erkenntnis, dass als wesentlicher Bedingungsfaktor für das Erlernen von Kooperation, neben der *Stärke des Dilemmas in den Anreizstrukturen* (d.h. den relativen Kooperations- und Konfliktkosten und -nutzen), typischerweise die *Gruppengröße* hervorsticht. In »kleinen« Gruppen entsteht Kooperation bekanntermaßen wegen der *Wahrscheinlichkeit des Wiedertreffens* von Akteuren grundsätzlich eher als in »großen«. Dies ist auch konform mit dem älteren Ansatz der Theorie der Gruppen, wonach Kollektivgüter in kleineren Gruppen eher erstellt werden können als in »großen«. Ganz ähnlich wie die Gruppengröße wirkt auch die *Mobilität* innerhalb einer Population. Bei höherer Mobilität (räumlicher, sektoraler, fachlicher oder sozialer Art) ist die Wahrscheinlichkeit der Entstehung von kooperationsfreundlichen Institutionen geringer als in weniger mobilen Populationen, was die »effizienzsteigernde« Wirkung von Mobilität, die in der »Mainstream«-Ökonomik unbestritten zu sein scheint, erheblich relativiert. Das allgemeine Prinzip hinter der Gruppengröße bzw. der Mobilität ist die genannte Wahrscheinlichkeit des Wiedertreffens von Interaktionspartnern. Soziale Stabilität, räumliche, fachliche (sektorale, professionelle o. ä.) oder eine irgendwie geartete soziale *Nähe* (proximity) und *Kontakthäufigkeit* (density) sind somit nicht nur wesentliche Elemente der Kooperationsentstehung, sondern können – insoweit sie wirtschaftspolitisch strategiefähig sind – auch *Elemente der wirtschafts- und gesellschaftspolitischen* (im oben beschriebenen Sinne »institutionenpolitischen«) *Förderung* werden. Die relative Interaktionshäufigkeit ist in der Tat ein im täglichen Leben wirkendes statistisches Phänomen, dessen strukturbildende Wirkungen in Modellsimulationen nachgewiesen werden können. Je nach relativer Interaktionshäufigkeit innerhalb und zwischen verschiedenen »lokalen« Kulturen können in der Realität bekanntlich »kulturelle Landkarten« als Ausdruck der Verteilung von Strategien und Kulturen entstehen. (s. dazu bereits Axelrod 1984; s.a. Oltra/Schenk 1998)

Damit rückt die *meso-ökonomische Ebene* in den Fokus einer ökonomischen Theorie der (interaktiven) Wirtschaftsentwicklung und der interaktiven (Theorie der) Wirtschaftspolitik. Meso-ökonomische Einheiten wie *Sektoren* bzw. sektorale Cluster, *Regionen, Netzwerke* u. ä. erweisen sich vor diesem Hintergrund als prädestinierte *Ebene der Kooperationsentstehung* und damit auch der wirtschaftspolitischen Kooperationsförderung. Eine ausführliche Diskussion der Potenziale einer neuen Fokussierung auf die ökonomische Meso-Ebene kann hier jedoch nicht vorgenommen werden. (s. z.B. Elsner 2000)

3. Instrumentekomplexe interaktiver Wirtschaftspolitik

Wir kommen zurück auf die erwähnte formale Bedingung für die Überlegenheit und Entstehung im single-shot-Prisoners' Dilemma. Der sog. Diskontfaktor kann bekanntlich auch als die Wahrscheinlichkeit interpretiert werden, mit der die Interaktion fortgesetzt wird bzw. mit der man einen anderen Akteur in der Zukunft noch einmal trifft. Er repräsentiert damit einen zentralen Faktor der *Bedingungen des Lernens von Koordination und Kooperation.* Steigt diese Wahrscheinlichkeit, dann wird kooperatives Verhalten wahrscheinlicher (s.o.). Um die Kooperationswahrscheinlichkeit zu erhöhen, ist für die Akteure also die »Bedeutung der gemeinsamen Zukunft« zu vergrößern. Dieser Faktor ist nun wirtschaftspolitisch durchaus *strategiefähig.* Interaktionen sollten daher durch den wirtschaftspolitischen Akteur als dauerhafte organisiert werden und mit großer Häufigkeit stattfinden, sie sollten ggf. in kleinere Teilsituationen zerlegt werden. Es müssen dann nämlich in jedem einzelnen Teilschritt auch die zukünftigen Interaktionen und deren Ausgang und Auszahlungen berücksichtigt werden. Für eigenes Defektieren kann man dann in der Zukunft leichter sanktioniert werden. Private Akteure sollten daher zunehmend in verschiedene, wenngleich zusammenhängende Kooperationsbereiche zu verschiedenen Themen eingebunden werden, um damit über eine größere Anzahl und Themenbreite von Kooperationen eine größere Häufigkeit des Wiedertreffens zu organisieren. Der Grad der Verhaltensunsicherheit wird in diesem Prozess reduziert. Dies ist identisch mit kollektiven Lernprozessen und der Emergenz von Institutionen der Koordination und der Kooperation. Für den wirtschaftspolitischen Akteur bietet sich hier also – auch nach zahlreichen praktischen Erfahrungen – die Möglichkeit, über eine entsprechende Gestaltung der Interaktionsbedingungen die Wahrscheinlichkeit der Kooperation zu erhöhen.

Die andere Möglichkeit der wirtschaftspolitischen Kooperationsförderung besteht offensichtlich darin, die Anreizstrukturen zu verändern. Sowohl Analyse als auch praktische Erfahrung zeigen dabei jedoch, dass je besser es gelingt, die gemeinsame Zukunft bedeutsamer werden zu lassen (s.o.), die relativen »Auszahlungen« für Kooperation und damit die öffentliche Bonifizierung des Kooperationsverhaltens umso geringer bleiben können. Allerdings ist dieser »Trade-Off« nicht als Gegensatz zwischen »qualitativen« und »quantitativen« Instrumenten der Kooperationsförderung zu sehen (wobei die Erhöhung der Bedeutung der gemeinsamen Zukunft als der »qualitative« Aspekt, die Erhöhung der Anreize bzw. der Auszahlungen als der »quantitative« Aspekt interpretiert werden könnten); die Veränderung der Anreizstruktur muss nämlich keineswegs mit öffentlichen Geldzahlungen identifiziert werden. Die Bonifizierung von Kooperationsverhalten kann in praktischen wirtschaftspolitischen Zusammenhängen auch in zahlreichen anderen nutzenstiftenden Zuwendungen, z.B. in einer verbesserten Informationsversorgung, in intensivierten und verbesserten Kontakten zu und Handlungsabstimmungen mit öffentlichen Entscheidungsträgern oder in erhöhter Anerkennung durch Politik und Administration bestehen. (s. ausf. Elsner 1998, 2001b)

4. Schlussfolgerungen

Insgesamt zeigen theoretische und praktische Erfahrungen, dass die Entscheidungssituation individueller privater Akteure durch eine interaktive Wirtschaftspolitik in die richtige Richtung verändert werden kann. Koordiniertes bzw. kooperatives Verhalten zur Senkung von blockierender echter Unsicherheit kann relativ zur individualistischen Verhaltensstrategie für die privaten Akteure attraktiver gemacht werden. Die privaten Akteure können sich damit neue Handlungsoptionen, die ihnen in privaten, dezentralen und spontanen Allokationssystemen verschlossen sind, erschließen. Mit Sicherheit sind es nicht vorrangig Geldbeträge (Subventionen), die hier als Instrumente bedeutsam sind. Es deutet vielmehr alles darauf hin, dass nur das Gesamtarrangement wirtschaftspolitischer Instrumente geeignet ist, die Förderung eines gesellschaftlichen Lernprozesses von institutionalisierter Kooperation (mit ihrem reduzierten Unsicherheitsniveau) mit hinlänglicher Sicherheit und Geschwindigkeit zu ermöglichen.

Dass der *öffentliche Akteur* in solchen Zusammenhängen nicht nur selbst eine *langfristige Perspektive* kontinuierlich verfolgen muss, sondern auch eine gewisse *Konfliktfähigkeit* und *überlegene Machtausstattung* gegenüber privaten Machtstrukturen aufweisen muss, ist in der Literatur über wirtschaftspolitisch relevante Kooperationen und Netzwerke hinlänglich deutlich gemacht worden. Die privaten Akteure werden der staatlichen Intervention – selbst wenn sie nicht primär mit traditionellen interventionistischen, sondern vor allem mit »institutionenpolitischen« (d.h. auf die Interaktionsprozesse orientierten) Instrumenten agiert – zunächst ablehnend gegenüberstehen, vor allem aus grundsätzlichen, etwa machtpolitischen (meist jedoch als »ordnungspolitisch« verbrämten) Erwägungen. Macht als integraler Bestandteil kapitalistischer Marktwirtschaften ist insoweit auch aus Institutionen, institutionalisierten Kooperationen und darauf aufbauenden Netzwerken nicht eliminierbar.

Im Zuge einer dauerhaften Kooperation, so eine weitere evolutionstheoretisch begründete Vermutung, kann aber das Eigeninteresse der individuellen Akteure zunehmend reflektiert werden und sich zu einem wohlverstandenen langfristigen Eigeninteresse weiterentwikkeln. (s. z.B. Katterle 1991) In einem längeren kulturellen Prozess könnte dann die ursprünglich nur unscharf als Vision und Leitbild vorhandene wirtschaftlich superiore Kooperationssituation dominant und die früher die Realität bestimmende inferiore Blockadesituation allmählich irrelevant werden und hinter dem »Schleier der Geschichte« verblassen. (s. z.B. Elsner 2001a)

Das Konzept einer interaktiven (Theorie der) Wirtschaftspolitik geht über den bisherigen Stand der Theorie der Wirtschaftspolitik hinaus, indem es z.T. bekannte Konzeptionen und Phänomene wie z.b. Kooperation und Networking (entscheidungs-)theoretisch fundiert und

erweitert und die Wirtschaftspolitik – jenseits traditioneller Kollek-
tivgut-Begründungen und auch jenseits bloßer Transaktionskosten-
Begründungen – neu konzipiert und instrumentell weiterentwickelt.
Die neuartige Verknüpfung privater und öffentlicher Interessen und
Mechanismen, die Perspektive des *Wiederhereinholens des Gesellschaftlichen in den Wirtschaftsprozess und die (Theorie der) Wirtschaftspolitik*, in einem grundsätzlich geklärteren Interessen- und Verant-
wortungsrahmen als in den üblichen modischen public-private-part-
nerships, dürfte weitere Schritte zur Entwicklung dieses sozio-ökonomischen wirtschaftspolitischen Paradigmas rechtfertigen – Schritte,
die insbesondere im Bereich der gesellschaftlichen Meritorisierung
»marktlicher« Prozesse und Ergebnisse noch zu leisten sind.

Literatur

Axelrod, R. (1984): The Evolution of Cooperation, New York.
Axelrod, R. (1997): The Complexity of Cooperation. Agent-Based Models
of Competition and Collaboration, Princeton, N.J.
Brennan, G./Lomasky, L. (1982): Institutional Aspects of »Merit Goods«
Analysis, in: Finanzarchiv, N.F. 41, S. 183-206.
Commons, J.R. (1934): Institutional Economics, 2 Bd., New York repr.
New Brunswick (N.J.) 1990.
Elsner, W. (1998): Theorie Kooperativer Strukturpolitik, in: W. Elsner/W.W.
Engelhardt/W. Glastetter (Hrsg.): Ökonomie in gesellschaftlicher Ver-
antwortung. Sozialökonomik und Gesellschaftsreform heute. Festschrift
für S. Katterle (Volkswirtschaftliche Schriften, H. 481), Berlin, S. 421-452.
Elsner, W. (2000), An Industrial Policy Agenda 2000 and Beyond – Experi-
ence, Theory and Policy, in: W. Elsner, J. Groenewegen (Hrsg.): Indu-
strial Policies After 2000, Boston/Dordrecht/London, S. 411-486.
Elsner, W. (2001a): Individuum und gesellschaftliches Handeln. Eine Grund-
frage (nicht nur) der heterodoxen Ökonomik – neu betrachtet, in: F.
Schulz-Nieswandt (Hrsg.): Einzelwirtschaften und Sozialpolitik zwischen
Markt und Staat, Festschrift für W.W. Engelhardt, Marburg, S. 69-97.
Elsner, W. (2001b): Interactive Economic Policy: Toward a Cooperative
Policy Approach for a Negotiated Economy, in: Journal of Economic
Issues, Bd. 35, Nr. 1, March 2001, S. 61-83.
Fudenberg, D./Levine, D.K. (1998): The Theory of Learning in Games,
Cambridge (Mass.)/London.
Katterle, S. (1971): Wohlfahrtsökonomik und Theorie der Staatswirtschaft,
in: Finanzarchiv, Bd. 30, S. 14-26.
Katterle, S. (1991): Methodologischer Individualismus and Beyond, in: B.
Biervert/M. Held (Hrsg.): Das Menschenbild der ökonomischen Theo-

rie: Zur Natur des Menschen, Frankfurt a.m./New York, S. 132-152.

Liebrand, W.B.G./Messick, D.M. (Hrsg.) (1996): Frontiers in Social Dilemmas Research, Berlin et al.

Lindgren, K. (1997): Evolutionary Dynamics in Game-Theoretic Models, in: W.B. Arthur/S.N. Durlauf/D.A. Lane (Hrsg.): The Economy as an Evolving Complex System II, Reading (Mass.), S. 337-367.

Musgrave, R.A. (1976): Public Finance in Theory and Practice, Tokio et al.

Musgrave, R.A (1987): Merit goods, in: The New Palgrave, London/Basingstoke, S. 452-453.

Nielsen, K./Pederson, O.K. (1988): The negotiated economy: Ideal and history, in: Scandinavian Political Studies, Bd. 2, S. 79-101.

Oltra, V./Schenk, E. (1998): Evolution of Cooperation with Local Interactions and Imitation, in: Cohendet, Patrick et al. (Hrsg.): The Economics of Networks, Berlin/Heidelberg/New York, S. 205-222.

Priddat, B.P. (1992): Zur Ökonomie der Gemeinschaftsbedürfnisse: Neuer Versuch einer ethischen Begründung der Theorie meritorischer Güter, in: Zeitschrift für Wirtschafts- und Sozialwissenschaften, Jg. 112, S. 239-259.

Schotter, A.R. (1981): The Economic Theory of Social Institutions, Cambridge.

Ver Eecke, W. (1998): The Concept of a »Merit Good«. The Ethical Dimension in Economic Theory and the History of Economic Thought or the Transformation of Economics Into Socio-Economics, in: Journal of Socio-Economics, Bd. 27, S. 133-153.

II. Aspekte einer alternativen Wirtschaftspolitik

Christa Müller/Oskar Lafontaine
Stehvermögen

Der Zeitgeist bringt immer neue Worte hervor. Generation Ich, Generation XXL, Generation Golf. Viele ähnliche Begriffe werden bemüht, um zu zeigen, dass die Solidarität abgeschrieben ist. Zwar gibt es auch Gegenbeispiele, aber der Zeitgeist ist neoliberal. Das kam nicht von heute auf morgen. In den 60er und 70er Jahren war die Mehrheit der Auffassung, dass dem Staat die Aufgabe zukomme, in das Wirtschaftsgeschehen einzugreifen. Diese Mehrheit glaubte daran, dass der freie Markt vieles regeln und vieles nicht regeln könne. Was zu regeln notwendig sei, sei Aufgabe des Staates. Verbunden mit dem Regierungsantritt Margret Thatchers und Ronald Reagans setzte sich ein anderes Denken durch. Nun sollte der Markt für alles zuständig sein. Deregulierung, Flexibilisierung, Beschleunigung sind Wörter, die den neuen neoliberalen Zeitgeist kennzeichnen. Modische Bewegungen sind selten durch Zahlen zu beeindrucken.

Bei allem was man gegen die Wirtschafts- und Finanzpolitik der 60er und 70er Jahre einwenden kann, die Wachstumsraten waren höher und die Arbeitslosenzahlen waren geringer. Dabei war die Alternative, Staatseingriff gegen freie Marktwirtschaft immer eine scheinbare. In Wirklichkeit gab es immer Staatseingriffe und immer Freiräume, in denen der Markt allein das Geschehen bestimmte. Es ging um Übertreibungen in die eine oder andere Richtung. Die Zugunglücke in England haben der dortigen Bevölkerung vor Augen geführt, dass die Privatisierung, eine zentrale Forderung der Neoliberalen, viel zu weit gegangen war. So erlebten wir die Überraschung, dass der Liberale Ralf Dahrendorf zu dem Ergebnis kam, man habe wohl bei der Privatisierung und Deregulierung des Guten zu viel getan. Gleichzeitig sah man, dass diese Erkenntnis bei den sozialdemokratischen Parteien Europas, die ihren Grundwerten teilweise abgeschworen hatten, nur langsam durchsickerte.

Bei einer solchen Entwicklung wirken Leute, die unabhängig vom Zeitgeist ihre Überzeugungen über viele Jahre vertreten, wie Leuchttürme. Rudolf Hickel gehört dazu. Wenn man dem Zeitgeist widersteht, setzt man sich nicht nur vielfacher Kritik aus. Oft ist auch zu beobachten, dass die Jünger des Zeitgeistes an ihre eigene intellektuelle Überlegenheit glauben und anders Denkende mit Spott übergießen. Je weniger man sich von Zahlen beeindrucken lässt, umso höher die Selbsteinschätzung. Mit gelassener Fröhlichkeit hat Rudolf Hickel all diesen Anfeindungen standgehalten. Immer wieder forderte er in der Blütezeit des Neoliberalismus staatliches Eingreifen, um die Arbeitslosigkeit abzubauen. Dass er dabei wenig Erfolg hatte, weiß er selbst. Zum einen stieß er auf ein großes, europäisches Missverständnis. Obwohl Keynes sein Hauptwerk mit »Allgemeine Theorie der Beschäftigung, des Zinses und des Geldes« überschrieben hatte, setzt die Mehrheit Keynessche Wirtschaftspolitik immer noch mit Schuldenpolitik gleich. Schon ein Blick auf den Buchtitel hätte ausgereicht, um vor diesem Missverständnis zu warnen. Keynes sah in erster Linie in der Geldpolitik das Instrument, die Konjunktur zu steuern.

Noch Anfang der 80er Jahre wusste der wissenschaftliche Beirat beim Wirtschaftsministerium, dass die Geldpolitik einen entscheidenden Beitrag zu Wachstum und Beschäftigung leisten könne. Erstaunlicherweise hat sich diese Überzeugung in den Vereinigten Staaten gehalten. Während die Europäer der Geldpolitik allein die Rolle der Preisstabilität zuwiesen, haben die Amerikaner ihr immer auch die Aufgabe zugewiesen, Wachstum und Beschäftigung zu fördern. Viele Beobachter sehen daher in der Geldpolitik Alan Greenspans den Schlüssel zum langanhaltenden Wirtschaftsboom in den USA. Im Jahre 2001 zeigt Alan Greenspan wieder einmal, dass ihm Glaubensbekenntnisse wenig bedeuten. Mit massiven Zinssenkungen, die in der ideologisch festbetonierten Landschaft Europas unvorstellbar wären, versucht er der amerikanischen Konjunktur auf die Beine zu helfen. Er hat erkannt, dass die Geldpolitik viel schneller reagieren muss als in früheren Zeiten, und er ist zu der Auffassung gekommen, dass in einer Zeit, in der immer mehr Verbraucher Aktien und Wertpapiere besitzen, die Geldpolitik anders reagieren muss als in früheren Jahren.

Greenspan steht damit für eine wirtschaftliche Denktradition, für die auch Keynes in Anspruch genommen werden kann. Der Markt kann vieles richten, er kann vieles besser als staatliche Planung und Lenkung. Aber es gibt immer wieder auch die Aufgabe des Eingriffes in das Marktgeschehen, weil Märkte an sich instabil sind und zu Ungleichgewichten neigen. Die praktischen Amerikaner haben das immer so gesehen. Mitte des Jahres 2001 versucht Amerika nicht nur durch massive Zinssenkungen, sondern auch durch Steuersenkungen die Konjunktur zu stützen. Nachfragepolitik nennt man das. Gleichzeitig erklärten die Europäische Zentralbank und die Deutsche Bundesregierung, man bräuchte jetzt eine »ruhige Hand«. Dabei entwickelt sich die europäische Konjunktur wie in Amerika, wenn auch mit Zeitverzögerung nach unten. Glückliches Amerika! Es hat keinen Stabilitätspakt, der, unabhängig von konjunkturellen Entwicklungen, Haushaltskonsolidierungen fordert. Mit der Devise »Es muß gespart werden, koste es, was es wolle« rennt die ideologische Glaubensgemeinde gegen die Wand.

Es ist kein Fall in der Wirtschaftsgeschichte bekannt, bei dem es gelungen wäre, den Haushalt ohne Wachstum zu konsolidieren. Nur durch wirtschaftliches Wachstum und den damit verbundenen Mehreinnahmen des Staates und der Sozialkassen, kann man die öffentlichen Haushalte sanieren. So geschah es in Amerika. Die Sparprogramme Clintons waren an sich keine Sparprogramme. Sie waren eine Absprache mit der FED, dass die amerikanische Zentralbank im Gegenzug die Zinsen senkt. Das eigentliche Ziel war es, die realen Langfristzinsen zu senken. Das gelang. Greenspan und Clinton sahen darin eine entscheidende Voraussetzung, das Wirtschaftswachstum in Gang zu setzen. Ganz anders in Europa. Den ersten Sparhaushalt des Finanzministers Eichel beispielsweise quittierte die Europäische Zentralbank mit Zinserhöhungen. Krasser kann man den Unterschied nicht darstellen. Dazu kommt, dass in Europa jeder Nationalstaat im gegebenen Rahmen eine eigenständige Politik macht. Wirtschaftspolitik aber, wie Rudolf Hickel sie versteht, will das Zusammenwirken derjenigen, die das wirtschaftliche Geschehen beeinflussen. Das gilt für die nationale Regierung, das gilt für die Zentralbank und das gilt für die Tarifvertragsparteien. Wenn wie in Europa das Zusammenwirken der Regierung und der Zentralbank nicht funktioniert, entstehen in der Wirtschaftspolitik Reibungsverluste. Das ist einer der Gründe, warum der Euro nicht so recht auf die Beine kommt.

Die Tarifvertragspartner hatten 2000 beschlossen, mit moderater Lohnpolitik, also mit Lohnabschlüssen unterhalb des Produktivitätswachstums und der Preissteigerung, Beschäftigung zu fördern. Dass sie mit einer solchen Politik eher das Gegenteil bewirken, hat die anschließende Entwicklung wieder einmal gezeigt. Die Glaubensgemeinde wird sich dadurch nicht erschüttern lassen. Man könnte es einfacher ausdrücken. Während die Angelsachsen der Überzeugung sind, Geld mittels Geld-, Fiskal- und Lohnpolitik zum Fließen zu bringen, um die Wirtschaft in Gang zu halten, glauben viele Europäer, allen voran die Deutschen, dass möglichst wenig Geld fließen muss, um die Wirtschaft anzukurbeln. Dieser Widersinn kleidet sich in Worte, die nicht sofort verständlich sind. Es heißt, wir brauchen eine straffe Geldpolitik, eine moderate Lohnpolitik und eine sparsame Haushaltspolitik. Es ist der neoliberalen Glaubensgemeinde nicht zu vermitteln, dass das Konjunkturauto nicht in Gang kommen kann, wenn alle auf der Bremse stehen. Umso anerkennenswerter ist, dass Rudolf Hickel als Wissenschaftler immer wieder die Fehlschlüsse dieser Wirtschaftsphilosophie offen gelegt hat. Er hat unermüdlich neue Anläufe unternommen, um eine aktivere Wirtschaftspolitik durchzusetzen.

Im Juni 2001 hat sich das Bild schon wieder verändert. Jetzt fordert die Opposition in Deutschland Investitionsprogramme. In einzelnen Zeitungen wird kritisch gefragt, ob man die Rolle der Geldpolitik in Europa so ganz anders sehen kann, als in Amerika. Und in der renommierten Süddeutschen Zeitung lesen wir, dass nunmehr die Stunde des Staates wieder gekommen sei, und der Staat aktiver werden müsse. Ob sich diese Umkehr durchsetzt, ist derzeit nicht abzusehen. Es fällt den Menschen bekanntlich schwer, Glaubenssätze aufzugeben. Da viele Faktoren das Wirtschaftsleben bestimmen, bietet sich auch der Fehlschluss an, dass die falschen Rezepte in zu geringer Dosis angewandt wurden. So fordern Unentwegte, immer noch Lohnmäßigung, straffe Geldpolitik, Sparsamkeit, Deregulierung und Flexibilisierung. Wohlgemerkt, diese Vorschläge sind auch heute teilweise richtig und sie sind immer dann richtig gewesen, wenn die Staatsintervention übertrieben wurde. Aber diese Zeiten liegen längst hinter uns. Es ist nicht abzusehen, wann die Wirtschaftspolitik wieder ein ausgeglichenes Verhältnis von Marktfreiheit und Staatsinterventionen zur Grundlage hat. Ohne ein solch ausgeglichenes Verhältnis wird es in Europa nicht die notwendigen Wachstumsraten und den Abbau der Arbeitslosigkeit geben. Wenn es dazu kommt, dann wird Rudolf Hickel daran seinen Anteil haben. Deshalb, weil er der Strömung des Zeitgeistes widerstand und weil er auf die praktische Vernunft setzte. Eine praktische Vernunft, die bereit ist, auch die eigenen Urteile immer wieder dem Test der Zahlen und Fakten zu unterwerfen und die die Bereitschaft voraussetzt, eigene Urteile dann zu revidieren, wenn sie durch das Experiment widerlegt werden. Dass Rudolf Hickel über viele Jahre für eine nicht interessengeleitete, sondern eine vernunftgeleitete Wirtschaftspolitik eingetreten ist, dafür gebührt ihm unser Dank.

Hartmut Tofaute
Keine Blankovollmacht für Sparpolitik
Gewerkschaftliche Vorstellungen zum
Kurs der öffentlichen Finanzpolitik

1. Zu Wesen und Zielen der Finanzpolitik

Freiheit ist die Möglichkeit des Einzelnen, sich zu entfalten, seine eigenen Vorstellungen entwickeln und leben zu können. Und *Gerechtigkeit* ist als Chancengleichheit zu verstehen, als Gleichausstattung mit Grundrechten und als freier Zugang zu allen öffentlichen Ämtern. Dieses Begriffspaar hat Bundesfinanzminister Hans Eichel in seiner grundlegenden Rede über Finanzpolitik für das nächste Jahrzehnt am 09. November 2000 in der Berliner Humboldt-Universität als prägend für sein Bild einer zukünftigen Gesellschaft bezeichnet (Eichel 2000: 3). Eine derartige Werteorientierung lässt sich aus gewerkschaftlicher Sicht voll übernehmen, wie man auch die von Hans Eichel hieraus abgeleitete Formulierung für die Rolle des Staates in Gesellschaft und Wirtschaft teilen kann, wonach man einen Staat braucht, der seinen Bürgern alle Chancen der Freiheit eröffnet, ihnen aber auch gleichzeitig soziale Sicherheit bietet.

Finanzpolitik ist insofern immer auch als Gesellschaftspolitik zu verstehen. Sie hat einen ganz wesentlichen Anteil daran, dass gesellschaftspolitische Wertvorstellungen in die Lebenswirklichkeit umgesetzt werden können. Welche Ziele die staatliche Finanzpolitik aus gewerkschaftlicher Sicht verfolgen sollte und welche Instrumente zur Realisierung dieser Vorstellungen zum Einsatz kommen sollten, soll Inhalt der folgenden Ausführungen sein.

Aus der Sicht der Gewerkschaften hat die Finanzpolitik eine primäre Rolle bei der Bekämpfung der Arbeitslosigkeit zu spielen. Diese Prioritätensetzung unterscheidet sich nicht von der Vorgabe, welche sich diese Bundesregierung gesetzt hat. Finanzpolitik hat aber auch für Generationengerechtigkeit zu sorgen, indem sie z.B. für einen verbesserten Familienlastenausgleich z.B. über Kindergeld und andere Maßnahmen sorgt. Finanzpolitik soll ferner, u.a. durch Mehrausgaben für Bildung und Forschung, dazu beitragen, dass die internationale Wettbewerbsfähigkeit des Standorts Deutschland langfristig erhalten und gestärkt werden kann.

Eine weitere Aufgabe ist es, die deutsche Volkswirtschaft – z.B. mit einer ökologischen Steuerreform – auf einen langfristigen Pfad der Nachhaltigkeit unter gleichzeitiger Sicherung des gesetzlichen Altersrentensystems zu bringen.

2. Die Problematik der Staatsverschuldung

Als den entscheidenden Schlüssel zur Erreichung dieser Ziele sieht die Bundesregierung die Konsolidierung der Staatsfinanzen und insbesondere der Finanzen des Bundes an. Dieses ist ein Credo, auf das insbesondere der Bundesfinanzminister in Reden und Veröffentlichungen immer wieder hinweist. Für diese Position haben die Gewerkschaften bisher im Grundsatz Verständnis aufgebracht. Insbesondere wurde von ihnen nicht bestritten, dass der Bund vom Problem der Staatsverschuldung in besonderer Weise und auch stärker als die anderen Gebietskörperschaften betroffen ist. Zwar ist der Schuldenberg des Bundes, der zurzeit unter Einschluss von Sonderrechnungen wie z.B. des ERP-Sondervermögens oder des Fonds Deutsche Einheit auf einen Betrag von etwa 1,5 Billionen DM angewachsen ist (vgl. Tab. 1), nicht von der rot-grünen Koalition, sondern in erster Linie von der Vorgängerregierung unter Helmut Kohl, vornehmlich verursacht durch die unseriöse Finanzierung des deutschen Einigungsprozesses in den 90er Jahren, zu verantworten.

Aber Fakt ist auch, dass die aufgehäufte Schuldenlast nun von der 1998 ins Amt gewählten Regierung zu schultern ist. Diese Aufgabe ist nicht so nebenbei zu bewältigen. Wenn von jeder Steuermark, die der Bund von den Bürgern erhält, rund 23 Pfennig vorab für die Bestreitung des Zinsendienstes aufgewendet werden müssen, wie dies 1999 der Fall war, dann ist dies schon mehr als ein deutliches Signal für die Einschränkung des politischen Handlungsspielraums. Inzwischen hat sich die Situation zwar etwas entspannt. So entspricht den 81,8 Mrd. DM Zinsausgaben im Haushalt des Bundes für 2001 eine Zins-Steuer-Quote von ca. 21,3%. Nach den Eckwerten des Bundeskabinetts zum Haushalt 2002 vom 13. Juni 2001 sollen die Zinszahlungen dann nur noch rund 20% der gesamten Steuereinnahmen des Bundes binden.

Tabelle 1: Entwicklung der öffentlichen Schulden (Stand: November 2000)

	1995	1996	1997	1998	1999	2000[6]	2001[6]
Schulden (Mrd. DM)[1]							
Öffentliche Haushalte insgesamt[2]	1.974,10	2.091,30	2.188,70	2.256,40	2.313,90	2.350	2.369
Bund	754,3	833,2	899,1	954,4	1.385,30	1.397	1.375½
Länder (West)[3]	438,7	468,8	498,1	519,4	529,8	543	568
Länder (Ost)[3]	64,6	78,6	88,2	96,3	101,3	105½	112
Gemeinden (West)[4]	137,5	139,5	138,3	135,8	133,7	132½	134
Gemeinden (Ost)[4]	26.3	27,5	29,1	30,1	30,5	30½	31
Sonderrechnungen[5]	530,8	522,0	515,8	499,7	110	118	125½
Schulden in vH der Gesamt-Schulden							
Bund	38,2	39,8	41,1	42,3	59,9	59½	58
Länder (West)[3]	22,2	22,4	22,8	23,0	22,9	23	24
Länder (Ost)[3]	3,3	3,8	4,0	4,3	4,4	4½	4½
Gemeinden (West)[4]	7,0	6,7	6,3	6,0	5,8	5½	5½
Gemeinden (Ost)[4]	1,3	1,3	1,3	1,3	1,3	1½	1½
Sonderrechnungen[5]	26,9	25,0	23,6	22,1	4,8	5	5½
Schulden in vH des BIP							
Öffentliche Haushalte	56,0	58,3	59,7	59,6	59,7	59	57½
Bund	21,4	23,2	24,5	25,2	35,7	35	33½
Länder (West)[3]	17,5	13,1	13,6	13,7	13,7	13½	13½
Länder (Ost)[3]	1,8	2,2	2,4	2,5	2,6	2½	2½
Gemeinden (West)[4]	3,9	3,9	3,8	3,6	3,4	3½	3
Gemeinden (Ost)[4]	0,7	0,8	0,8	0,8	0,8	1	½
Sonderrechnungen[5]	15,1	14,6	14,1	13,2	2,8	3	3
Maastricht-Kriterium »Schuldenstand« in vH des BIP	57,1	59,8	60,9	60,7	61,1	60	58½

1) Schuldenstand Stichtag 31. Dezember; »Kreditmarktschulden im weiteren Sinn« (einschließlich Ausgleichsforderungen; ohne Schulden bei öffentlichen Haushalten, innere Darlehen, Kassenverstärkungskredite, kreditähnliche Rechtsgeschäfte, Bürgschaften und sonstige Gewährleistungen). 2) Bund, Länder, Gemeinden einschl. Gemeindeverbände, Sonderrechnungen, Zweckverbände. 3) Länder (West) einschl. Berlin, Länder (Ost) ohne Berlin. 4) Ohne Schulden der Krankenhäuser und Eigenbetriebe. 5) ERP-Sondervermögen, Fonds »Deutsche Einheit«, Entschädigungsfonds, Bundeseisenbahnvermögen (bis 1998): Erblastentilgungsfonds (bis 1998) und Steinkohlefonds (bis 1998); Schulden des Bundeseisenbahnvermögens, Erblastentilgungsfonds und Steinkohlefonds sind ab 1999 beim Bund nachgewiesen. 6) Projektion (Stand Plenum Finanzplanungsrat November 2000).

Quelle: Bundesministerium der Finanzen

Da aber gleichwohl in den nächsten Jahren immer noch neue Schulden zur Abdeckung des Haushaltsdefizits aufgebracht werden müssen, steigt die Belastung des Bundes mit Tilgung und Zinsen vorläufig noch. Erst ab dem Jahr 2006 soll sich dies nach dem Wunsch der Bundesregierung insofern ändern, als sie dann anstrebt, für dieses Jahr einen ausgeglichenen Haushalt ohne Neuverschuldung vorzulegen. (Bundesministerium der Finanzen 2001)

Angesichts der steil ansteigenden Neuverschuldung hatten die Gewerkschaften bereits zurzeit der Kohl-Regierung auf die Folgeprobleme der sich zuspitzenden Finanzsituation hingewiesen und außer einer stärkeren Steuerfinanzierung des deutschen Einigungsprozesses mehrfach gefordert, alles zu unterlassen, was die Situation beim Bundeshaushalt noch weiter verschärfen könnte. Insbesondere haben sie bei den Auseinandersetzungen um die Waigelsche Steuerreform immer wieder betont, dass der Umfang der Nettosteuersenkungen vom Volumen begrenzt sein müsste.

Vor allem die Unternehmen müssten die Herabsetzung der Steuersätze durch einen entsprechenden Abbau von Steuervergünstigungen selbst finanzieren, weil ihre tatsächliche Steuerlast entgegen jahrelang anders lautenden Behauptungen nicht höher war als die ihrer Konkurrenten im Ausland.

Der Finanzminister findet darüber hinaus bei den Gewerkschaften zwar im Prinzip Zustimmung zu seiner These, dass die heutige Generation den nachfolgenden Generationen, die ohnehin hohe finanzielle Belastungen zur Sicherstellung ihrer Altersrisiken zu tragen haben, keinen Schuldenberg hinterlassen dürfte, der einen Großteil der Steuereinnahmen bindet und Wachstum und Investition behindert. Dennoch darf das Kind hier nicht mit dem Bade ausgeschüttet werden. Zu beachten ist nämlich, dass auch nachfolgende Generationen von Investitionen in eine leistungsstarke und moderne öffentliche Infrastruktur (z.B. Verkehrs- und Kommunikationsnetze, Energieversorgung, Abfallentsorgung) profitieren, die von der jetzigen Generation angeschafft werden. Insofern ist die Vorfinanzierung solcher öffentlicher Investitionen durch Aufnahme von Fremdkapital aus ökonomischer Sicht gerechtfertigt.

3. Gewerkschaftliche Anforderungen an eine Politik zur Reduzierung der Neuverschuldung

Wenngleich es also auch die Gewerkschaften als erstrebenswertes Ziel erachten, die Neuverschuldung zu reduzieren, wollen sie der Politik mit diesem Zugeständnis keine Blankovollmacht für eine Sparpolitik jedweden Aussehens geben. Die Gewerkschaften können sich zwar perspektivisch eine Konsolidierungsstrategie in der Weise vorstellen, dass z.b. die öffentlichen Ausgaben weniger stark wachsen als das nominelle Bruttoinlandsprodukt (BIP). Bei einer solchen Vorgehensweise müssten allerdings mindestens drei Bedingungen erfüllt sein: Erstens muss diese Konsolidierung Rücksicht nehmen auf Konjunktur, Wachstum und Arbeitsplätze. Zweitens ist der Grundsatz der sozialen Gerechtigkeit zu beachten. Schließlich muss auch die Einnahmenseite des Staatssektors zur Eindämmung der Verschuldung herangezogen werden.

3.1 Verstetigung der öffentlichen Investitionen auf höherem Niveau

Diese Bedingungen hat die Politik in den letzten zehn Jahren in wesentlichen Punkten nicht immer ausreichend beachtet. Dies lässt sich insbesondere an der drastischen Rückführung der öffentlichen Investitionen belegen. Betrug das Volumen aller öffentlichen Investitionen in Deutschland im Jahr 1992 noch rund 92 Mrd. DM, so lag es im Jahr 2000 nach Angaben des Sachverständigenrates zur Begutachtung der gesamtwirtschaftlichen Entwicklung nur noch bei geschätzten 70 Mrd. DM. (SVR 2000: 340f.) Nach der neuesten Konjunkturprognose des Deutschen Instituts für Wirtschaftsforschung (DIW) ist sogar noch ein weiterer Rückgang auf 69 Mrd. DM (2001) bzw. 67 Mrd. DM (2002) zu befürchten. (DIW 2001c)

Die Drosselung dieser Ausgaben hat nicht nur die Substanz der öffentlichen Infrastruktur teilweise bereits erheblich geschädigt. Gleichzeitig sind viele Arbeitsplätze in der Bauindustrie und benachbarten Branchen verloren gegangen. Um eine Größenordnung zu nennen: Man schätzt, dass mit einer Mrd. DM an öffentlichen Bauinvestitionen zwischen 10.000 und 20.000 Arbeitsplätzen erhalten werden können. Ein Rückgang der öffentlichen Investitionen um rund 25 Mrd. DM könnte somit zwischen 250.000 und 500.000 Arbeitsplätze gekostet haben. Auf mittelfristige Sicht bedeutet diese Entwicklung eine beträchtliche Eintrübung der Wachstumsperspektiven für die deut-

Tabelle 2: Entwicklung der Bruttoinvestitionen des Staates sowie der Sachinvestitionen der Kommunen in den alten und neuen Bundesländern von 1991 bis 2001 (in Mrd. DM)

Jahr	Sachinvestitionen der Kommunen (Baumaßnahmen und Erwerb von Sachvermögen)			Staatliche Brutto- investitionen[1] [2]
	Alte Bundesländer	Neue Bundesländer	Insgesamt	
1991	43,15	-	-	80,48
1992	46,71	18,68	65,47	92,01
1993	44,56	18,16	63,02	90,85
1994	41,87	17,47	59,34	90,25
1995	40,28	16,13	56,41	80,59[3]
1996	37,61	14,46	52,07	76,43
1997	35,83	13,41	49,24	69,18
1998	34,83	12,90	47,73	68,64
1999	36,40	12,00	48,40	71,44
2000	37,17	10,90	48,07	70,90
2001	35,50	09,90	45,40	69,10[4]

[1] Gemeinsamer Haushalt der Gebietskörperschaften und der Sozialversicherung in der Abgrenzung den volkswirtschaftlichen Gesamtrechnungen
[2] Ab 1998 vorläufige Ergebnisse
[3] Einmaliger Effekt bei den Vermögenstransfers durch Übernahme der Schulden der Treuhandanstalt und eines Teils der Altschulden der öffentlichen Wohnungswirtschaft in den öffentlichen Sektor
[4] Schätzung des DIW

Quellen: Deutscher Städtetag (Gemeindefinanzierungsberichte); SVR 2000; DIW 2001c

sche Wirtschaft, die diese im Kampf um Wettbewerbsanteile in den nächsten Jahren erheblich zurückwerfen könnte.

Nun ist zwar der Bund nur zu einem begrenzten Teil selbst Träger von Investitionen wie z.B. beim Ausbau von Bundesfernstraßen. Etwa 60% der öffentlichen Infrastruktur liegen in der Durchführungsobhut der Gemeinden (vgl. Tab. 2). Gleichwohl ist die Bundesebene zwingend mitverantwortlich für diese Entwicklung. Zum einen gibt der Bund Investitionszuschüsse an untergeordnete Gebietskörperschaften. Zum anderen wirkt er über die Steuergesetzgebung und die Vorgabe von gesetzlichen Leistungsstandards sowohl auf die Einnahmen- als auch auf die Ausgabenseite der kommunalen Haushalte ein. Dieser Mechanismus hat dazu beigetragen, dass sich in strukturschwachen Ballungsräumen die Finanzsituation vieler Gemeinden derart verschlechtert hat, dass diese ihre Investitionshaushalte radikal zurückfahren mussten.

Unabhängig von der aus dieser Problematik sich ergebenden Notwendigkeit einer Reform des Gemeindefinanzsystems muss das Gesamtniveau der öffentlichen Investitionen wieder hochgefahren werden. Nach den Empfehlungen der EU-Kommission im Weißbuch »Wachstum, Wettbewerbsfähigkeit, Beschäftigung« (Kommission 1993) müsste der Anteil der öffentlichen Investitionen von derzeit etwa 1,6% des BIP auf rund 2,4% des BIP, also um 0,8 Prozentpunkte erhöht werden. Dieses ist der durchschnittliche Anteilswert der öffentlichen Investitionen in der Europäischen Union. (DIW 2001a) Dass es in den verschiedenen Aufgabenbereichen der öffentlichen Infrastruktur nicht an geeigneten Bedarfen mangelt, haben Untersuchungen der Forschungsinstitute in den letzten Jahren immer wieder zur Genüge bewiesen.[1] Zwar kann nicht erwartet werden, dass diese Infrastrukturdefizite alle möglichst kurzfristig beseitigt werden können. Das notwendige Herauffahren der öffentlichen Investitionen sollte jedoch sukzessive in ökonomisch vernünftigen und technisch machbaren Schritten vorgenommen werden.

Notwendig ist allerdings nicht nur der Anstieg der öffentlichen Sachkapitalinvestitionen. Auch in der Ausstattung mit Humankapital ist die Bundesrepublik im internationalen Vergleich in den letzten Jahren deutlich zurückgefallen. Nach einer Untersuchung der OECD hält das bundesdeutsche Bildungssystem sowohl in personeller Ausstattung als auch in der Produktqualität nicht mehr im internationalen Wettbewerb mit. Während z.B. Staaten wie Kanada oder die USA über 2,5% ihres BIP in Hochschulen investieren, liegt die entsprechende Quote in Deutschland bei 1,5%. Daher müssen insbesondere im Bildungs-, Wissenschafts- und Forschungssektor verstärkt personelle Investitionen vorgenommen werden. (DIW 2001b) Nach Schätzung der Gewerkschaft Erziehung und Wissenschaft fehlen derzeit – ohne Ersatzbedarf – bereits 50.000 Lehrer. Ähnliches lässt sich wegen des steigenden Anteils älterer Menschen für die Bereiche Gesundheit (die Gewerkschaft ver.di sieht allein für die Umsetzung des Urteils des Europäischen Gerichtshofes zu den Bereitschaftsdiensten in Kliniken

---

[1] Allein für Ostdeutschland werden die Infrastrukturdefizite auf eine Größenordnung zwischen 300 und 400 Mrd. DM geschätzt. Vgl. DIW 2000.

einen Bedarf von 25.000 neuen Stellen) und Pflege sagen, wenngleich diese quantitativen und qualitativen Verbesserungen nicht unbedingt nur durch staatliche Personalinvestitionen bewerkstelligt werden müssen.

Insgesamt muss man also festhalten, dass eine im Prinzip auch von den Gewerkschaften anerkannte Konsolidierungsstrategie bei den öffentlichen Finanzen volkswirtschaftliche und gesellschaftspolitische Bedarfe anerkennen muss. Ihre Realisierung z.b. über höhere Verschuldung finanziert sich über Multiplikatorwirkungen zu mindestens 50% selbst.

Die Gewerkschaften haben im Jahr 2000 die Entscheidung der Bundesregierung sehr begrüßt, die Zinsersparnisse aus dem durch den Versteigerungserlös der Mobilfunklizenzen von rund 100 Mrd. DM ermöglichten Abbau des Schuldenstandes von jährlich fünf Mrd. DM für eine Aufstockung der investiven Ausgaben (Forschung, Bildung, Streckensanierung der Bahn, Wohnungsbau) zu nutzen. Diese Verwendung sollte jedoch über die bislang beschlossenen drei Jahre beibehalten werden. (DGB 2000: 27) Es hat allerdings den Anschein, dass ein Teil dieser Gelder im Haushalt 2002 (etwa ein bis zwei Mrd. DM) schon wieder eingespart werden soll.

3.2 Beachtung des Grundsatzes der sozialen Gerechtigkeit

Die Beachtung des Grundsatzes der sozialen Gerechtigkeit verlangt, dass Konsolidierung nicht auf Kosten der sozial- und abwehrschwachen Rentner, Arbeitslosen und anderen auf staatliche Hilfe angewiesenen Bevölkerungsgruppen betrieben wird. Gerade weil dieser Gesichtspunkt nach ihrer Auffassung nicht ausreichend beachtet worden war, hatten die Gewerkschaften das 1999 von der Bundesregierung im Rahmen des Bundeshaushalts 2000 beschlossene »Zukunftsprogramm zur Sicherung von Arbeit, Wachstum und sozialer Stabilität« teilweise heftig attackiert. (DGB 1999) Auch wenn in diesem Paket von 30 Mrd. DM ein Teil der aufgeführten Maßnahmen »Luftbuchungen« darstellte, fürchteten die Gewerkschaften auf längere Sicht als Folge dieser Beschlüsse eine nachhaltige Beschränkung der Nachfrageentwicklung, die einen Abbau der Arbeitslosigkeit behindern würde.

Ein Teil dieser Maßnahmen wurde in der Folgezeit zumindest teilweise korrigiert wie z.B. die Änderung der Rentenanpassungssystematik und die Festsetzung der Beamteneinkommen. Zu der von den

Gewerkschaften geforderten intensiveren Beteiligung der wirtschaftlich stärkeren Bevölkerungskreise an diesen Konsolidierungsbemü-
hungen ist es jedoch kaum gekommen. Dabei hatten sie vor allem die
Heranziehung der privaten Großvermögen im Blick. In der Auseinandersetzung über diese Problematik war in dieser Hinsicht vor allem vom sozialdemokratischen Teil der rot-grünen Koalition Abhilfe
in Aussicht gestellt worden. Bislang ist allerdings in dieser Beziehung
keine nennenswerte Initiative in Sicht. Ein relativ handzahmer Entwurf für eine stärkere Heranziehung von Immobilienvermögen bei
der Erbschaftsteuer durch die schleswig-holsteinische Landesregie-
rung, der dem Bundesrat vorgelegt worden war, wurde im Juni diesen
Jahres erst einmal auf die lange Bank, d.h. auf die Zeit nach der nächsten Bundestagswahl im Jahr 2002, geschoben.

Auf Dauer wird die Besteuerung von größerem Privatvermögen
durch eine Vermögen- und/oder Erbschaftsteuer nicht unter der De-
cke gehalten werden können. Die Vermögensbesteuerung ist nicht nur
aus Gründen der Verteilungsgerechtigkeit notwendig, sondern mehr
deswegen, weil sie ein unverzichtbares Element in einem Steuersystem darstellt, das als gestalterisches »Kernelement« den Gesichtspunkt
der steuerlichen Leistungsfähigkeit beinhaltet.

Selbst die ehemaligen Finanzminister Waigel und Stoltenberg ließen in der vom Bundesfinanzministerium jährlich herausgegebenen
Broschure »Unsere Steuern von A-Z« regelmäßig wiederholen, dass
Vermögen als solches eine zusätzliche Besteuerung rechtfertigt, »weil
bereits das Vorhandensein von Vermögen eine eigene zusätzliche Leistungsfähigkeit begründet«. Und: »Ohne Beibehaltung einer laufenden Vermögensteuer müsste die Erbschaftsteuer, der dann allein die
Aufgabe der Vermögensbesteuerung zufallen würde, zur Vermeidung
von Steuerausfällen zu einer erheblich stärkeren Belastung führen als
dieses im Falle einer Vorausbelastung des Vermögens mit einer laufenden Vermögensteuer der Fall ist.« (Bundesminister der Finanzen
1992: 158ff.)

3.3 Berücksichtigung der Einnahmenseite zur Reduzierung der Neuverschuldung

Das Beispiel der Vermögen- bzw. Erbschaftsteuer zeigt, dass die Rückführung der öffentlichen Neuverschuldung nicht nur die Ausgaben,
sondern stets auch die Einnahmenseite des Staatshaushalts im Blick
haben muss. Mit der Beschlussfassung über die Reform der Einkom-

mens- und Unternehmensbesteuerung mit verschiedenen Stufen bis zum Jahr 2005 ist allerdings vorerst der Spielraum für einnahmesteigernde Maßnahmen eingeschränkt. Die Gewerkschaften haben die im Rahmen der Steuerreform erfolgte Besserstellung von Familien und normal verdienenden Arbeitnehmern durch Kindergelderhöhung und Steuersenkung ausdrücklich begrüßt. Die Unternehmenssteuerreform dagegen hat nur begrenzte Akzeptanz gefunden. Erstens entspricht der letztendlich gewährte Umfang der Steuerentlastungen für die Wirtschaft nicht der Vorgabe, dass Nettoentlastungen nur in sehr begrenzter Weise zulässig sein sollten. Zweitens wird die vom Gesetzgeber beschlossene Steuerbefreiung von Gewinnen aus der Veräußerung von Unternehmensteilen durch Kapitalgesellschaften nach wie vor sehr kritisch gesehen. Durch diese Freistellung gehen dem Staat nicht nur zweistellige Milliardenbeträge an Steuereinnahmen verloren. Die Gewerkschaften befürchten durch die erwartete Veräußerung großer Aktienpakete durch Banken und Versicherungen und die dadurch erfolgende Umstrukturierung der Besitzverhältnisse in der Wirtschaft vor allem die Vernichtung vieler Arbeitsplätze. Die im Sommer 2001 aufgetretene Diskussion um die Gewerbesteuerfreistellung von Veräußerungserlösen aus Beteiligungsverkäufen muss als Indiz dafür angesehen werden, dass dieser Teil der Unternehmenssteuerreform von der Bundesregierung mit einer »zu heißen Nadel« gestrickt worden ist.

Gleichwohl enthält das bestehende Steuerrecht noch etliche Möglichkeiten, mit deren Hilfe zusätzliche Einnahmen gewonnen werden könnten. Zu nennen ist hier beispielsweise der Dauerbrenner Minderung der Splittingvorteile bei der Ehegattenbesteuerung. Ein weiteres Feld stellt die Harmonisierung der Besteuerung der Zinseinkünfte dar. Anzuführen ist ferner die Sicherstellung eines verfassungsgemäßen Steuervollzugs durch zeitnahe und umfassende Betriebsprüfungen sowie die Bekämpfung internationaler Steuervermeidungspraktiken durch Kapitalgesellschaften einschließlich der illegalen Steuerhinterziehung. Mit der Aufdeckung des Steuerbetrugs bei der Umsatzsteuer durch internationale Betrügerringe will die Bundesregierung illegale Praktiken ausschließen, die dem Fiskus in Deutschland Steuerausfälle von bis zu 20 Mrd. DM verursachen. Schließlich könnte man sich Gedanken darüber machen, ob es hinnehmbar ist, wenn im Jahre 2005 bei einem dann gegebenen Einkommensteuerspitzensatz von 42% der Facharbeiterverdienst z.B. in einem Automobilunternehmen derselben Spitzenbesteuerung unterliegt wie das Mehrmillionensalär des Unternehmensvorstandes. Eine Sonderrolle in der Steuerpolitik wird in den nächsten Jahren weiterhin die Öko-Steuer spielen. Die schrittweise Umgestaltung des Steuer- und Abgabensystems durch die Entlastung des Faktors Arbeit und die Belastung nicht erneuerbarer natürlicher Ressourcen, um umweltfreundliches Verhalten und beschäftigungsfördernde Maßnahmen zu belohnen, war von den Gewerkschaften lange vor Inkrafttreten der sozial-ökologischen Steuerreform gefordert worden. Daher hat der DGB nicht nur die am 01.04.1999 in Kraft getretene erste Stufe der ökologischen Steuerreform als wichtigen Einstieg für eine strategische Weichenstellung in Richtung einer sozial-ökologischen Steuerreform begrüßt. Auch die mit dem Gesetz zur Fortführung der ökologischen Steuerreform vom 16.12.1999 verfolgte Verstetigung dieses Pfades durch kontinuierlich steigende Stufen der Energiebesteuerung wurde vom DGB befürwortet. Die Weiterentwicklung der ökologischen Steuerreform nach 2003 sollte nach gewerkschaftlicher Auffassung jedoch erst nach europaweiter Koordinierung vorgenommen werden. Die wichtigsten Stellschrauben zur Drosselung umweltschädlichen Verhaltens sind mit der Öko-Steuergesetzgebung bereits gelegt.

4. Schlussfolgerungen und Ausblick

Wenn diese aus gewerkschaftlicher Sicht zu nennenden Bedingungen für eine wirtschafts-, sozial- und gesellschaftspolitische Konsolidierungsstrategie von der Politik beachtet werden, bräuchte man sich um die Verwirklichung des Zieles »Abbau der Nettoneuverschuldung« keine Sorgen machen zu müssen. Insofern sollte man sich durch die Setzung zeitlicher Grenzen nicht unnötig unter Druck bringen. Ein besonderer Handlungsbedarf z.B. wegen der Einhaltung der Maastrichter Verschuldungskriterien (die Neuverschuldung der öffentlichen Haushalte darf die Quote von 3%, die Gesamtverschuldung die von 60% des BIP nicht überschreiten) besteht aktuell nicht. Denn diese Vorgaben hat Deutschland bereits weitgehend erfüllt bzw. deren Erreichung steht (vgl. Tab. 1) unmittelbar davor. Es wäre insofern ein Fehler, wenn die Bundesregierung sich krampfhaft darauf versteifen würde, im Haushaltsjahr 2006 ein ausgeglichenes Budget vorzulegen.

Dieses könnte erfolgreich zwar geschehen, wenn das Wirtschaftswachstum in der Zwischenzeit wieder stark zulegt. Die aktuelle wirtschaftliche Entwicklung im Sommer 2001 erscheint jedoch alles andere als stabil. Es spricht sogar einiges dafür, dass wegen der zu starken Abkühlung der Konjunktur die Finanzpolitik im Herbst nicht nur passiv den konjunkturbedingten Schuldenausstieg hinnehmen, sondern aktiv die Nachfrage sichern muss. Deswegen sollte der angestrebte Neuverschuldungsabbau vorübergehend zurückgestellt werden.

Unabhängig von der Frage des richtigen Kurses der Finanzpolitik könnte bei der Bekämpfung der Arbeitslosigkeit entscheidendes Terrain gewonnen werden, wenn die Bundesregierung und die europäischen Partnerregierungen die Europäische Zentralbank (EZB) davon überzeugen könnten, dass zur Sicherstellung des aktuellen und mittelfristigen Konjunktur- und Wachstumsprozesses in Deutschland und Europa die Zinsen spürbar gesenkt werden müssen. Die Zinspolitik der EZB ist angesichts des vorausgesagten Wachstumseinbruchs in Europa eindeutig zu restriktiv. Die EZB sollte sich deswegen mehr an der Politik der amerikanischen Notenbank orientieren. Durch eine vernünftige Finanz- und Geldpolitik, die sich nicht nur an der Preisentwicklung, sondern auch an den Erfordernissen des Arbeitsmarktes und der Kapazitätsauslastung der Wirtschaft orientierte, ist es der amerikanischen Notenbank gemeinsam mit der amerikanischen Regierung gelungen, die Defizite in den öffentlichen Haushalten Schritt für Schritt zum Vorteil des Konjunktur- und Wachstumsprozesses und des Arbeitsmarktes zurückzuführen und schließlich sogar Überschüsse zu erzeugen.

Literatur

Bundesminister der Finanzen (1992): Unsere Steuern von A-Z, Bonn.

Bundesministerium der Finanzen (2001): Bundeshaushalt 2002 und Finanzplan des Bundes 2001 bis 2005 (Berlin Kabinettsvorlage vom 8. Juni), Berlin.

Deutscher Gewerkschaftsbund (DGB) (1999): Bundeshaushalt 2000 und das Zukunftsprogramm zur Sicherung von Arbeit, Wachstum und sozialer Stabilität, in: Informationen zur Wirtschafts- und Strukturpolitik, Nr. 7 vom 13.09.

Deutscher Gewerkschaftsbund (DGB) (2000): Die Beschlüsse der Bundesregierung zum Bundeshaushalt 2001 und zum mittelfristigen Finanzplan 2000-2004, in: Informationen zur Wirtschafts- und Strukturpolitik, Nr. 6 vom 11.09.

DIW (2000): Infrastrukturausstattung und Nachholbedarf in Ostdeutschland, Gutachten im Auftrage des sächsischen Finanzministeriums, Berlin.

DIW (2001a): Stabilitätsprogramme konjunkturgerecht? – Zum Stand der finanzpolitischen Konsolidierung in der Europäischen Union, in: DIW-Wochenbericht, Nr. 26.

DIW (2001b): Weiterhin unbefriedigende Situation in Unterricht und Ausbildung an Schulen – Modellrechnungen zum Lehrerbedarf bis zum Jahr 2020, in: DIW-Wochenbericht, Nr. 27.

DIW (2001c): Tendenzen der Wirtschaftsentwicklung 2001/2002, in: DIW-Wochenbericht, Nr. 28-29.

Eichel, H. (2000): Finanzpolitik für das nächste Jahrzehnt, Rede an der Humboldt-Universität am 9. November 2000 in Berlin (Manuskript).

Kommission der Europäischen Gemeinschaften (1993): Wachstum, Wettbewerbsfähigkeit, Beschäftigung – Herausforderungen der Gegenwart und Wege ins 21. Jahrhundert, Weißbuch, Brüssel/Luxemburg.

SVR (2000) – Sachverständigenrat zur Begutachtung der gesamtwirtschaftlichen Entwicklung, Jahresgutachten 2000/2001, Bundestags-Drucksache 14/4792.

Dieter Vesper
Anmerkungen zu den Stabilisierungsmöglichkeiten der Finanzpolitik in einem föderalen Staat*

1. Problemstellung

Es gehört zu den wirtschaftspolitischen Erfahrungen in der Bundesrepublik Deutschland, dass der finanzpolitischen Stabilisierung kein sonderlich hoher Stellenwert eingeräumt wird. Letztlich seien – so heißt es immer wieder – die Freiheitsgrade der Finanzpolitik begrenzt, sodass sie nicht viel mehr als ein Strohfeuer entfachen könne. Im Abschwung nähre die Hinnahme hoher Staatsdefizite die Erwartung höherer Steuersätze, die wiederum potenzielle Investoren abschrecken. Dagegen vermöge es die Politik im Aufschwung nicht, Mehreinnahmen zu neutralisieren; vielmehr machten volle Kassen sinnlich. Zudem werfe eine »antizyklische« Finanzpolitik, sofern sie diskretionär eingesetzt werde, zahlreiche Steuerungsprobleme auf. Sie fingen mit der Beurteilung und Prognose der wirtschaftlichen Entwicklung an und endeten bei den Wirkungsverzögerungen der Maßnahmen; selbst Dosierung und Dauer der Maßnahmen bereiteten erhebliche administrative Umsetzungsprobleme. Als Hemmnis wirke dabei der föderative Staatsaufbau mit seinen vielen Entscheidungsträgern und haushaltsrechtlichen Vorschriften. In jüngster Zeit werden zudem die Maastricht-Kriterien ins Feld geführt.

---

* Dieser Aufsatz beruht in Teilen auf einem Beitrag des Verfassers für die Wochenberichte des DIW (Vesper 2000).

2. Zur konjunkturellen Flexibilität staatlicher Einnahmen und Ausgaben

2.1 Ausgabenseite

Die bloße Betrachtung der in monetären Größen ausgedrückten Staatsaktivitäten legt allerdings die Vermutung nahe, dass die finanzpolitischen Entscheidungsträger über ein beträchtliches Stabilisierungspotenzial verfügen.

Der Gesamtumfang der staatlichen Käufe von Gütern und Diensten beläuft sich immerhin auf reichlich ein Fünftel des Bruttoinlandsprodukts, der Anteil der Transferzahlungen an Unternehmen und private Haushalte – mit ihnen wird eine Umverteilung der Einkommen bewirkt, ohne unmittelbar das Sozialprodukt zu beanspruchen – auf knapp ein Viertel. Freilich kann der Staat diese Finanzströme aus konjunkturellen Erwägungen nicht beliebig variieren, da die Ausgaben zum größten Teil auf gesetzlich geregelten Anspruchsvoraussetzungen beruhen und vorab langwierige Gesetzgebungsverfahren in Gang gesetzt werden müssen.

Es liegt in der Natur vieler öffentlicher Güter, dass der Staat mit ihnen vornehmlich allokative Ziele verfolgt und sie relativ stetig bereitstellt. Dadurch ist zwar ein gewichtiger Teil des öffentlichen Güterangebots der »antizyklischen« Steuerung entzogen. Dies bedeutet aber nicht automatisch, dass damit auch keine konjunkturelle Wirkung verbunden ist. Das Gegenteil ist der Fall: Ein stetiges öffentliches Güterangebot wirkt stabilisierend auf die gesamtwirtschaftliche Nachfrage. Nur wenige Ausgabearten sind für eine konjunkturpolitische Steuerung variabel genug, und selbst dabei ist es vielfach nicht das Niveau, sondern nur das Maß an Veränderung, über das »frei« disponiert werden kann. Konjunkturell motivierte, d.h. diskretionäre Eingriffe der Finanzpolitik können zumeist nur inkrementaler Art sein.

Noch am flexibelsten einsetzbar sind die öffentlichen Investitionen. Aber selbst hier sind konjunkturell durchschlagende Wirkungen nur dann zu erwarten, wenn die Manövriermasse groß ist. Inzwischen sind die öffentlichen Investitionen auf unter zwei Prozent des Bruttoinlandsprodukts geschrumpft, sodass diese Voraussetzung kaum mehr gegeben ist; 1992 – also kurz nach der Wiedervereinigung – waren es immerhin noch drei Prozent, in den 60er Jahren sogar vier bis fünf Prozent (vgl. Schaubild 1).

Die Personalausgaben sind nur bedingt als Ansatzpunkt für konjunkturpolitische Interventionen geeignet. So ist die Tarifentwicklung

Schaubild 1: Bruttoinvestitionen des Staates
in % des Bruttoinlandsprodukts

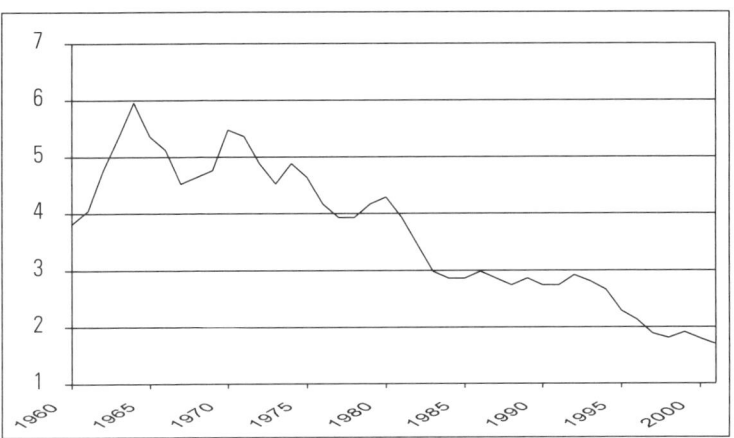

Quellen: Statistisches Bundesamt; Schätzungen des DIW

im öffentlichen Dienst mehr oder weniger an die Gesamtwirtschaft gekoppelt, wobei die Abschlüsse im öffentlichen Sektor zumeist unter denen der privaten Wirtschaft liegen, um den Unterschieden in Produktivität und Arbeitsplatzsicherheit gerecht zu werden. Handlungsparameter sind die Neueinstellungen im öffentlichen Dienst. Für die Vergangenheit ist – allerdings verzögert – eine gemäßigt prozyklische Einstellungspolitik zu beobachten: Auf gesamtwirtschaftliche Krisen und deren Auswirkungen auf die öffentlichen Einnahmen haben die staatlichen Entscheidungsträger mit einer zurückhaltenden Einstellungspolitik reagiert und ihre Bedarfsvorstellungen revidiert. (Vesper 1998) In der jüngsten Vergangenheit finden sich für eine prozyklische Einstellungspolitik allerdings keine Hinweise mehr, die Gebietskörperschaften haben durchgängig ihren Personalbestand abgebaut.[1]

---

[1] Dabei gilt es freilich zu berücksichtigen, dass im Zuge der formalen wie materiellen Privatisierung das Personal zahlreicher öffentlicher Einrichtungen und Unternehmen nunmehr im privaten Sektor verbucht wird, d.h. der Prozess des Personalabbaus im öffentlichen Dienst überzeichnet wird.

Einen mäßig antizyklischen Verlauf weisen die Transferzahlungen auf, vornehmlich deshalb, weil sowohl im Bereich der Arbeitslosenversicherung als auch bei der Rentenversicherung – hier infolge der verzögerten Anpassung an die gesamtwirtschaftliche Einkommensentwicklung – »automatische Stabilisatoren« eingebaut sind. Hingegen folgen Ausgaben wie Wohngeld, Leistungen für Kriegsopfer oder für die Familien ebenso wenig konjunkturellen Zyklen wie Subventionen und andere Maßnahmen der Wirtschaftsförderung. Dies bedeutet zugleich, dass vornehmlich die Bundesebene als »automatischer Stabilisator« in Aktion tritt, denn es ist nicht nur Aufgabe des Bundes, die konjunkturell schwankenden Defizite der Bundesanstalt für Arbeit auszugleichen und Teile der aktiven Arbeitsmarktpolitik zu finanzieren; auch die Zuschüsse des Bundes zur Rentenversicherung sind teilweise an die – konjunkturell schwankende – Entwicklung der Einkommen gekoppelt.

2.2 Die Einnahmenseite

Steueraufkommen und Beitragseinnahmen der Sozialversicherungsträger schwanken in Abhängigkeit von der wirtschaftlichen Entwicklung. Im Falle einer Wachstumsabschwächung verringert sich der Zuwachs bei den Einnahmen, wobei aufgrund der Lohnsteuerprogression und des hohen Gewichts der Lohnsteuer die Steuerausfälle stärker als die Beitragsausfälle zu Buche schlagen.

Die Elastizität des Lohnsteueraufkommens bezüglich der Bruttolohn- und -gehaltssumme liegt bei etwa 1,7,[2] d.h. bei einem Einkommenszuwachs um ein Prozent erhöht sich das Lohnsteueraufkommen um 1,7%. Hingegen nehmen die gewinnabhängigen Steuern – vornehmlich die Körperschaft- und veranlagte Einkommensteuern, die nicht veranlagten Steuern vom Ertrag sowie die Gewerbesteuer – grundsätzlich einen zur Entwicklung der Bemessungsgrundlage proportionalen Verlauf. Auch die aufkommensstarke Umsatzsteuer entwickelt sich im Prinzip parallel zu den gesamtwirtschaftlichen Umsätzen. Allerdings passen die Unternehmen ihre laufenden Steuerzahlungen rasch den vom Konjunkturverlauf abhängigen Gewinnen an, so dass es zu prozyklischen Steuereingängen kommt. Dieser Effekt wird durch die Verzögerungen im Veranlagungsverfahren gedämpft,

---

[2] Dieser Wert beruht auf Simulationsrechnungen mit dem Lohnsteuermodell des DIW.

zum Beispiel, wenn die Unternehmen Gewinne aus guten Jahren in rezessiven Phasen versteuern.

3. Finanzpolitische Kompetenzverteilung

Ein zentrales Problem finanzpolitischer Konjunktursteuerung ist die föderale Kompetenzverteilung. Es muss eine Balance zwischen Bund und Gliedstaaten gefunden werden, damit einerseits der Zentralstaat seine am gesamtwirtschaftlichen Interesse orientierten Aufgaben wirksam wahrnehmen kann, andererseits Länder und Gemeinden genügend Spielraum haben, ihre regionalen Ziele zu erreichen. Es geht also darum, das Mischungsverhältnis von Zentralisierung und Dezentralisierung öffentlicher Aufgaben zu optimieren.

Das deutsche System des »kooperativen« Föderalismus ist dadurch gekennzeichnet, dass ein intensives Geflecht innerstaatlicher Finanzbeziehungen besteht und der Zwang zu konsensualen Lösungen groß ist. Durch den Finanzausgleich zwischen Bund und Ländern (vertikal) sowie zwischen den Ländern (horizontal) werden alle Länder untereinander finanziell etwa gleichgestellt.[3] Die wichtigsten Steuerarten sind als »Gemeinschaftssteuern« konzipiert, und die einzelnen Länder haben keinen Einfluss auf die Festlegung der Bemessungsgrundlagen oder der Steuersätze. Über die Kompetenz in der Steuergesetzgebung verfügt im Wesentlichen der Bund; die Länder können nur in ihrer Gesamtheit via Bundesrat auf sie Einfluss nehmen. Aus stabilisierungspolitischen Erwägungen dürfte diese Konstruktion von Vorteil sein, da eine »harmonisierte« Steuerpolitik so eher möglich ist. Überdies steht der Bundesregierung – bei Zustimmung des Bundesrates – die Möglichkeit offen, aus konjunkturpolitischen Erwägungen die Steuersätze zu variieren.

Auch auf der Ausgabenseite bestehen erhebliche Verflechtungen, vor allem dadurch, dass sich der Bund an den »Gemeinschaftsaufgaben« beteiligt. Hiermit will er sicherstellen, dass bestimmte öffentliche Güter auch dort angeboten werden, wo Länder und Gemeinden aus eigener Kraft überfordert wären. Der Bund kann den Ländern Finanzhilfen für besonders bedeutsame Investitionen der Länder und

---

[3] Infolge ihrer besonderen Aufgaben weisen die ostdeutschen Länder- und Gemeindehaushalte zurzeit weit höhere Ausgaben auf.

Gemeinden gewähren, mit deren Hilfe eine Störung des gesamtwirtschaftlichen Gleichgewichts abgewendet, die unterschiedliche Wirtschaftskraft ausgeglichen oder das wirtschaftliche Wachstum gefördert wird. Von großem Gewicht sind auch die Ergänzungszuweisungen des Bundes an die finanzschwachen – vor allem die ostdeutschen – Länder. Somit kommt dem Bund nicht nur bei der Steuerpolitik eine zentrale Rolle zu, sondern er verfügt auch auf der Ausgabenseite über stabilisierungspolitisches Potenzial. Die Länder wiederum sind dafür zuständig, dass ihre Gemeinden sich gemäß der Forderung des Bundesverfassungsgerichts »kraftvoll« betätigen und finanziell eigenverantwortlich handeln können; deshalb stellen die Länder erhebliche Mittel im Rahmen des kommunalen Finanzausgleichs zur Verfügung. Von stabilisierungspolitischer Bedeutung sind schließlich auch die Zahlungsströme im Rahmen des horizontalen Länderfinanzausgleichs. Ebenso wie die Hilfen des Bundes sorgen sie dafür, dass auch die finanzschwachen Länder ihre Aufgaben relativ stetig erfüllen können. Der Finanzausgleich zwischen Bund und Ländern einerseits sowie unter den Ländern andererseits nivelliert zwar in hohem Maße, doch wirkt er konjunkturell in hohem Maße stabilisierend.

Freilich bergen gemeinschaftliche Finanzierungen grundsätzlich das Problem, dass nicht alle Kosten von den Entscheidungsträgern ins Kalkül gezogen werden, weil ja andere Finanziers mit von der Partie sind, folglich Verantwortlichkeiten verwischt und Folgekosten von Investitionen vernachlässigt werden. Auch werden die Prioritäten einer Gemeinde durch die Gewährung von Fördermitteln verzerrt. Aus stabilisierungspolitischer Sicht ergibt sich das Problem, dass die Mittel für den kommunalen Finanzausgleich in der Regel an die Einnahmen des Landes und somit mehr oder weniger an die gesamtwirtschaftliche Entwicklung gekoppelt, also pro- und nicht antizyklisch ausgerichtet sind. Prinzipiell könnte dieser Einfluss gemildert werden, indem die Länder zumindest ihre Vermögensübertragungen an die Gemeinden stärker an gesamtwirtschaftlichen Belangen ausrichten.

Fraglich ist, ob die etwa 15.000 Kommunen überhaupt in eine an gesamtwirtschaftlichen Zielen orientierte Finanzpolitik eingebunden werden könnten. Sie verfolgen spezifische, konjunkturunabhängige Interessen. In ihren Entscheidungen werden sie sich kaum von makroökonomischer Notwendigkeit leiten lassen, denn sie können nicht sicher sein, dass Kosten und Nutzen ihrer Aktivitäten in Einklang stehen. Beispielsweise wird das Vorziehen von ohnedies geplanten

Investitionsprojekten der Gemeinde zusätzliche Kosten (Zinsen u.a.) verursachen, während sie am Ertrag dieser Maßnahme nur bedingt beteiligt ist, da die zusätzlichen Steuereinnahmen nur zum geringen Teil in der Kasse dieser Kommune verbleiben. Dessen ungeachtet bleiben die Gemeindehaushalte von konjunkturellen Einflüssen nicht verschont: Die Gewerbesteuer reagiert unmittelbar und heftig auf Schwankungen der wirtschaftlichen Aktivitäten, zumal die Gewerbekapitalsteuer abgeschafft wurde und nur noch die Gewinne der Unternehmen als Bemessungsgrundlage dienen. Zudem sind die Gemeinden mit 15% an der Einkommensteuer beteiligt, deren Aufkommen ebenfalls von der wirtschaftlichen Entwicklung abhängt. Per saldo sind die den Gemeinden zustehenden Steuern stärkeren Schwankungen ausgesetzt als die Steuereinnahmen der Länder und des Bundes, die sich wegen des starken Gewichts der Steuern vom Umsatz stetiger entwickeln.

4. Zum Einfluss des europäischen Stabilitäts- und Wachstumspaktes

Die Mitgliedstaaten der Europäischen Währungsunion haben sich im Stabilitäts- und Wachstumspakt von Dublin dazu verpflichtet, jeweils einen ausgeglichenen bis überschüssigen Gesamthaushalt (Gebietskörperschaften einschl. Sozialversicherungsträger) anzustreben. Die Bedingungen, die ein Überschreiten der Grenzen nur »ausnahmsweise und vorübergehend« gestatten, sind eindeutig und sehr restriktiv definiert. Zu dieser vertraglichen Regelung der Haushaltsdisziplin sahen sich die Mitgliedstaaten veranlasst, weil man verhindern will, dass auf dem nun größeren Kapitalmarkt ein Land mit lascher Haushaltsdisziplin die Kosten der Defizitfinanzierung auf die übrigen Mitgliedstaaten abwälzt.

Von zentraler Bedeutung ist die Frage, wie die Anforderungen des Stabilitätspaktes innerstaatlich umgesetzt werden können. (Vesper 1999, Fürst 1997). Sie ist nicht zuletzt deshalb brisant, weil einerseits Bund und Länder in ihrer Haushaltspolitik unabhängig voneinander handeln, andererseits aber der Handlungsspielraum der Länder durch die Verschuldungsregeln erheblich eingeschränkt wird, zumal die Länder infolge des einheitlichen Steuersystems nur über wenige Gestaltungsmöglichkeiten auf der Einnahmenseite verfügen. Anders als in der Wirtschafts- und Währungsunion besteht im innerdeutschen System der Finanzbeziehungen kein Haftungsausschluss, vielmehr ein

weit reichender vertikaler wie horizontaler Finanzausgleich, der die
Finanzkraft stark nivelliert und zudem dafür sorgt, dass auch Sonder-
belastungen von der Solidargemeinschaft mitgetragen werden. Da sich
die Sozialversicherungen weitgehend nach dem Äquivalenzprinzip finanzieren, d.h. mit ausgeglichenen Haushalten abschließen, können
die Gebietskörperschaften die vom Stabilitätspakt gezogenen Grenz-
linien ausschöpfen.

Stabilitätspolitische Gesichtspunkte sprechen dafür, dem Bund höhere Verschuldungsmöglichkeiten einzuräumen. So muss die zentrale
Ebene Defizite der Arbeitslosenversicherung ausgleichen, und auch
die Maßnahmen der Arbeitsmarktpolitik fallen in ihre Kompetenz.
Ein höherer Anteil des Bundes ist vor allem dann geboten, wenn diesem fiskalischer Spielraum für eine aktive Konjunkturpolitik eingeräumt werden soll. Auf der anderen Seite ist der Tatsache Rechnung
zu tragen, dass die Steuereinnahmen der Länder und ihrer Gemeinden konjunkturell etwas stärker schwanken als die des Bundes. Gegen weitreichende Verschuldungskompetenzen der Gemeinden spricht
das relativ geringe Potenzial an »eigenen« Einnahmen; beim Schul-
dendienst könnten sie rasch an Grenzen stoßen.

Bisher haben sich Bund und Länder (einschl. Gemeinden) auf keinen Schlüssel zur vertikalen Zuteilung der Verschuldungsmöglichkeiten verständigen können. Eine Einigung wird sich am Status quo der
Einnahmen- und Ausgabenströme orientieren müssen. Danach könnten der Bund auf der einen, Länder und Gemeinden auf der anderen
Seite jeweils hälftig auf das Verschuldungspotential (drei Prozent des
BIP) Anspruch erheben.

Soll indes den konjunkturellen Mehrbelastungen des Bundes Rechnung getragen werden, so sollte dies durch eine Sonderzuteilung an
Verschuldungsrechten zum Ausdruck gebracht werden. Aus den Erfahrungen in den bisherigen Rezessionsphasen bietet sich 0,5% des
BIP an, so dass höchstens 2,5% des BIP zur hälftigen Verteilung auf
Bund und Länder (einschl. Gemeinden) verblieben. Insgesamt entfie-
len demnach auf den Bund 1,75% des BIP – dies wäre deutlich weniger als in früheren rezessiven Phasen.

Noch größere Probleme als die vertikale wirft die horizontale Aufteilung der Verschuldungsgrenzen und natürlich der potenziellen Sank-
tionslasten auf. Trotz der nivellierenden Wirkungen des Finanzausgleichs haben sich die Länder in der Vergangenheit höchst unterschiedlich verschuldet, die wirtschafts- und finanzschwachen weit mehr als

Tabelle 1: Finanzierungssalden von Ländern und Gemeinden
in % des Bruttoinlandsprodukts

	1992	1993	1994	1995	1996	1997	1998	1999	2000
Baden-Württemberg	-0,84	-0,65	-0,30	-1,00	-0,69	-0,43	0,22	0,41	0,04
Bayern	-0,56	-0,33	-0,31	-0,86	-0,89	-0,74	0,10	0,14	0,31
Brandenburg	-10,09	-8,25	-7,38	-4,20	-3,65	-2,52	-2,70	-1,91	-1,15
Hessen	-0,89	-0,94	-0,76	-1,33	-0,75	-0,85	-0,20	0,18	0,12
Mecklenburg-Vorpommern	-5,95	-6,33	-6,62	-4,63	-4,68	-3,17	-2,73	-2,02	-2,09
Niedersachsen	-1,28	-1,59	-1,75	-1,86	-1,08	-1,05	-0,47	-0,52	-0,47
Nordrhein-Westfalen	-0,71	-1,15	-1,10	-1,20	-1,00	-1,35	-0,57	-0,46	-0,42
Rheinland-Pfalz	-1,03	-1,25	-1,60	-1,56	-1,46	-1,59	-1,36	-0,83	-0,72
Saarland	-2,19	-2,49	0,87	0,43	0,80	0,98	0,77	0,20	0,01
Sachsen	-5,96	-4,29	-4,38	-2,46	-2,39	-1,52	-0,16	-0,01	-0,24
Sachsen-Anhalt	-9,15	-7,65	-6,62	-5,03	-3,73	-4,43	-3,36	-2,07	-2,07
Schleswig-Holstein	-1,30	-1,07	-1,31	-1,46	-1,49	-1,15	-0,67	-0,63	-0,52
Thüringen	-6,51	-7,05	-7,09	-4,02	-4,54	-3,46	-2,46	-2,55	-1,75
Berlin	-2,78	-4,38	-4,95	-7,09	-7,01	-2,80	-3,78	-2,42	-3,32
Bremen	-1,77	-3,65	0,94	-0,20	0,24	0,24	0,06	1,34	-0,66
Hamburg	-1,52	-2,03	-2,19	-1,24	-2,03	-1,23	-1,11	-0,85	-0,94
Insgesamt	-1,50	-1,70	-1,61	-1,72	-1,50	-1,22	-0,62	-0,37	-0,41

Quellen: Statistisches Bundesamt; Berechnungen des DIW

die wirtschafts- und finanzstarken, sodass auch sehr ungleiche Bedingungen für den Start in die Wirtschafts- und Währungsunion gegeben waren (vgl. Tab. 1).[4] Wollte man gleiche Bedingungen schaffen – indem man etwa die Zahl der Einwohner oder die Pro-Kopf-Wirtschaftskraft als Zuteilungsmaßstab zugrundelegte –, hätten die Länder mit hohen Haushaltsdefiziten, vor allem Berlin und die ostdeutschen Flächenländer, enorme Anpassungslasten zu tragen. Wählte man die Pro-Kopf-Ausgaben, würde »verschwenderisches« Ausgabeverhalten belohnt, solides indes bestraft. Für einen Übergangszeitraum bietet sich ein Mischschlüssel an, um den großen Nachholbedarf der ostdeutschen Länder im infrastrukturellen Bereich sowie die extrem niedrige Steuerkraft deren Gemeinden in Rechnung zu stellen. Die Hälfte der

---

[4] Gewisse Unschärfen ergeben sich daraus, dass die Defizite der einzelnen Länder und ihrer Gemeinden nur in finanzstatistischer Abgrenzung, nicht aber in der Abgrenzung der volkswirtschaftlichen Gesamtrechnung (VGR) verfügbar sind. Für die Festlegung der Verschuldungsgrenzen ist aber die VGR maßgeblich. Unterschiede zwischen beiden Rechensystemen bestehen vor allem in der Behandlung der Darlehen und Beteiligungen.

Zuteilungsquote könnte an die Einwohnerzahl, die andere Hälfte an die eigenfinanzierten Investitionsausgaben gekoppelt werden. (Snelting 1997)

5. Koordinierungserfordernisse auf der Makroebene

Eine dem Stabilisierungsziel verpflichtete Finanzpolitik steht nicht nur vor dem Problem, das Handeln der Akteure auf den verschiedenen staatlichen Ebenen koordinieren zu müssen. Auch auf der Makroebene besteht die Notwendigkeit zur Abstimmung, will die Politik erfolgreich sein. Eine restriktive Geldpolitik, die Preisstabilität erzwingen will, schmälert die wirtschaftliche Entwicklung wie auch das Steueraufkommen und erfordert höhere Ausgaben der Arbeitslosenversicherung. Lassen die finanzpolitischen Entscheidungsträger die »automatischen Stabilisatoren« wirken, konterkarieren sie das Ziel der Geldpolitik, denn die Stabilisierungsrezession wird gemildert. Auch die Entscheidungsgrundlagen der Lohnpolitik werden tangiert.

Das herrschende Politikverständnis zielt auf eine strikte Rollentrennung. Die Geldpolitik ist danach für die Preisstabilität zuständig, während es nicht Aufgabe der Finanzpolitik ist, den Konjunkturverlauf zu stabilisieren, sondern sie zur optimalen Ressourcenallokation beizutragen hat.

Die Lohnpolitik ist demgegenüber für die Beschäftigungsentwicklung verantwortlich. Schon einige wenige Hinweise mögen aufzeigen, wie brüchig diese Sichtweise ist. (Vesper 1998, Krupp 1994) So wird das Beschäftigungsvolumen vor allem vom Aktivitätsniveau einer Volkswirtschaft determiniert. Die Aufgabe der Lohnpolitik sollte deshalb vor allem darin bestehen, die Kostenseite zu stabilisieren; die Abschlüsse sollten sich am Produktivitätsfortschritt nebst der von der Zentralbank angestrebten »Zielinflationsrate« orientieren. (DIW 2001) Die Stabilisierung auf der Kostenseite verschafft der Geldpolitik Spielraum für eine Zinspolitik, die die gesamtwirtschaftliche Entwicklung fördert. Ihre Fähigkeit, bei Fehlverhalten der Lohnpolitik eine Stabilisierungsrezession auslösen zu können, bedeutet umgekehrt, dass sie auch über Möglichkeiten verfügt, das gesamtwirtschaftliche Wachstum zu beeinflussen.

Die Finanzpolitik sollte sich an der Entwicklung des nominalen Produktionspotenzials orientieren. Selbst wenn eine Senkung der

»Staatsquoten« angestrebt wird, ist darauf zu achten, dass dies nur ein langfristiger Prozess sein kann, d.h. »Schocks« vermieden werden. In jedem Falle muss die Verbesserung der staatlichen Infrastruktur im Blickfeld bleiben. In den aktuellen mittelfristigen Finanzplänen von Bund, Ländern und Gemeinden ist dies nicht der Fall, vielmehr droht sich der Rückgang der staatlichen Investitionsquote fortzusetzen. An Bedarf fehlt es nicht: Beseitigung der Infrastrukturlücke in Ostdeutschland (Vesper 2001), Ausbau und Modernisierung des ÖPNV wie auch der regionalen und überregionalen Schienennetze, Stadtentwicklung und -sanierung, Modernisierung in der Ent- und Versorgung und mehr Ausgaben für Wissenschaft und Forschung sind dringliche Aufgaben.

6. Empirische Aspekte

Aussagen über die konjunkturelle Relevanz staatlichen Verhaltens sind nur anhand einer operationalen Bezugsbasis, eines »konjunkturneutralen« Maßstabs möglich. In dem DIW-Konzept wird die Relevanz mittels eines Vorjahresvergleichs bestimmt: Bleiben die staatlichen Einnahmen- und Ausgabenquoten, bezogen auf das Produktionspotenzial, gegenüber dem Vorjahr unverändert, gehen von der Finanzpolitik weder positive noch negative Wirkungen auf den Konjunkturverlauf aus. Als konjunkturrelevante Einflüsse werden jene Abweichungen auf der Einnahmen- und Ausgabenseite angesehen, die sich gegenüber dem jeweils realisierten Volumen der Vorperiode, fortgeschrieben mit dem Anstieg des Produktionspotenzials, ergeben. Nimmt etwa das Sozialprodukt schwächer zu als das Produktionspotenzial, entstehen konjunkturbedingte Mindereinnahmen (Steuern) und Mehrausgaben (Arbeitslosengeld). Deren Hinnahme, also die Unterlassung von kompensierenden Steuererhöhungen oder Ausgabenreduktionen, wird als expansiver Vorgang gewertet. Von den Impulsen zu unterscheiden sind effektive Nachfragewirkungen, die sich unter Berücksichtigung aller gesamtwirtschaftlich relevanten Anpassungsvorgänge – vornehmlich Multiplikator-, Akzelerator- und Preiseffekte – einstellen; sie bleiben ausgeklammert.

Aus finanzpolitischer Sicht ging es in den 90er Jahren vor allem um die fiskalische Bewältigung des Vereinigungsprozesses, sowie um die Abfederung der wechselhaften gesamtwirtschaftlichen Entwicklung. Der hohe Transferbedarf Ostdeutschlands wurde überwiegend über staatliche Kreditaufnahme finanziert. Die enorme kreditfinanzierte Ausweitung der öffentlichen Ausgaben bescherte Westdeutschland den »Vereinigungsboom«. Eine überzogene Lohnpolitik und steigende Preise veranlassten die Bundesbank, eine Stabilisierungsrezession einzuleiten. Davon erholte sich die Wirtschaft nur schleppend, und die öffentlichen Haushalte mussten neben der Finanzierung der hohen Arbeitslosigkeit enorme Einnahmeausfälle hinnehmen. In der Folge wurde – auch unter dem Druck, die fiskalischen Konvergenzkriterien des Vertrages von Maastricht erfüllen zu müssen – auf der Ausgabenseite häufig der Rotstift angesetzt; selbst die Wirkungsweise der »automatischen Stabilisatoren« wurde immer wieder beschnitten. Die Nachfrageimpulse spiegeln diese Einschätzung wider (vgl. Tab. 2). Anfang der 90er Jahre und auch im Rezessionsjahr 1993 wurden der Gesamtwirtschaft beachtliche expansive Impulse – bis zu zwei Prozent des BIP – gegeben. Im Jahre 1994 erfolgte der Tritt auf die Bremse. Von 1997 an sind der Wirtschaft stets negative Impulse gegeben worden. Die Daten zeigten auch, dass über nahezu den gesamten Zeitraum von der Ausgabenpolitik restriktive Einflüsse ausgegangen sind.

Ein Vergleich aller Gebietskörperschaften nach Haushaltsebenen bestätigt die Erwartung, dass der Bund der Gesamtwirtschaft in positiver wie in negativer Richtung die stärksten Impulse gibt, obwohl sein Haushaltsvolumen nur wenig höher als das der Länder ist. Dies ist vor allem darauf zurückzuführen, dass der Bund für den konjunkturell stark schwankenden Defizitausgleich der Bundesanstalt für Arbeit zuständig ist. Die sehr starken Impulse im Jahre 1991 drücken den Beitrag des Bundes zur »Anschubfinanzierung« in Ostdeutschland aus. In den Folgejahren wirkte seine Ausgabenpolitik ausgesprochen restriktiv; erst 1998/99 weitete der Bund seine Ausgaben infolge der steigenden Zuschüsse an die Rentenversicherungen stärker als das Produktionspotenzial aus. Auch bei Ländern und Gemeinden sind auf der Ausgabenseite fast durchgehend restriktive Einflüsse zu verzeichnen. Auf der Gemeindeebene verteilen sich die ausgabeseitigen Restriktionsauswirkungen auf die laufenden Güterkäufe und die Investitionsausgaben, deren Impulse stärker als bei den Ländern und beim Bund zu Buche schlagen. Hingegen besitzen die Transferausgaben auf kommunaler Ebene eine viel geringere konjunkturelle Bedeutung.

Beim Steueraufkommen müssten die Unterschiede eigentlich vergleichsweise gering sein, da Bund und Länder zu gleichen Teilen an

Tabelle 2: Nachfrageimpulse der Gebietskörperschaften[1]
(+ expansiv/- kontraktiv), % des nominalen Bruttoinlandsprodukts

	1991	1992	1993	1994	1995	1996	1997	1998	1999	2000
Steuern [2]	-0,25	0,42	1,03	0,11	0,41	-0,09	0,30	-0,56	-1,08	-0,30
Bund	-0,41	0,32	0,81	-0,12	0,28	0,45	0,13	-0,21	-0,73	-0,20
Länder	0,00	0,07	0,10	0,12	0,03	-0,46	0,20	-0,16	-0,27	-0,11
Gemeinden	0,16	0,03	0,12	0,10	0,10	-0,07	-0,03	-0,19	-0,07	0,01
Sonstige Einnahmen [3]	-1,02	0,04	0,57	0,14	1,05	0,26	0,60	0,12	0,32	0,33
Bund	-0,03	-0,57	0,12	-0,22	0,39	0,24	0,09	-0,06	0,07	0,16
Länder	0,00	0,40	0,42	0,21	0,51	-0,12	0,12	0,02	0,13	0,09
Gemeinden	-0,99	0,21	0,03	0,14	0,16	0,13	0,40	0,16	0,12	0,09
Summe der Einnahmen	-1,26	0,47	1,60	0,24	1,47	0,17	0,91	-0,45	-0,76	0,03
Bund	-0,43	-0,25	0,93	-0,33	0,67	0,69	0,22	-0,27	-0,66	-0,04
Länder	0,00	0,47	0,52	0,33	0,54	-0,58	0,31	-0,14	-0,15	-0,02
Gemeinden	-0,83	0,25	0,14	0,25	0,26	0,06	0,37	-0,03	0,05	0,09
Käufe von Gütern und Diensten	0,22	-0,18	-0,56	-0,48	-0,21	-0,32	-0,33	-0,21	-0,09	-0,27
Bund	-0,31	-0,12	-0,27	-0,22	-0,09	-0,07	-0,08	-0,03	0,00	-0,06
Länder	0,00	-0,03	-0,12	-0,08	-0,03	-0,06	-0,12	-0,09	-0,07	-0,14
Gemeinden	0,53	-0,03	-0,17	-0,17	-0,09	-0,19	-0,13	-0,10	-0,01	-0,06
Vermögenseinkommen (Zinsausg.)	0,14	0,32	-0,08	-0,02	0,31	-0,03	-0,05	-0,01	-0,06	-0,25
Bund	0,15	0,34	-0,07	-0,01	0,31	-0,04	-0,08	0,00	-0,02	-0,23
Länder	0,00	-0,02	-0,01	0,01	0,00	0,03	0,04	0,01	-0,02	-0,01
Gemeinden	-0,02	0,00	-0,01	-0,01	-0,01	-0,01	-0,02	-0,01	-0,02	-0,01
Transfers [4, 5]	2,71	-1,11	0,14	-0,34	-0,84	0,75	-0,56	0,20	0,38	-0,04
Bund	2,67	-0,86	0,02	-0,37	-0,58	0,07	-0,27	0,41	0,40	-0,15
Länder	0,00	-0,33	0,04	-0,07	-0,39	0,55	-0,15	-0,18	-0,02	0,07
Gemeinden	0,04	0,09	0,07	0,10	0,13	0,12	-0,15	-0,03	-0,01	0,03
Bruttoinvestitionen	0,20	0,08	-0,26	-0,15	-0,41	-0,17	-0,22	-0,06	0,03	-0,07
Bund	0,02	0,01	-0,06	-0,06	-0,03	-0,03	-0,07	0,04	0,09	-0,07
Länder	0,00	0,02	-0,06	0,02	-0,16	0,04	-0,02	-0,01	-0,02	0,01
Gemeinden	0,18	0,05	-0,15	-0,11	-0,22	-0,18	-0,13	-0,09	-0,04	0,00
Summe der Ausgaben	3,27	-0,89	-0,77	-0,99	-1,14	0,24	-1,16	-0,08	0,26	-0,62
Bund	2,53	-0,63	-0,37	-0,66	-0,39	-0,06	-0,49	0,43	0,47	-0,51
Länder	0,00	-0,37	-0,14	-0,12	-0,57	0,56	-0,24	-0,27	-0,13	-0,07
Gemeinden	0,74	0,11	-0,26	-0,20	-0,19	-0,26	-0,43	-0,24	-0,09	-0,04
Nachfrageimpulse insgesamt	2,01	-0,42	0,83	-0,74	0,32	0,41	-0,26	-0,53	-0,50	-0,59
Bund	2,10	-0,88	0,56	-1,00	0,28	0,63	-0,27	0,15	-0,19	-0,55
Länder	0,00	0,11	0,38	0,21	-0,03	-0,02	0,07	-0,41	-0,77	-0,09
Gemeinden	-0,09	0,36	-0,11	0,05	0,07	-0,20	-0,05	-0,27	-0,04	0,05

1) Ohne Transaktionen mit der übrigen Welt (einschließlich EU), 2) Ohne Steueranteil der EU, 3) Ohne UMTS-Erlöse (2000: 99,2 Mrd. DM), 4) Ohne Subventionen der EU, 5) Ohne Schuldenübernahmen für Bahn und Treuhand (1991: 13,09 Mrd. DM. 1995: 239,51 Mrd. DM)

Quellen: Statistisches Bundesamt; Berechnungen des DIW

den gemeinschaftlichen Steuern beteiligt sind. Allerdings gab es in den 90er Jahren zahlreiche steuerpolitische Entscheidungen wie die Einführung, Suspendierung, Wiedereinführung und schließlich Senkung des Solidarzuschlags, die Erhöhung der Mineralölsteuer, die Einführung der Ökosteuer oder auch die Abschaffung der Vermögensteuer und der Gewerbekapitalsteuer, die das Aufkommen nur einer Ebene beeinflussten. Insofern kam es hier zu unterschiedlich wirkenden Impulsen, wie sich an den Vorzeichen ablesen lässt.

7. Fazit

Ein Plädoyer für eine Finanzpolitik, die stärker stabilitätspolitische Belange berücksichtigt, heißt nicht einer Politik das Wort reden, die zyklische Schwankungen und hohe Arbeitslosigkeit mit finanzpolitischen Mitteln ausschalten zu können glaubt. Dies ist schon deshalb eine Illusion, weil nicht nur die Bereitstellung von öffentlichen Gütern und Umverteilungsvorgänge stetiges staatliches Handeln voraussetzen, sondern auch diskretionäre Maßnahmen zahlreiche Steuerungsprobleme aufwerfen.[5] Deshalb sollten sich die finanzpolitischen Entscheidungen – ähnlich wie die Entscheidungen in der Geld- und Lohnpolitik – mehr als bisher an der mittelfristigen (trendmäßigen) Entwicklung des nominalen Produktionspotenzials orientieren. Eine antizyklische Wirkung wäre insofern eingebaut, als die »automatischen Stabilisatoren« des Steuer- und Transfersystems voll wirksam würden. Deren Wirkung darf freilich in einer Krise nicht durch Ausgabenkürzungen beschnitten werden. Ein Problem sind der föderale Staatsaufbau und die unterschiedlichen Ziele der Gebietskörperschaften. So orientieren sich die Gemeinden in ihrem Ausgabeverhalten noch stärker als die Länder an lokalen Gegebenheiten, und ihr Verschuldungsspielraum ist stark eingeschränkt. Im Gegensatz zu den Zahlungen des Bundes an die Länder und zum horizontalen Mittelfluss verhalten sich die Länder im kommunalen Finanzausgleich ausgesprochen prozyklisch. Hier besteht Reformbedarf; die Länder sollten ihre investiven Zuweisungen an die Gemeinden einer Regelbindung unterwerfen.

Zu Recht ist der Stabilisierungsoptimismus der 70er Jahre – zumindest was die Finanzpolitik betrifft – verflogen. Steuerungsprobleme, Finanzierungsprobleme, aber auch institutionelle Probleme sind damals unterschätzt worden. Gleichwohl wäre es verfehlt, die Finanzpolitik aus ihrer gesamtwirtschaftlichen Verantwortung zu lösen. Ein

---

[5] Sie fangen mit der Beurteilung der wirtschaftlichen Entwicklung an und enden bei der Dosierung und den Wirkungsverzögerungen der Maßnahmen.

konsequentes Wirkenlassen der »automatischen Stabilisatoren« ist nötiger denn je, ebenso eine Abstimmung mit der Geld- und Lohnpolitik. Viel zu häufig musste die Finanzpolitik in der Vergangenheit gegen Geld- und Lohnpolitik agieren. Schon deshalb war ihr wenig Erfolg beschieden.

Literatur

Deutsches Institut für Wirtschaftsforschung (DIW 2001): Tendenzen der Wirtschaftsentwicklung 2001/2002, in: DIW-Wochenbericht, Nr. 28-29, S. 421ff.

Fürst, B. (1997): Die Maastrichter Budgetkriterien im Konflikt mit der Verschuldungsautonomie der deutschen Gebietskörperschaften, Frankfurt a.M. u.a.

Krupp, H.-J. (1994): Die Koordination von Geld-, Finanz- und Einkommenspolitik als Aufgabe der Wirtschaftspolitik, in: Wirtschaftsdienst, Heft 4.

Snelting, M. (1997): Der nationale Stabilitätspakt in einer Europäischen Währungsunion: Ein Umsetzungsvorschlag, in: Wirtschaft im Wandel, Nr. 12.

Vesper, D. (1998a): Ist antizyklische Finanzpolitik überholt? Einige Anmerkungen zum gewandelten Verständnis von Finanz- und Wirtschaftspolitik, in: Galler, H.P./Wagner, G. (Hrsg.): Empirische Forschung und wirtschaftspolitische Beratung. Festschrift für Hans-Jürgen Krupp, Frankfurt a.M./New York.

Vesper, D. (1998b): Öffentlicher Dienst – Starker Personalabbau trotz moderater Tarifanhebungen, in: DIW-Wochenbericht, Nr. 5.

Vesper, D. (2000): Finanzpolitische Stabilisierung im föderalen Staat: Deutsche Erfahrungen aus den 90er Jahren, in: DIW-Wochenbericht, Nr. 38.

Ewald Nowotny
Perspektiven einer europäischen Finanzverfassung

»Die Finanzen sind einer der besten Angriffspunkte der Untersuchung des sozialen Getriebes, besonders, aber nicht ausschließlich, des politischen.«
Joseph A. Schumpeter 1976/1918: 332

1. Finanzverfassung und die Entwicklung der politischen Strukturen der Europäischen Union

In Übereinstimmung mit dem angeführten Zitat von Joseph Schumpeter ist davon auszugehen, dass die Entwicklung der Finanzverfassung eng mit der bisherigen und künftigen Entwicklung der politischen Strukturen der Europäischen Union (EU) verknüpft ist. So sind die zahlreichen finanzpolitischen Vorstöße, die in der jüngeren Diskussion etwa zu Fragen einer »Europasteuer« oder zu Fragen nach Umfang – und vor allem Begrenzung – von Volumen und Struktur der Mittel der EU erfolgt sind, als Teil einer umfassenden politischen Debatte über die künftige Rolle der EU als supranationale Ebene zu sehen. Umgekehrt aber wäre es auch problematisch, die einzelnen finanzpolitischen Überlegungen nur als isolierte Bausteine eines politischen Spieles zu betrachten und sich nicht um eine Analyse im Rahmen eines konsistenten Konzeptes einer europäischen Finanzverfassung zu bemühen. Einige Anregungen in dieser Richtung sollen im Folgenden gegeben werden.

Ein solcher Ansatz der Verknüpfung ökonomischer und politischer Strukturen ist auch für die wissenschaftliche Arbeit Rudolf Hickels charakteristisch. So ist zu verstehen, dass eine der früheren wissenschaftlichen Publikationen von Rudolf Hickel die Herausgabe der kontroversen Publikationen von Rudolf Goldscheid und Joseph Schumpeter war, der das Eingangszitat entnommen ist. Die damit eröffnete Perspektive einer differenzierten Schumpeter-Rezeption hat sich jedoch leider nicht erfüllt. In seinem späteren Wirken war Rudolf Hickel oft genug mit einer bis zur Verzerrung simplifizierten »angebotsorientierten« Schumpeter-Sicht konfrontiert, die Schumpeters wissenschaftlichen Beitrag auf ein als Kampf-Argument deformiertes Konzept des »Pionier-Unternehmers« reduziert. Es kann auf dieses – auch wissenschaftssoziologisch interessante – Phänomen hier nicht näher eingegangen werden. Gerade für eine Diskussion der europäischen Wirtschafts- und Finanzpolitik ist es aber von großer Bedeutung, von einer umfassenden theoretischen *und* gesellschaftspolitischen Perspektive auszugehen, die es erlaubt, die Bejahung der europäischen Integration mit der Frage »welches Europa wollen wir« zu verbinden. Damit wird gleichzeitig die Vorstellung eines einzig möglichen, alternativlosen Weges einer »modernen« europäischen Wirtschaftspolitik relativiert (vgl. hierzu auch Rothschild 2001).

2. Finanzverfassung und Subsidiaritätsprinzip

Unter der Finanzverfassung der EU seien alle jene vertraglichen Regelungen verstanden, die die Betrauung der Gemeinschaftsinstitutionen mit öffentlichen Aufgaben, sowie die Leistung der mit der Aufgabenerfüllung verbundenen Ausgaben und deren Deckung aus öffentlichen Finanzmitteln festlegen (vgl. Genser 1995: 2). In einem weiteren Sinn bezieht sich dies generell auch auf das Verhältnis zwischen den Haushalten der EU, den Mitgliedstaaten und deren nachgeordneten Gebietskörperschaften.

Mit dem Vertrag von Maastricht wurde jedenfalls als zentralem Punkt einer Finanzverfassung eine Kompetenzverteilung geschaffen, bei der explizit unterschieden wird zwischen einem supranationalen Bereich, bei dem der EU eigene Hoheitsrechte zukommen (»1. Säule«), einem Bereich innergemeinschaftlicher Kooperation (»2. und 3. Säule«) und einem von internationaler Kooperation (zumindest direkt) unberührten nationalen Bereich. Unbeschadet der konkreten staatsrechtlichen Einordnung kann die EU aus ökonomischer Sicht damit jedenfalls als föderales System unterschiedlicher hoheitlicher Entscheidungsebenen gesehen werden. (Nowotny 1997) Ein Problem der aktuellen europäischen Diskussion ist dabei die je nach Kulturkreis in Europa stark unterschiedliche Bedeutung und Bewertung des Begriffes »Föderalismus«, was z.B. in Großbritannien geradezu zu einer politischen Tabuisierung des »F-words« geführt hat. Unter der Perspektive des »fiscal federalism« bedeutet die Mitgliedschaft in der EU aber jedenfalls, dass zu den bestehenden – zentralistischen oder mehrgliedrigen – national-staatlichen Strukturen eine weitere, »föderale« EU-Ebene hinzutritt. Zwar ist das finanziell-quantitative Gewicht dieser EU-Ebene (bis jetzt) vergleichsweise gering,[1] die ordnungspolitische Bedeutung vor allem über die Ausgestaltung des europäischen Binnenmarktes und die Koordinierung im Rahmen der Wirtschafts- und Währungsunion aber gewaltig.

Die Diskussion über künftige Finanzierungsobergrenzen unter der Perspektive der EU-Erweiterung liefert eine bemerkenswerte Illustration der eingangs angeführten Verknüpfung politischer und finanzieller Perspektiven bzw. – nach dem jetzigen Stand der Diskussion – der Inkompatibilität der jeweiligen »offiziellen« – isolierten – Zielsetzungen der Finanz- und der Integrationspolitik.

Grundlage der so erfassten föderalen Struktur der EU ist das mit dem Maastricht-Vertrag in das Gemeinschaftsrecht eingeführte Subsidiaritätsprinzip. Der entsprechende Artikel 5 EGV lautet: »(1) Die Gemeinschaft wird innerhalb der Grenzen der ihr in diesem Vertrag zugewiesenen Befugnisse und gesetzten Ziele tätig.

(2) In den Bereichen, die nicht in ihre ausschließliche Zuständigkeit fallen, wird die Gemeinschaft nach dem Subsidiaritätsprinzip nur tätig, sofern und soweit die Ziele der in Betracht gezogenen Maßnahmen auf Ebene der Mitgliedstaaten nicht ausreichend erreicht werden können und daher wegen ihres Umfanges oder ihrer Wirkungen besser auf Gemeinschaftsebene erreicht werden können.

(3) Die Maßnahmen der Gemeinschaft gehen nicht über das für die Erreichung der Ziele dieses Vertrages erforderliche Maß hinaus.«

Das Subsidiaritätsprinzip als gesellschaftspolitischer Ordnungsgrundsatz beruht auf einer langen geistesgeschichtlichen Tradition. Auch bei der Diskussion des Subsidiaritätsprinzips als Gestaltungsprinzip des europäischen Finanzföderalismus ist es notwendig, die vielfältigen Dimensionen dieses Prinzips zu berücksichtigen. Von spezieller Relevanz sind dabei folgende Aspekte:[2]

Bezugsrahmen: Das Subsidiaritätsprinzip regelt zum einen das Verhältnis zwischen Staat und Einzelnem in dem Sinn, dass der öffentliche Sektor keine Aufgaben übernimmt, die von Privaten erfüllt werden können. Zum anderen stellt das Subsidiaritätsprinzip auch eine

[1] In der Agenda 2000 werde die Gesamthöhe der EU-Eigenmittel in Fortführung früherer Regelungen mit maximal 1,27% des Bruttosozialproduktes der Mitgliedstaaten limitiert (Eigenmittelplafondierung). Diese Regelung gilt bis 2006.
[2] Vgl. dazu Mittendorfer 1995; Gerken 1995, Nowotny 1997.

Organisationsnorm innerhalb des öffentlichen Sektors im Sinn einer Präferenz für die jeweils »bürgernächste« Ebene dar.

Zielkonflikte: Zwischen dem Subsidiaritätsprinzip als Eingriffsbegrenzung für überregionale Ebenen und anderen gesellschaftspolitischen Prinzipien können Zielkonflikte von erheblicher wirtschaftspolitischer Relevanz bestehen. Am deutlichsten wird dies bei Akzeptanz eines für ein föderales System geltenden regionalen Solidaritätsprinzips, wie es in Art. 130a ff. EGV postuliert ist.

Entscheidungstheoretische Aspekte: Das Subsidiaritätsprinzip kann auch als Wettbewerbsprinzip interpretiert werden. Analog zum Konzept des funktionsfähigen Wettbewerbs besteht eine grundlegende Präferenz für kleinere Anbieter; größere Einheiten werden zugelassen, die Beweislast für größere Effizienz liegt aber bei ihnen. Die Präferenz für »möglichst vollkommenen« Wettbewerb zwischen Regionen bzw. Einzelstaaten kann auf verschiedenen Begründungen beruhen.

Aus polit-ökonomischer Sicht zentral für ein dem Subsidiaritätsprinzip entsprechendes föderales System ist das Konzept der Machtdiffusion, wonach zur Kontrolle von Machtmissbrauch das funktionale Konzept der Gewaltentrennung (Legislative, Exekutive, Justiz) noch durch eine regionale Gewaltentrennung ergänzt wird. Gerade für die EU, die ja noch über keine ausgearbeitete systematische Verfassungsstruktur verfügt, können sich dabei vielfach Konflikte zwischen funktionalen und regionalen Ansätzen der Gewaltentrennung ergeben (z.B. Kompetenzüberschneidungen zwischen EU- und nationaler Legislative oder Gerichtsbarkeit).

Aus der Public-Choice-Sicht ist ein auf dem Subsidiaritätsprinzip beruhendes System eines kompetitiven Föderalismus eines der wichtigsten verfassungsmäßigen Instrumente zur Kontrolle von »Leviathan«-Verhalten. Zentralisierung wird als »politische Monopolbildung«, interregionale und -nationale Koordinierung als Kartellbildung zur Ausübung politischer Macht interpretiert. Grundlegend für diese Sicht ist freilich die für die »Leviathan-Version« der Public-Choice Theorie charakteristische Überschätzung politischer und Unterschätzung ökonomischer Machtverhältnisse und damit verbunden das Ausblenden der faktischen Verteilungswirkungen. So wird etwa mangelnde internationale Koordinierung notwendigerweise zu einer Benachteiligung des – überwiegend wenig mobilen – Faktors Arbeit gegenüber dem mobileren Faktor (Geld-)Kapital führen.

Das Subsidiaritätsprinzip als Wettbewerbsregel lässt sich schließlich auch dynamisch im Sinn des »Wettbewerbes als Entdeckungsver-
fahren« als Ansatz zur Erhöhung der Effizienz des Angebotes öffentlicher Güter durch eine Vielzahl regionaler Anbieter erfassen.[3] Alle
gezeigten Aspekte des Subsidiaritätsprinzips können als statische oder
dynamische Effizienzvorteile interpretiert werden. Für die wirtschaftspolitische Einschätzung ist dabei freilich zu berücksichtigen, welche
empirischen Voraussetzungen (z.B. in Bezug auf Faktormobilität) für
die Realisierung dieser möglichen Effizienzvorteile gegeben sein müssen, und welche Spannungsverhältnisse in Bezug auf andere wirtschaftspolitische Ziele auftreten können.

3. Europäische Finanzverfassung und ökonomische Theorie des Föderalismus

Aus dem prinzipiellen Abstellen auf das Subsidiaritätsprinzip ergeben sich noch keine eindeutigen Aussagen hinsichtlich der konkreten
Aufteilung der staatlichen Funktionen in einem föderativen System.
Empirisch zeigt dies bereits ein Vergleich der föderativen Aufgaben-
bzw. Ausgabenverteilung zwischen Deutschland, Österreich und der
Schweiz. Es sind dies drei Staaten, die jeweils vom Subsidiaritätsprinzip als Grundlage ihrer föderativen Struktur ausgehen, wo sich aber
erhebliche Unterschiede sowohl in der Struktur der Gesamtausgaben,
wie der Zuweisung einzelner öffentlicher Ausgaben ergeben.

Unter theoretischen Aspekten kann eine Operationalisierung des
Subsidiaritätsprinzips aus der ökonomischen Theorie des Föderalismus abgeleitet werden. Dabei ist zu unterscheiden nach allokativen,
stabilisierungspolitischen und distributiven Aspekten eines föderalen
Systems.

Ausgangspunkt einer allokationsbezogenen Analyse ist das Konzept der öffentlichen Güter in einem weiteren Sinn. Das heißt, dass
die Charakteristika öffentlicher Güter (kein Ausschlussprinzip, Nicht-
Rivalität im Konsum) nicht nur für Formen der physischen Bereitstellung (Straßen etc.) gelten, sondern auch für ökonomische Zustän-
de (bzw. Zielsetzungen). Unter statischen, speziell aber unter dyna-
mischen allokativen Aspekten gilt dies z.B. für den ökonomischen

---

[3] Dies entspricht dem bekannten Ausspruch des berühmten Richters am Obersten Gerichtshof der USA R. Brandeis von den »states as the laboratories of the
nation«. Vgl. zur Diskussion zum Tiebout-Modell auch Nowotny 1999: 133f.

Zustand von »wettbewerbsbestimmten Märkten« und das zum Erreichen dieses Zustandes eingesetzte Instrumentarium des Binnenmarkt-
Programmes (Normsetzung, Regulierung bzw. Regulierungsein-
schränkungen).

Soweit es sich um reine öffentliche Güter handelt, besteht definitionsgemäß keine Möglichkeit einer regionalen Differenzierung. Bei
(regional) unvollkommen öffentlichen Gütern bestehen dagegen Unterschiede in der regionalen Inzidenz und damit Möglichkeiten der
regionalen Differenzierung des Angebotes. Hier stellt sich damit die
Frage, auf welcher regionalen Ebene eines föderalen Systems (z.b. EU,
Nationalstaat, Länder) ein entsprechendes öffentliches Gut zu erstellen ist. Unter den verschiedenen Aspekten, die zur Beantwortung dieser
Frage herangezogen werden können, wird im Folgenden auf die regionale Homogenität der Präferenzen, auf Kostenverläufe und externe Effekte eingegangen.

Sind die Präferenzen für ein öffentliches Gut regional homogen,
ergeben sich keine Wohlfahrtsverluste bei gesamtstaatlich einheitlicher Versorgung. Sind dagegen die Präferenzen zwischen den Regionen inhomogen (und innerhalb der Regionen homogen), wäre eine
gesamtstaatlich einheitliche Versorgung nicht pareto-effizient und
daher mit Wohlfahrtsverlusten verbunden. Die Wohlfahrtsverluste
werden dabei umso größer sein, je größer die Entscheidungsgruppe
ist und je größer damit die Wahrscheinlichkeit ist, Abweichungen vom
optimalen regionalen »Versorgungsniveau« akzeptieren zu müssen,
sowie je inhomogener die regionalen Präferenzen sind.[4] Beide Aspekte
treffen für die EU zu, woraus sich von vornherein ein hoher »Födera-
lisierungsgrad« ergibt.[5]

Für die Frage der föderalen Kompetenzverteilung bedeutet dieser
Aspekt, dass Bereiche, wo national bzw. regional stark divergierende
Präferenzen bestehen (z.B. Kulturpolitik), unteren Ebenen Bereiche

---

[4] Vgl. das Beispiel der Schweiz mit drei bzw. fünf Sprachen und zwei großen
Religionsgemeinschaften.
[5] Bei der Frage, ob ein Bereich durch die EU oder durch nationale Gesetzgebung geregelt werden solle, ergaben sich nach Meinungsumfragen in der EU
(EU-Eurobarometer) für einzelne Bereiche folgende Zustimmungsquoten für
eine EU-Kompetenz: Forschungspolitik 72%, Drogenpolitik 71%, Außenpo-
litik 70%, Umweltpolitik 63%, Verteidigung 50%, Industriepolitik 49%, Kulturpolitik 35%, Arbeitsrecht 33%, Soziale Sicherheit 30%, Erziehung 29%.

mit homogenen Präferenzen (z.B. Wettbewerbspolitik) oberen Ebenen eines föderalen Systems zuzuordnen wären. Präferenzen können aber auch in Bezug auf den Entscheidungsprozess selbst bestehen (unabhängig vom allokativen Ergebnis). Dies gilt etwa für gesellschaftspolitisch begründete Entscheidungsstrukturen wie das Prinzip der Gewaltenteilung als Instrument der Machtkontrolle.

Ein weiterer allokativer Aspekt von Relevanz für Fragen der Kompetenzverleihung und damit der Finanzverfassung bezieht sich auf die Kostenverläufe öffentlicher Leistungen. In Bezug auf die föderale Kompetenzzuweisung stellt sich hier die Frage, wie die Kosten der Erstellung eines öffentlichen Gutes (bei gleicher Qualität) mit der Größe der zu versorgenden Einheit variieren. Bei kapitalintensiven Bereichen ist hier mit sinkenden Stückkosten zu rechnen, was Vorteile einer zentralen Versorgung bedeutet. Personalintensiven Bereichen entsprechen konstante Kostenverläufe. Bei »normalen« Kostenverläufen ist auch ein Bereich zu erwarten, wo durch Bürokratiekosten, Informationskosten etc. »diseconomies of scale« auftreten. In Bezug auf die Kompetenzstruktur der EU ist zu beachten, dass viele Aspekte der »zweiten Säule«, d.h. der gemeinsamen Außen- und Sicherheitspolitik (GASP) mit erheblichen economies of scale verbunden sind, gerade hier aber von inhomogenen Präferenzen auszugehen ist. Einen »Extremfall« stellt etwa die französische Konzeption europäischer Nuklearwaffen als »gemeinsamer Schirm« dar.

Entsprechend dem »Korrespondenzprinzip« (Prinzip der fiskalischen Äquivalenz) für die Erstellung öffentlicher Güter führt sowohl die Existenz positiver, wie negativer interregionaler externer Effekte zu gesamtwirtschaftlicher Ineffizienz. Je kleiner die Entscheidungsebene, desto größer sind dabei die zu erwartenden Effizienzverluste. Die damit verbundenen gesamtwirtschaftlichen Kosten können als Opportunitätskosten der nichteffizienten Allokation interpretiert werden.

In Hinblick auf Fragen der föderalen Finanzverfassung ergeben sich spezielle Aspekte, wenn man nicht nur auf technologische, sondern auch auf pekuniäre externe Effekte abstellt. Bei diesen wirken externe Effekte nicht über den Einfluss auf Produktionsfunktionen, sondern über Marktreaktionen. So können etwa von der Steuerpolitik in einem Staat (z.B. in Bezug auf Zinseinkommen) über Mechanismen des Steuerwettbewerbes pekuniäre externe Effekte auf andere Staaten ausgehen (in Form von Kapitalbewegungen und entsprechenden Steuer-

ausfällen). Unter gesamtwirtschaftlichen allokativen Aspekten können die Effizienzaspekte dieses Steuerwettbewerbs (so wie bei der
Analyse eines Einzelmarktes) unterschiedlich betrachtet werden. Jedenfalls ist Steuerwettbewerb als allokativ ineffizient zu betrachten,
wenn er zu einer Verzerrung der realwirtschaftlich effizienten Kapi-
talallokation führt.[6] Geht man des Weiteren davon aus, dass für jedes
einzelne Land Höhe und Struktur der Besteuerung als Ergebnis demokratisch bestimmter »politischer Allokationsprozesse« zu sehen
ist, bedeuten Steuerwettbewerbseffekte, die von einem anderen Land
ausgehen, jedenfalls einen externen Einfluss auf diesen Allokations-
prozess. Das heißt, das betroffene Land ist gezwungen, ein Steuerni-
veau zu wählen, das nicht den durch Wahlen manifestierten und legitimierten Präferenzen der Bewohner entspricht. In diesem Sinn kann
von Wohlfahrtsverlusten durch das Auftreten pekuniärer externer
Effekte gesprochen werden.[7]

Neben den allokativen Aspekten einer Finanzverfassung sind selbstverständlich auch die stabilisierungs- und verteilungspolitischen Perspektiven von Bedeutung. Der Bereich der Stabilisierungspolitik ist
in der EU (bzw. im Euro-Raum) charakterisiert durch das nicht un-
problematische Nebeneinander einer übernationalen, einheitlichen
Geldpolitik und einer in einzelstaatlicher Kompetenz verbliebenen
Finanzpolitik. Die Koordinierung über die Defizitbegrenzungen des
EU-Vertrages wird vielfach als problematisch und nicht ausreichend
empfunden, sodass z.B. von französischer Seite der Vorschlag einer
»europäischen Wirtschaftsregierung« als Gegengewicht und Ge-
sprächspartner der Europäischen Zentralbank eingebracht wurde. Auf
die entsprechende umfangreiche Diskussion der stabilisierungspolitischen Aspekte einer europäischen Finanzverfassung kann an dieser
Stelle freilich nicht eingegangen werden,[8] die verteilungspolitischen
Perspektiven werden im Folgenden behandelt.

---

[6] Für eine detaillierte Diskussion siehe u.a. Wellisch 1995: 37ff.

[7] Allerdings ist in diesem Fall die für die allokative Theorie des Föderalismus
grundlegende Annahme regional homogener Präferenzen problematisch. Tatsächlich handelt es sich hier um die manifestierte Mehrheit, dergegenüber es
intraregional abweichende Präferenzen geben wird. Zu den allokativen Aspekten treten demnach Fragen der intraregionalen Einkommensverteilung und
public-choice Aspekte der Mehrheitsfindung.

[8] Siehe dazu u.a. Mooslechner/Schürz 1999; Collignon 2001.

Wichtig ist jedenfalls bei Bezugnahme auf die ökonomische Theorie des Föderalismus die Berücksichtigung des Auftretens von Zielkonflikten und der entsprechenden politischen Spannungen. Von erheblicher Bedeutung für Wirkung und Akzeptanz der Politik der EU-Ebene ist etwa der häufig zu wenig beachtete Umstand, dass das Kriterium der »allokativen Effizienz« bei umfassender Betrachtung vielfach nicht eindeutig ist und in Konkurrenz zu anderen gesellschaftspolitischen Zielen stehen kann.

Ein deutliches Beispiel ist etwa das für die EU zentrale Programm des einheitlichen Binnenmarktes, das auf dem seit Adam Smith prägenden Axiom beruht, dass größere Märkte zu Effizienzvorteilen und damit Wohlfahrtsgewinnen führen. Dies ist in der Gesamtbetrachtung wohl der Fall, schließt aber nicht aus, dass es bei Marktvergrößerungen (bis hin zur »Globalisierung«) neben »Gewinnern« auch »Verlierer« geben wird. Soweit diese Verlierer bei funktionierenden Wohlfahrtsstaaten Kompensationen erhalten (oder zumindest glaubhaft abgesichert werden), wird eine Marktvergrößerung auch als sozial positiv und damit politisch positiv besetzt empfunden werden. Je größer die Marktöffnung und je unterschiedlicher die nach wie vor nationalen Systeme der sozialen Absicherung, umso eher sind politische Konflikte und Widersprüche zu erwarten.

Konflikte innerhalb eines einheitlichen Binnenmarktes können sich aber auch durch unterschiedlich weite Effizienzbegriffe ergeben. Der Effizienzbegriff, der dem europäischen Binnenmarkt zugrunde liegt, ist – wenn auch mit einigen Einschränkungen – ein ausschließlich preisbezogener: Ziel sind niedrigere Preise – und damit Realeinkommenserhöhungen – für die Konsumenten. Diese Präferenz ist jedoch nicht notwendigerweise regional homogen.

Bestimmte Regionen bzw. bestimmte gesellschaftspolitische Gruppierungen können etwa über diesen reinen (kurzfristigen) Preis-Aspekt besondere Präferenzen aufweisen in Bezug auf langfristige Versorgungssicherheit und Umweltqualität, qualitative Aspekte wie regionale Versorgungsdichte etc. Die in vielen Staaten zu beobachtende sinkende politische Akzeptanz der »EU« ist vielfach gerade auf solche Konfliktkonstellationen zurückzuführen. Beispiele sind etwa die EU-Verkehrspolitik, wo umweltbestimmte allokative Regelungen einzelner Staaten regelmäßig an der Rechtsprechung des Europäischen Gerichtshofes scheitern (müssen), da die Regelungen des EU-Binnenmarktes eine entsprechende Berücksichtigung von Umweltaspekten nicht vorsehen.[9] Andere Beispiele, wo eine massive – zum Teil de facto auch von Sonderinteresse bestimmte – EU-Wettbewerbspolitik andere allokative Zielsetzungen überlagert, finden sich unter Umweltaspekten (z.b. beim Problem nationaler Pfandlösungen) beim Angriff auf Formen der kommunalen Leistungserstellung (Nahverkehr, Wasserwirtschaft etc.) aber auch z.b. bei der Kontroverse um das Wirken öffentlicher Banken, wo politisch gewollte geringere Zinsspannen z.b. für den Gewerbebereich als »Wettbewerbsverzerrung« interpretiert werden. Jedenfalls kann es in allen diesen Bereichen zu – legitimen – Zielkonflikten kommen, deren Lösung – oder zumindest Erfassung – entsprechende rechtliche und politische Strukturen einer europäischen Verfassung – und damit auch Finanzverfassung – erfordern.

4. Verteilungsaspekte

Eine zentrale Fragestellung jeder föderalen Finanzverfassung ist die nach dem angestrebten Ausmaß des regionalen Ausgleichs der Lebensverhältnisse (erfasst über Sozialprodukt, Arbeitslosenraten, Infrastrukturausstattung etc.). Unter analytischen Gesichtspunkten ist davon auszugehen, dass es für jedes föderative System einen Zielkonflikt zwischen fiskalischer Autonomie (bzw. möglichst weitgehender Interpretation des Subsidiaritätsprinzips) und interregionalem fiskalischen Ausgleich gibt.

Dabei kann davon ausgegangen werden, dass die Möglichkeit (bzw. das Ausmaß) interregionaler Verteilungswirkungen umso größer wird, je größer der Anteil des Zentralstaates und auch des national einheitlich organisierten Sozialversicherungs-Sektors, von dem indirekte interregionale Verteilungseffekte ausgehen können, an den öffentlichen Ausgaben und Einnahmen eines föderalen Staatswesens ist. Bei Berücksichtigung der jeweiligen Staatsquoten entspricht dies auch dem Ergebnis entsprechender empirischer Studien. Gegenüber den bestehenden föderalen Systemen weist die EU ein extrem geringes Ausmaß an fiskalischer Zentralisierung und interregionaler Umverteilung auf. Dies ist in Übereinstimmung mit einer politischen Zielsetzung, die nicht auf den regionalen Ausgleich der Lebensverhältnisse, wohl aber

---

[9] Allerdings gibt es hier Änderungsbemühungen der EU-Kommission, die etwa die Quersubvention des Schienen- durch den Straßenverkehr anstrebt, wie es im EU-Abkommen mit der Schweiz, derzeit aber nicht innerhalb der EU selbst möglich ist.

auf eine Reduzierung regionaler Disparitäten abstellt und sich dafür speziell der Strukturfonds bedient.

Die EU kennt keinen systematischen Finanzausgleich im engeren Sinn expliziter Regelungen bezüglich der horizontalen ausgleichsorientierten Mittelverteilung in einem föderalen System.[10] Sowohl von der Ausgaben- wie von der Einnahmenseite des EU-Haushaltes gehen jedoch Finanzausgleichswirkungen im weiteren Sinn einer regionalen Einkommensumverteilung aus. Auf der Ausgabenseite haben die Strukturfonds und speziell der Europäische Fonds für regionale Entwicklung (Kohäsionsfonds) die Aufgabe, regionale Einkommensdivergenzen in der EU zu reduzieren. Selbstverständlich gehen aber auch von den anderen Ausgabenblöcken je nach ihrer regionalen Inzidenz regionale Umverteilungswirkungen aus. Dies gilt insbesondere für die nach wie vor größte Ausgabenkomponente der EU, die gemeinsame Agrarpolitik.

Die Ermittlung der Zahlungsströme zwischen den einzelnen Mitgliedstaaten der EU ist als (grober) Indikator der Finanzausgleichswirkungen innerhalb der Gemeinschaft von Interesse. Allerdings stellen sich dabei erhebliche Probleme der Erfassung und Interpretation der zugrundeliegenden Daten. Dies hängt nicht zuletzt auch mit der politischen Sensitivität der entsprechenden Angaben über »Netto-Zahler«, bzw. »Netto-Empfänger« zusammen, da die Gefahr besteht, diese Angaben isoliert und nicht im Zusammenhang der gesamtwirtschaftlichen Effekte einer EU-Mitgliedschaft zu diskutieren. Grundlage der regionalen Verteilungspolitik über einen »impliziten EU-Finanzausgleich« ist ja eben der regionalökonomische Aspekt, dass reiche Staaten mit einer wettbewerbsstärkeren Wirtschaftsstruktur von einem einheitlichen Binnenmarkt stärker profitieren können als wirtschaftlich schwache Regionen. Ein einheitlicher Binnenmarkt kann demnach zu einer Verschärfung und Perpetuierung regionaler Einkommensunterschiede führen (»Mezzogiorno-Effekt«). Im Einzelnen handelt es sich hier freilich um sehr komplexe Zusammenhänge, bei

---

[10] Hinsichtlich der Struktur eines vertikalen Finanzausgleichs ist zu unterscheiden zwischen den Zöllen und Abschöpfungen als »originäre« eigene Einnahmen, bei denen der EU die Gesetzgebungs- und Ertragshoheit zukommt, was einem separierendem Trennsystem entspricht, und den übrigen EU-Eigenmitteln. Diese sind im Prinzip Zuweisungen der Mitgliedstaaten, allerdings aufgrund gemeinschaftsrechtlicher Verpflichtung. Vgl. Peffekoven 1995: 106ff.

denen nicht nur wirtschaftliche, sondern auch politische und soziale Strukturen, Institutionen etc. von Bedeutung sind. Jedenfalls wird aber in der EU ein Handlungsbedarf in Richtung eines regionalen Ausgleiches gesehen, der sich – wenn auch nicht völlig systematisch – in den unten dargestellten Netto-Finanzierungsströmen ausdrückt.[11]

Bei der Betrachtung der Finanzierungsströme zwischen den EU-Mitgliedern werden auf der Beitragsseite als Eigenmittelbeiträge der Mitgliedstaaten folgende Positionen erfasst: Agrarabschöpfungen, Zucker- und Isoglukoseabgabe, Zölle, MwSt-Eigenmittel, BSP-Eigenmittel und davon die jeweiligen nationalen Erhebungskosten abgezogen. Eine Verzerrung der Darstellung ergibt sich dabei insofern, als die Zahlungen aus Agrarabschöpfungen und Zöllen dem Land zugerechnet werden, wo der jeweilige Import in die Gemeinschaft erfolgt.

Die Rückflüsse an die Mitgliedstaaten ergeben sich im Wesentlichen aus den Zahlungen im Rahmen der Gemeinsamen Agrarpolitik (GAP) und der Strukturfonds. Daneben gibt es weitere Programme für Erziehung, Forschung, Kultur, Energie etc. sowie einen Bereich, der den Mitgliedstaaten nicht unmittelbar zuzuordnen ist (Zahlungen an Drittstaaten, allgemeine Verwaltung).

Das Gesamtbild, wie es sich auf Grundlage der Datenbasis des Europäischen Rechnungshofes, der nur die unmittelbar national zuordenbaren Ausgaben erfasst, ergibt, ist in der Tabelle 1 wiedergegeben.

Wie die Tabelle erkennen lässt, haben sich im Zeitraum 1995-1999 die Unterschiede zwischen den Finanzsalden tendenziell reduziert, was als Indiz einer Verringerung der Strukturunterschiede und einer (damit) verbundenen Reduzierung der (direkten) Umverteilungswirkungen des EU-Haushaltes interpretiert werden kann. Speziell für die »Kohäsionsstaaten« Griechenland, Irland und Portugal zeigen sich aber nach wie vor »Netto-Empfänger«-Positionen von jeweils über 2,5% des BIP (Spanien 1,3%) und damit eine erhebliche regionale Umverteilungswirkung. Gerade in diesem Bereich wird die EU-Erweiterung

---

[11] Ein ergänzendes Instrument des regionalen Ausgleiches ist die mit den Römer Verträgen errichtete Europäische Investitionsbank (EIB), Luxemburg, die langfristige zinsgünstige Darlehen unter besonderer Berücksichtigung regionaler Aspekte – speziell zum Ausbau der Infrastruktur – vergibt. Unter dem Aspekt der EU-Erweiterung und der entsprechenden Finanzierungsprobleme ist dabei denkbar, im Rahmen der bereits jetzt vielfach bestehenden Verbindung von (EU-)Zuschüssen und (EIB-)Darlehen die Darlehenskomponente der Strukturförderung zu verstärken.

Tabelle 1: Nettobeiträge der EU-Mitglieder in % der BIP*

	1995	1996	1997	1998	1999
Belgien	0,17	-0,04	-0,23	-0,23	-0,18
Dänemark	0,35	0,16	0,05	-0,04	0,03
Deutschland	-0,66	-0,62	-0,63	-0,47	-0,49
Griechenland	4,00	4,10	4,06	4,31	3,20
Spanien	1,75	1,26	1,18	1,37	1,31
Frankreich	-0,14	-0,12	-0,16	-0,12	-0,05
Irland	4,82	5,02	5,04	3,69	2,50
Italien	-0,05	-0,23	-0,07	-0,18	-0,12
Luxemburg	-0,45	-0,38	-0,42	-0,52	-0,55
Niederlande	-0,24	-0,47	-0,40	-0,50	-0,57
Portugal	3,19	3,35	3,06	3,15	2,79
Großbritannien	-0,36	-0,09	-0,07	-0,34	-0,26
Österreich	-0,50	-0,20	-0,49	-0,38	-0,38
Finnland	-0,13	0,02	-0,01	-0,14	-0,22
Schweden	-0,45	-0,36	-0,63	-0,45	-0,47

*Negative Werte: Nettozahler
Quelle: Jahresberichte des Rechnungshofes der Europäischen Gemeinschaften, eigene Berechnungen

zu erheblichen zusätzlichen Anforderungen und – bei festgeschriebener Finanzierungsobergrenze von 1,27% des EU-BIP – zu absehbaren Verteilungskonflikten führen.

5. Herausforderungen und Zukunftsperspektiven

Die Herausforderungen an eine künftige europäische Finanzverfassung ergeben sich zum einen aus dem Wirken des europäischen Binnenmarktes und aus der Aufgabe – und Chance – der Erweiterung.

Mit Binnenmarktprogramm und Wirtschafts- und Währungsunion ist eine Aushöhlung der fiskalischen Autonomie der Nationalstaaten zu erwarten. Wesentlicher Grund dafür ist eine zunehmende Intensität des Abgaben- und Steuerwettbewerbs zwischen EU-Staaten mit ansonsten (annähernd) vergleichbaren Standortvoraussetzungen.[12]

---

[12] Davon zu unterscheiden ist der Standortwettbewerb mit Regionen außerhalb der EU, wo (mit Ausnahme der Besteuerung von Geldkapital-Einkommen) anderen Standortfaktoren (Lohnkosten, Infrastrukturausstattung, Absatzmärkte, Sozialsysteme, Umweltauflagen, politische Stabilität etc.) im Vergleich zu Besteuerungsunterschieden eine größere Rolle zukommen dürfte.

Dieser Steuerwettbewerb wird vor allem in Bezug auf den relativ mobilsten Faktor Kapital wirksam und zwar sowohl hinsichtlich Geldkapital, wie in Bezug auf Realkapital (Unternehmensbesteuerung).

Die Möglichkeiten, durch andere Akzentsetzungen in der Steuerpolitik den entsprechenden Erosionstendenzen entgegenzuwirken, sind beschränkt. Eine stärkere Abgabenbelastung des Faktors Arbeit erscheint aus allokativen und distributiven Gründen als problematisch – die aktuellen Empfehlungen gehen demnach auch in Richtung einer abgabenmäßigen Entlastung. Gewisse Spielräume bestehen auch unter dem Aspekt der Steuerkonkurrenz für einzelne Staaten, wie etwa die Bundesrepublik Deutschland, zum Beispiel im Rahmen der Verbrauchsbesteuerung und der steuerlichen Erfassung des Faktors Boden. Ein Nutzen dieser Spielräume ist freilich mit vielfältigen ökonomischen und politischen Problemen verbunden, sodass es per Saldo zu der angeführten Tendenz der Steueraushöhlung kommen dürfte.

Dabei ist darauf hinzuweisen, dass es sich bei dieser Tendenz, entgegen vielfach vertretenen Meinungen, nicht um Beispiele einer allokativ positiven »Systemkonkurrenz« im »Tiebout'schen« Sinn oder um die Stärkung demokratischer Mechanismen gegenüber einem »Leviathan-Staat« im Sinn von Public-Choice-Ansätzen handelt. Abgesehen von der Frage der empirischen Relevanz für europäische Verhältnisse würde »Tiebout«-Steuerwettbewerb jedenfalls bedeuten, dass im Rahmen der EU unterschiedliche nationale »Kosten-Nutzen-Pakete« der jeweiligen öffentlichen Sektoren miteinander konkurrieren. Tatsächlich lassen sich im Rahmen eines Binnenmarktes für die einzelnen Marktteilnehmer aber nicht Kosten-Nutzen-Überlegungen im Sinne eines regionalen Äquivalenzprinzips erwarten, sondern vielmehr free-rider-Strategien, die vom Ausmaß der jeweiligen interregionalen Mobilität bestimmt sind. Speziell für Kapitaleinkommen wird sich daraus anstelle einer Gegenüberstellung von Nutzen und Kosten öffentlicher Leistungen eine simple Steuerminimierungs-Strategie ergeben. Ein Beispiel dafür wäre etwa die Nutzung von Infrastruktur, Sicherheitsbereitstellung und Sozialsystem der Bundesrepublik Deutschland bei gleichzeitiger Verschiebung der Steuerleistung in »Niedrigsteuer-Staaten«. Die Wirtschaft- und Währungsunion wird zu einer weiteren Senkung der Transaktionskosten auf den Kapitalmärkten führen, was eine Verschärfung der mit unkoordiniertem Steuerwettbewerb verbundenen allokativen und distributiven Probleme bedeuten würde.

Aus dieser Konstellation ergeben sich zwei mögliche Perspektiven:
a) Eine Reduzierung der Summe der Staatsquoten der europäischen
Nationalstaaten, die nicht – durchaus diskutablen – allokativen Überlegungen entspricht, sondern durch »unvollkommenen« Steuerwettbewerb als Wirkung von free-rider-Verhalten mobiler Steuerpflichti-
ger erzwungen wird.

b) Eine »Internationalisierungs-Strategie« im Sinn einer Verlagerung von Teilen der Steuerhoheit von der nationalen auf die supranationale Ebene der EU. Zum Teil würde dies auch für eine Verlagerung
von Ausgaben-Kompetenzen gelten. Dies entspräche – auch unter
Berücksichtigung des Subsidiaritätsprinzips – einer Tendenz des
»Popitz'schen Gesetzes von der Anziehungskraft des zentralen Etats«
unter Einbeziehung der EU-Ebene. Da davon auszugehen ist, dass
die besonders ausgabenintensiven Bereiche öffentlicher Aufgaben –
entsprechend der Diskussion in Abschnitt 2 und auch der Struktur der
EG-Verträge – überwiegend im nationalen Bereich verbleiben, würde
sich eine entsprechende »Anziehungskraft« nicht so sehr in Verschiebungen der Ausgaben, sondern der Funktionsstrukturen auswirken.[13]

Politisch erscheint derzeit die erstgenannte Variante als wahrscheinlicher, unter ökonomischen Aspekten gibt es dagegen aus der Sicht
des Verfassers aus den dargestellten Gründen eine Vielzahl von Argumenten für die zweitgenannte Strategie. Dies ist auch im Zusammenhang mit den finanziellen Erfordernissen zu sehen, die sich aus der
EU-Erweiterung ergeben. Im Rahmen der in der »Agenda 2000« für
den Zeitraum 2000-2006 festgeschriebenen Finanzierungsvereinbarun-
gen wurde für die Beitrittsstaaten unter Berücksichtigung ihrer »Ab-
sorptionskapazität« eine »Netto-Empfänger-Obergrenze« von vier
Prozent des BIP festgeschrieben.[14] Auch bei Weitergeltung dieser

---

[13] Empirisch zeigt sich auf nationaler Ebene in föderal organisierten Staaten
keine »Automatik« im Sinn des »Popitz'schen Gesetzes«, sondern eine Abhängigkeit von der Dynamik der jeweiligen Kompetenzbereiche. In Deutschland
und Österreich sind die föderalen Ausgabenstrukturen seit Ende des Zweiten
Weltkrieges annähernd konstant, in den USA ist der Anteil des Zentralstaates
an den gesamten Staatsausgaben seit 1940 insgesamt zwar deutlich gestiegen,
beim Herausrechnen der Ausgaben für Gesundheit und Soziale Sicherung aber
ebenfalls fast konstant geblieben. Vgl. Apolte 1996: 183.
[14] Für die damit verbundene Notwendigkeit eines raschen »eigenständigen«
Wachstums vergleiche etwa die Problematik der Neuen Bundesländer Deutschlands, wo im Jahr 2000 die Transferzahlungen noch fast 30% des regionalen
BIP ausmachten.

Obergrenze nach dem Jahr 2006 ergibt sich jedenfalls ein erheblicher Finanzierungsbedarf.[15] Im Sinne des Schumpeterschen Eingangszitates dieses Beitrages ist davon auszugehen, dass die künftige Entwicklung der europäischen Finanzverfassung eng mit der politischen Entwicklung der europäischen Integration in Verbindung steht. Die beginnende Diskussion um eine »europäische Verfassung« und die von der belgischen EU-Präsidentschaft initiierte Vorstellung einer »EU-Steuer« zeigen, dass die politische Ebene beginnt, sich den langfristigen Herausforderungen, die sich aus der Verknüpfung von wirtschaftlicher und politischer Dynamik ergeben, mit erneuter Intensität zu stellen.

Literatur

Apolte, T. (1996): Fiskalföderalismus in den Vereinigten Staaten: Vorbild oder schlechtes Beispiel für Europa, in: List Forum, S. 170ff.

Biel, D. (1994): Zur ökonomischen Theorie des Föderalismus: Grundelemente und ihre Anwendung auf die EU-Finanzunion, in: Schneider, H./ Wessels, W. (Hrsg.): Föderale Union – Europas Zukunft?, München, S. 99f.

Collignon, St. (2001): Economic Policy Co-ordination in EMU: Institutional and Political Requirements, LSE-Working Paper, London.

Genser, B. (1995): Auf der Suche nach einer föderativen Finanzverfassung für Europa. Vortrag bei der Jahrestagung 1995 des Vereins für Sozialpolitik.

Gerken, L. (1995) (Hrsg.): Europa zwischen Ordnungswettbewerb und Harmonisierung. Europäische Ordnungspolitik im Zeichen der Subsidiarität, Berlin.

Kraff, M. (2001): Perspektiven zur Schaffung eines Finanzausgleichs in der Europäischen Union (Schriftenreihe Universität Trier), Trier.

Mittendorfer, R. (1995): Das Subsidiaritätsprinzip in Art. 3b Abs. 2 EGV, in: Wirtschaftspolitische Blätter, Nr. 3-4, S. 218 ff.

Mooslechner, P./Schürz, M. (1999): International Macroeconomic Policy Coordination: Any Lesson for EMU?, in: Empirica, Bd. 26, Nr. 3.

Nowotny, E. (1997): Zur regionalen Dimension der Finanzverfassung der EU – gegenwärtiger Stand und Perspektiven, in: Oberhauser, A. (Hrsg.): Fiskalföderalismus in Europa, Berlin.

---

[15] Für eine quantifizierte Analyse eines EU-Finanzausgleichs, die auch die Konsequenzen einer Erweiterung erfasst, vgl. Kraff 2001.

Nowotny, E. (1999): Der öffentliche Sektor, 4. Aufl., Berlin/Heidelberg.

Peffekoven, R. (1995): Die Finanzen der Europäischen Union, Mannheim.

Rothschild, K.W. (2001): Ach Europa: Einige kritische polit-ökonomische Notizen zum Thema »Europa«, in: Perspektiven der Wirtschaftspolitik, Bd. 2, Nr. 1, S. 1-14.

Schumpeter, J. (1976): Die Krise des Steuerstaates (1918), in: Goldscheid, R./Schumpeter, J.: Die Finanzkrise des Steuerstaates. Beiträge zur politischen Ökonomie der Staatsfinanzen, hrsg. von Rudolf Hickel, Frankfurt a.M., S. 329-379.

Tondl, G. (1999): Fiscal Federalism and the Reality of the EU Budget, in: Croude, C. (Hrsg.): Economic Policy in EMU, Oxford.

Wellisch, D. (1995): Dezentrale Finanzpolitik bei hoher Mobilität, Tübingen.

Jörg Huffschmid
Europäische Beschäftigungspolitik: Arbeitsplätze um jeden Preis?

»Die ökonomische Integration darf nicht auf die zwei Säulen Binnenmarkt und Monetarismus reduziert werden. Übrig bliebe eine Union des Neoliberalismus. (...) Zum Euro gehört der Aufbau einer Beschäftigungs-, Sozial- und Umweltunion.«

Rudolf Hickel 1998: 254

1. Kritik der europäischen Integrationspolitik

Ein zentrales Arbeitsfeld von Rudolf Hickel ist die europäische Einigung. Im Vordergrund steht dabei die Kritik an einer Integrationspolitik, die sich im Wesentlichen darauf beschränkt, Märkte zu öffnen, geldpolitische Verantwortung auf den Kampf gegen die Inflation und Fiskalpolitik auf den Kampf gegen die Staatsverschuldung zu beschränken. Eine solche Politik, so seine Überzeugung, bringe die europäische Einigung nicht voran, sondern behindere sie. Notwendig sei vielmehr eine gemeinsame und koordinierte Wirtschaftspolitik zur Förderung der Beschäftigung und des sozialen Ausgleichs.

Nun könnte dieser Kritik und Forderung entgegengehalten werden, dass sie vielleicht Anfang der 90er Jahre aktuell gewesen, heute aber überholt sei. Mittlerweile habe die EU – die über den Europäischen Sozialfonds im Übrigen auch schon seit den 1970er Jahren beschäftigungspolitisch aktiv gewesen sei – das Problem der Massenarbeitslosigkeit in seiner ganzen Brisanz erkannt und die wirtschaftspolitischen Weichen auf Förderung der Beschäftigung gestellt, schließlich sogar im März 2000 »Vollbeschäftigung« zum Schlüsselziel für die Entwicklung der EU erhoben, das im Verlauf der nächsten zehn Jahre erreicht werden soll. Der Erfolg dieser Orientierung lasse sich nicht zuletzt daran ablesen, dass die Arbeitslosigkeit in der EU in den letzten Jahren erheblich gesunken sei und die Beschäftigung deutlich zugenommen habe.

Im Folgenden geht es darum, die behauptete neue Dynamik europäischer Beschäftigungspolitik kritisch unter die Lupe zu nehmen. Eine erste und schwache Ankündigung des neuen Themenfeldes brachte das Gipfeltreffen von Maastricht im Dezember 1991. Dort wurde ein »hohes Beschäftigungsniveau« in Artikel 2 des EU-Vertrags unter den »Aufgaben der Gemeinschaft« aufgezählt. In Artikel 3, der 20 Felder als »Tätigkeit der Gemeinschaft« benennt, kommt Beschäftigungspolitik demgegenüber allerdings nicht vor. Auch das zwei Jahre nach Maastricht von der Kommission vorgelegte Weißbuch »Wachstum, Wettbewerbsfähigkeit und Beschäftigung. Herausforderungen der Gegenwart und Wege ins 21. Jahrhundert« wurde zwar allseits begrüßt, beendete die beschäftigungspolitische Lethargie der EU aber nicht. Erst nachdem wachsender Unwille, soziale Bewegungen und Demonstrationen gegenüber der zunehmend neoliberalen Wirtschaftspolitik in Italien, England und Frankreich zu neuen Regierungskonstellationen geführt hatten, begann die neue beschäftigungspolitische Aktivität. Ihre vier wesentlichen Eckpunkte sind:

1. die Aufnahme eines Titels über Beschäftigung in den EG-Vertrag;

2. der »Luxemburg-Prozess« und die beschäftigungspolitischen Leitlinien;

3. der »Köln-Prozess« mit dem europäischen Beschäftigungspakt und dem makro-ökonomischen Dialog;

4. der Gipfel von Lissabon im März 2000, auf dem Vollbeschäftigung erstmals offiziell zu einem wesentlichen Ziel der EU erklärt wurde.

2. Beschäftigung im EG-Vertrag

Seit dem Gipfel von Amsterdam im Juni 1997 gibt es einen neuen Titel VII »Beschäftigung« im dritten Teil des EG-Vertrages, der sich mit der Politik der Gemeinschaft befasst. Es war gegen den Willen der deutschen Bundesregierung zu Stande gekommen, unter ihrem Einfluss allerdings weitgehend entschärft worden. Der von der niederländischen Regierung im April 1997 vorgelegte Entwurf sah vor, dass der Ministerrat mit qualifizierter Mehrheit »beschäftigungsfördernde Maßnahmen erlassen« dürfe. Diese oder eine ähnliche Formulierung taucht in der verabschiedeten Fassung nicht mehr auf. Das Beschäftigungskapitel fordert die Mitgliedsstaaten auf, auf die Entwicklung »einer *koordinierten Beschäftigungsstrategie*« hinzuarbeiten, »insbesondere auf die Förderung der Qualifizierung, Ausbildung und Anpassungsfähigkeit der Arbeitnehmer sowie die Fähigkeit der Arbeitsmärkte (...), auf die Erfordernisse des wirtschaftlichen Wandels zu reagieren«.

(Art. 125) Dieser Zusatz stellt faktisch eine – erst auf Druck Deutschlands in den Text eingefügte – Beschränkung der beschäftigungspolitischen Perspektiven durch Ausklammerung einer makroökonomischen Beschäftigungspolitik dar. Die eigentliche Beschäftigungspolitik bleibt Sache der Mitgliedsstaaten, die ihre Tätigkeiten allerdings im Rat aufeinander abstimmen sollen. Es ist ferner vorgesehen, dass die Regierungen jedes Jahr einen Bericht über ihre Beschäftigungspolitik vorlegen und dass der Rat jährlich beschäftigungspolitische Leitlinien festlegt, »welche die Mitgliedsstaaten in ihrer Beschäftigungspolitik berücksichtigen« (nicht: befolgen). Ferner wird ein Beschäftigungsausschuss mit beratender Funktion eingesetzt, in den jedes Mitgliedsland zwei Mitglieder entsendet (Art. 130). Der wichtigste Artikel ist jedoch der Art. 129. Danach kann der Ministerrat »Anreizmaßnahmen zur Förderung der Zusammenarbeit zwischen den Mitgliedsstaaten und zur Unterstützung ihrer Beschäftigungsmaßnahmen durch Initiativen beschließen, die darauf abzielen, den Austausch von Informationen und bewährten Verfahren zu entwickeln, vergleichende Analysen und Gutachten bereitzustellen sowie innovative Ansätze zu fördern und Erfahrungen zu bewerten, und zwar insbesondere durch den Rückgriff auf Pilotvorhaben.« Allerdings ist diesem Artikel als Erklärung für die Schlussakte u.a. die Formulierung hinzugefügt: »Es gilt als vereinbart, daß Ausgaben nach Artikel 5 unter Rubrik 3 der finanziellen Vorausschau fallen.« Dies ist die verklausulierte Umschreibung des Beschlusses, dass es für die Beschäftigungspolitik keine zusätzlichen Finanzmittel gibt.

Insgesamt ist der Titel über Beschäftigung also eine widersprüchliche Angelegenheit: Einerseits ist es ein Fortschritt, dass die Beschäftigung überhaupt zur »Angelegenheit von gemeinsamem Interesse« erklärt wird und damit in sehr viel intensiverer Weise auf europäischer Ebene thematisiert werden kann als vorher. Andererseits liegen die Grenzen auf der Hand: Es gibt weder eine europäische Zuständigkeit noch – außerhalb der strukturpolitischen Mittel des Regional- und des Sozialfonds – Geld für europäische Beschäftigungsprogramme, die das Weißbuch von 1993 noch befürwortet hatte. Damit läuft Beschäftigungspolitik Gefahr, zur rein deklamatorischen Geste zu werden.

Faktisch ist es aber dann anders gekommen. In der Zeit seit Amsterdam hat sich – gestützt auf den Beschäftigungstitel im Vertrag – eine sehr umfangreiche und differenzierte Diskussion über Beschäftigung und Beschäftigungspolitik in der EU entwickelt. Die Informationsgrundlage ist wesentlich verbessert worden. In den ersten beiden »gemeinsamen Beschäftigungsberichten« (für 1999 und 2000) finden sich ausführliche Darstellungen von »best practices«, detaillierte Schwachstellenanalysen und Empfehlungen an die einzelnen Mitgliedsstaaten. Allerdings wird darin auch die Gefahr deutlich, dass die ideologische und politische Stoßrichtung der Arbeitsmarktpolitik sich zunehmend auf Flexibilisierungs- und Disziplinierungsinstrumente verengt.

3. Der »Luxemburg-Prozess« – die beschäftigungspolitischen Leitlinien

Wenige Monate nach dem Gipfel von Amsterdam, im November 1997, führte die EU in Luxemburg einen Sondergipfel durch, auf dem die »koordinierte Beschäftigungsstrategie« konkretisiert wurde. Sie besteht seitdem in einem Mechanismus von vier Schritten, die aufeinander aufbauen:

■ Der erste Schritt ist die jährliche Aufstellung und Verabschiedung von *beschäftigungspolitischen Leitlinien* für die Mitgliedsländer durch Kommission und Rat.

■ Auf der Grundlage dieser Leitlinien stellen die Mitgliedsländer im zweiten Schritt« *nationale Aktionspläne«* (NAP) auf.

■ Die Durchführung von Leitlinien und NAP wird von der Kommission beobachtet und evaluiert (3. Schritt).

■ Die Berichte der Mitgliedsstaaten über die Erfüllung ihrer Aktionspläne und die Evaluierung durch die Kommission in einem jährlichen *Gemeinsamen Beschäftigungsbericht* (4. Schritt) sind dann die Grundlage für die nächsten beschäftigungspolitischen Leitlinien.

Im Dezember 2000 wurden in Nizza zum vierten Mal beschäftigungspolitische Leitlinien – hier für 2001 – verabschiedet. Sie schreiben zum einen eine in Luxemburg etablierte »Pfeiler«struktur der Arbeitsmarktpolitik fort, in der unter vier Titeln jeweils eine größere Zahl (für 2001 sind es 19) von möglichen Maßnahmebündeln aufgezählt wird. Darüber hinaus wurden für 2001 fünf Querschnittsanforderungen aufgestellt.

Die vier Säulen der Beschäftigungspolitik sind:

1. die Förderung der Beschäftigungsfähigkeit (»employability«): acht Maßnahmegruppen;

2. die Förderung des Unternehmensgeistes (»entrepreneurship): fünf Maßnahmegruppen;

3. die Förderung von Anpassungsfähigkeit bei ArbeitgeberInnen und ArbeitnehmerInnen: drei Maßnahmegruppen;

4. die Stärkung der gleichen Zugangschancen zum Arbeitsmarkt für Frauen und Männer: drei Maßnahmegruppen.

Die Querschnittsanforderungen für 2001 lauten:

a) die Perspektive der Vollbeschäftigung und die Aufforderung an die Mitgliedstaaten, bis 2010 eine Beschäftigungsquote von 70% zu verwirklichen;

b) der Ausbau der Wissensgesellschaft und der Kultur des »lebenslangen Lernens«;

c) die umfassende Einbeziehung der Sozialpartner;

d) die gleichgewichtige Umsetzung der einzelnen Bestandteile der Beschäftigungsstrategie;

e) die Entwicklung gemeinsamer quantitativer Indikatoren zur Identifizierung von Standards und »best practices«.

Viele der unter diesen vier Pfeilern vorgeschlagenen Maßnahmen sind sinnvoll und zu begrüßen. Die Verbesserung der Ausbildungschancen, der Kampf gegen Marginalisierung und Diskriminierung, die Unterstützung von Existenzgründungen und lokalen Beschäftigungsinitiativen – all dies kann Verbesserungen für die ArbeitnehmerInnen bringen.

Problematisch an den beschäftigungspolitischen Leitlinien ist jedoch zweierlei:

Erstens stellen sie überwiegend darauf ab, das *Angebot an qualifizierten Arbeitskräften* auf dem Arbeitsmarkt zu verbessern. Dem liegt die These zugrunde, dass der Mangel an Qualifikation oder Bereitschaft der Arbeitskräfte zur Aufnahme von Arbeit der Hauptgrund für die Arbeitslosigkeit ist. Diese These ist jedoch falsch. Durch eine bessere Qualifikation von Arbeitskräften werden deren individuelle Chancen auf dem Arbeitsmarkt verbessert, allerdings die Nachfrage nach Arbeitskräften insgesamt nicht größer. Für jede(n), der/die sich aufgrund solcher beschäftigungspolitischer Förderung auf dem Arbeitsmarkt durchsetzt, wird jemand anderes verdrängt – es sei denn, Beschäftigungspolitik zielt gleichzeitig darauf, die Nachfrage nach Arbeitskräften auszudehnen (etwa durch öffentliche Beschäftigungsprogramme). Dies ist aber weder im Beschäftigungstitel des Vertrages noch in den bisher verabschiedeten Leitlinien vorgesehen. Dieses Fehlen einer makroökonomischen Perspektive ist ein wesentlicher Mangel der Leitlinien.

Zweitens enthalten die beschäftigungspolitischen Leitlinien an verschiedenen Stellen einen *Disziplinierungsdruck und die Tendenz zur Aushöhlung oder Zerstörung sozialer Standards.* Die Beschäftigungsfähigkeit und Flexibilität von Arbeitslosen sollen nicht nur durch zusätzliche Angebote an Bildung und Qualifikationsmöglichkeiten, sondern auch durch Kürzung von Sozialleistungen gefördert werden. Dies schafft »Anreize« zur Aufnahme von Arbeit auch dann, wenn diese unter dem Qualifikationsniveau des Arbeitslosen liegt und/oder schlechter bezahlt wird. Die beschäftigungspolitischen Leitlinien 2001 stellen überdies darauf ab, ältere Arbeitnehmer in Rahmen einer »aktiven Alterspolitik« zu veranlassen, nicht vorzeitig in den Ruhestand zu gehen, sondern länger zu arbeiten – u.a. durch den sanften, aber spürbaren Druck von größeren Rentenkürzungen bei vorzeitigem Ruhestand. Hier wird Beschäftigungspolitik zum versteckten Arbeitszwang.

Überdies wird vorgeschlagen, durch nationale Gesetzgebung eine Flexibilisierung der Arbeitsverträge zu ermöglichen, wobei gewährleistet werden soll, dass diejenigen, die mit flexibleren Arbeitsverträgen arbeiten »angemessene Sicherheit und einen höheren beruflichen Status erhalten, soweit das mit den Bedürfnissen der Unternehmen vereinbar ist«. Derartige gewundene und allseitig abgesicherte Formulierungen sind typisch für die Leitlinien: Es soll alles etwas dynamischer, »aktivierender« und disziplinierender zugehen – aber natürlich unter Beachtung der sozialen Standards und der wirtschaftlichen Notwendigkeiten.

Die Gesamtwertung der beschäftigungspolitischen Leitlinien muss zwiespältig ausfallen. Sie eröffnen einerseits Möglichkeiten für eine abgestimmte fortschrittliche Arbeitsmarktpolitik durch Ausweitung attraktiver Arbeitsangebote, für Arbeitszeitverkürzungen, spezifische Förderprogramme sowie eine Flexibilisierung, die den Wünschen der Beschäftigten entspricht. In einer solchen politischen Auslegung bedürften sie allerdings der makroökonomischen Ergänzung. Sie lassen andererseits aber auch eine Politik der harten Disziplinierung und des Arbeitszwangs durch Sozialabbau (workfare) zu, wie sie in den USA und in Großbritannien bereits Normalität sind. Diese Variante wird von den Regierungen insbesondere dann favorisiert, wenn sie von der Haushaltsseite unter Druck stehen, die Steuern und die Neuverschuldung zu senken und ihnen Kürzungen bei den (Sozial-)Ausgaben daher unvermeidlich erscheinen. Eine solche Strategie kann kurzfristig zu einer deutlichen Zunahme der Zahl der Beschäftigten führen, verschlechtert aber deren soziale Lage und untergräbt den sozialen Zusammenhalt der Gesellschaft: Die Bindung von sozialer Unterstützung an Arbeitsleistungen statt an die individuelle Bedürftigkeit ist im Kern eine Pervertierung der Idee des Sozialstaates.

In der politischen Interpretation und praktischen Umsetzung dominiert in den letzten Jahren diese zweite Linie: Verschärfung der Zumutbarkeitsbestimmungen für die Arbeitsaufnahme, Verengung der Anspruchsvoraussetzungen für den Bezug von Sozialleistungen, Kürzung und zeitliche Befristung dieser Leistungen. Insbesondere die Orientierung der Politik an der Beschäftigungsquote provoziert geradezu eine derartige Fehlentwicklung. Denn diese Quote kann relativ schnell mit disziplinatorischen Mitteln erhöht werden. Eine konsequente Politik des »aktiven Alterns« durch Rentenkürzungen führt dazu, dass einerseits die Zahl der Beschäftigten (und damit die Beschäftigtenquote) steigt, sich aber andererseits die Lage der Älteren verschlechtert und drittens die Arbeitslosigkeit nicht sinkt – per Saldo offensichtlich ein Rückschritt. Hier deutet sich schon an, dass sich die beschäftigungspolitische Zielsetzung in der EU tiefgreifend verändert hat: Es kommt darauf an, die Menschen in Arbeit zu bringen, ohne Rücksicht auf den Charakter, die Sicherheit, die Bedingungen und die Bezahlung der Arbeit.

4. Der »Köln-Prozess« – makroökonomischer Dialog für Lohnverzicht

Das Fehlen einer makroökonomischen Perspektive der Beschäftigungspolitik ist in den beiden Jahren nach Amsterdam von verschiedenen Seiten – u.a. auch von Rudolf Hickel und der Memorandumgruppe – kritisiert worden. Um dieser Kritik entgegenzukommen wurde auf dem EU-Gipfel in Köln im Juni 1999 der »europäische Beschäftigungspakt« verabschiedet, in dem die drei wesentlichen politischen Einflussfaktoren für die Beschäftigung – Geldpolitik, Fiskalpolitik und Lohnpolitik – aufeinander abgestimmt werden sollten. Zu diesem Zweck soll ein makroökonomischer Dialog zwischen Regierungen, Europäischer Zentralbank (EZB) und den Sozialpartnern eingerichtet werden.

Der Umsetzung dieser Absichtserklärung stehen allerdings rechtliche und institutionelle Hindernisse des Vertrags von Amsterdam und des Stabilitäts- und Wachstumspaktes entgegen. Sie sehen eine feste Rollenverteilung vor, in der kein Raum für eine relevante gegenseitige

Abstimmung der drei Politikfelder zugunsten einer Politik bleibt, die zu mehr Beschäftigung führt.

Nach dieser Rollenverteilung hat die EZB die *Geldpolitik* ausschließlich am Ziel der Preisstabilität auszurichten (und nur, wenn nach eigenem Urteil das Ziel der Preisstabilität nicht gefährdet ist, auch die sonstige Wirtschaftspolitik der EU zu unterstützen). Bei der Definition von Preisstabilität ist sie unabhängig und kann zu keinerlei Abstimmung gezwungen werden. Dies wird auch in zahllosen Erklärungen der EZB und der EU-Organe immer wieder in fast schon ritualisierter Form wiederholt. Da die äußerst rigide Politik der EZB das Wirtschaftswachstum bremst, ist ihr Beitrag zum europäischen Beschäftigungspakt eher als ein Negativposten anzusehen.

Ähnlich verhält es sich mit der *Fiskalpolitik*. Zwar liegt diese in der Kompetenz der Mitgliedsstaaten, aber ihr politischer Handlungs- und Abstimmungsspielraum ist durch den Stabilitäts- und Wachstumspakt beschränkt. Dieser verpflichtet sie, in ihrer Haushaltpolitik vor allem auf die Verminderung der Neuverschuldung zu achten und ausgeglichene oder Überschusshaushalte anzustreben. Zwar könnten diese Vorschriften flexibler interpretiert werden als die Bestimmungen zur Währungsunion, aber von dieser Möglichkeit wird nicht Gebrauch gemacht. Die jährlich nach Art. 99 EG-Vertrag vorgesehenen »Grundzüge der Wirtschaftspolitik« orientieren im Abschnitt Haushaltspolitik regelmäßig ausschließlich auf weitere und härtere Sparpolitik. Selbst als im Frühjahr 2001 der Beginn des wirtschaftlichen Abschwungs in der EU unverkennbar geworden war, ermahnten die »Grundzüge« die Mitgliedsländer, von den öffentlichen Haushalten ausgehende »Nachfrageüberschüsse« zu vermeiden. Abstimmung findet vor allem als Druck zur Kürzung von Staatsausgaben statt und wirkt daher ebenfalls makroökonomisch kontraktiv und schädlich für die Beschäftigung.

Bleibt die *Lohnpolitik*: Sie wird in der Tat – ganz im neoklassischen Trend – für die Beschäftigung in Anspruch genommen, indem sie aufgefordert wird, für Lohnabschlüsse zu sorgen, die »im Einklang mit der Preisstabilität und mehr Arbeitsplätzen« stehen. Gemeint sind Lohnabschlüsse, die keinesfalls über der Rate der Produktivitätssteigerung liegen dürfen. Darüber hinaus müssen sie vor allem »die Notwendigkeit beachten, daß die Profitabilität kapazitätserweiternder und beschäftigungsfördernder Investitionen gestärkt und dann erhalten werden muß.« Auch diese Aussage gehört zu jenen gewundenen und vagen Formulierungen, die immer wieder in offiziellen Erklärungen auftauchen und die klare Botschaft vernebeln: Die Lohnsteigerungen sollen unter den Produktivitätssteigerungen liegen, damit Raum für zusätzliche Investitionen und Arbeitsplätze bleibt. Damit wird Umverteilung zugunsten der Gewinne zum Programm erhoben.

Während die beschäftigungspolitischen Leitlinien immerhin offen für positive Interpretationen und abgestimmte progressive Arbeitsmarktpolitik sind (die allerdings faktisch vielfach durch die workfare-Politik verdrängt wird), existiert in der makroökonomischen Weichenstellung nicht einmal diese Offenheit. Sie ist durch das neoliberale Dogma geprägt, dass stabile Preise, offene und deregulierte Märkte sowie niedrige Löhne die notwendigen und hinreichenden Bedingungen für ein Wirtschaftswachstum sind, das schließlich zur Vollbeschäftigung führen werde.

5. Vollbeschäftigung für mehr Wachstum und Wettbewerbsfähigkeit?

Die Erklärung von Lissabon, innerhalb der nächsten 10 Jahre Vollbeschäftigung in Europa erreichen zu wollen, steht ganz im Einklang mit den Prozessen von Luxemburg und Köln. Die Grundlage für die neue Vollbeschäftigung soll eine jährliche Wachstumsrate des EU-BIP von drei Prozent und der Anstieg der Beschäftigungsquote von jetzt 62% auf über 70% sein – wo die EU und Japan schon heute sind.

Hier deutet sich nun eine bemerkenswerte Verkehrung der Mittel-Zweck-Beziehung an. In der gängigen Diskussion wird Wachstum als der Königsweg zu mehr Beschäftigung und schließlich Vollbeschäftigung gesehen. Die Memorandumgruppe hat diese Sicht lange mitgetragen, gelegentlich unter ökologischen und bedürfnistheoretischen Gesichtspunkten auch kritisiert.

Aus der Sicht der Unternehmen wird Wachstum aber natürlich nicht als ein Mittel zur Schaffung von mehr Arbeitsplätzen angestrebt, sondern als ein Mittel zur Expansion, Marktbehauptung und -beherrschung, Verbesserung der Konkurrenzposition und Steigerung der Gewinne. Dieses Wachstum kann nicht alleine durch höhere Arbeitsproduktivität erreicht werden, sondern man braucht auch zusätzlich Arbeitskräfte, um eine gute Position auf dem Weltmarkt zu behaupten. Und wenn diese Arbeitskräfte gut qualifiziert und billig zu haben sind, können die Unternehmen gar nicht genug davon kriegen. Insofern ist es logisch, dass möglichst viele Menschen in Arbeit kommen, dass ihre Beschäftigungsfähigkeit und -bereitschaft und ihre Flexibilität und Anpassungsfähigkeit gesteigert wird, während ihre Ansprüche auf Lohn, soziale Sicherheit und sonstige Leistungen heruntergeschraubt werden. Dies senkt zwar die gesamte kaufkräftige Nachfrage, die von den Beschäftigten ausgeht, macht die Unternehmen aber andererseits aufgrund der niedrigeren Arbeitskosten auf dem Weltmarkt konkurrenzfähig. Dass eine solche Strategie insgesamt in sich inkonsistent ist, ändert nichts daran, dass sie betrieben wird.

Auf dieser Logik beruht auch die Orientierung an Beschäftigungsquoten: Sie sagen etwas über die Zahl der beschäftigten Arbeitskräfte im Verhältnis zu den Erwerbspersonen; sie sagen aber nichts über die Zeit und die Bedingungen der Arbeit und nichts über ihre Entlohnung und Einbindung in soziale Sicherungssysteme. Eine höhere Beschäftigungsquote wird – wenn sie auf dem jetzt eingeschlagenen Weg erreicht werden soll – mit einer Verschlechterung der Situation der Beschäftigten einhergehen: mit niedrigeren Löhnen, einem niedrigeren Niveau und höherer Unsicherheit bei den Sozialleistungen und mit mehr Druck und Disziplinierung.

Vollbeschäftigung ist aus der Sicht von Unternehmen traditionellerweise deshalb nicht wünschenswert, weil sie die Arbeitnehmerseite stärkt: Die Beschäftigten können höhere Lohnforderungen, bessere Arbeitsbedingungen, mehr demokratische Mitbestimmung auch in wirtschaftlichen Dingen durchsetzen und womöglich sogar politischen Druck für eine fortschrittliche Sozial- und Umweltgesetzgebung ausüben. Wenn diese unerwünschten Folgen jedoch durch die Politik des »aktivierenden Sozialstaates« vermieden, die Arbeiter also trotz Vollbeschäftigung machtlos gehalten werden können, dann ist gegen Vollbeschäftigung nichts einzuwenden. Dann kann sie sogar einerseits die Wettbewerbsposition auf den Auslandsmärkten stärken und andererseits eine ideologische Befriedungsfunktion erfüllen.

Wenn diese Tendenzen sich durchsetzen, wird der positive soziale und gesellschaftspolitische Gehalt zerstört, der mit dem Konzept der Vollbeschäftigung jahrzehntelang verbunden war: Vollbeschäftigung bedeutet Arbeit mit sozialer Sicherheit und ausreichendem Einkommen sowie der Freiheit bei der Wahl des Arbeitsplatzes. Auf alle drei Elemente hatte Lord Beveridge 1946 in seinem grundlegenden Bericht »Vollbeschäftigung in einer freien Gesellschaft« gleichermaßen Wert gelegt, der eine wesentliche Leitlinie der Wirtschaftspolitik aller großen kapitalistischen Länder in den 1950er und 1960er Jahren war. Auch wenn die konkreten Formen der Beschäftigung dieser Jahrzehnte heute nicht einfach fortgeschrieben werden können, gibt es keinen Grund, auf die sie tragenden Elemente – ausreichendes Einkommen, soziale Sicherheit und Freiheit – zu verzichten. Vielmehr müsste auf ihrer Grundlage heute eine neue Konzeption von Vollbeschäftigung entwickelt werden.

6. Die Aktualität der Kritik

Die EU hat Kritiken, die in die skizzierte Richtung zielen, inzwischen zur Kenntnis genommen. Sie trägt ihnen verbal in den jüngsten Dokumenten dadurch Rechnung, dass sie nicht nur mehr, sondern auch bessere Arbeitsplätze fordert und den sozialen Zusammenhalt (die soziale Kohäsion) gleichrangig neben das Ziel der Vollbeschäftigung stellt. Bislang ist dies allerdings nicht mehr als eine verbale Konzession. Es hat nicht dazu geführt, dass die zentralen Elemente der neoliberalen Wirtschaftspolitik durch die Kommission oder den Rat in Frage gestellt wurden oder eine Revision begonnen hat. Die eingangs erwähnte Kritik, die Rudolf Hickel an der europäischen Integrationspolitik übt, hat trotz der neuen beschäftigungspolitischen Aktivität der EU also nichts an Aktualität eingebüßt. Sie sollte im Gegenteil erweitert werden. Kritik an der makroökonomischen Blockade sollte durch die Thematisierung der sozialpolitischen Rückschritte ergänzt werden, die mit der beschäftigungspolitischen Dynamik des aktivierenden Sozialstaates und mit der sozialen Entleerung des Konzeptes der Vollbeschäftigung vielfach verbunden sind.

Literatur

Hickel, Rudolf (1998): Standort-Wahn und Euro-Angst. Die sieben Irrtümer der deutschen Wirtschaftspolitik, Reinbek bei Hamburg.

Peter Mayer
Südkorea im Wandel – Die Modernisierung der Wirtschafts- und Sozialverfassung in einem Schwellenland

1. Einführung

Nicht nur in der westlichen Welt ist die Modernisierung der Marktwirtschaft unter den neuen Bedingungen weltwirtschaftlicher Integration und die Schaffung einer geeigneten und tragfähigen Sozialordnung eine spannende Herausforderung. In Südkorea ist gegenwärtig ein solcher Prozess im Gang. Der Beitrag zeigt den Hintergrund der Auseinandersetzung um die Schaffung eines eigenen südkoreanischen Modells in der Amtszeit von Kim Dae-jung.

2. Wirtschaftliche und soziale Entwicklung in Südkorea – ein Rückblick

Die wirtschaftliche Entwicklung Südkoreas in den letzten 50 Jahren ist erstaunlich verlaufen. Nach 35-jähriger Kolonialherrschaft der Japaner (1910-1945), der Teilung Koreas in Nord- und Südkorea, dem kurzen Interregnum 1945-1948, und den Verwüstungen infolge des Koreakrieges 1950-1953 schien das Land denkbar schlecht für eine dynamische wirtschaftliche und soziale Entwicklung gerüstet. Entgegen den Erwartungen wuchs das Land in nur 50 Jahren zu einem wichtigen Industrieland heran, das Pro-Kopf-Einkommen stieg auf mehr als 10.000 US-$. Heute dominieren große südkoreanische Unternehmen die Weltmärkte für Schiffe und Stahl, in Märkten für elektronische Güter und Telekommunikationsprodukte halten sie substantielle Weltmarktanteile, auch im Fahrzeugmarkt sind sie zu einem bedeutenden Akteur geworden.

Die Lebensbedingungen der Menschen veränderten sich drastisch, die Lebenserwartung liegt heute bei über 70 Jahren, die Alphabetisierungsrate beträgt 97%, der von dem Entwicklungsprogramm der Vereinten Nationen (UNDP) regelmäßig erarbeitete Index für die menschliche Entwicklung zeigt Südkorea 1998 auf Rang 31. (UNDP 2000: 194)

Auch politisch hat Südkorea eine positive Entwicklung erlebt. Vor dem Hintergrund der Teilung Koreas und der militärischen Bedrohung durch Nordkorea regierte zunächst mit Billigung der Schutzmacht USA über 30 Jahre ein Militärregime. Nur studentischen und kirchlichen Gruppen und Gewerkschaften gelang es punktuell, Widerspruch gegen das autoritäre Regime zu artikulieren. Mitte der 80er Jahre erzwangen jedoch nationale Kräfte und internationale Entwicklungen den Systemwechsel. Der Machtwechsel erfolgte schrittweise. Mit Kim Young-sam wurde 1992 erstmals ein ziviler Politiker zum Präsidenten gewählt, und in den Wahlen von 1997 wurde erstmals mit Kim Dae-jung ein Oppositionspolitiker Präsident. Die Entmachtung der Militärs fand ebenfalls schrittweise statt. Trotz der Größe und Bedeutung der Streitkräfte, immerhin mehr als ein Prozent der Bevölkerung, gehört die Einmischung in innenpolitische Angelegenheiten der Vergangenheit an.

Ursachen für den wirtschaftlichen Erfolg sind eine starke Rolle des Staates in der Allokation von Ressourcen, vor allem die gezielte staatliche Unterstützung für ausgewählte Industriegruppen. Diese nutzten den zeitlich begrenzten und erfolgsabhängigen staatlichen Schutz, um neue Produkte und neue Produktionsprozesse einzuführen und neue Märkte zu erobern. Die Regulierung der Märkte war hoch und umfassend. Aufgrund der strategisch wichtigen Verbindungen des Staates mit dem Finanzsektor war die Finanzierung staatlich erwünschter Investitionen gesichert. Offene Märkte in der westlichen Welt erleichterten die exportorientierte Politik des Staates und der Unternehmen. Eine hohe Sparquote der Bevölkerung begünstigte die Kapitalakkumulation, eine hohe Einsatzbereitschaft der Bevölkerung, insbesondere der Arbeitnehmerschaft, und eine hohe Wertschätzung für Bildung kamen als wesentliche Faktoren hinzu.

Die dynamische Entwicklung des industriellen Sektors sicherte die Absorption der in der Landwirtschaft freigesetzten Arbeitskräfte. Angesichts der deutlich höheren Einkommen im industriellen Sektor verbesserte sich durch die Land-Stadt-Migration die soziale Lage der großen Zahl der Migranten und der Mehrheit der Bevölkerung. Gleichwohl blieb die Lohnentwicklung in den 60er und 70er Jahren zunächst hinter den Produktivitätsfortschritten zurück. Zum Teil war dies das direkte Ergebnis der umfangreichen Migration und damit der Konkurrenzbedingungen auf dem Arbeitsmarkt. Hinzu kam jedoch auch, dass der Staat durch seine administrativen Vorgaben und durch Un-

terdrückung bzw. Manipulation echter gewerkschaftlicher Aktivitäten die Lohnentwicklung gezielt gebremst hatte. Mit dem Beginn der
Demokratisierung seit Mitte der 80er Jahre gelang es jedoch den Gewerkschaften, erhebliche Lohnsteigerungen durchzusetzen. In den
Großunternehmen wurde die Bildung betrieblicher Sozialleistungs-
systeme erstritten. Dies hatte erhebliche Auswirkungen auf die kom-
parativen Kostenvorteile koreanischer Exportunternehmen, ihre Produktpalette verschob sich rasch von Textilprodukten, Spielzeug und
billigen Elektronikprodukten hin zu höherwertigen Produkten. Mit
den gestiegenen Einkommen wuchs die Kaufkraft der Bevölkerung
Südkoreas von 44 Millionen, ein großer Binnenmarkt entstand. Als
weitgehend geschützter Absatzmarkt war er für die koreanischen
Unternehmen von erheblicher Bedeutung.

Die südkoreanische Regierung hatte seit Beginn der 60er Jahre den
Aufbau gesetzlicher Sozialversicherungen im Auge. 1964 wurde eine
Unfallversicherung gegründet, seit 1977 gibt es eine gesetzliche Krankenversicherung, 1988 kam eine gesetzliche Rentenversicherung hinzu, und 1995 wurde eine Arbeitslosenversicherung eingeführt. Diese
Systeme galten meist zunächst nur für einen kleinen Kreis von Personen, in der Regel Arbeitnehmerinnen und Arbeitnehmer in Großbe-
trieben, wurden aber schrittweise ausgebaut und haben heute umfassende Geltung.

In den 90er Jahren wuchs in Südkorea aufgrund des politischen
Wandels, der gestiegenen Komplexität des Wirtschaftsgeschehens, und
der wachsenden internationalen Einflüsse das Verständnis, dass das
alte Modell der Wirtschafts- und Sozialordnung nicht mehr angemessen ist. In Kommissionen und Fachinstitutionen wurde um Reformen
gestritten. Einige Reformprojekte wurden gestartet. Mit Verweis auf
die zunehmende »Globalisierung« suchte Präsident Kim Young-sam
die Bevölkerung für Reformen zu gewinnen, ohne dass allerdings ein
Konsens über die neu zu schaffende wirtschaftliche und soziale Ordnung gelang. Dieser offene Prozess wurde schlagartig durch die internationale Finanzkrise in der zweiten Hälfte 1997 beeinflusst: Die Instabilität der Finanzmärkte erreichte auch Südkorea, die Interpretation der Finanz- und Wirtschaftskraft Südkoreas änderte sich, aus dem
Bild des hoffnungsvollen und für manche beispielhaften Landes wurde ein Bild des korrupten, von ineffizienten Großunternehmen und
unfähigen Politikern beherrschten Landes, welches den Anschluss an
die Moderne verpasst habe. Und da nicht nur erhebliche Probleme im

Unternehmens- und Finanzsektor entstanden waren, sondern auch eine über Jahrzehnte mit durchschnittlich mehr als fünf Prozent wachsende Wirtschaft stets Unausgewogenheiten aufzuweisen hat, bot die Realität genügend Stoff für eine Neu- und Umbewertung. Der Verlust des Vertrauens internationaler Anleger trieb Südkorea in die internationale Zahlungsunfähigkeit. Nur mit Hilfe eines Hilfspaketes des Internationalen Währungsfonds konnte Südkorea die Schulden in ausländischer Währung bedienen. Im Gegenzug musste die scheidende Regierung Kim Young-sam in dem Abkommen mit dem Währungsfonds weitgehende, in kürzester Zeit gemeinsam mit den Experten des Fonds ausgearbeitete Reformen des Wirtschafts- und Sozialmodells versprechen. Zur gleichen Zeit wurde Kim Dae-jung Präsident. Er hatte stets umfassende Reformen des Wirtschafts- und Sozialmodells eingefordert. Und der Bevölkerung war durch die als schmachvoll empfundene Finanz- und Wirtschaftskrise und das Hilfersuchen an die internationalen Finanzinstitutionen die Notwendigkeit der Neuorientierung bewusst geworden.

3. Die Neuorientierung der Wirtschafts- und Sozialpolitik – Die Interessen der Akteure

Damit war Ende der 90er Jahre der Rahmen für eine umfassende Wirtschafts- und Sozialreform gegeben. Alle gesellschaftlichen Gruppen waren sich einig in dem Ziel der »Reform des südkoreanischen Wirtschaftsmodells«, niemand plädierte für den Status quo. Die politischen Parteien, die Wirtschaftsunternehmen, die Gewerkschaften und die in der gegenwärtigen Phase wichtigen internationalen Organisationen vertraten jedoch sehr unterschiedliche Ideen. Die Interessen und Perspektiven der verschiedenen politisch relevanten Akteure sind von besonderer Bedeutung für das Verständnis der Politik der Regierung seit 1997 und auch die Wahrnehmung dieser Politik im In- und Ausland. Diese werden im Folgenden kurz skizziert.

Wirtschafts- und sozialpolitisch steht Kim Dae-jung und damit dessen Regierungspartei für einen Kurs der vorsichtigen Öffnung des Landes. Durch eine geschickte Wachstumspolitik sollen auch zukünftig Wachstumsraten des Bruttoinlandsproduktes zwischen fünf und zehn Prozent jährlich erzielt werden. Südkorea soll in den nächsten 15 Jahren mit den führenden Wirtschaftsnationen gleichziehen. Eine Neubestimmung der Rolle des Staates im Wirtschaftsgeschehen wird gefordert. Eine dezidiert kritische Position gegenüber der Macht und

Effizienz großer Konglomerate ist verknüpft mit Hoffnungen auf einen wachsenden Sektor kleiner und mittlerer Unternehmen. Obgleich die Verantwortung der Individuen und Familien betont wird, ähneln die Vorstellungen von der Stärkung der Sozialordnung und der Verantwortung der Gesellschaft für die sozialen Bedingungen europäischen Vorstellungen. Der aktive Einsatz arbeitsmarktpolitischer Instrumente gehört ebenso zum Credo der führenden Vertreter der Partei wie auch die Akzeptanz von Gewerkschaften und Arbeitgeberverbänden als sinnvolle institutionelle Akteure im System der Industriellen Beziehungen.

Die konservative Oppositionspartei, aber auch der konservative Partner in der Regierungskoalition, stehen für eine vorsichtige Rücknahme des Staates aus der Lenkung der Wirtschaft. Die Kritik an den führenden Wirtschaftsunternehmen ist deutlich zurückhaltender als in der Regierungspartei, die Konglomerate werden im Grundsatz als dynamische Unternehmen aufgefasst. Die Vorstellungen hinsichtlich der Bedeutung des Sozialsystems sind stark durch amerikanische Konzepte geprägt: Die Konservativen begrüßen die Existenz rudimentärer Systeme der sozialen Sicherung, sie gehen von einer nur temporären Ausweitung der Systeme aus. Die Flexibilisierung des Arbeitsmarktes wird gefordert. Man äußert sich zustimmend zum Einsatz arbeitsmarktpolitischer Instrumente. Gewerkschaften werden überwiegend als Entwicklungshindernis betrachtet, deren Aktivitäten im Wortsinne als anachronistisch. Kurzfristig werden pragmatische Lösungen mit Gewerkschaften angestrebt, langfristig wird aber auf die Schaffung von Bedingungen gesetzt, die Gewerkschaften den Boden entziehen.

Das Interesse der Großunternehmen ist auf die schrittweise und vorsichtige Öffnung des Landes ausgerichtet. Durch eine geschickte Handelspolitik des Staates sollen Exportmärkte gesichert und Importhürden sukzessive abgebaut werden. Ausländische Direktinvestitionen auch im eigenen Land werden als unvermeidliche Erscheinung der Globalisierung akzeptiert. Die Unternehmen befürworten eine Verringerung der staatlichen Kontrolle, sie halten detaillierte staatliche Vorgaben hinsichtlich einer Restrukturierung des Unternehmenssektors für kontraproduktiv. Die Haltung gegenüber dem Ausbau der Sozialsysteme ist ambivalent. Der stabilisierende Effekt sozialer Systeme in Krisen wird anerkannt, die Gefahr des Missbrauchs der Systeme wird jedoch in den Vordergrund gerückt. Mit der Existenz einer gesetzlichen Sozialversicherung erhoffen sich die Großunternehmen mittelfristig den Abbau betrieblicher Sozialleistungen. Hinsichtlich der industriellen Beziehungen und der Arbeitsmarktflexibilität dominiert der Blick über den Pazifik. Die durchgehende Flexibilisierung der Arbeitsmärkte wird gewünscht. Es wird eine Politik gefordert, die es Gewerkschaften schwerer macht, ihre Interessen auf betrieblicher und auf nationaler Ebene zu artikulieren.

Gewerkschaften stehen der Öffnung des Landes für ausländische Direktinvestitionen und kurzfristiges Kapital überwiegend kritisch gegenüber. Für die als notwendig erachtete umfassende Reform des Unternehmens- und Finanzsektors wird eine starke Rolle des Staates gefordert. Insbesondere die Großunternehmen sollen durch harte staatliche Vorgaben restrukturiert werden, deren Marktmacht und deren politische Macht drastisch beschnitten werden. Der Staat soll grundsätzlich eine aktive Rolle im Wirtschaftsgeschehen übernehmen. Der Ausbau des Sozialsystems soll sich an europäischen Vorstellungen orientieren, die bestehenden vier Säulen (Unfall-, Kranken-, Renten- und Arbeitslosenversicherung) sollen weiter entwickelt, das System der Sozialhilfe soll gestärkt werden. Auch die Expansion der betrieblichen Sozialleistungen wird gefordert. Eine aktive Arbeitsmarktpolitik und eine aktive Konjunkturpolitik sollen künftig der Entstehung schwerer Krisen vorbeugen. Die industriellen Beziehungen sollen sich an europäischen Modellen, etwa dem schwedischen, niederländischen oder deutschen Modell, orientieren. Die Gewerkschaften lehnen eine weitere Flexibilisierung der Arbeitsmärkte ab. Sie weisen darauf hin, dass Südkorea im Vergleich zu allen anderen OECD-Staaten bereits jetzt die geringste Quote an Normalarbeitsverhältnissen aufweist.

In den letzten Jahren haben internationale Akteure die Diskussion in Südkorea in erheblichem Maße beeinflusst. Bewertungen der OECD spielen seit den Bemühungen um die Mitgliedschaft und schließlich dem Beitritt 1996 eine wesentliche Rolle in der innenpolitischen Debatte. Vor der Finanzkrise 1997 hatte die OECD eindringlich die Fortführung der Liberalisierung in wesentlichen Teilmärkten Südkoreas angemahnt. Der Internationale Währungsfonds gewann 1997 durch den Beistandskredit eine erhebliche Macht. IWF und OECD fordern die Fortführung der Öffnungspolitik. Die starke Rolle des Staates in der Ressourcenallokation soll reduziert und Marktmechanismen sollen gestärkt werden. Die internationalen Akteure sind für eine ent-

schiedene Politik der Regierung während der Übergangsphase, und
sie erwarten, dass sich der Staat nach Abschluss dieser Reformen konsequent zurückzieht. Hinsichtlich der Sozialpolitik und der Arbeitsmarktpolitik wird aufgrund der systemstabilisierenden Wirkung mittlerweile überwiegend die Nutzung der entsprechenden Instrumente
begrüßt. Der Weiterentwicklung sozialpolitischer Instrumente steht
die OECD deutlich aufgeschlossener gegenüber als der Währungsfonds. (OECD 2000) Der Währungsfonds scheint hinsichtlich der Arbeitsmarktflexibilität und den industriellen Beziehungen an dem US-
Modell orientiert, während die OECD auch kontintaleuropäischen
Vorstellungen gegenüber offen ist.

Bedeutend ist auch die Gruppe der ausländischen Investoren, der
ausländischen Kammern, der ausländischen Banken, Investmenthäu-
ser und der Ratingagenturen. Sie fordern eine entschiedene Öffnung
für Importe von Gütern und Kapital. Die Einstellung gegenüber Interventionen des Staates in der Übergangsphase ist ambivalent. Die
Notwendigkeit einschneidender Vorgaben wird grundsätzlich anerkannt. Andererseits wird immer wieder auch auf die Grenzen staatlichen Handelns, die mangelnde Fähigkeit staatlicher Akteure, wirtschaftliche Vorgänge richtig zu erkennen, deren Konsequenzen vor-
herzusagen, diese richtig zu bewerten, Anreizprobleme richtig zu diag-
nostizieren, hingewiesen.

Daraus wird der Ruf nach einem stärkeren Vertrauen in Marktprozesse abgeleitet. Nach Abschluss der gegenwärtigen Reformperiode
wird auch hier einhellig ein substanzieller Rückzug des Staates aus
dem Wirtschaftsgeschehen gefordert. Die Weiterentwicklung der sozialen Systeme wird überwiegend kritisch gesehen, die Veränderung
der gegenwärtigen Industriellen Beziehungen im Sinne einer Schwächung der Gewerkschaften eingefordert.

4. Der Reformprozess seit 1998
Kim Dae-jung kündigte sofort nach seiner Wahl die Modernisierung
der Wirtschaftsverfassung an und betonte die Gleichzeitigkeit von
Marktwirtschaft und Demokratie (vgl. Kim Dae-jung 1998). Auch die
Bedeutung der sozialen Dimension der Marktwirtschaft wurde herausgestellt. Im Folgenden sollen die Kernelemente der durchgeführten Reformen, die sich seit der Übernahme der Amtsgeschäfte durch
Kim Dae-jung im Februar 1998 herauskristallisiert haben, beschrieben werden.

Die gesellschaftliche Bereitschaft für eine umfassende Reform aufgrund der spezifischen historischen Konstellation war ein Vorteil für Kim Dae-jung. Die obige Darstellung zeigt aber die divergierenden Interessen, die es zu beachten galt. Innenpolitisch war Präsident Kim Dae-jung auf die Bildung einer Koalition seiner Partei mit einer kleineren konservativen Partei angewiesen. Dies schränkte seinen innenpolitischen Spielraum ganz erheblich ein. Gleichwohl hat der Präsident in Südkorea weitgehende Rechte. Zudem gehört es zur Tradition koreanischer Politik, dass in manchen Fällen Widerstand im Parlament mit undemokratischen Methoden beseitigt wird. Von externer Seite war vor allem die Einhaltung der Auflagen des Währungsfonds von zentraler Bedeutung. Dieser hatte gemeinsam mit der scheidenden Regierung Kim Young-sam nur zwei Wochen vor der Wahl eines Nachfolgers und ohne Konsultationen mit potenziellen Nachfolgern umfassende Liberalisierungsprogramme vereinbart: Die Liberalisierung des Handels und des Kapitalmarktes, die Flexibilisierung des Arbeitsmarktes und Reformen im Unternehmens- und Finanzsektor. Die Nichtbeachtung der Vereinbarungen hätte Sanktionen des Fonds nach sich gezogen. Vor allem wäre ein Vertrauensentzug internationaler Kapitalanleger die Folge gewesen, mit schwerwiegenden Konsequenzen für die Verfügbarkeit von Devisen und die Kosten der Kapitalbeschaffung.

Die Regierungspolitik der letzten drei Jahre hinsichtlich der Liberalisierung des Handels und des Kapitalverkehrs war konsequent: Die Importe von Gütern wurden weiter erleichtert. Die Restriktionen für kurzfristige Kapitalbewegungen wurden sukzessive abgebaut, während parallel Devisenreserven aufgebaut und Swapvereinbarungen mit anderen asiatischen Ländern abgeschlossen wurden, um der Gefahr eines kurzfristigen Kapitalabzugs vorzubeugen. Vor allem erleichterte die Regierung den Zufluss ausländischer Direktinvestitionen erheblich, sie warb in der Öffentlichkeit für ein neues Verständnis für diese Form der Kapitalimporte. Kim Dae-jung verwies wiederholt auf die Arbeitsplatz-, Technologie- und Wachstumseffekte ausländischer Direktinvestitionen. Tatsächlich flossen in den Jahren 1998-2000 kumuliert mehr ausländische Direktinvestitionen nach Südkorea als in den 30 Jahren zuvor.

Die Rolle des Staates ist seit Beginn der Krise gestiegen: Der Staat veränderte durch zahlreiche Eingriffe den ordnungspolitischen Rahmen. Prozesspolitisch nutzte der Staat die verfügbaren Instrumente, um in der tiefen Krise 1998 gegenzusteuern. Sektorpolitisch wurden zahlreiche Reformpolitiken verfolgt, die eine starke Rolle des Staates implizierten. Die Interventionen in den Unternehmens- und Finanzsektor waren in aller Regel weitreichend. Wichtige Akteure waren die Finanzaufsicht, aber auch die Wettbewerbsbehörde. Da durch die Sanierung des Finanzsektors der Staat nolens volens zum Großaktionär der Banken geworden war, konnte auch über die Banken im staatlichen Besitz unmittelbarer Druck auf Unternehmen ausgeübt werden. Es dominierten die direkten und harten Eingriffe. Das Vertrauen in Marktprozesse, ohnehin in der südkoreanischen Bevölkerung und in der koreanischen Administration gering, war auch bei den entscheidenden politischen Akteuren nicht vorhanden. Vor allem erzeugte die Regierung selbst einen hohen Erwartungsdruck auf baldige Änderung, die Zeit für das Abwarten mittelfristiger Reaktionen der Marktkräfte war somit nicht vorhanden.

Im Unternehmenssektor wurde durch umfassende Reformen der Regelungen der Unternehmensführung und -kontrolle die Transparenz des Handelns erhöht, die Mitwirkungsrechte der Aktionäre verbessert. Mit harten Vorgaben und Androhung von scharfen Sanktionen wurden die Unternehmen gezwungen, den Fremdverschuldungsgrad drastisch zurückzuführen. Im verarbeitenden Sektor beispielsweise sank das durchschnittliche Verhältnis Schulden zu Eigenkapital von 396% 1997 auf 193% im Jahr 2000. Aufgrund veränderter Regierungsinterventionen wurde das moral hazard-Problem bei Großunternehmen zurückgedrängt. Der als überhöht eingestufte Diversifikationsgrad der Großunternehmen wurde durch von der Regierung vorgegebene Unternehmensübernahmen (»big deals« genannt) reduziert. Die verschachtelten großen Familienunternehmen wurden durch massiven staatlichen Druck zur Restrukturierung und Entflechtung gezwungen. Heute kann vielfach trotz gleicher Namen – wie etwa bei diversen Hyundai-Firmen – nicht mehr von einem Firmenverbund, von der Struktur eines Chaebol ausgegangen werden. Die Firmen sind eigenständige Akteure und insgesamt deutlich krisenresistenter geworden. Trotz vieler verbleibender Probleme haben Unternehmen den Druck genutzt, um ihre Organisationen zu reformieren und Innovationen durchzuführen.

Der Finanzsektor war das Ziel umfassender Reformbemühungen. Durch die Abschreibung uneinbringlicher Kredite, die Rekapitalisierung der Institute, durch Reformen in der Buchführung und den Kreditanalysetechniken und durch mehr Transparenz im Verhalten der Führung wurde die Sanierung und nachhaltige Sicherung der Funktionsfähigkeit des Bankensystems angestrebt. Auch in diesem Bereich kam es zu erheblichen Veränderungen. Der Bankensektor hat das erhebliche Ausmaß uneinbringlicher Kredite substanziell zurückgeführt, Anreizprobleme bei der Gewährung von Krediten wurden erfolgreich angegangen, der Kreditsektor hat durch zahlreiche Übernahmen und Bereinigungen eine andere Struktur. Die bisherigen Maßnahmen haben ohne Zweifel einen positiven Beitrag zur Stabilität des Finanzsystems geleistet. Allerdings verbleiben noch zahlreiche Herausforderungen, bis von einem stabilen privatwirtschaftlich organisierten Finanzsektor ausgegangen werden kann.

Das Sozialsystem wurde während der Amtszeit von Kim Dae-jung unter dem Stichwort »Productive Welfare« weiter ausgebaut. Die Reform der Krankenversicherung und der Rentenversicherung fiel allerdings unbefriedigend aus. Dies beinhaltete die Ausdehnung der Reichweite der Systeme, aber auch strukturelle Reformen. Die größte Veränderung gab es bei der Arbeitslosenversicherung. Die Reichweite der Arbeitslosenversicherung wurde drastisch erhöht, auch die Leistungen wurden deutlich ausgeweitet. Vor allem im Jahr 1998, als der Einbruch der wirtschaftlichen Aktivität dramatische Ausmaße annahm und das Bruttoinlandsprodukt um mehr als fünf Prozent schrumpfte, setzte die Regierung konsequent und umfassend auf arbeitsmarktpolitische Maßnahmen. Das System der Sozialhilfe verbesserte sich. Und doch ist die Ungleichheit, gemessen am Ginikoeffizienten, erheblich gestiegen.

Die Regierung verfolgte zunächst einen scheinbar eindeutigen Kurs zugunsten der Schaffung eines neuen Modells industrieller Beziehungen. Auf nationaler Ebene wurden Gewerkschaften und Arbeitgeber in die Krisenbewältigung und in die Reform des Arbeitsrechtes und des Sozialsystems aktiv mit einbezogen. Die Gewerkschaften mussten als Gegenleistung für die Berücksichtigung ihrer sozial- und arbeitsmarktpolitischen Forderungen und die Beseitigung von Hürden für die gewerkschaftliche Betätigung eine Flexibilisierung von Arbeitsverhältnissen hinnehmen. Auf betrieblicher Ebene sollten konsensuale Lösungen im Vordergrund stehen, den Einsatz von Gewalt suchte man zu vermeiden. Nach der Bewältigung der akuten Krise 1998 änderte sich jedoch diese Haltung wieder, die Regierung reagierte zunehmend repressiv auf gewerkschaftliche Forderungen. Zwar gelang es, die Zahl der Arbeitskonflikte in den Betrieben und die Zahl der Streiks niedrig zu halten, was angesichts des erheblichen Umbruchs in der Wirtschaft Südkoreas nicht zu unterschätzen ist. Andererseits kam es aber auch unter der Regierung von Kim Dae-jung zu zahlreichen Verhaftungen von Gewerkschaftern, ein Indikator, der eindeutig belegt, dass ein neues akzeptiertes Modell der industriellen Beziehungen nicht gefunden worden ist.

Die makroökonomischen Daten stellen sich nach fast vier Jahren der Regierung Kim Dae-jung wie folgt dar:

Makroökonomische Indikatoren (Wachstumsraten)

Durchschnitt	1998	1999	2000	1991-1997
Privater Konsum	6,4	-11,7	11,0	7,1
Bruttoinvestitionen	5,3	-14,0	7,6	7,7
Exporte	14,7	14,1	15,8	21,6
Bruttoinlandsprodukt	6,4	-6,7	10,9	8,8
Arbeitslosenrate[1]	2,3	6,8	6,3	4,1
Inflation[2]	5,1	7,5	0,8	2,3

[1] in Prozent [2] Konsumentenpreisindex

Quelle: OECD 2001

5. Schlussfolgerungen

Vier Jahre Reformen, die von Kim Dae-jung verantwortet wurden, haben, so hat die Darstellung gezeigt, das südkoreanische Wirtschafts- und Sozialsystem deutlich verändert. Interessant und bedenkenswert sind die unterschiedlichen Wahrnehmungen der Reformen im In- und Ausland:

Im Ausland erhält Kim Dae-jung und seine Regierung überwiegend Lob, das Ausmaß der Fortschritte übertrifft jene, die in anderen OECD-Ländern in so kurzer Zeit möglich gewesen wären. Und die Fortschritte entsprechen, so zeigt der Vergleich der oben dargelegten Interessenlage mit der tatsächlich durchgeführten Reformpolitik, in erheblichem Umfang den Hoffnungen und Vorstellungen der internationalen Akteure, des Internationalen Währungsfonds, der Weltbank, der internationalen Banken, Ratingagenturen etc. Insbesondere die Öffnung des Landes wird gutgeheißen, aber auch die einschneidenden Unternehmens- und Finanzsektorreformen, die entgegen heftiger innenpolitischer Widerstände durchgesetzt wurden. Dass Kim

Dae-jung wenig auf die Zustimmung der Bevölkerung achtete, wird entweder nicht registriert oder wird als mutig interpretiert.

Im Inland ist jedoch die Unzufriedenheit mit dem Ergebnis der Wirtschafts- und Sozialpolitik groß. Die allgemeinen hochgesteckten Wachstumserwartungen der Bevölkerung wurden nicht erfüllt, die in der Vergangenheit üblichen Wachstumsraten und die Rhetorik der Regierung hatten den Eindruck entstehen lassen, nach zwei Jahren Krise würden wieder dauerhaft hohe Wachstumsraten nahe zehn Prozent realisierbar sein. Wichtiger noch für das Verständnis der Reaktion der diversen Interessengruppen in Korea ist die Tatsache, dass die dargelegten Interessen relativ weitgehend ignoriert wurden. Die Groß-unternehmen sind nur mit der Öffnungspolitik der Regierung wirklich einverstanden; sie lehnen vor allem die Unternehmenssektorreform ab. Die von den Bürokraten und Politikern gewählte Charakterisierung der Großunternehmen als irrational muss irritieren. Die Gewerkschaften sind lediglich mit dem Zugeständnis der eigenen rechtlichen Situation und einigen sozialpolitischen Reformen einverstanden; sie lehnen die Unternehmens- und Finanzsektorreform ebenso ab wie die Öffnungspolitik. Erweitert man den Kreis der betrachteten Interessengruppen (z.B. Nichtregierungsorganisationen, staatliche Bürokratie, Bauernverbände, Ärzteorganisationen), wird erkennbar, dass es durch die Reformen der Regierung nicht gelungen ist, eine bedeutsame Interessengruppe systematisch für die Reformpolitik der Regierung zu gewinnen.

Die Vermittlung der Reformen in der südkoreanischen Öffentlichkeit ist der Regierung von Kim Dae-jung nicht geglückt. Die ohnehin angesichts der beschriebenen Interessenlage schwierige Aufgabe wurde durch eine heftige Auseinandersetzung mit den führenden privaten Medien des Landes weiter erschwert.

So ist Kim Dae-jung eine Modernisierung des Landes gelungen, die aber nicht den artikulierten Interessen und den Perspektiven der wesentlichen Interessengruppen des Landes entspricht. Dem im Ausland gefeierten Nobelpreisträger werden im Inland für seine Wirtschafts- und Sozialpolitik wenig Wertschätzung entgegengebracht. Gegenwärtig ist wahrscheinlich, dass mit dem Ende seiner Amtszeit Ende 2002 ein Kandidat der Opposition zum Nachfolger gewählt werden wird.

Literatur

Entwicklungsprogramm der Vereinten Nationen (UNDP)/Deutsche Gesellschaft für die Vereinten Nationen e.V. (2000): Bericht über die menschliche Entwicklung 2000, Bonn.

Kim Dae-jung (1998): Let us open a new era: Overcoming national crisis and taking a new leap forward, in: Economic Bulletin, S. 41-46.

Korea Development Institute (1999): DJnomics – A New Foundation for the Korean Economy, Seoul.

Office of the President/Presidential Committee for Quality-of-Life (2000): DJ Welfarism – A New Paradigm for Productive Welfare in Korea, Seoul.

Organisation for Economic Co-operation and Development (2000): Pushing Ahead with Reform in Korea – Labour Market and Social Safety-Net Policies, Paris.

Organisation for Economic Co-operation and Development (2001): Economic Survey of Korea, Paris.

III. Bilanz der deutschen Vereinigungspolitik

Christa Luft
Das Wendejahr 1989/90
Erinnerungen einer Zeitzeugin

Die in Bund und Ländern politisch Verantwortlichen hatten lange für das starke wirtschaftliche und soziale Gefälle zwischen Ost- und Westdeutschland und insbesondere für die Beschäftigungskatastrophe im Neubundesgebiet *zwei* Hauptursachen parat: die SED-Misswirtschaft, die schließlich im Staatsbankrott mündete, und Versäumnisse, ja bewusstes Fehlsteuern und Bremsmanöver der ersten Nach-Wende-, der Modrow-Regierung, bei der Reformierung der Ökonomie. In den Anfangsjahren nach der Vereinigung war auch ein nicht geringer Teil der Ex-DDR-Bürger bereit, das so zu sehen. Bei der westdeutschen Bevölkerung fiel diese Argumentation ebenfalls auf fruchtbaren Boden. Inzwischen wird die anhaltende, ja sich vertiefende Ost-West-Kluft zunehmend mit der Politik der damaligen CDU-geführten Bundesregierung in Verbindung gebracht, die im Auftrag interessierter Banken- und Wirtschaftskreise das Gebiet zwischen Elbe und Oder vor allem eigentumsrechtlich radikal nach dem Muster der Alt-BRD zu formen versuchte und jegliche den Bedingungen angemessene originäre Entwicklung vereitelte.

Als Zeitzeugin will ich mich mit verzerrten Wiedergaben und subjektivistischen Interpretationen von Bemühungen der Modrow-Regierung befassen, die im Winter 1989/90 den Umbruchprozess in der DDR zu steuern versuchte und werde einige Legenden aufgreifen, die um die DDR-Hinterlassenschaft gewoben werden.

1. Fakten und Legenden

Um eine solche Reflexion werde ich häufig gebeten, gehörte ich doch besagter Mannschaft an. Als eine derjenigen, die politische und ökonomische Reformen einforderten und hierfür Konzepte erarbeiteten, holte Hans Modrow mich in sein Team. Er, der damals in Ost und West als Hoffnungsträger galt, war kurz nach dem Fall der Berliner Mauer zum neuen Ministerpräsidenten gewählt worden. Meine Berufung kam nicht nur für mich selbst wie der Blitz aus heiterem Himmel. Es war vor allem für einen bis dato streng zentralistisch geführten Staat ein ungewöhnlicher Vorgang, dass jemand Minister wurde, der vorher nicht eine Karriere über die Staatspartei SED oder eine ihr hörige Organisation bzw. Blockpartei absolviert hatte. Ungewöhnlich war auch, eine ausgesprochene Männerdomäne plötzlich einer Frau anzuvertrauen.

Mein Ja-Wort gab ich seinerzeit vor allem aus Sympathie zu Hans Modrow, den ich zwar nicht persönlich kannte, in dem ich jedoch – wie die meisten Deutschen damals – den »ostdeutschen Gorbatschow« sah. An seiner Seite glaubte ich, die so dringend notwendige Reformierung der zentralen Kommandowirtschaft in eine effiziente, sozial und ökologisch orientierte Marktwirtschaft mit in Gang setzen zu können. Diese Aussicht ließ mich manches Widersprüchliche dieser Regierung verdrängen, obgleich es mich bedrückte: der hohe Anteil an »alten Kadern«, die teilweise verschwommene Regierungserklärung – sie warb beispielsweise noch für eine »marktorientierte Planwirtschaft« –, die zögerliche Auflösung des überdimensionierten Staatssicherheitsapparates und manches andere. In meinem Erinnerungsbuch an die Wende-Zeit habe ich vor Jahren bereits Stärken und Schwächen unseres Kabinetts abgewogen, so dass ich es bei diesen Stichworten belassen will (vgl. Luft 1991: 44-99).

Rasch musste ein Wirtschaftsreformkonzept erarbeitet werden, das der Regierung als Handlungsgrundlage dienen konnte. Hieran beteiligten sich unter meiner Leitung zahlreiche Wissenschaftler, Betriebsdirektoren, Vertreter von Ministerien und Bankspezialisten. Die mehrwöchige Diskussion war verständlicherweise kontrovers und durchlief verschiedene Stadien. Schließlich lautete unser Ziel, eine »soziale und ökologisch orientierte Marktwirtschaft bei staatlich regulierten Rahmenbedingungen« anzustreben. Deren Konturen sollten in einem zweieinhalbjährigen Stufenprogramm sichtbar werden. Für eine Marktwirtschaft konstituierend war nach unserer Überzeugung in erster Linie der Wettbewerb, nicht primär dominierendes Privateigentum. Dementsprechend konzentrierten wir unsere Anstrengungen bis hin zur Gesetzgebung nicht auf eine breit angelegte Privatisierung öffentlichen Eigentums. Unsere Aufmerksamkeit richtete sich vielmehr auf solche Impulse, die wettbewerbsinitiierend und -fördernd wirken könnten. In der Literatur wurde und wird diese kurze Zeitspanne des Suchens nach möglichen Wegen gern als Diskussion über

Ideen eines »dritten Weges« bezeichnet. Richtig daran ist, dass wir eine kritische Position zu dem hatten, was in der DDR, aber auch in der Sowjetunion und den mittelosteuropäischen Ländern, als »Sozialismus« ausgegeben wurde.

Ebenso zutreffend war, dass wir eine bloße Kopie des bundesdeutschen Wirtschaftsmodells nicht anstrebten. Dieses hat unbestritten Attraktives hervorgebracht wie Gewerbefreiheit, Angebotsvielfalt, harte Währung usw. Aber es offenbarte bereits damals mehr und mehr gravierende Schwächen: Massenarbeitslosigkeit, Eigentumspolarisierung, Ressourcenverschwendung. Wir suchten tatsächlich eine eigene Variante von Marktwirtschaft. Sie sollte die Vorzüge, die Potenziale einer solchen Ordnung nutzen und zugleich deren Ecken und Kanten weitestgehend abschleifen. Einleuchten wollte und will mir bis heute nicht, weshalb wir, die wir gerade dabei waren, mit der Absage an die bürokratische Planwirtschaft eine heilige Kuh zu schlachten, nun mit der vorgefundenen Form der Marktwirtschaft ein neues Tabu wie selbstverständlich akzeptieren sollten. Auch westliche Politiker mit Realitätssinn – von Ökonomen ganz abgesehen – leugnen nicht, dass die derzeitige marktwirtschaftliche Ordnung keineswegs vollkommen, ideal ist.

Weshalb sollte sich Marktwirtschaft partout nicht mit einem Recht auf Arbeit (nicht auf eine bestimmte Tätigkeit und an einem bestimmten Ort, wohl aber als Chance für jeden Erwerbswilligen) vereinbaren lassen? Ist es etwa ehrenrührig, diesbezüglich mit Richard von Weizsäcker in einem Boot zu sitzen? Beim Abschiednehmen als erster gesamtdeutscher Bundespräsident wandte er sich in seiner Rede besonders den Gefühlen, Erwartungen und Erfahrungen der Landsleute im Osten zu, aber sprach damit auch manchem Westdeutschen aus dem Herzen: »Dass der Markt unentbehrlich ist und sich zur Versorgung mit Gütern und Dienstleistungen bewährt, wird gewiss nicht verkannt. Aber allzu viele müssen den Zugang zum Markt noch suchen, nämlich ihre Beschäftigung, zumal Frauen. Oft hört man es so: ›Früher waren wir alle gleich und hatten Arbeit‹. Darin äußert sich durchaus keine Sehnsucht nach neuer Unfreiheit. Doch bei allem Respekt für den Wettbewerb hoffen die Menschen auf eine Marktwirtschaft, die nicht nur den Arbeitslosen sozial auffängt, sondern die Kraft aufbringt, dem Arbeitsuchenden solidarisch weiterzuhelfen. Wettbewerb und Gewinn sind nicht das Maß der Dinge. Wert ist etwas anderes als Preis« (von Weizsäcker 1994).

Das Zusammenwachsen beider deutscher Staaten zu behindern, war unsere Absicht nicht. Es ging uns vielmehr darum, ein gleichberechtigtes Nachdenken auf beiden Seiten über die gemeinsame Zukunft zu inspirieren und zu stimulieren. Rasch stellten wir die Weichen für die Rückgabe der ehemals privaten und halbstaatlichen Unternehmen an die früheren Eigentümer, die 1972 willkürlich enteignet worden waren. Damit und durch die unverzügliche Einführung der Gewerbefreiheit sollte sich wieder ein Mittelstand herausbilden. Zugelassen wurden Joint Ventures, die noch bis in den Herbst 1989 hinein regierungsoffiziell als Thema nicht vorkamen. Importrestriktionen wurden gelockert. In den monopolartigen Industriegebilden, den sogenannten Kombinaten, waren Entflechtungen vorgesehen, um deren binnenmarktbeherrschende Stellung aufzubrechen. Auch dies sollte wettbewerbsstimulierende, marktbelebende Effekte auslösen. Zu unserer Maxime gehörte ebenfalls, durch den Verkauf von Grundstücken und Immobilien aus Staatsbesitz bei den Bürgern Eigentümerbewusstsein und -verhalten zu entwickeln und damit ihre Bodenständigkeit zu fördern.

In der Beilage 1/1990 der Wochenzeitung »Die Wirtschaft«, die auch durch meine Fürsprache nun nach mehrjähriger Unterbrechung wieder erscheinen durfte, wurden Ziele, Schwerpunkte, Etappen und unmittelbare Maßnahmen der Wirtschaftsreform öffentlich zur Diskussion gestellt. Am 5. Februar 1990 befasste sich der Zentrale Runde Tisch mit dem Reformkonzept unserer Regierung. Nach intensiven Diskussionen, an denen sich Vertreter aller dort versammelten Parteien, Organisationen und Bürgerbewegungen beteiligten, erhielt das Konzept den Zuspruch. Dieser bezog sich ausdrücklich auch auf eine der grundlegenden Prämissen für die vorgesehene und in den Anfängen bereits praktisch eingeleitete marktwirtschaftliche Transformation: Sie sollte in einem noch für mehrere Jahre politisch und ökonomisch selbständigen Staat DDR erfolgen und bei enger Kooperation mit der BRD originär gestaltet werden. Es mussten Anpassungsstufen gefunden werden, um diesen Prozess nicht zum Chaos werden zu lassen. Nur Hasardeure konnten ignorieren, dass Landesteile, die 40 Jahre lang einen diametral entgegengesetzten Kurs eingeschlagen hatten, nicht urplötzlich miteinander vereint werden konnten, so schmerzlich uns die Trennung im Einzelnen auch berühren mochte.

In der DDR waren zunächst wirtschaftliche, soziale, politische, juristische und auch mentale Voraussetzungen zu schaffen, die ein Zusammenfügen mit dem anderen deutschen Staat ermöglichten. Mit dieser logischen Annahme gingen das Kabinett Modrow und ich persönlich bei der Reform der DDR-Wirtschaft zu Werke. Deshalb zielte unser Konzept z.B. auf die Vorlage von Gesetzen, die der DDR-Wirklichkeit gerecht wurden, und nicht schlechthin auf die bloße Übernahme der bestehenden bundesdeutschen Rechtsordnung. Aus demselben Grund begrenzte es auch den ausländischen Kapitalanteil an Gemeinschaftsunternehmen auf DDR-Territorium und sah zunächst eine konvertierbare Mark der DDR anstelle der sofortigen Einführung der D-Mark vor.

Bücherschränke ließen sich mit den Abhandlungen füllen, die seit 1990 über die verblichene DDR und deren Ökonomie, insbesondere aber über die Wirtschaftspolitik der Modrow-Regierung entstanden sind. Etliche stammen von Autoren ostdeutscher Provenienz, auch ich gehöre dazu (vgl. u.a. Luft 1991: 44-99; Luft 1992: 15-65, Nick 1994: 341-455, Schürer 1996: 375-407). Die meisten aber haben westdeutsche Verfasser geschrieben (u.a. Priewe/Hickel 1991: Kap. II, Hickel/Priewe 1994: Kap. 1, Gutmann/Buch 1996: 7-51, Hertle 1992: 1019-1030; 1992a: 1031-1039, Wilke 1996: 29-34). Immer wenn sich Doktoranden und Diplomanden mit Interviewwünschen melden, frage ich mich, worüber sie wohl geschrieben hätten, wenn es das Modrow-Kabinett nicht gegeben hätte und ihnen damit dieses Sujet nicht in den Schoß gefallen wäre.

An die fünfzehnmal habe allein ich jüngeren Leuten für ihre Analysen Rede und Antwort gestanden. Dicke Wälzer, sogenannte Expertisen, sind zu den Wirtschaftsreformen der ersten Nach-Wende-Regierung für die Enquete-Kommissionen »Aufarbeitung von Geschichte und Folgen der SED-Diktatur in Deutschland« (Deutscher Bundestag 1995) sowie »Überwindung der Folgen der SED-Diktatur im Prozess der deutschen Einheit« verfasst worden (vgl. z.B. Heering 1997, von der Lippe 1995, Siebenmorgen 1995, Thaysen 1995, Thaysen/ Kloth 1995).

Was in Tun und Lassen des Modrow-Kabinetts hineininterpretiert, worüber spekuliert und wogegen polemisiert wird – das ruft bei unmittelbaren Zeugen der Entstehung des Wirtschaftsreformkonzepts bestenfalls Kopfschütteln hervor. Nicht bei allen, aber doch bei etlichen der »Expertenschreiber« – sie waren damals weitab von den Geschehnissen – wird man an das Sprichwort erinnert: »Wes' Brot ich ess, des' Lied ich sing«.

Da ist von Halbherzigkeit der Reform die Rede, offenbar weil wir Marktkräfte nutzen, sie aber nicht blindwütig wirken lassen wollten; weil wir eine Anstalt zur treuhänderischen Verwaltung des Volkseigentums gründeten, statt seine Sofort- und Totalprivatisierung vorzusehen; weil wir in einem angestrebten Eigentumsmix neben dem Privateigentum auch weiterhin Raum sahen für genossenschaftliches und öffentliches Eigentum. Inzwischen können nur noch Ignoranten bestreiten, dass eine vernünftige Beteiligungspolitik der öffentlichen Hand volkswirtschaftlich rationeller gewesen wäre als das prinzipienlose Verschleudern des Gemeineigentums. Einige traditionsreiche Firmen wie beispielsweise SKET Magdeburg hätten durch gezieltes Sanieren auf den Gang an die Börse zwecks Kapitalbeschaffung vorbereitet werden können, statt sie in kaum lebensfähige Einheiten zu zerstückeln und der Konkurrenz auszuliefern. In viel mehr Fällen wäre es möglich gewesen, Unternehmen längere Zeit voll oder überwiegend in Landeseigentum zu halten, um ihr Überleben zu sichern. Bei der Jenoptik AG etwa, hervorgegangen aus dem Kombinat Carl-Zeiss-Jena, war man mit dieser Strategie erfolgreich: Sie befand sich jahrelang überwiegend im Eigentum des Landes Thüringen. Noch bis zur Börsenreife Mitte 1998 hielt das Land 46% der Anteile und verringerte diese dann auf 19%.

Vorgeworfen wird uns, wir hätten das Zusammenkommen der beiden deutschen Staaten verzögern, ja vereiteln wollen, und nach eigenen Wegen gesucht, statt unverzüglich westdeutsche Strukturen und Regelwerke zu übernehmen. Aus solchen Urteilen spricht Oberflächlichkeit und völlige Unkenntnis der damaligen Situation sowie der Lage der Akteure. Unsere Regierung war schließlich nicht nach monatelangem Wahlkampf und ausgiebiger programmatischer Debatte ins Amt gekommen, sondern über Nacht, nachdem sich der Staat in einem politischen und ökonomischen Krisenzustand befand. Allein dies erklärt, weshalb keine ausgereiften Konzepte vorlagen, die nur umgesetzt zu werden brauchten, sondern manches sich wie eine Sturzgeburt vollzog, und anderes im Verlaufe von Wochen auch Korrekturen unterlag. Entscheidend aber war, dass wir, die wir Regierungsverantwortung trugen, einen *radikalen* Umbruch weder beabsichtigten noch riskierten. Darin sahen wir uns in jener Zeit einig mit allen politischen Kräften der DDR. Wir verfolgten das Ziel, ein Umsteuern von Wirtschaft und Gesellschaft auf ein freiheitlich-demokratisches, rechtsstaatlich verfasstes, Marktkräfte nutzendes Gemeinwesen in einem mehrjährigen Prozess zu gewährleisten. Die beschriebenen verheerenden Folgen der von der Bonner Machtzentrale bevorzugten und durchgedrückten Schocktherapie, die traumatischen Erfahrungen von Millionen Menschen in den letzten Jahren lassen meiner Meinung nach keinen Zweifel daran, wie wichtig und richtig eine längere Einlaufkurve gewesen wäre. Das ist übrigens auch das Fazit von Walter Romberg, der als SPD-Vertreter ab Ende Januar 1990 der Modrow-Regierung und nach den Volkskammerwahlen vom 18. März 1990 dem de-Maizière-Kabinett angehörte. In einem Rückblick anlässlich des fünften Jahrestages der Wirtschafts- und Währungsunion resümierte mein geschätzter ehemaliger Kollege: »Meine Erwartung war in der Tat, dass wir für die wesentlichen Anpassungsschritte der ostdeutschen Wirtschaft an die neuen Bedingungen ungefähr drei Jahre haben könnten, auch bei einem relativ frühen Zeitpunkt der Währungsunion. (...) dann wäre hier einiges sehr viel billiger zu haben gewesen, weil Umverteilungsprozesse nicht in dem Maße stattgefunden hätten. (...) Das Ausmaß dessen, was für die Ostdeutschen verlorenging, war so nicht notwendig.« (Romberg 1995).

Regelrecht sprachlos bin ich, wenn beklagt wird, wie viel wertvolle Zeit für den wirtschaftlichen Umbauprozess verlorengegangen sei. Haben die Damen und Herren Experten überhaupt zur Kenntnis genommen, dass die Modrow-Mannschaft ganze vier Monate im Amt war und innerhalb dieser Zeit, nämlich ab Anfang Februar 1990, auch noch die Volkskammerwahlen vorbereitet wurden? Andernorts ist eine solche Periode von gesetzgeberischem Stillstand gekennzeichnet. Unter unseren Verhältnissen wäre das ein Ding der Unmöglichkeit gewesen.

Alle, die die damals Verantwortlichen so vehement wegen des angeblichen Zeitverlusts bei der Umsetzung von Reformen attackieren, mögen sich einmal an Folgendes erinnern: Die Regierung Kohl brauchte mehr als eine Legislaturperiode, um das in Wirtschaftskreisen teils heftig kritisierte Ladenschlussgesetz abzuschaffen. Bei aller Bedeutung, die die negativen Folgen für die im Handel Beschäftigten haben, war es eine vergleichsweise harmlose Angelegenheit gegenüber den von der Modrow-Regierung zu bewältigenden Problemen wie der Abbau der über 40 Jahre vorherrschenden Kommandostrukturen in der Wirtschaft; das Beenden der Gängelei gegenüber den Betrieben; die Schaffung von Freiräumen für flexibles Reagieren und kreatives Handeln; das Zulassen von ausländischen Unternehmen auf dem Territorium der DDR.

Der massivste Vorwurf in den Expertisen lautet, die Modrow-Regierung habe das Erbe der SED verharmlost, gar beschönigt. Die Bundesregierung sei über das wirkliche Desaster des DDR-Wirtschaftssystems weitgehend im Unklaren gelassen worden. Gewiss haben die Politiker manche Einsicht erst später gewonnen, viele Details waren ihnen nicht bekannt, und es braucht seine Zeit, bis der mentale Zugang zur Funktionsweise eines fremden Wirtschaftssystems gelingt. Darüber hinaus war die offizielle Statistik der DDR bis zum Herbst 1989 dürftig und mitunter allein durch das Weglassen unliebsamer Fakten »geschönt«. Das war auch für die Wirtschaftswissenschaftler der DDR und besonders für uns Außenwirtschaftler ein ständiges Ärgernis. So gab es z.b. weder Aussagen zu den Devisenreserven noch zur Zahlungsbilanzsituation. Über den Ausweis der Länderstruktur des Außenhandels wurde aus Prestigegründen willkürlich entschieden. Wie Informationen über die Terms of Trade, also das Preisverhältnis zwischen Exporten und Importen, waren solche über die Außenhandelsrentabilität streng vertraulich. Die Warenstruktur des Ex- und Imports wurde nicht nach in UN-Organisationen gebräuchlichen Nomenklaturen, sondern nach einem speziellen, international nicht kompatiblen Warenverzeichnis ausgewiesen. Es fand nur im Inland bzw. im Rat für gegenseitige Wirtschaftshilfe (RGW) – der ökonomischen Organisation von europäischen und einigen außereuropäischen sozialistischen Ländern – Verwendung. Daher waren internationale Vergleiche der Güterstrukturen kaum möglich. Schließlich erschwerte auch die Bewertung der Außenhandelsströme in Valuta-Mark internationale Querschnittsanalysen, da die Valuta-Mark nur eine reine Recheneinheit darstellte. Das Fehlen eines realistischen Wechselkurses ließ jeden Versuch scheitern, aussagekräftige Export- und Importquoten zu bestimmen.

2. DDR-Ökonomie – eine Blackbox?

Gegen das Routine-Urteil, die DDR-Ökonomie sei für Außenstehende und insbesondere für die politischen Entscheidungsträger eine Blackbox gewesen, habe ich bereits in meinem »Treuhandreport« (Luft 1992: 148) Einspruch aus folgenden Gründen erhoben:

Erstens legte bereits die Modrow-Regierung auf der Arbeitsberatung mit den Generaldirektoren von Kombinaten und Betrieben der Industrie, des Bauwesens und des Außenhandels am 9. Dezember 1989 unter der Überschrift »Stabilisierung der Volkswirtschaft und nächste Schritte der Wirtschaftsreform« Fakten zur Wirtschaftslage offen, über die die Vorgängerin unter Willi Stoph (Ministerpräsident von 1964 bis 1973 sowie von 1976 bis zum 7. November 1989) stets Stillschweigen bewahrt hatte. Und am 23. Januar 1990 stellte der Vorsitzende des Wirtschaftskomitees, Prof. Dr. Karl Grünheid, der Volkskammer einen detaillierten Bericht über die Lage der Volkswirtschaft und Schlussfolgerungen zu deren Stabilisierung vor.

Zweitens kamen in der Mitte Februar 1990 gebildeten bilateralen Kommission zur Vorbereitung der Währungsunion frühzeitig die Konflikte zur Sprache, die bei einem Aufprall der internationalen Konkurrenz auf einen ungeschützten Markt der DDR entstehen würden. Besonders intensiv wurde die Notwendigkeit von Anpassungsmaßnahmen und eines zeitweiligen Schutzes der DDR-Betriebe für eine Übergangsperiode von vier bis fünf Jahren diskutiert. Nur so – hieß es – wäre zu vermeiden, dass zum Stichtag der D-Mark-Einführung schätzungsweise mehr als die Hälfte der Kombinate und Betriebe in Konkurslage käme. Der letzte DDR-Ministerpräsident Lothar de Maizière ging in seiner Regierungserklärung vor der Volkskammer am 19. April 1990 noch davon aus, dass mit der BRD notwendige Schutzmechanismen für die ostdeutsche Wirtschaft zu vereinbaren seien. Er wusste also um die prekäre Situation und hat das seinen Gesprächspartnern in Bonn gewiss nicht verschwiegen. Offene Ohren aber fand er nicht.

Drittens haben sich einzelne Bundesministerien vor der Währungsunion spezielle Gutachten von wissenschaftlichen Einrichtungen der BRD anfertigen lassen. Sie bewerteten die ökonomische Lage der DDR aus marktwirtschaftlicher Sicht und enthielten eine Fülle von Faktenmaterial. Schwachstellen blieben nicht ausgespart.

Viertens hatte über Jahrzehnte hinweg kein anderes westliches Industrieland sowohl auf Regierungs- als auch auf Unternehmensebene so enge Kontakte zur DDR wie die BRD. Sie war Handels- und Kooperationspartner Nummer 1 im sogenannten nichtsozialistischen Wirtschaftsgebiet. Aus den Alltagserfahrungen war die Technologie- und Produktivitätslücke der DDR wohlbekannt und ebenso, dass sich die Schere in den Wertschöpfungsbeiträgen der Industrie der beiden deutschen Staaten seit den 70er Jahren drastisch geöffnet hatte.

Fünftens konnte das Bonner Koalitionskabinett nach den Volkskammerwahlen vom 18. März 1990 in Ostberlin auf eine Regierung zählen, die von Personen aus Schwesterparteien dominiert war. Diese hatten aber eher ein politisch motiviertes Interesse daran, die DDR-Wirtschaft in den düstersten Farben zu malen, statt die aufrüttelnden Signale sorgfältig zu analysieren, die sich aus der beginnenden Überflutung des ostdeutschen Marktes mit westdeutschen Waren ergaben. *Sechstens* war der Bundesregierung eine geheime Analyse über den Zustand der DDR-Wirtschaft von Ende Oktober 1989 (vgl. Analyse der ökonomischen Lage der DDR 1989) – wenn nicht bereits über andere Kanäle – spätestens Anfang Dezember 1989 mit dem Überwechseln eines Hauptautors – Alexander Schalck-Golodkowskis – in die BRD bekannt. Dieser hat nach eigenen Aussagen in seinem Buch »Deutsch-deutsche Erinnerungen« von Mitte Januar bis Mitte März 1990 30 Gespräche mit dem Bundesnachrichtendienst geführt und Auskunft über die DDR-Wirtschaft gegeben. Wörtlich heißt es bei dem Kronzeugen: »Die Fragen prasselten nur so auf mich ein. Wie steht es um die Verschuldung der DDR? Wie um ihre Produktivität? Welche Kombinate sind erhaltenswert? Welche sollte man stilllegen? (...) Augenscheinlich bereitete sich die Bundesregierung auf die Wirtschafts- und Währungsunion vor« (Schalck-Golodkowski 2000: 333f.).

Mit der Schutzbehauptung »Mein Name ist Hase – ich weiß von nichts« ist es also nicht weit her. Unwägbarkeiten über den Fortgang der wirtschaftlichen Entwicklung in der DDR waren hingegen programmiert, als die Bundesregierung dem Zusammenbruch des ostdeutsch-sowjetischen Handels nahezu tatenlos zuschaute und das Prinzip »Rückgabe vor Entschädigung« im Einigungsvertrag zementierte. Solange nicht klar war, was Restitutionsansprüchen zufolge Alteigentümern zurückzugeben sein würde, blieben Investitionen aus. Und ohne die Lieferungen an den früheren Haupthandelspartner standen über Nacht in Tausenden von Betrieben die Maschinen still, zahllose Menschen verloren ihre Arbeit. Die Folgen, die immer noch nicht überwunden sind, waren also vorhersehbar. Der Rat von ostdeutschen Experten aber galt in Bonn nichts.

Während in marktwirtschaftlich verfassten Wirtschaftssystemen jeder Industriebetrieb eigene Vertriebs- und Exportabteilungen hat, waren in der DDR Aus- und Einfuhr eigens dafür geschaffenen Außenhandelsunternehmen vorbehalten. Diese unterhielten die dafür erforderlichen Kontakte mit dem Ausland, sodass Industriebetriebe nicht über Auslandsbeziehungen verfügten. Als das Bundesfinanzministerium die Treuhandanstalt unmittelbar nach der Wiedervereinigung entgegen allen Warnungen anwies, die Außenhandelsorgani-

sationen unverzüglich abzuwickeln, war die gesamte Industrie der ostdeutschen Länder auf einen Schlag ihrer Exportvertriebskanäle beraubt. Auch die sofortige Umstellung auf modernste Produkte konnte somit den Zusammenbruch der ostdeutschen Exportindustrie nicht
verhindern.

Oft habe ich den Einwand, mitunter auch den Vorwurf gehört, mit
dem von uns vorgesehenen Schrittmaß zum Einswerden der beiden
deutschen Staaten hätten wir den DDR-Bürgern letztlich die schnelle
Teilhabe an den Vorzügen der Bundesrepublik vorenthalten wollen.
Möglicherweise – so wird geargwöhnt – hätte sich sogar das real-
sozialistische System restaurieren können. Meine Antwort darauf lautet: Natürlich hätte das beschriebene Herangehen nur mit tatkräfti-
ger, verständnisvoller Unterstützung durch Bonn funktionieren können. Dafür gab es zunächst auch hoffnungsvolle Anzeichen. Bundeskanzler Kohl selbst hatte noch im Dezember 1989 ein Zehn-Punkte-
Programm für das Zusammenwachsen der DDR und der BRD bis hin
zu einer Konföderation vorgestellt. Damit wäre jeder Restauration
früherer gesellschaftlicher Verhältnisse im östlichen Teil Deutschlands
von vornherein ein Riegel vorgeschoben gewesen. Auch hätte die Be-
völkerungsmehrheit in der DDR eine Rückkehr zum alten System
nicht gewollt. Einzelne Bestrebungen solcher Art will ich keineswegs
in Abrede stellen.

Warum aber hätten sich die Ostdeutschen denn nun Hals über Kopf,
ohne Adaption und Training, in eine ihnen noch weitestgehend unbekannte Welt stürzen sollen? Sie hatten sich ja seit dem Herbst '89 bereits alles selbst erobert und erstritten, was sie seit langem ersehnten:
freie Reise- und unbeschränkte Einkaufsmöglichkeiten, Presse-, Rede-
und Versammlungsfreiheit – allerorten herrschte Aufbruchstimmung.
Das Gefühl, nicht mehr gegängelt, ja frei zu sein, war allgemein spürbar. Es gab ermutigende Ansätze, demokratischer zu werden als der
Westen: die Praxis Runder Tische gehörte zum Alltag, ebenso eine
wohltuende Streitkultur politischer Kontrahenten. Bürger waren an
sie betreffenden Entscheidungen unmittelbar beteiligt. Hochinteres-
sante Fernsehsendungen und Zeitungen mit kritischem Geist ließen
die Menschen aufatmen und wieder Gefallen an Politik finden. Regie-
rungsvertreter verließen die Amtsstuben und begaben sich an den Ort
des Geschehens; Sicherheitsapparat und Armee wurden stark reduziert. Bei der Besetzung politischer Ämter entschied Kompetenz und
nicht das Parteibuch. Eine wirklich demokratische Verfassung lag im

Entwurf vor. Für einen kurzen Moment leuchtete auf, was sich viele
von einem neuen Gemeinwesen erhofft hatten.

Bei gutem Willen hätten beide deutsche Regierungen im Winter '89/
90 auch das Währungsproblem im Interesse der DDR-Bürger so lösen können, dass für einen zu vereinbarenden Betrag z.b. Einkäufe in
D-Mark möglich geworden wären. Ich selbst hatte dazu entsprechende Vorschläge eingebracht. Leider, und zum Nachteil der Deutschen
in Ost und West, sind diese Chancen von der Regierung Kohl leicht-
fertig vertan worden. Populismus war im Spiel; Unkenntnis der men-
talen Situation der Landsleute; Ignoranz gegenüber Entwicklungspo-
tenzialen im Osten, die auch für den Westen hätten zukunftsweisende
Anstöße geben können; die Überzeugung vom »Vollendetsein« des
eigenen, des bundesdeutschen Systems u.a.m. Im Nachhinein betrachtet scheint mir, dass zu Beginn unserer Amtszeit bei der Bundesregierung und den westdeutschen Wirtschaftskapitänen sowie bei den Sie-
germächten mehr Realismus in Bezug auf das mögliche und vertret-
bare Tempo der deutschen Wiedervereinigung herrschte als einige Monate später.

Literatur

Analyse der ökonomischen Lage der DDR mit Schlussfolgerungen. Geheime Verschlusssache ZK 02 – Politbüro – Beschlüsse 3/666 47789 vom
31.10.1989.

Deutscher Bundestag (Hrsg.) (1995): Materialien der Enquete-Kommission »Aufarbeitung von Geschichte und Folgen der SED-Diktatur in
Deutschland«, Bd. VII: Widerstand, Opposition, Revolution, Frankfurt
a.M./Baden-Baden.

Gutmann, G./Buch, H.F (1996): Die Zentralplanungswirtschaft der DDR
– Funktionsweise, Funktionsschwächen und Konkursbilanz, in: Kuhrt,
E./Buch, H.F./Holzweißig, G. (Hrsg.): Die wirtschaftliche und ökologi-
sche Situation der DDR in den achtziger Jahren. Am Ende des realen
Sozialismus. Beiträge zu einer Bestandsaufnahme der DDR-Wirklich-
keit in den 80er Jahren, Bd. 2, Opladen, S. 7-51.

Heering, Walter (1997): Die Wirtschaftspolitik der Regierung Modrow und
ihre Nachwirkungen. Expertise für die Enquete-Kommission »Überwindung der Folgen der SED-Diktatur im Prozess der deutschen Einheit«
des Deutschen Bundestages, Berlin.

Hertle, H.-H. (1992): Staatsbankrott. Der ökonomische Untergang des SED-
Staates, in: Deutschland-Archiv, Heft 10, S. 1019-1030.

Hertle, H.-H. (1992a): Das reale Bild war eben katastrophal! Gespräch mit
Gerhard Schürer, in: Deutschland-Archiv, Heft 10, S. 1031-1039.

Hickel, Rudolf/Priewe, Jan (1994): Nach dem Fehlstart. Ökonomische Perspektiven der deutschen Einigung, Frankfurt a.m.

Keller, D./Modrow, H./Wolf, H. (Hrsg.) (1994): Ansichten zur Geschichte der DDR, Bd. IV, Bonn/Berlin.

Lippe, Peter von der (1995): Die gesamtwirtschaftlichen Leistungen der DDR-Wirtschaft in den offiziellen Darstellungen. Die amtliche Statistik der DDR als Instrument der Agitation und Propaganda der SED, Frankfurt a.m./Baden-Baden.

Luft, Christa (1991): Zwischen Wende und Ende, Berlin.

Luft, Christa (1992): Treuhandreport, Berlin.

Nick, Harry (1994): Was an sozialökonomischen Verhältnissen in der DDR nach ihrem Abschluss bewahrenswert gewesen wäre, in: Keller, D./ Modrow, H./Wolf, H. (Hrsg) (1994), S. 341-355.

Priewe, Jan/Hickel, Rudolf (1991): Der Preis der Einheit. Bilanz und Perspektiven der deutschen Vereinigung, Frankfurt a.m.

Romberg, Walter (1995): Einiges wäre sehr viel billiger zu haben gewesen, in: Märkische Allgemeine, 1. Juli.

Schalck-Golodkowski, Alexander (2000): Deutsch-deutsche Erinnerungen, Hamburg 2000.

Schürer, Gerhard (1996): Das Ende der DDR-Wirtschaft, in: Elm, L./Keller, D./Mocek, R. (Hrsg.): Ansichten zur Geschichte der DDR, Bd. VI, Bonn/Berlin, S. 375-407.

Siebenmorgen, P. (1995): Fortwirkende Maßnahmen der Regierung Modrow, in: Deutscher Bundestag (Hrsg.) (1995), S. 2008-2014.

Thaysen, U. (1995): Fortwirkende Maßnahmen der Regierung Modrow, in: Deutscher Bundestag (Hrsg.) (1995), S. 1996-2007.

Thaysen, U./Kloth, H.M (1995): Der runde Tisch und die Entmachtung der SED. Widerstände auf dem Weg zur freien Wahl, in: Deutscher Bundestag (Hrsg.) (1995), S. 1706-1852.

Weizsäcker, Richard von (1994): Suche nach Sicherheit und Solidarität, in: Berliner Zeitung, 2. Juli.

Wilke, Manfred (1996): Schlussbilanz: Die DDR vor dem ökonomischen Bankrott. Eine Lageanalyse des SED-Politbüros vom Oktober 1989, in: Zeitschrift des Forschungsverbundes SED-Staat, Nr. 17, S. 29-34.

Edelbert Richter
Spaltung als Preis der Einheit
Zum Hintergrund der Entscheidungen
von 1990

Die Diskussion um die Thesen Wolfgang Thierses vom Anfang des Jahres 2001 hat eine Frage umgangen, die eigentlich naheliegt: Wenn Ostdeutschland nach über zehn Jahren Wiedervereinigung immer noch keinen selbsttragenden Aufschwung zu verzeichnen hat, so könnte die Ursache doch schon in den wirtschaftspolitischen Weichenstellungen von 1990 liegen. Inwiefern waren sie richtig und notwendig? Inwiefern müssten sie und können sie korrigiert werden?

Wenn jemand einen anderen einholen will und nach langen Anstrengungen feststellt, dass der Abstand nicht kleiner, sondern größer wird, so muss er entweder sein Ziel aufgeben oder er muss seine Strategie gründlich ändern. Man kann nun in der Tat zeigen, dass schon die Weichenstellungen von 1990 in die Richtung einer solchen Vergrößerung des Abstands wiesen. Denn *ökonomisch* trug jede von ihnen nicht zur Vereinigung, sondern zur Vertiefung der Spaltung bei:

1. Die sogenannte Schocktherapie beim Übergang zur Marktwirtschaft beseitigte in der Tat die Krankheit der Totalplanung, aber so, dass sie beinahe den Patienten selber beseitigt hätte, jedenfalls seine Selbstheilungskräfte lähmte.

2. Die Eingliederung in die Bundesrepublik bedeutete trotz aller Vorteile, die sie brachte, dass Ostdeutschland nun über kein eigenes politisches Zentrum mehr verfügte, von dem aus der Aufbau der Marktwirtschaft hätte gesteuert werden können, ja dass es im Grunde keine wirklich auf die ostdeutsche Situation zugeschnittene Wirtschaftspolitik gab.

3. Die Währungsunion führte durch die schlagartige Aufwertung der Währung um 400 Prozent zum Verlust der Exportmärkte und damit der Exportindustrie.

4. Die Treuhandprivatisierung schloss die Ostdeutschen weitgehend vom Produktivkapital aus und führte in großem Umfang zu seiner Verschleuderung.

5. Die Restitutionsregelung behinderte Investitionen in die Zukunft durch langwierige Untersuchungen über die Eigentumsvergangenheit.

Daher ist es kein Wunder, dass es bis heute zu keiner substantiellen Angleichung gekommen ist, die Abstände sich sogar wieder vergrößern. Verwunderlich ist allerdings immer noch, wie es zu jenen Entscheidungen kommen konnte, zumal alle Argumente gegen sie schon 1990 sehr wohl bekannt waren, wir also keineswegs erst im Nachhinein klug geworden sind!

Ein Grund ist sicher das Versagen der vorherrschenden Wirtschaftswissenschaft, die »Ratlosigkeit der Beratenden«, die von Jan Priewe und Rudolf Hickel bereits 1991 konstatiert wurde (Priewe/Hickel 1991). Mit der Fixierung auf das Marktmodell, der mangelnden interdisziplinären Zusammenarbeit und dem fehlenden historischen Denken war sie kaum in der Lage, die Dimensionen des Problems überhaupt zu begreifen. Allerdings kann dies nicht der Hauptgrund jener fragwürdigen Entscheidungen sein, denn immerhin hat die Mehrheit der Wirtschaftswissenschaftler z.B. vor der Währungsunion gewarnt, sich dann aber dem Primat der Politik gebeugt.

War demnach *die Politik selber* für jene Weichenstellungen verantwortlich? Dagegen wäre ja wenig einzuwenden, wenn es sich um eindeutig demokratische Politik gehandelt hätte. Denn es kann Situationen geben, in denen sie sich über ökonomische Bedenken hinwegsetzen muss. Aber war das damals der Fall? Gegen die These vom Primat der Politik in diesem Sinne spricht, dass die Politiker eigentlich fortwährend hinter den Ereignissen herliefen und unter enormem Druck entscheiden mussten. Wer das Geschehen bewusst miterlebt hat, wird sich erinnern: Eher schien ein blinder Naturprozess abzurollen als ein Prozess der Meinungs- und Willensbildung stattzufinden. Die Akteure waren eher Getriebene als Handelnde. Wenn es aber so war, dann muss man natürlich tiefer graben und aufdecken, *was* die angeblich Handelnden denn getrieben hat! Man muss die historischen Hintergründe aufhellen, die ihre Entscheidungen so stark bestimmt haben.

Indem man dies aber versucht, stößt man bald auf eine Art »tektonische Veränderung«, die schon Ende der 70er Jahre begann, bis heute prägend ist und alle Lebensbereiche erfasst hat. Ich meine die Bewegung weg von wohlfahrtsstaatlicher Regulierung der Wirtschaft hin zum Glauben an die Selbstregulierung des Marktes, weg von Keynes hin zur Neoklassik, weg von nationaler Wirtschaftspolitik hin zur Herrschaft des globalen Finanzmarkts usw. Sie ist als *neoliberale Wen-*

de bekannt – aber was heißt das genauer? Ich möchte dies deutlich machen, indem ich mich auf die ideelle Seite jener Wende beschränke und ihren Zusammenhang mit den genannten Entscheidungen im Einzelnen zeige.

1. Das neoliberale Grundvorurteil

Hinter der Entscheidung für die »*Schocktherapie*« stand das neoliberale Grundvorurteil, dass es eigentlich nur zwei politische Lehren gebe, von denen die eine richtig und die andere falsch sei: Liberalismus und Sozialismus. Jeder Versuch, zwischen beiden irgendeinen Mittelweg zu gehen, sei nicht nur völlig sinnlos, sondern schon ein gefährliches Zugeständnis an den Kollektivismus. Dieses massive Vorurteil hat den Ausschlag für jene Entscheidung gegeben, nicht die mehr oder weniger plausiblen Einzelargumente der Fachleute.

Man könnte vom Namen her erwarten, dass der *Neo*liberalismus ein neuer, reiferer Liberalismus ist, der klug und generös das Wahrheitsmoment der Gegenseite aufgenommen hat. Das ist aber leider nicht der Fall, sondern er ist eine Position der unbelehrbaren, trotzigen Selbstbehauptung. Eine solche polemische Position kennt logischerweise nur sich selber und den Gegner, vor dem man ständig auf der Hut sein muss. Sie kennt keinen Kompromiss, kein Drittes, nur ein *Entweder – Oder*. So war es ja noch verständlich, wenn Friedrich August von Hayek in seinem Buch »Der Weg zur Knechtschaft« (1944) angesichts der Erfolge des Nationalsozialismus und des Stalinistischen »Sozialismus« die westlichen Demokratien vor der Übernahme ähnlicher Methoden warnen und an ihre Grundwerte erinnern wollte.

Nicht mehr verständlich war es allerdings, wenn er dabei nun gleich alles außer der eigenen individualistischen Doktrin in einen Topf mit der Aufschrift »Kollektivismus« warf. Denn es ist nicht nur historisch unwahr und daher unwahrhaftig, die Sozialdemokratie z.B. auf einer Linie mit dem stalinistischen »Sozialismus« zu sehen. Es ist auch ein Widerspruch in sich, einerseits Pluralismus vehement zu wollen, andererseits jedoch schon die geringste Abweichung vom eigenen Standpunkt zu verdammen. Die Vielfalt des Lebens entfaltet sich doch wohl gerade *zwischen* den Extremen.

Hayek ist auch später offenbar immer von diesem sturen *Entweder – Oder* ausgegangen. So hat er in seinem monumentalen Werk »Recht, Gesetzgebung und Freiheit« und bei einer vielbeachteten Vorlesung in Freiburg 1979 (!) nicht nur erneut pauschal gegen alles Sozialisti-

sche, sondern schon gegen den Gebrauch des Attributs »sozial« polemisiert und sich damit zugleich von den Freiburger Vätern der Sozialen Marktwirtschaft abgegrenzt, die ihm vermeintlich nahestanden.
Aber hat denn der Neoliberalismus wirklich maßgeblichen Einfluss
auf die Politik in Deutschland gehabt? Hatte die CDU/CSU sich nicht
gerade zum Konzept der Sozialen Marktwirtschaft bekannt und daher in den 80er Jahren in der Bundesrepublik – im Unterschied zu den
Konservativen in England und den USA – auch nur eine »halbe Wende« (W. Süß) zustande gebracht?

Helmut Kohl war ganze 16 Jahre Bundeskanzler, er hätte es jedoch
beinahe auf 22 Jahre bringen können. Denn bei den Bundestagswah-
len 1976 hätte die CDU/CSU mit 48 Prozent der Stimmen fast die
sozial-liberale Koalition abgelöst. Das ist deshalb wichtig, weil sie den
Wahlkampf unter der militanten Losung »Freiheit statt Sozialismus«
geführt hatte. Diese Losung aber kam aus der CSU und war die Quint-
essenz eines Buches, das in ihren Führungskreisen gerade eifrig gelesen wurde: eben »Der Weg zur Knechtschaft« von Hayek.

Erst nachdem die neoliberale Kampflehre sich 1979 in England und
1980 in den USA durchgesetzt hatte (dort übrigens mit Milton Friedman als Wahlhelfer), war es dann auch Kohl beschieden, sein lange
währendes Amt anzutreten. Allerdings hätte er es womöglich schon
1990 wieder verloren, wenn jenes Buch nicht durch den Zusammenbruch des sogenannten realen Sozialismus eine neuerliche Renaissance
erlebt hätte. In der Tat wurde es damals von vielen Intellektuellen in
Osteuropa gelesen, und bekanntlich kehrte die Parole »Freiheit statt
Sozialismus« auch bei den Wahlen 1990 in Ostdeutschland wieder und
verfehlte diesmal ihre Wirkung nicht. Warum? Weil diese Lehre in
ihrer Schlichtheit hervorragend geeignet war, das beängstigende Loch,
das der Zusammenbruch der sozialistischen Ideologie hinterlassen
hatte, adäquat zu füllen.

2. Das »wohlverstandene nationale Interesse«

Dass Ostdeutschland vollständig in die Bundesrepublik *eingegliedert*
wurde und nicht die geringste politische Eigenständigkeit behalten
konnte (wie es für seine ökonomische Entwicklung sinnvoll gewesen
wäre), wird gern auf die Macht der nationalen Tradition und speziell
das nationale Anlehnungsbedürfnis der Ostdeutschen zurückgeführt.
Nun haben solche Gefühle gewiss eine Rolle gespielt, aber erstens
machten sie bald einer tiefen Ernüchterung Platz, und zweitens hätte

man eben dies vermeiden können, wenn man dem nationalen Anliegen wirklich, d.h. auch ökonomisch vernünftig Rechnung getragen hätte. Es kann also nicht das wohlverstandene nationale Interesse gewesen sein, das bei dieser Art von Vereinigung als Leitmotiv gedient hat. Was war es aber dann?

Zunächst viel eher das, was wir zuletzt schon festgestellt haben: Der neoliberale Absolutheitsanspruch, der alles, was nach Sozialismus auch nur entfernt riecht, mit Stumpf und Stiel beseitigen muss, damit endlich der Markt sich entfalten kann. Selbst wenn die Bundesregierung es gewollt hätte, sie konnte gar nicht mehr eine zweite, auf die neuen Bundesländer zugeschnittene Wirtschaftspolitik machen, weil es unter neoliberalem Vorzeichen nur noch *eine einzige* gibt, und zwar die weltweit vom sogenannten Washington-Konsens getragene.

Mit diesem Grundzug des Neoliberalismus hängt ein weiterer Aspekt zusammen, der immer noch gern übersehen wird: sein *blindutopischer Charakter*. Er zeigte sich nicht nur an der Verheißung »blühender Landschaften« in wenigen Jahren und den entsprechenden Prognosen der Wirtschaftsforschung (vgl. Priewe/Hickel 1991: 195), sondern viel treffender an dem missionarischen Eifer, die Marktwirtschaft ohne Rücksicht auf die konkreten historischen Bedingungen in ganz Osteuropa »einzuführen« (in Russland z.B. in 500 Tagen!). Da es nämlich recht viel ist, was nach Sozialismus riecht oder mit dem Attribut »sozial« versehen werden kann, genau genommen die ganze bisherige Menschheitsgeschichte, hat es diese Doktrin schwer, im geschichtlichen Raum Orte zu finden, an denen sie überzeugend demonstriert wird. Es sind immer nur einzelne, bald wieder gescheiterte Experimente, an die sie wirklich anknüpfen kann (das Viktorianische England, Pinochets Chile, das Thatcheristische England, die USA unter Reagan mit Vorbehalt, Neuseeland nach 1984), und so ist sie fast »*ohne Ort*« in der geschichtlichen Erfahrung, eben utopisch.

Allerdings gehört es zum Wesen der blinden Utopie, für ihre unzulängliche Verwirklichung nicht etwa sich selber, sondern die Geschichte verantwortlich zu machen. Denn was sie vertritt, ist ja ihrer Auffassung nach das Natürlichste von der Welt, das nur unter geschichtlichem Schutt verborgen liegt und dort hervorgeholt werden muss. Daher werden die, die der Utopie anhängen, immer wieder Versuche machen, sie gegen die geschichtliche Wirklichkeit, d.h. *gewaltsam* durchzusetzen. Dass diese Gewaltsamkeit auch in der neoliberalen Dogmatik liegt, wird nur deshalb leicht übersehen, weil sie ja mit dem

edlen Streben verbunden ist, die Wirtschaft und die Individuen überhaupt von staatlicher Bevormundung zu befreien. Wer jedoch den sogenannten realen Sozialismus kennengelernt hat, lässt sich durch diese Paradoxie nicht täuschen. Denn damals wuchs genau in dem Maße
die staatliche Repression, in dem umgekehrt das »Absterben« des Staats
als Ziel proklamiert wurde.

3. Die Währungsunion

Die *Währungsunion* war der erste Akt der Schocktherapie und zugleich der entscheidende Akt der Eingliederung Ostdeutschlands in
die Bundesrepublik. Aber erst wenn wir hinzunehmen, was wir über
die neoliberalen Hintergründe der damaligen Entscheidung wissen,
wird klar, weshalb es gar keinen anderen Weg gab. Wäre man z.b. der
von den meisten Fachleuten vertretenen Auffassung gefolgt, dass die
Währungsunion nur die Krönung eines längeren wirtschaftlichen
Angleichungsprozesses hätte sein können, so hätte das ja eine Respek-
tierung der historischen Bedingungen in Ostdeutschland verlangt und
unschöne Übergangslösungen zwischen Plan- und Marktwirtschaft
erfordert! Sollte dagegen der Bruch mit allem Sozialistischen kom-
promisslos sein und zugleich die Marktutopie die Herzen ergreifen,
so musste die D-Mark sofort eingeführt werden.

Die DM war für Ostdeutschland gleichsam das vorweggenommene
marktwirtschaftliche Utopia – mit der Kehrseite allerdings, dass es
bei diesem Utopia wahrscheinlich auch bleiben würde, weil ein real-
wirtschaftlicher Angleichungsprozess nun so gut wie unmöglich gemacht war! Denn musste die politische Gewaltsamkeit gegenüber den
historischen Bedingungen und der ökonomischen Vernunft sich nicht
rächen? Wie konnte die sofortige Währungsunion überhaupt *ökonomisch* gerechtfertigt werden?

Im Grunde nur unter Berufung auf den von der Bundesbank schon
in den 70er Jahren praktizierten, seit den 80er Jahren herrschenden
und mit dem Neoliberalismus eng verwandten *Monetarismus.* Denn
der besagte bekanntlich, dass Vorrang vor Wachstum, Beschäftigung
und außenwirtschaftlichem Gleichgewicht die Geldwertstabilität habe,
dass daher die Wirtschaftspolitik sich auf deren Sicherung beschränken solle und darüber hinaus nur störend für die Wirtschaft sei. Also
konnte es doch nur gut für das Aufblühen der ostdeutschen Wirtschaft sein, wenn der ostdeutsche Interventionsstaat verschwinden und
sie die Geldwertstabilität gleichsam geschenkt bekommen würde!

Warum war es aber, wie die Erfahrung gelehrt hat, *nicht* gut für die ostdeutsche Wirtschaft? Weil es widersinnig ist, eine Wirtschaft *aufbauen* zu wollen und zugleich die politische Priorität *nicht* im Aufbau zu sehen, sondern in der Geldwertstabilität. Weil dem magischen Viereck zufolge ein Konflikt besteht zwischen dem Ziel des Wachstums (und der Beschäftigung) und dem der Preisstabilität, der nicht einseitig zugunsten der letzteren aufgelöst werden darf. Weil die Absolutsetzung der Geldwertstabilität zuerst der Sicherung der Geldvermögen dient, damit aber gerade deren Einsatz für realwirtschaftliche Investitionen behindert und so mit geringerem Wachstum und höherer Arbeitslosigkeit erkauft wird. Als die USA z.b. 1980 ihr monetaristisches Experiment begannen, ging zwar die Inflation bald zurück, das BIP jedoch stagnierte und die Arbeitslosenrate stieg von unter sechs Prozent bis 1982 auf einen Spitzenwert von 10,5 Prozent. Gerade Anfang der 90er Jahre, als sich die einseitige Stabilitätsorientierung der Bundesbank in Europa durchzusetzen begann, haben die USA sie aufgegeben und sind zu einer expansiven Geldpolitik übergegangen.

Mit der Währungsunion und dem praktizierten Monetarismus der Bundesbank war demnach der Aufschwung Ost schon zu Ende, bevor er überhaupt begonnen hatte. Indem Ostdeutschland monetär gleichgestellt wurde, wurde es realwirtschaftlich im Grunde fallengelassen. Es bekam Kaufkraft, aber damit verlor es nicht nur Produktivkraft, sondern auch die Aussicht auf neue Produktivkraft. Der große Bruder behandelte den kleinen kurzerhand so, *als ob* er auch groß sei. Aber eben deshalb konnte (oder brauchte?) er ihm nicht mehr beim *wirklichen* Großwerden (zu) helfen.

4. Die Utopie des Marktes

Abgesehen von der Geldpolitik stimmen die Monetaristen mit den Neoliberalen im Glauben an die Selbstregulierung des Marktes vollkommen überein. Nachdem die geldpolitische Eingliederung Ostdeutschlands erfolgt war, musste daher – ganz in ihrem Sinne – die Freisetzung der Marktkräfte durch die *Treuhand* folgen. Warum konnten aber die Argumente für eine alternative Treuhandpolitik sich nicht durchsetzen? Weil die konservativ-liberale Mehrheit von folgenden drei Vorurteilen ausging, von denen wir zwei schon kennen:

a) Zwischen Plan- und Marktwirtschaft kann und darf es keinen Übergang geben: Jede Stunde, in der sich Eigentum noch in öffentlicher Hand befand, ist danach eine verlorene Stunde. Sanierung mit öffentlicher Hilfe schien daher nicht nur zu teuer, sondern Eigentum war in privater Hand grundsätzlich besser aufgehoben.

b) Wenn die Marktwirtschaft in ihrer absoluten Überlegenheit schnell zum Zuge kommen soll, dann wird sie am besten von denen »eingeführt«, die mit ihr vertraut sind und über das notwendige Kapital verfügen: den westlichen Investoren. Der utopische Charakter des neoliberalen Glaubens verlangte also nicht nur, dass man sich über die konkreten historischen Bedingungen, sondern auch über die konkreten Menschen vor Ort hinwegsetzte. Dass diese *Utopie* vom Markt das Entstehen eines *wirklichen* Marktes gerade verhindern würde, kam offenbar niemandem in den Sinn. Damit offenbart sich aber zugleich, wie weit man sich vom ursprünglichen Konzept der *Sozialen Marktwirtschaft* entfernt hatte! Denn das hatte eine »Gesellschaft von Teilhabern« (Ludwig Erhard) zum Ziel und verlangte daher eine breite Streuung des Produktivvermögens.

c) Eine Sanierung kam auch deshalb nicht in Betracht, weil das ja staatliche *Industriepolitik* bedeutet hätte – eine Sünde wider den neoliberalen Zeitgeist. Nach dessen Maßstäben sind nämlich Privateigentum und Wettbewerb der Schlüssel des wirtschaftlichen Fortschritts, nicht etwa Bildung, Forschung, Entwicklung oder Kooperation, bei denen auch der Staat im Spiel ist. Dass z.B. Forschung und Entwicklung in hohem Grade ein vom Markt unabhängiges öffentliches Gut sind, spiegelt sich in der neoklassischen Markttheorie insofern wider, als sie dort keine konstitutive Rolle spielen, sondern *nur als exogener Faktor* vorkommen. Das ist natürlich eine gravierende Schwäche, denn ohne Forschung und Entwicklung lässt sich wirtschaftliches Wachstum nicht begreifen. Man denke nur an die Internetökonomie oder die Biotechnologie, die zudem beide ihren Ursprung in massiver staatlicher Förderung haben! In jener Theorie kommt es zu Wachstum aber nur durch eine Verbesserung der Angebotsbedingungen, d.h. eine Senkung der Kostenbelastung der Unternehmen, die ihre Innovationsbereitschaft erhöht. Wie aber, wenn gerade umgekehrt eine schlechte Gewinnsituation die Unternehmen zu Innovationen herausfordert? Der tiefere Grund für jene Schwäche ist aber, dass es nach der Theorie der vollkommenen Konkurrenz eigentlich gar keine Entscheidungsspielräume der Unternehmen gibt, sondern nur ein automatisches Reagieren auf Preissignale! Wer aber nicht richtig reagiert, scheidet sofort aus dem Wettbewerb aus. Für technologische Innovationen ist in diesem Mechanismus daher kein Platz.

5. Die restaurative Tagesordnung

Auch das Prinzip »*Rückgabe vor Entschädigung*« für Alteigentümer in Westdeutschland folgt neoliberalen Vorgaben, nicht etwa dem Grundgesetz. Freilich hat man sich dabei auf die Eigentumsgarantie des Artikel 14 Grundgesetz berufen. Aber erstens beinhaltet der Artikel kein *Gebot* der Naturalrestitution. Und zweitens verlangt er nicht etwa bloß die Garantie der bestehenden Vermögensverteilung, sondern das Hinwirken auf eine gerechtere. Denn »gravierend ungleichgewichtige Verteilungsstrukturen des Privateigentums stellen eine latente, aber dennoch existentielle Gefahr für die Verfassungs- und Gesellschaftsordnung allgemein und für die Eigentumsinstitutsgarantie im besonderen dar«. (Maunz/Dürig/Herzog: S. 27) Wenn die Ostdeutschen, die im Durchschnitt ohnehin nur über ein Drittel des Immobilienvermögens der Westdeutschen verfügen, infolge der Restitutionsregelung nun z.b. noch eine Million Wochenendgrundstücke aufgeben mussten, so war das sicher kein Hinwirken auf eine gerechtere Vermögensverteilung.

Wovon man bei jener Entscheidung eigentlich ausging, lässt sich zunächst in dem Satz zusammenfassen: Da die eigene Ordnung unabhängig von den jeweiligen Bedingungen für alle die beste ist, muss jeder noch so schwache historische Anknüpfungspunkt genutzt werden, um sie durchzusetzen. Aber man konnte sich dabei auch auf einen ausgeprägten neoliberalen *Traditionalismus* stützen! Denn in einem verblüffenden Widerspruch zu dem unhistorischen Denken der Neoliberalen betont Hayek gerade die Bedeutung der Tradition, der gewachsenen Institutionen, und wendet sich entschieden gegen den »Konstruktivismus«, der meint, Institutionen seien von Menschen gemacht und könnten daher von ihnen auch vernunftgemäß verändert werden.

»Es ist dieses *Sich-fügen in nicht bewusst geschaffene Regeln und Konventionen*, deren Sinn und Wichtigkeit wir zum Großteil nicht verstehen, es ist diese Ehrfurcht vor dem Traditionellen, das die rationalistische Denkungsart so fremd findet, obwohl es für das Funktionieren einer freien Gesellschaft unentbehrlich ist« (Hayek, zitiert nach Zeitler 1995: 85). Die einfache Lösung des Widerspruchs ist wohl, dass die Ehrfurcht vor der Tradition für die *eigene* Ordnung gilt, der sich alle *anderen* anzuschließen haben – auch wenn das für sie auf genau das hinausläuft, was Hayek »Konstruktivismus« und wir blinde Utopie genannt haben.

So wurden die östlichen Planwirtschaften also nicht nur wegen ihrer ökonomischen Ineffizienz kritisiert, sondern auch wegen ihrer Missachtung der rechtlichen Tradition. Welcher? Natürlich der westlichen. Konstitutiv für sie ist aber das Privateigentum. Fortschritt und Wohlstand sind bloß ein Nebeneffekt, der sich gerade dann einstellen wird, wenn man ihn nicht bewusst anstrebt, sondern sich der spontanen Marktordnung überlässt. Aus dieser Sicht wird es erst verständlich, warum man die Hinweise auf den ökonomischen Widersinn der Restitutionsregelung (weitgehend) in den Wind schlug und zur restaurativen Tagesordnung überging.

Zurück zum Ausgangspunkt unserer Überlegungen: Natürlich können die Weichenstellungen von 1990 nicht rückgängig gemacht werden. Ihren Folgen müsste jedoch so weit wie möglich entgegengewirkt werden, wenn am Ziel der Angleichung der Lebensverhältnisse festgehalten werden soll. Gewiss muss eine neue Regierung von den Gegebenheiten ausgehen, die ihre Vorgängerin geschaffen hat. Sie muss sie aber nicht hinnehmen, sondern darf sie verändern. Das setzt allerdings voraus, dass sie die Frage überhaupt stellt, die uns hier beschäftigt hat, und dass sie ernsthaft bestrebt ist, zu einem neuen Primat der Politik zu kommen. Weil an Ostdeutschland gleichsam ein neoliberales Exempel statuiert wurde, ist die Wirtschaftspolitik ihm gegenüber ein Test auf die Ernsthaftigkeit dieses Anliegens.

Literatur

Busch, Ulrich/Schneider, Anja (2000): Zehn Jahre am Tropf. Vergebliches Warten auf einen selbsttragenden Aufschwung in Ostdeutschland, in: Berliner Debatte Initial, 11. Jg., Heft 4, S. 1-19.

Hayek, Friedrich August von (1944): Der Weg zur Knechtschaft, Erlenbach/Zürich.

Hayek, Friedrich August von (1981): Recht, Gesetzgebung und Freiheit, Bd. 1-3, Landsberg.

Maunz, Theodor/Dürig, Günter/Herzog, Roman (1983): Kommentar zum Grundgesetz.

Memo-Forum (2000): Zehn Jahre »Aufbau Ost« – widersprüchliche Ergebnisse, Probleme und Alternativen, Nr. 27.

Priewe, Jan/Hickel, Rudolf (1991): Der Preis der Einheit. Bilanz und Perspektiven der deutschen Vereinigung, Frankfurt a.M.

Richter, Edelbert (1998): Aus ostdeutscher Sicht. Wider den neoliberalen Zeitgeist, Köln/Weimar/Wien.

Zeitler, Christoph (1995): Spontane Ordnung, Freiheit und Recht. Zur politischen Philosophie von F.A. v. Hayek, Frankfurt a.M.

Norbert Reuter[1]

Mehr »error« als »trial«
Der Prozess der deutschen Einheit im Spannungsfeld ökonomischer Theorien

»(...) die Ratlosigkeit (war) groß.«
Rudolf Hickel 2000: 358

1. Die deutsche Wirtschaftswissenschaft am Tag X

Der Fall der Mauer am 9. November 1989 traf nicht nur die Politik, sondern auch die gesamte deutsche Wirtschaftswissenschaft völlig unvorbereitet. Schlagartig wurde klar, dass weder hier noch dort auf detaillierte Analysen, geschweige denn ausgearbeitete Blaupausen für den Tag X zurückgegriffen werden konnte. »Übrig blieb daher nur die Methode des »Versuchs und Irrtums« (trial and error) bei hoher Ungewissheit und großen Risiken«, stellte Rudolf Hickel (2000: 356) rückblickend fest. Dessen ungeachtet waren Ökonominnen und Ökonomen gefragte und gesuchte Ratgeber, schließlich stand mit einem Mal ein bislang beispielloses Projekt auf der Tagesordnung, nämlich die Zusammenführung zweier völlig konträrer Wirtschaftsordnungen – Marktwirtschaft hier, Zentralverwaltungswirtschaft dort – innerhalb *eines* Staatsgebietes. Auch die Tatsache, dass sich alsbald die Kräfte durchsetzten, die jedwede Ansätze einer Synthese beider Systeme in Richtung eines »Dritten Wegs« zwischen Sozialismus und Kapitalismus rigoros ablehnten und die Wirtschaftsverfassung der neuen Länder einfach an die der alten anpassen wollten (Altvater 1991: 702f.), änderte kaum etwas an der »herkulische(n) Dimension« (Wollmann 2001: 34) der anstehenden Aufgabe.

---

[1] Für die kritische Durchsicht des Beitrags danke ich ganz herzlich Silke Raab und Klaus Steinitz.

Angesichts dieser Grundkonstellation formierten sich die ökonomischen Transformationsstrategien entlang zweier Linien: Auf der einen Seite die Anhänger eines strikt marktwirtschaftlichen Kurses, die bereits in der Vergangenheit mit Blick auf die ökonomischen Probleme im alten Bundesgebiet – im Mittelpunkt stand hier die in den 1980er Jahren aufgelaufene Massenarbeitslosigkeit – »mehr Markt« und »weniger Staat« als probates Mittel zur Krisenüberwindung sahen,[2] und die diesen Standpunkt nun auf die Transformationsproblematik übertrugen. Die von der neoklassischen Gleichgewichtstheorie gespeiste Grundüberzeugung vertraute auf die »unsichtbare Hand« des Marktes, für die auch die Transformation einer Plan- in eine Marktwirtschaft kein grundlegendes Problem darstellt – vorausgesetzt man schaffte die notwendigen Rahmenbedingungen. Eine möglichst rasche Entstaatlichung der ostdeutschen Produktionsverhältnisse und die übergangslose Einführung der bundesdeutschen Rechts- und Wirtschaftsordnung wurden zur Grundvoraussetzung einer erfolgreichen »Anschlusses« erklärt. Vor diesem Hintergrund wurde sogar dem Phantasiebild des damaligen Bundeskanzlers Helmut Kohl, der »blühende Landschaften« in »drei, vier, fünf« Jahren vorhersagte und das opportunistische Versprechen gab, dass es »niemandem schlechter, aber vielen besser« gehen werde, von der Mehrheit der deutschen Ökonomenzunft kaum widersprochen. Das industrienahe Institut der deutschen Wirtschaft (1990) erklärte die Angleichung der Wirtschaftskraft innerhalb weniger Jahre sogar ausdrücklich für möglich.

Auf der anderen Seite etablierte sich – ebenfalls wie aus der zurückliegenden Debatte in den alten Bundesrepublik bekannt – eine Minderheitsmeinung, die vor einem unvermittelten Wechsel warnte und für einen geordneten, von koordinierenden staatlichen Interventionen begleiteten Transformationsprozess warb. Statt in Jahren dachte man hier von Anfang an in Generationen (vgl. u.a. Priewe/Hickel 1991: 19; DIW 1992, Heise 1992), was rückblickend die realistische Einschätzung der zu bewältigenden Aufgabe dokumentiert. Rudolf Hickel (und mit ihm die Arbeitsgruppe Alternative Wirtschaftspolitik) gehörte von Anfang an zu den profiliertesten – und wie rückblickend zu konstatieren ist – zu den kenntnisreichsten Vertretern dieser Richtung, dessen prominentester Kopf zweifellos Oskar Lafontaine war.

---

[2] Vgl. zum Konzept und zu den Auswirkungen neoliberaler Wirtschaftspolitik Reuter 1998: 41-58.

Zusammen mit seinem Co-Autor Jan Priewe hatte Hickel (1991: 21) frühzeitig gewarnt:»Ordnungspolitische Prinzipien und Marktradikalität helfen nicht weiter. Die Kräfte des Marktes, ließe man ihnen vollkommen freien Lauf, führen zur weitgehenden Selbstzerstörung der ostdeutschen Wirtschaft (...).« Für diese klaren Worte erntete er wie die übrigen Kritiker einer eigendynamischen Entwicklung mittels »Entfesselung von Marktkräften« harsche Kritik. Sie erfuhren in besonders herausragender Weise, was es bedeutet, in der allgemeinen Vereinigungseuphorie mit Rückgrat eine kritische Minderheitsposition zu vertreten. Öffentlich geäußerte Zweifel an deren ökonomischem Sachverstand gehörten noch zu den harmloseren Angriffen. Schwerer wog die Unterstellung, den Kritikern ginge es letztlich um eine mit ökonomischen Scheinargumenten betriebene Verhinderung der Einheit Deutschlands:»Mahner wurden als Miesmacher der deutschen Einheit diffamiert« (Hickel 1991: 91), und Oskar Lafontaine z.B. sei nur »(...) zu feige, offen zu seiner Ablehnung der Einheit Deutschlands zu stehen.«[3]

Nachdem die zeitliche Vorstellung Kohls bis zum angekündigten Erblühen der Landschaften inzwischen weit überschritten ist, können sich diejenigen, die vor den Folgen eines marktradikalen Kurses frühzeitig gewarnt haben, heute bestätigt sehen. Obwohl sich Tag für Tag erweist, dass »(d)ie Kritiker und Pessimisten (..) die Realisten (waren)« (Priewe/Hickel 1991: 42), erstaunt, dass dies kaum zur Rehabilitation und zum Erstarken der kritischen Ökonomik geführt hat. Es zeigt sich wieder einmal, dass eine herrschende Lehre, sofern sie mit den einflussreichen Interessen durchsetzungsfähiger Gesellschaftsgruppen konform geht, offensichtlich auch die Fähigkeit besitzt, selbst angesichts widersprechender ökonomischer Fakten unbeeindruckt an überkommenen Modellen und Politikempfehlungen festzuhalten.

Die Kritiker des praktizierten Einigungsprozesses hatten argumentiert, dass der von systematischer Unterschätzung der Transformationsaufgabe bei gleichzeitiger Überschätzung der Marktkräfte geprägte Weg die tatsächliche Angleichung der Lebens- und Arbeitsverhältnisse in beiden Teilen Deutschlands verlängern und den von der Allgemeinheit zu tragenden »Preis der Einheit« in die Höhe treiben würde. Demgegenüber wurde die einmal mehr als »Wirtschaftswunder« ver-

---

[3] So der Vorwurf Alfred Dreggers im Mai 1990, nachzulesen in Filmer/Schwan 1990: 267.

klärte Nachkriegsentwicklung als historischer Beleg für die Wirksamkeit und Eigendynamik marktwirtschaftlicher Kräfte herangezogen: Nach dem Vorbild der Jahre nach dem Zweiten Weltkrieg, in denen die Kriegsschäden zügig beseitigt wurden und die junge Bundesrepublik früher als erwartet an die Wirtschaftskraft der Vorkriegszeit anknüpfen konnte, sollte und könnte – so die u.a. durch die Bundesregierung geweckte Erwartungshaltung – auch der »Aufbau Ost« erfolgen – gewissermaßen als »zweites« oder »neues« deutsches »Wirtschaftswunder« (vgl. Priewe/Hickel 1991: 126 u. 225f.; Heise 1992: 379). Anfang 1991 bestanden sogar Hoffnungen, die Dynamik der Nachkriegsentwicklung noch übertreffen zu können.[4] Dabei hätte ein fundierter Vergleich der Voraussetzungen der Nachkriegsentwicklung mit denen von 1989 die fundamentalen Unterschiede der sozioökonomischen Bedingungen und damit die unvergleichliche Dimension der bevorstehenden Aufgabe deutlich werden lassen.

2. Die Geschichte wiederholt sich nie:
Die deutsche Nachkriegsentwicklung und der »Aufbau Ost«

Zum deutschen Wirtschaftswundermythos gehört, dass der Wirtschafts- und Währungsreform von 1948 und der ausländischen Finanzhilfe im Rahmen des Marshallplans eine zentrale Bedeutung für die wirtschaftliche Dynamik der Nachkriegszeit beigemessen wird. Diese verkürzte Sichtweise der Ursachen des deutschen Nachkriegsaufbaus verführte offensichtlich zu jenem Analogieschluss, der auf der Gleichung beruhte:

Währungs- und Wirtschaftsreform

\+ Anschubfinanzierung

= 2. (ost)deutsches »Wirtschaftswunder«

Zu Beginn der 1990er Jahre lagen jedoch keine mit der Nachkriegsentwicklung vergleichbaren günstigen sozioökonomischen Rahmen-

---

[4] Hierauf deutet der Jahreswirtschaftsbericht 1991 der Bundesregierung hin, in dem es mit Blick auf die alten Bundesländer hieß: »Ein so ausgeprägter Zuwachs ist selbst in der stürmischen Wiederaufbauzeit der fünfziger Jahre selten registriert worden.« Jahreswirtschaftsbericht 1991: 9.

bedingungen vor. Die Gleichung ignoriert vor allem, dass die erste Nachkriegsphase durch umfassende interventionistische Maßnahmen gekennzeichnet war.

Die wirtschaftliche Vereinigung der beiden deutschen Staaten war statt dessen von einem grundlegenden Vertrauen in die produktive und sich potenziell selbstentfaltende und selbstbestärkende Wirkung autonomer Marktkräfte geprägt. Es herrschte die Überzeugung, dass es nach Institutionalisierung der westdeutschen Marktverfassung inklusive westdeutscher Währung nicht mehr als einer Anschubfinanzierung in zeitlich und quantitativ überschaubarem Rahmen bedürfe, um in den neuen Bundesländern ein sich selbst tragendes Wachstum zu initiieren.[5]

Nach über zehn Jahren »Projekt deutsche Einheit« liegt nunmehr offen zutage, dass sich diese Hoffnungen nicht erfüllt haben. Zu Beginn des neuen Jahrtausends sind die neuen Bundesländer mit 15 Millionen Einwohnern »die größte territorial zusammenhängende ›Unterentwicklungsregion‹ (Zielregion 1) der EU« (Mai/Steinitz 2000: 10). Das in Kaufkraftparitäten gemessene Bruttoinlandsprodukt je Einwohner erreicht in keinem der neuen Bundesländer das Niveau des gegenwärtig wirtschaftlich schwächsten EU-Mitglieds Griechenland, das auf 65% des EU-Durchschnitts kommt.[6] Nur unterhalb der Ebene der Bundesländer findet man auf der mit deutschen Regierungsbezirken vergleichbaren Ebene regionale Einheiten mit einer niedrigeren Wirtschaftskraft wie etwa den Alentejo in Portugal mit 53% oder die Extremadura in Spanien mit 54 Prozent (vgl. Kuhn 2000: 79).

2.1 Stand und Entwicklung des Anlagekapitals

Die Voraussetzungen für die Wiederherstellung der Wirtschaftskraft waren nach dem Zweiten Weltkrieg in Deutschland ungleich besser, als der erste Eindruck vermittelte. Das deutsche Produktivitätsniveau war während des Zweiten Weltkriegs wegen hoher Investitionen zwischen 1936 und 1943 über den Stand von 1936 angewachsen. Nur 20 Prozent der gewerblichen Gebäude und der Produktionsanlagen wa-

---

[5] Noch 1991 ließ die Bundesregierung verlautbaren: »Private Unternehmer und Investoren sind sehr viel besser als der Staat geeignet, schnell und flexibel einen wirkungsvollen Umstrukturierungsprozeß in Gang zu setzen.« Ebd.: 15.

[6] Brandenburg erreicht 64%, Sachsen, Sachsen-Anhalt und Thüringen 60%, Mecklenburg-Vorpommern 57%. Vgl. Kuhn 2000: 79.

ren durch Kriegseinwirkungen zerstört worden (vgl. Zinn 1992: 62f).
Die Altersstruktur und der Gütegrad des Kapitalstocks hatten 1945
einen Höchstwert erreicht. Das Arbeitskräftepotenzial war 1946 im
Vergleich zu 1939 um sieben Prozent gewachsen, bis 1948 sogar um
14%, so dass mit Kriegsende vonseiten der wichtigsten Produktionsfaktoren Arbeit und Kapital beste Voraussetzungen für einen schnel-
len Rekonstruktionsprozess bestanden (vgl. Abelshauser 1990: 103ff.).
Vor allem Engpässe im Transportwesen, das von Kriegseinwirkungen
besonders betroffen war, verhinderten zunächst die schnelle Expansion der Friedensproduktion. Nachdem auf Weisung der Besatzungs-
mächte das Schienennetz und das Material der Reichsbahn wieder gezielt instand gesetzt worden waren, besserte sich die Lage bereits ab
Herbst 1947 spürbar.

Demgegenüber hatte die DDR-Wirtschaft ihren Anschluss an das
Qualitäts- und Produktivitätsniveau westeuropäischer Industriestaa-
ten seit den 1970er Jahren immer mehr verloren (vgl. Lutz/Grünert
2001: 137f.). Ostdeutsche Produkte waren im Westen in der Regel nur
noch zu staatlich unter den Herstellungskosten festgesetzten Verkaufs-
preisen (»Dumpingpreisen«) absetzbar. Wegen Qualitätsmängeln und/
oder veralteter technologischer Standards blieb oftmals nur der Handel mit den sozialistischen Bruderländern, der aber nicht konvertierbare, nur im gegenseitigen Handel der RGW-Länder verwertbare
Transfer-Rubel einbrachte. Mit der Zeit hatten einst produktive DDR-
Betriebe ihre Wettbewerbsfähigkeit eingebüßt, weil nicht nur die Mittel
für die Anwendung und Umsetzung von technischem Fortschritt und
Innovationen fehlten, sondern selbst Ersatzinvestitionen nicht im
notwendigen Umfang durchgeführt werden konnten.

Insgesamt muss der ostdeutsche Kapitalstock zum Zeitpunkt des
Mauerfalls als stark überaltert bezeichnet werden. Die DDR war »(...)
ein *veraltetes, zurückgebliebenes Industrieland*, das keine auch nur
annähernd hinreichende innere Dynamik besaß, um mit der internationalen technologischen Entwicklung mithalten zu können. (...) Die
Wirtschaftsstruktur der DDR entsprach 1989 der der BRD Ende der
60er Jahre« (Priewe/Hickel 1991: 70, Hervorh. im Orig.). Der nachfolgende Zusammenbruch der Handelsbeziehungen mit der ehemaligen Sowjetunion infolge der Währungsreform und die Rücknahme
der zunächst erfolgten Subventionierung sogenannter »Transferrubel-
geschäfte« verschärften die Absatzproblematik ostdeutscher Produkte weiter.

Trotz dieser unübersehbaren Produktions- und Produktivitäts-schwäche verleitete die Vereinigungseuphorie offensichtlich dazu, den Wert des DDR-Produktivkapitals anfangs außerordentlich hoch ein-zuschätzen. Kontinuierlich musste die Treuhandanstalt (THA) die Bewertung des in ihren Besitz übergegangenen »Volkseigentums« von im Sommer 1990 zunächst geschätzten 800 bis 1.000 Mrd. DM auf schließlich nur noch 200 Mrd. DM nach unten korrigieren (vgl. Turek 1993: 635). Als die THA Ende 1994 aufgelöst wurde, hatte sie Privati-sierungserlöse von lediglich rund 36 Mrd. DM erwirtschaftet, hinter-ließ an ihre Nachfolgeorganisationen aber gleichzeitig Schulden in Höhe von über 230 Mrd. DM (Nolte 1995: 82). Auch wenn das »Ver-schwinden« des ostdeutschen Produktivkapitals im Transformations-prozess viele Fragen aufwirft und zu einem nicht unbeträchtlichen Teil Folge einer überstürzten Privatisierungspolitik der THA, lukra-tiver »Verkäufe« industriellen Sachvermögens an westdeutsche und ausländische Unternehmen zu »symbolischen« Preisen von einer DM, spekulativer Geschäfte und krimineller Aktivitäten war (Voigt 1995), zeigt die in der DDR über viele Jahrzehnte entstandene Produktions-struktur und -ausrichtung, dass hinsichtlich des Kapitalstocks keine mit den westdeutschen Startbedingungen nach 1945 vergleichbare Si-tuation vorlag, dieser eben nicht wie damals nach Veränderung eini-ger Rahmenbedingungen einfach wieder »in Betrieb« genommen wer-den konnte.

2.2 Die Nachfragesituation

Hinsichtlich des Nachfragepotenzials, das die deutsche Nachkriegs-entwicklung von der Konsumseite her abgesichert hatte, konnte noch am ehesten von einer vergleichbaren Situation ausgegangen werden: In beiden Fällen hatte sich ein enormer Nachholbedarf aufgestaut. Der fundamentale Unterschied lag jedoch darin, dass im Nachkriegs-deutschland hieraus im Sinne der Akzeleratorbeziehung ein Investi-tionsimpuls für die Erstellung neuer und die Erweiterung vorhande-ner Produktionsanlagen ausging, während nach 1989 im vereinigten Wirtschaftsgebiet und im wirtschaftlich eng verflochtenen Westeuro-pa bereits umfangreiche Kapazitäten bereitstanden, die nur darauf warteten, genutzt zu werden. Der Fall der Mauer fiel in eine Zeit, als die deutsche und die europäische Wirtschaft (wie die Weltwirtschaft insgesamt) sich in einer konjunkturellen Schwächephase befanden, die von einer massiven Unterauslastung der Produktionskapazitäten gekennzeichnet war. Die hohe Nachfrage, die von den Bürgerinnen und Bürgern der neuen Bundesländer nach der Währungsreform entfaltet wurde, wirkte wie ein gewaltiges keynesianisches Konjunkturprogramm – allerdings nur für die *west*deutsche Wirtschaft.[7] Da getreu der reinen Marktlehre u.a. auf jede Art von »local content«-Klauseln verzichtet wurde, wurde die Lücke von fast 200 Mrd. DM weitgehend durch Lieferungen aus Westdeutschland geschlossen, sodass von diesem Nachfrageboom kein Anreiz für Neu- und Erweiterungsinvestitionen am Ort der Konsumtion ausging. 1992 war die kaufkräftige Nachfrage in den neuen Bundesländern fast doppelt so hoch wie das dort erwirtschaftete Bruttoinlandsprodukt.

Es war jedoch bereits Anfang der 1990er Jahre absehbar, dass der Nachfrageboom aus Ostdeutschland nicht lange anhalten konnte. Ursachen hierfür waren der rasch auslaufende, einmalige Nachfrageeffekt der Währungsreform, der rasch erreichte Sättigungseffekt vor allem bei langlebigen Konsumgütern und die ostdeutsche Einkommensentwicklung, die unter den Druck von Preissteigerungen, unerwartet stark ansteigender Arbeitslosigkeit und der damit verbundenen sozialen Verunsicherung geriet. Die Chance, den durch die Währungsunion bedingten Nachfrageschub für einen Aufbau der ostdeutschen Wirtschaft zu nutzen, wurde damit im Unterschied zur deutschen Nachkriegsentwicklung ebenso leichtsinnig wie unwiderruflich vergeben.

2.3 Arbeitskräfteangebot und -nachfrage

Die Zuwanderung von über zehn Millionen Flüchtlingen und Vertriebenen in der Nachkriegszeit und die Tatsache, dass das vereinigte Deutschland quasi über Nacht um über 16 Millionen Menschen bereichert wurde, lassen zunächst ebenfalls auf Gemeinsamkeiten der beiden historischen Situationen schließen. Und doch waren auch hier die ökonomischen Bedingungen grundverschieden. Nach dem Krieg wurden Arbeitskräfte wegen der zur Nachfragebefriedigung notwendigen Expansion der Wirtschaft dringend benötigt. Der *in ganz Europa* herrschende Warenhunger wurde durch den weltwirtschaftlichen Nachfragesog infolge des Korea-Kriegs ab 1950 noch verstärkt. Der Flüchtlings- und Vertriebenenstrom nach 1945 sorgte in dieser Situa-

---

[7] Laut Bundesbank verdiente die westdeutsche Wirtschaft allein 1991 62 Mrd. DM an »inneren Exporten« nach Ostdeutschland.

tion dafür, dass zur Kapazitätserweiterung benötigte Arbeitskräfte in ausreichender Zahl und in allen Qualifikationsstufen zur Verfügung standen.

Demgegenüber konnte zu Beginn der deutschen Vereinigung auf die bereits erwähnten großen Überkapazitäten in den alten Bundesländern zurückgegriffen werden, sodass ein Schub in der Arbeitskräftenachfrage ausblieb. Zudem bestand zum Zeitpunkt des Mauerfalls kein Mangel an Arbeitskräften.

In Westdeutschland waren 1989 bereits über zwei Millionen Arbeitslose offiziell registriert, und auch in der DDR bestand trotz deklarierter Vollbeschäftigung ein hohes Maß an verdeckter Arbeitslosigkeit, die sich Schätzungen zufolge auf rund 1,4 Millionen Personen belief, was etwa 15% der Gesamtbeschäftigung der DDR entsprach (vgl. Vogler-Ludwig 1990: 7). Die knapp zehn Millionen Beschäftigten der DDR stellten daher eine zusätzliche Belastung des bereits angespannten Arbeitsmarktes dar. Neben dem Auseinanderfallen von Produktions- und Konsumtionsort unterschied sich die Situation der deutschen Vereinigung von der Nachkriegsentwicklung also auch durch grundsätzlich andere Rahmenbedingungen hinsichtlich der Absorption zusätzlicher Arbeitskräfte.

2.4 Wirtschaftspolitische Interventionen

Ein unvoreingenommener Vergleich der Nachkriegs- mit der Nachvereinigungsentwicklung hätte weiterhin gezeigt, dass die seinerzeitige alliierte Wirtschaftspolitik angesichts der schwierigen Lage im Nachkriegsdeutschland die planwirtschaftliche Ausrichtung des nationalsozialistischen Wirtschaftssystems zunächst weitgehend beibehalten hatte.

Bis 1948 und zum Teil darüber hinaus, also in der wichtigen Startphase des westdeutschen Wiederaufbaus, waren umfassende staatliche Ordnungsmaßnahmen in Kraft, wie z.B. die Rationierung lebenswichtiger Nahrungsmittel und anderer Verbrauchsgüter durch ein Bezugsscheinsystem, die Bewirtschaftung und Zuteilung aller Grund-, Roh- und Betriebsstoffe, Preis- und Lohnstoppverordnungen, die staatliche Kontrolle der Ein- und Ausfuhr, die Festsetzung der Preise von Außenhandelsgütern, die Devisenkontrolle sowie Produktionsvorschriften und Ablieferungspflichten für bewirtschaftete Produkte. Erst 1950 wurden der Preisstopp und die Lebensmittelrationierung vollständig aufgehoben.

Während also die Startphase des deutschen »Wirtschaftswunders« von umfassenden protektionistischen und interventionistischen Maßnahmen geprägt war, die sich »(...) als außerordentlich erfolgreich im Hinblick auf die Förderung des deutschen Wirtschaftswunders« (Spahn 1991: 74) erwiesen hatten, gehörte deren völlige Vermeidung bzw. – sofern aus DDR-Zeiten noch vorhanden – zügige Abschaffung zu den obersten Zielen des deutschen Vereinigungsprozesses.

2.5 Die Wirtschafts- und Währungsreform

1948 wie 1990 wurde der Wirtschafts- und Währungsreform eine zentrale Bedeutung für die anschließende wirtschaftliche Entwicklung beigemessen. Während hierdurch nach dem Zweiten Weltkrieg die Grundlage für den raschen Wiederaufbau gelegt wurde, konnte von der 1990er Reform keine entsprechende Initialzündung ausgehen. Die Rahmenbedingungen waren auch hier zu verschieden (Altvater 1991). Die Währungsreform vom 1. Juli 1990, die die alte, nicht konvertible DDR-Währung im Prinzip im Verhältnis 1:1 durch die DM ersetzte, verschaffte zwar dem Konsum der neuen Bundesbürger für kurze Zeit einen starken Auftrieb, verursachte aber auch eine schockartige Aufwertung der ostdeutschen Währung um über 300%, was selbst eine intakte und bis dato konkurrenzfähige Wirtschaft nicht hätte verkraften können (Hankel 1993: 23; Hickel 2000: 361).

Während also die 1990er Währungsreform eine massive Aufwertung der Währung des zu entwickelnden Wirtschaftsgebietes mit sich brachte, war der Effekt der 1948er Reform genau umgekehrt. Nach der Währungsreform vom Juni 1948 und der Gründung der BRD im Mai 1949 war eine der ersten außenwirtschaftspolitischen Entscheidungen der Regierung Adenauer im September 1949, die DM gegenüber dem Dollar um 20,6% *ab*zuwerten. Damit war eine 24jährige Periode der deutlichen Unterbewertung der deutschen Währung eingeleitet worden, die bis zur Aufhebung des internationalen Systems der festen Wechselkurse (das sog. »Bretton-Wood-System«) im Jahre 1973 andauerte und die der deutschen Exportwirtschaft anhaltend günstige währungstechnische Bedingungen verschaffte.[8]

---

[8] Die letzte feste US-Dollar-DM-Parität am Ende des Bretton-Woods-Systems betrug 1:3,66. Die Tatsache, dass derzeit trotz anhaltender Schwäche Euro für einen Dollar rund 2,30 DM gezahlt werden müssen, was immer noch einer Aufwertung der DM von rund 60% gegenüber der genannten letzten fes-

Somit zeigt auch der Vergleich der Währungsreformen und ihrer Rahmenbedingungen, dass für die Entwicklung der ostdeutschen Wirtschaft ungleich schlechtere Voraussetzungen gegeben waren.

2.6 Die »Anschubfinanzierung«: Marshallplan und »Fonds deutsche Einheit«

Zur deutschen Nachkriegslegende gehört schließlich auch die Überschätzung von Finanzhilfen im Rahmen des »European Recovery Program (ERP)«. Entgegen weitverbreiteter Meinung hatte die sogenannte Marshallplanhilfe jedoch keine besondere Bedeutung für die Initialisierung des wirtschaftlichen Expansionsprozesses nach dem Zweiten Weltkrieg. Die wirtschaftliche Erholung war schon seit über einem Jahr in Gang, bevor erste Lieferungen aus dem Marshallplan in Deutschland eintrafen. Auch die finanzielle Dimension des Marshallplans wird in der Regel weit überschätzt. Vom Gesamtvolumen des Marshallplans in Höhe von knapp 14 Mrd. US-Dollar flossen gerade einmal 1,4 Mrd. US-Dollar in die Westzonen bzw. in die BRD. In den vier Planjahren von 1948 bis 1952 machten die zufließenden Mittel im Durchschnitt nur ungefähr 1,6% des westdeutschen Bruttosozialprodukts aus (vgl. Hardach 1991: 99).

Der »innerdeutsche Marshall-Plan« (Hankel 1993: 16) hatte den originären der Nachkriegszeit damit bereits Ende 1992 um mehr als das Zwanzigfache an realer Kaufkraft übertroffen. Hier wird deutlich, dass selbst eine großzügig dimensionierte Anschubfinanzierung keinesfalls eine hinreichende Bedingung für einen anschließenden wirtschaftlichen Expansionsprozess darstellt. Auch im Nachkriegsdeutschland war der Mittelzufluss im Rahmen des Marshallplans nicht für den Beginn des wirtschaftlichen Aufschwungs verantwortlich. Erst *nachdem* er in Gang gekommen war, hat er zur *Stabilisierung und Absicherung* des Prozesses beigetragen.

Ein Blick in die deutsche Wirtschaftsgeschichte hätte bereits zu Beginn des Transformationsprozesses unmissverständlich vor einer allzu optimistischen Beurteilung der Chancen und Möglichkeiten des deutschen Vereinigungsprozesses gewarnt und übertriebenen Erwartungen gegenüber finanziellen West-Ost-Transfers entgegengewirkt. Vor allem hätte der »Kardinalfehler des politischen Einigungsmanagements« vermieden werden können, der »(...) letztlich auf der Unter-

---

ten DM-US-Dollar-Parität entspricht, macht die deutliche Unterbewertung der DM bis 1973 deutlich. Vgl. hierzu Hankel 1993: 23.

schätzung der tiefgreifenden Transformationskrise einerseits und der Überschätzung der Selbstreinigung durch die Entfesselung des DM-Mark-Potentials und der Marktkräfte andererseits« (Priewe/Hickel 1991: 126) basierte.

3. Der Stand des Transformationsprozesses heute

Über zehn Jahre nach dem Fall der Mauer ist ein Ende des Transformationsprozesses der ehemaligen Plan- in eine wettbewerbsfähige Marktwirtschaft nicht absehbar, was aus Sicht der Kritiker des praktizierten Transformationsprozesses keine Überraschung darstellt. Als 1991 einige Ökonomen bereits aus dem Nachlassen des ostdeutschen Abschwungs auf einen nun bevorstehenden und von ihnen prognostizierten Aufschwung geschlossen hatten, waren Priewe und Hickel (1991: 198) bei ihrer Position geblieben: »Die Hoffnung auf einen sich selbst tragenden Aufschwung nach einer im Herbst 1991 gestoppten Talfahrt der Produktion gehört in das Reich der Trugschlußökonomik.« Ein sich selbst tragender Aufschwung ist bis zum heutigen Tag ausgeblieben. Die neuen Bundesländer sind nach wie vor als Dependenz- bzw. Transferökonomie einzustufen, der »(...) die endogenen Potentiale für eine eigenständige, rasch aufholende Expansions- und Akkumulationsfähigkeit fehlen« (Kowalski 2000: 58). Dies zeigt sich deutlich an der Tatsache, dass, obwohl das erzeugte BIP/Kopf derzeit bei nur rund 60% des Westniveaus liegt, das verteilte wie das verwendete Einkommen jeweils ca. 85% des westdeutschen Niveaus ausmachen, was nach wie vor die große Bedeutung von Transferzahlungen unterstreicht, die die Lücke zwischen Produktion und Verbrauch schließen (vgl. Hickel 2000: 370; Mai/Steinitz 2000: 5).

Nichts verdeutlicht das Scheitern der bisher verfolgten Einigungspolitik mehr als die Tatsache, dass das Wirtschaftswachstum in den neuen Bundesländern seit 1997 unter das der alten gefallen ist. Der Transformationsprozess hat sich damit nicht nur verlangsamt, sondern ist inzwischen sogar abgebrochen, so dass sich die Lebensbedingungen zwischen Ost- und Westdeutschland wieder auseinanderentwickeln. Der »Fehlstart« droht in eine Bruchlandung überzugehen. Die Entscheidung ist schon lange überfällig, dass aus dem deutlich zu Tage liegenden »error« von Wirtschaftstheorie und -politik ein neuer »trial« wird. Alternative Konzepte einer »(...) gemischtwirtschaftliche(n) Strategie mit klugen und weitsichtigen neuen Rahmendaten von seiten des Staates« liegen seit langem vor.[9] Sollte die Marktideologie auch in Zukunft über die gesellschaftliche Realität siegen, werden Rudolf Hickel und Jan Priewe ihre bisherigen Monographien zur deutschen Vereinigung zu einer Trilogie ausweiten können. Der Titel dieses vermeidbaren Bandes würde dann vermutlich lauten: »Nach der Bruchlandung. Bilanz einer fehlgeschlagenen Transformation«.

Literatur

Abelshauser, Werner (1990): Die Rekonstruktion der westdeutschen Wirtschaft und die Rolle der Besatzungspolitik (1971), in: Schröder, Hans-Jürgen (Hrsg.): Marshallplan und westdeutscher Wiederaufstieg. Positionen-Kontroversen, Stuttgart, S. 97-113.

Altvater, Elmar (1991): Ist das Wirtschaftswunder wiederholbar? Ein Leistungsvergleich zwischen Währungsreform 1948 und Währungsreform 1990, in: Blätter für deutsche und internationale Politik, Nr. 6, S. 695-707.

Deutsches Institut für Wirtschaftsforschung (DIW) (1992): Eine Modellrechnung zur wirtschaftlichen Angleichung zwischen Ost- und Westdeutschland, in: Wochenbericht, Nr. 7, S. 80f.

Filmer, Werner/Schwan, Heribert (1990): Oskar Lafontaine, Düsseldorf.

Hankel, Wilhelm (1993): Die sieben Todsünden der Vereinigung. Wege aus dem Wirtschaftsdesaster, Berlin.

Hardach, Gerd (1991): Transnationale Wirtschaftspolitik: Der Marshall-Plan in Deutschland 1947-1952, in: Petzina, Dietmar (Hrsg.): Ordnungspolitische Weichenstellungen nach dem Zweiten Weltkrieg, Berlin, S. 67-100.

Heise, Arne (1992): Die wirtschaftlichen Konsequenzen des Einigungsvertrages. Die Bundesrepublik Deutschland zwischen »Versailler Vertrag« und »Wirtschaftswunder«, in: Wirtschaft und Gesellschaft, Nr. 3, S. 379-385.

Hickel, Rudolf/Priewe, Jan (1994): Nach dem Fehlstart. Ökonomische Perspektiven der deutschen Einigung, Frankfurt a.M.

Hickel, Rudolf (2000): Die sozial-ökonomische Transformation Ostdeutschlands. Herausforderungen auch an die kritische Wirtschaftswissenschaft, in: Ders./Kisker, Klaus Peter/Mattfeldt, Harald/Troost, Axel (Hrsg.): Politik des Kapitals – heute. Festschrift zum 60. Geburtstag von Jörg Huffschmid, Hamburg, S. 356-377.

---

[9] Vgl. hierzu neben den vielen Studien von und mit Rudolf Hickel die Veröffentlichungen der »Arbeitsgruppe Alternative Wirtschaftspolitik« und aktuell in diesem Band den folgenden Beitrag von Klaus Steinitz.

Institut der deutschen Wirtschaft (1990): Wirtschaftliche und soziale Perspektiven der deutschen Einheit. Gutachten für das Presse- und Informationsamt der Bundesregierung in Bonn, Köln.

Jahreswirtschaftsbericht 1991 der Bundesregierung, Drucksache 12/223 vom 11.03.91.

Kowalski, Reinhold (2000): Transformationsbedingte, dauerhaft schwache industrielle Basis der ostdeutschen Wirtschaft, in: Memo-Forum Nr. 27: Schwerpunktheft »Zehn Jahre »Aufbau Ost« – widersprüchliche Ergebnisse, Probleme und Alternativen«, Bremen, S. 44-61.

Kuhn, Wolfgang (2000): Ostdeutsche Regionen im Transformationsprozeß – eine Bestandsaufnahme, in: Memo-Forum, Nr. 27: Schwerpunktheft »Zehn Jahre »Aufbau Ost« – widersprüchliche Ergebnisse, Probleme und Alternativen«, Bremen, S. 73-81.

Lutz, Burkart/Grünert, Holle (2001): Beschäftigung und Arbeitsmarkt, in: Bertram, Hans/Kollmorgen, Raj (Hrsg.): Die Transformation Ostdeutschlands. Berichte zum sozialen und politischen Wandel in den neuen Bundesländern, Opladen, S. 133-162.

Mai, Karl/Steinitz, Klaus (2000): Probleme selbsttragender Wirtschaftsentwicklung und der weiteren Niveauangleichung der neuen Bundesländer, in: Memo-Forum, Nr. 27: Schwerpunktheft »Zehn Jahre »Aufbau Ost« – widersprüchliche Ergebnisse, Probleme und Alternativen«, Bremen, S. 2-26.

Nolte, Dirk (1995): Politik der Treuhandanstalt, in: Ders./Sitte, Ralf/Wagner, Alexandra (Hrsg.): Wirtschaftliche und soziale Einheit Deutschlands. Eine Bilanz, Köln, S. 66-87.

Priewe, Jan/Hickel, Rudolf (1991): Der Preis der Einheit. Bilanz und Perspektiven der deutschen Vereinigung, Frankfurt a.M.

Reuter, Norbert (1998): Wachstumseuphorie und Verteilungsrealität. Wirtschaftspolitische Leitbilder zwischen Gestern und Morgen, Marburg.

Spahn, Heinz-Peter (1991): Das erste und das zweite deutsche Wirtschaftswunder, in: Wirtschaftsdienst, Nr. 2, S. 73-87.

Turek, Jürgen (1993): Treuhandanstalt, in: Handbuch zur deutschen Einheit, Bonn, S. 635-642.

Vogler-Ludwig, K. (1990): Verdeckte Arbeitslosigkeit in der DDR, in: ifo schnelldienst, Nr. 24, S. 3-10.

Voigt, Manfred (1995): Fünf Jahre Treuhandanstalt – treu zu wessen Händen?, in: Steinitz, Klaus (Hrsg.): Vereinigungsbilanz. Fünf Jahre deutsche Einheit, Hamburg, S. 57-62.

Wollmann, Hellmut (2001): Die Transformation der politischen und administrativen Strukturen in Ostdeutschland – zwischen »schöpferischer Zerstörung«, Umbau und Neubau, in: Bertram, Hans/Kollmorgen, Raj (Hrsg.): Die Transformation Ostdeutschlands. Berichte zum sozialen und politischen Wandel in den neuen Bundesländern, Opladen, S. 33-52.

Zinn, Karl Georg (1992): Soziale Marktwirtschaft. Idee, Entwicklung und Politik der bundesdeutschen Wirtschaftsordnung, Mannheim/Leipzig/Wien/Zürich.

Klaus Steinitz
Eine »zweite Chance« nach dem Fehlstart?
Perspektiven Ostdeutschlands im zweiten Jahrzehnt nach der Vereinigung

1. Der Fehlstart

Zu Beginn des zweiten Jahrzehntes des vereinigten Deutschland bietet die ostdeutsche Wirtschaft ein widersprüchliches, insgesamt jedoch nicht optimistisch stimmendes Bild. Trotz zweifellos erzielter Erfolge auf wichtigen Gebieten zeigt eine an den Versprechungen gemessene Bilanz des ersten Jahrzehnts nach dem Beitritt der DDR: Die blühenden Landschaften blieben ebenso aus wie die Angleichung der Lebensverhältnisse. Eine sich selbst tragende Entwicklung ist nicht in Sicht.

Es ist heute recht interessant, wieder einen Blick auf die Prognosen zu werfen, die Anfang der 90er Jahre über die Perspektiven des Transformations- und wirtschaftlichen Aufholprozesses in Ostdeutschland aufgestellt wurden.

Die kritischen Einschätzungen und Voraussagen, die von Rudolf Hickel und Jan Priewe in ihren Büchern »Preis der Einheit« (1991) und »Nach dem Fehlstart – Ökonomische Perspektiven der deutschen Einigung« (1994) getroffen wurden, sind von der realen Entwicklung in Ostdeutschland weitgehend bestätigt worden. Rückblickend auf die ersten vier Jahre nach der Vereinigung stellen Hickel/Priewe (1994: 11 u. 14) fest: *»Es war ein Fehlstart. De(r) Weg der schnellstmöglichen nachholenden Modernisierung, auf den die ostdeutsche Wirtschaft geschickt wurde, erwies sich als Sackgasse. (...) Fehler wurden zu spät und halbherzig korrigiert, es mangelt bis heute an einer Aufbaustrategie. In erster Linie hat die Wirtschaftspolitik den Fehlstart zu verantworten.«*

2. Drei Phasen der ostdeutschen Entwicklung

Heute lassen sich drei verschiedene Zeitphasen der ökonomischen Entwicklung in den neuen Bundesländern unterscheiden:

Erste Phase: Wirtschaftlicher Absturz in den Jahren 1990-1991/92. Die wirtschaftspolitischen Fehler und Defizite in der Zeit nach der Währungsunion und der Herstellung der staatlichen Einheit, in der »Absturzphase«, wurden unter anderem in den beiden Büchern von Hickel/Priewe umfassend analysiert. So resümierten Hickel/Priewe (1994: 57) die Tätigkeit der Treuhandanstalt und der Wirtschaftspolitik der Bundesregierung wie folgt: *»Die ostdeutsche Wirtschaft wurde transformiert, aber sie ging dabei weitgehend verloren.«*

Zweite Phase: Ausgehend von einem relativ niedrigen Niveau hohe Wachstumsraten in den Jahren 1992-1995. Der Rückstand bei wichtigen gesamtwirtschaftlichen Indikatoren – Produktivität, technologisches Niveau der Produktionsanlagen, Ausstattung mit moderner Infrastruktur, Erhaltung und Modernisierung von Wohnungen, Einkommens- und Versorgungsniveau der Bevölkerung u.a. – wurde im Vergleich zu 1991 spürbar verringert. Grundlage dieser »Aufholetappe«, mit im Vergleich zu den alten Bundesländern drei- bis viermal höheren jährlichen Zuwachsraten des BIP, waren vor allem umfangreiche Investitionen in die Infrastruktur und zur Erneuerung der Produktionsanlagen, die insbesondere durch Maßnahmen der Wirtschafts-, speziell der Investitionsförderung erreicht wurden. Eine wichtige Rolle spielten in dieser Etappe auch Investitionszusagen, die die Käufer bei der Privatisierung der von der Treuhandanstalt verwalteten ehemals volkseigenen Unternehmen abgeben mussten – meist eine geringe Gegenleistung angesichts der niedrigen, manchmal nur symbolischen Kaufpreise und der beträchtlichen Geldmittel, mit denen die Investitionen subventioniert wurden. Insgesamt wurden auf der Grundlage der in Verträgen enthaltenen Investitionszusagen rund 150 Mrd. DM an Investitionen in den ehemaligen Treuhandbetrieben realisiert.[1]

Die relativ hohe wirtschaftliche Dynamik dieser Etappe ist mit zwei Faktoren eng verflochten, einerseits mit dem vorangegangenen tiefen Absturz und andererseits mit dem hohen Anteil der Finanzierung der Investitionen in den neuen Bundesländern durch äußere Quellen (Westdeutschland und Ausland). Der letzte Umstand ist ambivalent. Er war und ist entscheidend für das hohe Tempo der Erneuerung und

---

[1] Vgl. Bundesanstalt für vereinigungsbedingte Sonderaufgaben 1998.

des Ausbaus der Infrastruktur, der Stadt- und Wohnungssanierung sowie der Modernisierung der Produktionsanlagen. Gleichzeitig spiegelt sich hierin auch die Verdrängung ostdeutscher Unternehmen von den Absatzmärkten, ihre schwache Wettbewerbsposition gegenüber westdeutschen Unternehmen sowie die starke Abhängigkeit von äußeren konjunkturellen und anderen Einflüssen wider. Hierdurch werden Risiken und Unsicherheiten, insbesondere im Zusammenhang mit der Fortsetzung der Finanztransfers, erhöht und auch die bestehenden Abhängigkeiten von den westdeutschen und ausländischen Konzernzentralen oder Mutterunternehmen verfestigt.

Kann diese Entwicklung als Anzeichen dafür angesehen werden, dass nach dem Fehlstart die *Chance für einen stabilen Aufholprozess* der ostdeutschen Wirtschaft, für das Erreichen einer sich selbst tragenden Entwicklung durch eine andere Wirtschaftspolitik genutzt wurde? Dies muss m.E. insgesamt verneint werden. Die grundlegenden wirtschaftspolitischen Orientierungen, das Verlassen auf die Marktkräfte und der Verzicht auf eine effiziente gesellschaftliche Regulierung durch aktive Industrie-, Struktur- und Beschäftigungspolitik, blieben erhalten. Durch die Finanztransfers und die Wirtschafts- und Investitionsförderung entstanden Bedingungen, die einige hemmende Faktoren *zeitweilig überdeckten und in den Hintergrund drängten, ohne dass dadurch jedoch an den entscheidenden Problemen und Defiziten der ostdeutschen Wirtschaftsstruktur und Unterentwicklung grundlegend etwas verändert wurde.*

Dritte Phase: Diese beginnt mit dem Jahr 1996, in dem bei den volkswirtschaftlich entscheidenden Indikatoren der wirtschaftliche »Aufholprozess« der neuen Länder nicht nur zum Stillstand kam, sondern die Ost-West-Kluft wieder größer wurde.

In dieser dritten Phase sind die jährlichen Wachstumsraten des BIP von fast zehn Prozent im Durchschnitt der Jahre 1992-1994 auf weniger als zwei Prozent (1997-2000) zurückgegangen und lagen vier Jahre lang unter denen der alten Länder. Der absolute Abstand des ostdeutschen BIP/Einwohner gegenüber dem westdeutschen, der von 1991 bis 1996 um rund 8.000 DM zurückgegangen war (von 28.200 DM auf 20.400 DM), vergrößerte sich wieder ab 1997. Er war im Jahr 2000 mit 23.400 DM so groß wie 1993. Die Investitionen sowohl der gesamten Wirtschaft als auch die der Industrie schrumpften absolut. Im Gegensatz zur Entwicklung in Westdeutschland verringerte sich die Anzahl der Erwerbstätigen noch mehr. Die Arbeitslosigkeit verharrt auf einem erschreckend hohen Stand. Während die Ost-West-Differenz der durchschnittlichen jährlichen Arbeitnehmerentgelte von 1991 bis 1995 von 27.507 DM auf 17.151 DM zurückging, verringerte sie sich in den Jahren danach kaum noch.[2]

Seit 1996 ist der *»Aufholprozess«* der neuen Länder somit nicht nur ins Stocken geraten, wie es häufig beschönigend in offiziellen Berichten heißt. Er ist in der zweiten Hälfte der 90er Jahre *gesamtwirtschaftlich real abgebrochen*, auch wenn das verarbeitende Gewerbe und der Export in den letzten Jahren hohe Zuwachsraten erreichten und auch einige Erfolge bei der Herausbildung regionaler technologischer Kompetenzzentren erzielt wurden.

Die nach dem wirtschaftlichen Absturz Ostdeutschlands u.a. durch beträchtliche Finanztransfers, Aufbau einer moderner Infrastruktur, Erneuerung großer Teile des Anlagekapitals und der Erzeugnisstrukturen entstandenen *Chancen für einen nachhaltigen und zukunftsorientierten ökonomischen Aufholprozess*, darunter insbesondere für eine innovative und umweltgerechte Reindustrialisierung, *wurden durch die Wirtschaftspolitik völlig unzureichend genutzt*.

3. Die »blühenden Landschaften« blieben aus – nicht ohne Grund

Die wirtschaftspolitischen Fehler und Defizite in der »Absturzphase« unterscheiden sich zum Teil wesentlich von denen in den nachfolgenden beiden Entwicklungsphasen. Der für den Niedergang der ostdeutschen Wirtschaft in den Jahren 1990-1991/92 entscheidende Einfluss der Rückstände der DDR-Wirtschaft und des Aufwertungsschocks durch die Währungsunion nahm in der zweiten und dritten Entwicklungsphase mit dem größeren zeitlichen Abstand naturgemäß ab. Ähnliches gilt für die unmittelbaren Wirkungen anderer Faktoren (u.a. das Prinzip der Rückgabe vor Entschädigung, die rigorose und einseitige Privatisierungspolitik der Treuhandanstalt und die Hemmnisse durch die Altschuldenumstellung). Mittelbar ergaben sich jedoch aus diesen Faktoren lang anhaltende Belastungen für den wirtschaftlichen Aufschwung Ostdeutschlands, da sie häufig zu irreversiblen oder nur schwer wieder zu beseitigenden Schäden und Deformationen im Wirtschafts-, Forschungs- und Arbeitspotenzial, in den Größenstruk-

---

[2] Angaben und Einschätzungen auf der Grundlage der statistischen Ergebnisse des Arbeitskreises »Volkswirtschaftliche Gesamtrechnungen der Länder«.

turen der Unternehmen, ihren regionalen Verflechtungen sowie auch in den internationalen Wirtschaftsbeziehungen geführt hatten. Die beiden zuletzt angeführten Faktoren hemmen nach wie vor die wirtschaftliche Entwicklung sehr stark. Bei den sogenannten Altschulden haben sich die Akzente verlagert.

Auf der einen Seite spielen die Schulden der industriellen Unternehmen insgesamt nur noch eine untergeordnete Rolle, für die Schulden der Kommunen wurden akzeptable Lösungen erreicht, indem sie vom Bund und von den ostdeutschen Ländern übernommen wurden. Auf der anderen Seite hat sich die Schuldenproblematik für die Wohnungsgesellschaften und die landwirtschaftlichen Gemeinschaftsunternehmen infolge der Zinskumulation sowie für die Wohnungsgesellschaften zusätzlich durch die hohen Wohnungsleerstände verschärft.

Schließlich muss beachtet werden, dass in den letzten Jahren neue Probleme und Herausforderungen aufgetreten sind bzw. ihre Schatten voraus werfen, die bisher von der Wirtschaftspolitik nicht oder nur unzureichend beachtet wurden. Von diesen gehen schon heute spürbare negative wirtschaftliche und soziale Wirkungen aus. Sie werden sich, wenn keine Änderung erfolgt, langfristig verstärken und beträchtliche negative Multiplikatoreffekte hervorrufen:

■ Zunehmendes Abwandern junger, gut qualifizierter, motivierter und risikobereiter Menschen in den Westen, weil sie im Osten keine Lehr- und/oder Arbeitsstelle finden und nur ein wesentlich niedrigeres Einkommen erhalten. Der Saldo der Binnenwanderung zwischen neuen und alten Bundesländern ging von 1992 bis 1997 zurück. In den letzten Jahren ist er wieder beträchtlich angestiegen (von 10.400 im Jahr 1997 auf 43.600 im Jahr 1999).[3] Dabei geht es weniger um die absolute Höhe als um die Alters- und Qualifikationsstruktur der Abwanderung, die zu einer Schwächung der wichtigsten Bedingung für einen perspektivischen Aufholprozess führt.

■ Die Verringerung der finanziellen und wirtschaftlichen Spielräume ostdeutscher Länder und Kommunen infolge hoher Schulden und Zinsbelastungen sowie sinkender oder stagnierender Steuereinnahmen. Die Einnahmen und Ausgaben der ostdeutschen Kommunen sind von 1995 (58,7 Mrd. DM Einnahmen; 60,8 Mrd. DM Ausgaben) bis 2000 (50,0 Mrd. DM Einnahmen und Ausgaben) von Jahr zu Jahr zurück-

---

[3] Vgl. Institut für deutsche Wirtschaft Köln 2001: 10.

gegangen. Trotzdem sind in dieser Zeit die Schulden der ostdeutschen Kommunen weiter angewachsen: von 36,8 Mrd. DM 1995 auf 40,7 Mrd. DM 2000. Die Schulden der ostdeutschen Länder stiegen in diesem Zeitraum von 69,1 Mrd. DM auf 108,9 Mrd. DM.[4] Damit haben die ostdeutschen Länder bei den Schulden je Einwohner den westdeutschen Stand übertroffen. Das Verhältnis der Schulden zur Bruttowertschöpfung liegt in den ostdeutschen Ländern infolge der um mehr als ein Drittel geringeren Bruttowertschöpfung je Einwohner im Durchschnitt wesentlich über diesem Verhältnis in Westdeutschland, d.h. die reale Belastung durch die Schulden ist höher.

■ Seit 1996 weist das Investitionsvolumen in Ostdeutschland insgesamt und auch im verarbeitenden Gewerbe einen Abwärtstrend auf. Die Investitionen je Erwerbsfähigen lagen 1995 insgesamt bei 19.197 DM und im verarbeitenden Gewerbe bei 1.363 DM, im Jahre 1999 dagegen jeweils bei nur noch 17.259 DM und 1.209 DM (vgl. Steinitz/Kühn/Mai 2001: 13).

■ Die einseitige Orientierung der Wirtschaftsförderung auf Sachinvestitionen bei Vernachlässigung von Forschung, Qualifizierung, Absatz sowie regionaler und Arbeitsplatzeffekte der Investitionen macht sich zunehmend als Hemmnis einer innovativen, umweltfreundlichen und beschäftigungsfördernden Wirtschaftsdynamik spürbar.

■ Die EU-Osterweiterung wird die Bedingungen der wirtschaftlichen Entwicklung Ostdeutschlands verändern. Es werden neue Herausforderungen, Chancen und Risiken geschaffen. Neue Kooperationsmöglichkeiten und zugleich schärfere Wettbewerbsbedingungen entstehen auf den überregionalen Märkten. Nach 2006 werden weit weniger Mittel aus den EU Fonds zur Verfügung stehen – Ostdeutschland wird nicht mehr Ziel 1-Region bleiben.

In der Diskussion über Bedingungen und zeitliche Fristen für die Angleichung der wirtschaftlichen Leistungskraft und der Lebensverhältnisse der neuen Bundesländer an den Durchschnitt der alten Bundesländer wird oft argumentiert, dass etwa die halbe Wegstrecke zurückgelegt und jetzt noch die zweite Hälfte zu bewältigen sei. Eine solche Darstellung enthält jedoch – ob bewusst oder unbewusst sei dahingestellt – einige grobe Fehler oder Irrtümer.

Es wird der Eindruck erweckt, als ob die Verringerung des Abstands im wirtschaftlichen Leistungsniveau Ostdeutschlands im Verhältnis

---

[4] Vgl. Deutsche Bundesbank 2001: Statistischer Teil.

zu Westdeutschland – beim BIP je Erwerbstätigen auf die Hälfte – das Resultat eines zehnjährigen Aufholprozesses sei.

Im Jahresgutachten 2000/2001 des Sachverständigenrates zur Begutachtung der gesamtwirtschaftlichen Entwicklung (2000: 179) heißt es zur Entwicklung der Wirtschaftsleistung je Einwohner bzw. Erwerbstätigen:»Im Jahre 1991 startete die ostdeutsche Wirtschaft bei einem Drittel des westdeutschen Niveaus. (...) Im Jahre 1999 erreichte das nominale Bruttoinlandsprodukt je Erwerbstätigen in den ostdeutschen Flächenländern 66 Prozent des Westniveaus; anfangs lag diese Relation noch bei 33 Prozent. Die Produktivitätslücke zwischen beiden Gebietsständen hat sich damit im Zeitraum der Jahre 1991 bis 1999 halbiert.« In Wirklichkeit war dieses Aufholen Resultat der Entwicklung nur bis zum Jahre 1995. Danach ist der gesamtwirtschaftliche Abstand Ost/West nicht mehr geringer geworden. Das eigentliche Problem ist somit nicht, dass nochmals dieselbe Zeit – zehn Jahre – benötigt wird, sondern die grundsätzliche Überwindung der Stagnation und des Abwärtstrends im gesamtwirtschaftlichen Aufholprozess Ost der letzten fünf Jahre.

Hinzu kommt, dass mit der offiziellen Darstellungsweise der Eindruck vermittelt wird, der Rückstand der DDR gegenüber der Bundesrepublik sei um die Hälfte verringert worden. Eine zeitlich differenziertere Betrachtung liefert ein anderes Ergebnis: Das relative Niveau der DDR bzw. der neuen Bundesländer (ohne Berlin) beim BIP je Erwerbstätigen betrug im Vergleich zum früheren Bundesgebiet 1989 ca. 50%. Bis 1991 fiel es auf ein Drittel. Bei einem Vergleich mit dem letzten DDR-Jahr ergibt sich nicht eine Verdopplung der Produktivität, sondern eine Erhöhung um nur 30%.

Schließlich muss beachtet werden, dass auch zehn Jahre nach der Vereinigung bei mehreren für die Leistungs- und Wettbewerbsfähigkeit sowie für die perspektivische Entwicklung entscheidenden Indikatoren (Umsatz und Wertschöpfung des verarbeitenden Gewerbes, darunter der Chemie, des Maschinenbaus und der Elektrotechnik, Umfang der Forschungspotenziale und Export) in den neuen Bundesländern zwar wichtige strukturelle Verbesserungen erzielt wurden, der Leistungsumfang der DDR Ende der 80er Jahre aber bis zum Jahre 2000 noch immer nicht wieder erreicht wurde.

4. Ostdeutschland vor einer »zweiten Chance«?

Gibt es nach dem »Fehlstart 1990« und der danach unzureichend ge-
nutzten »ersten Chance« für einen nachhaltigen Aufschwung Ost in
den Jahren 1991-1995 nun noch eine »zweite Chance« für einen nachhaltigen Aufholprozess und eine sich selbst tragende Wirtschaftsentwicklung in Ostdeutschland? Um hierauf eine befriedigende Antwort
zu finden, müssten die Probleme und Hemmnisse, die einer solchen
Entwicklung entgegenstehen, aufgedeckt und gezeigt werden, ob und
wie diese zu lösen bzw. zu überwinden sind. Grundlage für eine positive Antwort müsste ein zukunftsfähiges Wirtschaftskonzept für Ostdeutschland für die nächsten 10 bis 15 Jahre sein.

Es ist zunächst notwendig, sich kritisch mit der weit verbreiteten
Auffassung auseinanderzusetzen, die Ost-West-Unterschiede seien nur
eine etwas modifizierte Form der auch in der Bundesrepublik bestehenden regionalen Disparitäten, und seien auch mit den traditionellen
Instrumenten und Methoden der Regionalpolitik lösbar. Sie kommt
prägnant im Jahresgutachten des Sachverständigenrates (2000: 116)
zum Ausdruck: »Nach nunmehr zehn Jahren haben die transformati-
onsspezifischen Probleme in den neuen Bundesländern ganz deutlich
an Gewicht verloren, vielfach sind sie gelöst. In Ostdeutschland haben sich zwischenzeitlich regionale Wachstumspole herauskristallisiert, deren wirtschaftliches Potenzial nicht hinter dem mancher westdeutscher Region zurücksteht, es teilweise sogar übertrifft. (...) Zugleich existieren – wie im Westen – strukturschwache Regionen, die
agglomerationsfern nicht die Vorteile der produktivitätssteigernden
Effekte großer Ballungsräume besitzen. Diese Ähnlichkeit in der regionalen Ausdifferenzierung legt zukünftig einen regionalökonomisch
und regionalpolitisch bundesweit einheitlichen Ansatz nahe.«

Die Realität widerspricht dieser Bewertung diametral. Natürlich gibt
es in Ostdeutschland einige Wachstumspole und Regionen mit technologischen Kompetenzzentren und relativ hoher Wertschöpfung.
Bestimmend für die Spezifik Ostdeutschlands sind jedoch die gemeinsamen Probleme der ostdeutschen Länder: Einerseits die geringen Unterschiede zwischen den neuen Ländern bei allen gesamtwirtschaftlichen Indikatoren und andererseits die großen Rückstände aller ostdeutscher Länder gegenüber dem westdeutschen Durchschnitt.

Die Differenzen in der Bruttowertschöpfung je Erwerbstätigen
zwischen den neuen Bundesländern betragen nur zwei bis drei Prozentpunkte. Im früheren Bundesgebiet gehen diese Differenzen bei

den Flächenländern bis zum Fünffachen – zwischen Rheinland-Pfalz und Hessen beispielsweise 15 Prozentpunkte. Keinem neuem Bundesland ist es im Laufe der zurückliegenden Jahre auch nur annähernd gelungen, den Anschluss an die Bruttowertschöpfung je Erwerbstätigen von Rheinland-Pfalz – dem Schlusslicht unter den alten Bundesländern – zu erreichen. Die Differenz zwischen dem Land mit der höchsten Bruttowertschöpfung je Erwerbstätigen im Osten (Brandenburg) und dem Durchschnitt der alten Länder beträgt mehr als 30 Prozentpunkte. Ähnlich verhält es sich bei der Arbeitslosigkeit. Alle ostdeutschen Länder haben eine Arbeitslosenquote, die gegenüber dem westdeutschen Durchschnitt mindestens doppelt so hoch ist. Am Jahresende 2000 hatten von den 141 westdeutschen Arbeitsamtsbezirken nur 31 eine Arbeitslosenquote zwischen 10 und 15% (alle anderen lagen darunter). In dieser Gruppe lagen von 34 ostdeutschen Arbeitsamtsbezirken jedoch nur die drei »besten«, alle anderen lagen über 15 Prozent, 15 sogar über 20%. Dasselbe Bild ergibt sich auch bei anderen volkswirtschaftlichen Indikatoren: Größenstruktur der Unternehmen, Industriebesatz, Kaufkraft je Einwohner, Steueraufkommen u.ä., bei denen gemeinsame Problemlagen der ostdeutschen Länder dominieren (vgl. Steinitz/Kühn/Mai 2001: 69ff.).

Die besondere Qualität der regionalen Ost-West-Differenzierung ist einerseits Ausdruck für das Ausmaß der Ost-West-Unterschiede bzw. Rückstände und andererseits auch für spezifische Faktoren, die einen nachhaltigen wirtschaftlichen Aufschwung hemmen. Die Wirtschaftspolitik muss entsprechende Maßnahmen vorsehen und Instrumente entwickeln, um diese Faktoren zumindest teilweise auszugleichen und zugleich die in ihnen enthaltenen spezifischen Potenziale wirksamer als bisher zu nutzen. Nur dann wird Ostdeutschland eine »zweite Chance« haben für die Angleichung des wirtschaftlichen Leistungsniveaus und der Lebensverhältnisse der Menschen. Eine Gleichsetzung der Ost-West-Differenzen mit den regionalen in Westdeutschland führt zu der falschen wirtschaftspolitischen Konsequenz, die spezifische Wirtschaftsförderung Ost möglichst rasch abzubauen, und würde Ostdeutschland als Rückstandsregion verfestigen.

5. Bedingungen einer »zweiten Chance«

1. Die unfruchtbare Alternative: Bereitstellung von mehr finanziellen Mitteln *oder* effektiverer Einsatz der Mittel, muss überwunden werden. Beides ist für einen längeren Zeitraum unverzichtbar. Es geht um

verlässliche, stabile finanzielle Rahmenbedingungen über das Jahr 2004 hinaus, die – einschließlich der EU Mittel – nicht niedriger sein dürfen als bisher, und es geht ebenso um eine neue Qualität der Wirtschaftsförderung, die eine wesentlich höhere Effizienz des Mitteleinsatzes sichern muss. Im Vordergrund steht die Verbindung der für einen Aufholprozess erforderlichen Mittel, die noch für einen längeren Zeitraum äußerer Finanzierungsquellen bedarf, mit der umfassenden Nutzung der endogenen ostdeutschen Potenziale. Die selbst erwirtschafteten Nettorenditen der ostdeutschen Unternehmen und das Steueraufkommen werden auch in absehbarer Zeit nicht ausreichen, um das für ein Aufholen erforderliche überdurchschnittliche Innovations- und Investitionstempo zu erreichen. Im Rahmen des künftigen Bund-Länder-Finanzausgleichs – einschließlich Solidarpakt II – muss daher ab 2004 unbedingt die zielgerichtete Investitionsförderung Ost, mit den Schwerpunkten zukunftsfähige Arbeitsplätze, innovative Wertschöpfung, regionale Verflechtungen, Stärkung der Exportbasis, in effektiver Weise fortgeführt und gesichert werden. Es handelt sich hier um eine grundlegende Existenz- und Entwicklungsbedingung der ostdeutschen Region. Es sollte angestrebt werden, dass der West-Ost-Finanztransfer in höherem Grade als bisher tatsächlich als solcher real wirksam wird, d.h. dass sein ausgeprägter Kreislaufcharakter West-Ost-West – der Rückfluss des überwiegenden Teils der nach Ostdeutschland transferierten Mittel in die alten Bundesländer über den Kauf von Verbrauchs- und Investitionsgütern – überwunden wird. Ein entschieden größerer Teil muss in den neuen Bundesländern zur besseren Nutzung der endogenen Potenziale der ostdeutschen Regionen wirksam werden. Hierzu könnte auch eine konsequentere Nutzung der Möglichkeiten der »local content«-Klausel bei der Vergabe von Aufträgen für öffentliche Investitionen beitragen. Auf Grundlage der Mitte 2001 zwischen Bund und Ländern getroffenen Vereinbarungen zur Fortsetzung des Länderfinanzausgleichs nach 2004 und zum Solidarpakt II für einen Zeitraum von 15 Jahren (von 2005 bis 2019) sind die Mindestbedingungen stabiler finanzieller Rahmenbedingungen für die ostdeutsche Wirtschaftsentwicklung vorhanden. Mehrere Probleme sind jedoch nach wie vor offen, insbesondere die zeitliche Verteilung der insgesamt vorgesehenen Mittel des Solidarpakts II in Höhe von 300 Mrd. DM, speziell Ausmaß und Wirkung der vorgesehenen Degression im Mitteleinsatz, die Verringerung von EU-Mitteln für Ostdeutschland im Zusammenhang mit der EU-Osterweiterung und der stärkere Verbleib der Finanztransfers in den neuen Bundesländern.

2. Für die Wirtschaftsentwicklung in Ostdeutschlands spielen die Länder und Kommunen und deren Institutionen, insbesondere deren Finanzkraft, eine herausragende Rolle. Diese spiegelt einerseits die größere Bedeutung öffentlicher Struktur-, Innovations- und Beschäftigungspolitik für die Lösung der Probleme einer »Rückstandsregion« wider und ist andererseits Ausdruck der stärkeren direkten Abhängigkeit der Wirtschaftsdynamik von öffentlichen Aufträgen und öffentlicher Finanzierung durch die Länder und Kommunen. Eine Stärkung der Finanzkraft der Länder und Kommunen ist unerlässlich, um den erforderlichen Umfang und einen höheren Wirkungsgrad der Wirtschaftsförderung zu sichern.

3. Die zersplitterten und sehr stark auf Einzelmaßnahmen gerichteten Förderprogramme sollten neu orientiert werden. Die *Wirtschaftsförderung muss weit stärker als bisher auf die Erreichung komplexer wirtschaftlicher, sozialer und ökologischer Zielstellungen* in den Regionen *konzentriert und ausgerichtet werden.* Dazu gilt es, sie vor allem mit den Politikfeldern Struktur-, Forschungs-, Technologie-, Beschäftigungs- und Ausbildungspolitik zu verbinden. Die Wirtschaftsförderung sollte genutzt werden, um diese Politikfelder, die noch oft isoliert nebeneinander stehen, miteinander zu verzahnen. Dies erfordert die Integration und das Bündeln der verschiedenen Förderprogramme und -instrumente.

4. Bei der Weiterentwicklung der Förderprogramme und -instrumente und natürlich besonders beim Einsatz der Fördermittel muss die *Erhöhung ihrer ökonomischen, sozialen und beschäftigungspolitischen sowie ökologischen Effizienz im Vordergrund* stehen. In diesem Zusammenhang kommt auch einer Veränderung der Verwendungsstruktur staatlicher Mittel zur Investitionsförderung Bedeutung zu. Hierbei ist ein Umsteuern von den bisher den Unternehmen »geschenkten«, für den Staat »verlorenen« Zuschüssen hin zum *Einsatz dieser Mittel als Beteiligung der öffentlichen Hand an den Unternehmen* notwendig. Damit würde es auch eher möglich sein, die Förderung privater Investitionen zu sichern, ohne mit dem Beihilferecht der EU in Widerspruch zu kommen. Solche Beteiligungen, die von den Unternehmen wieder abgelöst werden können, wenn es ihre wirtschaftliche Situation erlaubt, hätten für die Empfänger gegenüber Darlehen den Vorteil, dass sie frei von dem Druck des Schuldendien-

stes sind. Ein weiterer Vorteil besteht darin, dass diese Art der Wirt-schafts- bzw. Investitionsförderung frei vom Vorwurf dauerhafter Subventionierung sein würde.

5. Im Zentrum der Wirtschaftsförderung sollten nicht länger von-einander isolierte Maßnahmen zur Unterstützung einzelner Phasen des Wirtschaftsprozesses stehen, sondern vielmehr seine komplexe Entwicklung. Dies gilt insbesondere für die Verflechtung der entschei-denden Elemente einer auf die dynamische Wirtschaftsentwicklung Ostdeutschlands gerichteten Wirtschaftsförderung: Ausbildung und Qualifizierung, Forschung und Entwicklung sowie darauf beruhende Erzeugnis- und Technologieinnovationen, materielle Investitionen zur Schaffung der erforderlichen Kapazitäten für deren Umsetzung, Mar-keting und Absatz. Ebenso verlangt die spezifische Unternehmens-landschaft in Ostdeutschland, Vorstellungen zu entwickeln, um die verfügbaren Instrumente der Wirtschaftsförderung nicht nur für ein-zelne Unternehmen einzusetzen, sondern verstärkt für Netzwerke, in denen mehrere Unternehmen miteinander verbunden sind. Die »zweite Chance« wird nur dann genutzt werden können, wenn es besser als bisher gelingt, die verschiedenen Elemente einer erfolgreichen und nachhaltigen Wirtschaftsentwicklung miteinander zu verbinden: Eine höhere Investitionsquote mit Wissenschaft, Forschung und Bildung, dem stärkeren Einsatz der Investitionen in zukunftsträchtige, inno-vative Produktions- und Dienstleistungskomplexe, der Herausbildung weiterer technologischer Kompetenzzentren, ihrer Ausdehnung und höheren regionalen Ausstrahlung, der Erweiterung der Absatzmög-lichkeiten auf dem ostdeutschen Markt, im alten Bundesgebiet und im Export und der Förderung regionaler Wirtschaftsverflechtungen und Kreisläufe. Beim Einsatz der Mittel der Wirtschaftsförderung sollte das Gewicht systematisch zu Gunsten von Zukunftsaufgaben – For-schung und Entwicklung, zukunftsorientierte Technologien, Qualifi-zierung und Weiterbildung, ökologischer Umbau – verschoben wer-den.

6. Die Dominanz von KMU wird für einen längeren Zeitraum eine bestimmende Besonderheit der neuen Bundesländer bleiben. Sie wirkt sich auf die wirtschaftliche Entwicklung in den neuen Bundesländern vielfältig aus – geringeres Produktivitäts- und Lohnniveau, stärkere Abhängigkeit von Kreditfinanzierung und staatlicher Unterstützung zur Bildung von Eigenkapital, zu geringe Forschungspotenziale, be-sondere Anfälligkeiten gegenüber Zahlungs- und Liquiditätsproble-

men, Nachteile im Export. Diesen Problemen muss durch spezifische Maßnahmen der Wirtschaftsförderung und der Wirtschaftsorganisation in Zukunft stärker Rechnung getragen werden, z.b. durch die Förderung von Unternehmenspools zum Akquirieren und Realisieren von Aufträgen, durch wirksamere finanzielle Unterstützung von Exportgeschäften sowie die Schaffung der Bedingungen zur Förderung von Netzwerken.

Die Ergebnisse bei der Umsetzung der »zweiten Chance« müssten in Fortschritten auf dem Weg zu einer selbst tragenden Wirtschaftsentwicklung in Ostdeutschland münden. Als Indikator oder Messlatte für die hierbei erzielten Ergebnisse kann die Verringerung der Produktionslücke zwischen eigener Wirtschaftsleistung und Endverwendung für Konsumtion und Investitionen angesehen werden, die seit 1992 rund 200 Mrd. DM beträgt. Sie wird in den letzten Jahren infolge der niedrigen Wachstumsraten des BIP noch etwas größer geworden sein. Damals entsprachen diese 200 Mrd. DM der Hälfte des volkswirtschaftlichen Endverbrauchs der neuen Bundesländer, heute rund einem Drittel. Diese ostdeutsche Produktionslücke wirkt als Nachfrageimpuls für die westdeutsche Wirtschaft und wird dort in Form zusätzlicher Arbeitsplätze, höherer Unternehmensgewinne und auch höherer Steuern realisiert.

Die Verringerung der Produktionslücke – bei weiterer Ost-West Angleichung der Arbeits- und Sozialeinkommen – setzt voraus, dass über einen längeren Zeitraum ein im Vergleich zu den alten Bundesländern höheres Wachstum der Wertschöpfung, insbesondere der industriellen Wertschöpfung, und der Produktivität erreicht wird. Das Wachstum sollte so weit wie möglich durch Produktionen getragen werden, die auf innovativen und ökologischen Strukturveränderungen beruhen und für die auch langfristig Absatzmöglichkeiten bestehen. Hickel/Priewe (1994: 329) hatten schon 1994 die Notwendigkeit einer »Strategie der innovativen Reindustrialisierung in Ostdeutschland« hervorgehoben. Die Produktionslücke einzuschränken und schließlich zu überwinden, setzt voraus, im harten Konkurrenzkampf mit anderen Anbietern aus Westdeutschland und dem Ausland die Anteile der neuen Bundesländer auf dem ostdeutschen und westdeutschen Markt sowie am deutschen Export – bisher nur vier Prozent – zu erhöhen. Der Verringerung dieser Produktionslücke kommt eine zentrale Bedeutung für die Lösung der Probleme in Ost- wie in Gesamtdeutschland zu:

1. Im Zuge der Verringerung der Produktionslücke entstehen Voraussetzungen für neue Arbeitsplätze, die dazu beitragen, die katastrophale Massenarbeitslosigkeit zurückzudrängen. Der Produktionslücke von rund 200 Mrd. DM entsprechen bei der gegenwärtigen Arbeitsproduktivität in den neuen Ländern (BIP/Erwerbstätigen ca. 75.000 DM) über 2,5 Millionen Arbeitsplätze. Wenn es gelingt, die Produktionslücke im Verlaufe von zehn Jahren auf die Hälfte zu reduzieren, würde dies – unter sonst gleichen Bedingungen – und bei Annahme einer um 30% höheren Arbeitsproduktivität rund eine Million zusätzliche Arbeitsplätze bedeuten. Wenn ein Investitionsaufwand von durchschnittlich 250.000 DM[5] je Arbeitsplatz zugrunde gelegt wird, so müssten hierfür im Verlaufe von zehn Jahren rund 250 Mrd. DM oder 25 Mrd. DM pro Jahr an Investitionen zusätzlich, d.h. im Vergleich zu einem Wachstumspfad, bei dem die Produktionslücke Ost etwa in der gegenwärtigen Höhe bestehen bleibt, eingesetzt werden.

2. Die Lebens- und Zukunftsaussichten der jungen Menschen könnten verbessert werden, wenn neue perspektivische Arbeitsplätze geschaffen, die Bedingungen für Existenzgründungen verbessert und die Arbeitseinkommen erhöht würden. Damit würde auch einer die Zukunft gefährdenden Abwanderung entgegengewirkt.

3. Das Steueraufkommen der ostdeutschen Länder und Kommunen würde rascher steigen, wodurch ihre Finanz- und wirtschaftspolitischen Spielräume für eine aktive Struktur- und Beschäftigungspolitik zunehmen, ihre Anforderungen an den Länderfinanzausgleich jedoch abnehmen könnten. Ebenso würden die Gewinne der ostdeutschen Unternehmen wachsen, eine Voraussetzung zur stärkeren Eigenfinanzierung der für die Modernisierung und Kapazitätserweiterung notwendigen Investitionen.

4. Bedingungen für die langfristige Verringerung der West-Ost-Finanztransfers, die ja im Wesentlichen das Spiegelbild dieser Produktionslücke sind, könnten geschaffen werden, ohne dass dies zu den sonst unvermeidlichen Einschränkungen im konsumtiven und investiven Endverbrauch Ostdeutschlands führen würde. Dadurch könnte auch den Interessen der westdeutschen Bevölkerung Rechnung getragen werden, die finanziellen Vereinigungslasten zu reduzieren.

---

[5] Die Kapitalausstattung im Unternehmenssektor lag im Jahre 1997 bei 200.000 DM je Arbeitsplatz. Vgl. DIW Berlin/IfW Kiel/IWH Halle 1999: 19.

5. Schließlich könnte die gegenwärtig unter den Menschen Ostdeutschlands stark verbreitete Resignation und Unzufriedenheit als Folge der Alimentierung eines größeren Teils ihres Verbrauchs zurückgedrängt und das Selbstbewusstsein der ostdeutschen Bevölkerung gestärkt werden.

Zusammenfassend lässt sich konstatieren, dass es noch eine »zweite Chance« für eine sich selbst tragende wirtschaftliche Entwicklung in den neuen Bundesländern gibt. Sie zu nutzen, ist jedoch schwierig und mit vielen Unsicherheiten und Widersprüchen verbunden. Ihr steht insbesondere der neoliberale Mainstream und die entsprechende Marktgläubigkeit entgegen.

Literatur

Bundesanstalt für vereinigungsbedingte Sonderaufgaben (1998): Bericht zum Stand vom 31.12.1998.

Deutsche Bundesbank (2001): Monatsbericht, Mai.

DIW Berlin/IfW Kiel/IWH Halle (1999): Gesamtwirtschaftliche und unternehmerische Anpassungsfortschritte in Ostdeutschland, 19. Bericht, in: IWH Forschungsreihe, Nr. 5.

Hickel, Rudolf/Priewe, Jan (1994): Nach dem Fehlstart – Ökonomische Perspektiven der deutschen Einigung, Frankfurt/M.

IAB/SÖSTRA (2001): IAB-Betriebspanel Ostdeutschland 2000, Berlin.

Institut für deutsche Wirtschaft Köln (2001): Deutschland in Zahlen. Ausgabe 2001, Köln.

Priewe, Jan/Hickel, Rudolf (1991): Der Preis der Einheit. Bilanz und Perspektiven der deutschen Vereinigung, Frankfurt a.M.

Sachverständigenrat zur Begutachtung der gesamtwirtschaftlichen Entwicklung (2000): Jahresgutachten 2000/2001.

Steinitz, Klaus/Kühn, Wolfgang/Mai, Karl (2001): Ostdeutschland 10 Jahre nach der Vereinigung – Wirtschaftliche Situation, Perspektiven, Schlußfolgerungen, in: Beiträge zur Wirtschaftspolitik, Heft 1-2.

Hasso Düvel
Viele Wissenschaftler erklären die Welt – nur wenige helfen, sie zu verändern

Derzeit ist es in deutschen Unternehmer- und Intellektuellenzirkeln wieder Mode, bei Champagner und Häppchen die Nase über die Gewerkschaften zu rümpfen. Es ist, als hätten Geisterfahrer Konjunktur. Manche Marktradikale, vor allem Mittelständler, ereifern sich so sehr, dass man meinen könnte, die IG Metall sei tatsächlich auf der falschen Spur. Das hören wir vor allem dann, wenn wir von Politik und Wirtschaft verlangen, das 1990 gegebene Versprechen einzulösen, die Angleichung der Lebensbedingungen in Ostdeutschland an die im Westen voranzutreiben. Immer öfter treffen wir Gewerkschafter und Gewerkschafterinnen auf unverhohlene Ablehnung und sogar Hass bei Arbeitgebern und ihnen nahe stehenden Wissenschaftlern und Politikern, wenn wir auf Flächentarifverträgen bestehen, wenn wir tarifliche Einkommenssteigerungen und Sicherheiten fordern, oder wenn wir verlässliche und humane Rahmenbedingungen für die Beschäftigten in Industrie und Handwerk auf die Tagesordnung setzen.

Sobald die IG Metall offensiv die Interessen all jener Menschen vertritt, die niemanden für sich arbeiten lassen können, wird die Gewerkschaft zur bedrohlichen Konjunkturbremse erklärt, wird sie für jeden Durchhänger der Wirtschaft verantwortlich gemacht, und die Schuld für die permanent hohe Arbeitslosigkeit wird ihr auch gleich noch aufgeladen. Das war zwar zu allen Zeiten so, doch haben die Schwierigkeiten, die der Transformationsprozess der ostdeutschen Wirtschaft mit sich brachte, erhebliche Zuspitzungen bewirkt. Wer in solchen Zeiten verlässliche Experten an seiner Seite hat, kann sich glücklich schätzen. Für uns IG Metaller und Metallerinnen in Ostdeutschland war und ist Rudolf Hickel ein solcher Mann – einer, der gewissermaßen aus dem Gegen-Establishment kam. Als einer der »alternativen Wirtschaftsweisen« hatte er immer wieder gewichtige und beachtete Beiträge zur Kapitalismus-Kritik in der Bundesrepublik geleistet. Seine stets fundierten Analysen, unbestechlichen Gutachten und klugen

Aufsätze lieferten uns Gewerkschaftern wichtige Anhaltspunkte, uns für den jeweils richtigen, vernünftigsten Weg zu entscheiden. In der Auseinandersetzung um die Stufentarifverträge für die ostdeutsche Metall- und Elektroindustrie zu Beginn der 90er Jahre war eine solche Klarsicht und Kompetenz wertvoll wie selten zuvor, da die Arbeitgeber die Sozialpartnerschaft auf eine harte Probe stellten.

Dies war die Lage: Engagierte Gewerkschafter aus dem Westen waren in die neuen Länder geeilt, um das System der bundesdeutschen Tarifautonomie einführen zu helfen und um das Betriebsverfassungsgesetz nach Geist und Buchstaben zu übertragen – wichtige Schritte, um Ostdeutschland erfolgreich in die neue Bundesrepublik zu integrieren. Ohne die ausgleichende, auf die Wahrung der Interessen von Millionen Beschäftigten zielende Politik der IG Metall – dieser Tatsache müssen Gewerkschaftsgegner jetzt besonders tapfer ins Auge sehen – hätte der soziale Frieden in dem gigantischen Transformationsprozess von der Plan- zur Marktwirtschaft wohl kaum Bestand gehabt.

Der erste längerfristige Flächentarifvertrag in der Metallindustrie beinhaltete eine Stufenregelung, nach der die Löhne und Gehälter bis 1994 auf 100% angehoben werden sollten. Gleichzeitig war darin eine Revisionsklausel enthalten. Diese erlaubte es jeder Tarifvertragspartei, nochmals überprüfen zu lassen, ob der Zeitpunkt für die Angleichung richtig gewählt ist oder ob er hinausgeschoben werden muss. Eine Einigung über diese Frage im Schlichtungsverfahren setzte aber Einhelligkeit voraus. Als Vorsitzenden dieser Schlichtungsstelle schlugen wir Rudolf Hickel vor. Im Losverfahren fiel der Vorsitz aber an die Arbeitgeberseite, und es gab weder eine Verständigung noch einen Kompromiss über die Rahmenbedingungen der Angleichung. In diesen Verhandlungen hat Rudolf Hickel auf der Grundlage einer sehr klaren Analyse und einer Abwägung der Argumente für die Angleichung argumentiert. Ein Vergleich mit einem Boxkampf scheint mir hier angebracht, und ich würde sagen, die Runden gingen Neun zu Eins an Hickel.

In der Endphase dieser Schlichtung dachten wir schon darüber nach, wie wir bei einem möglichen Scheitern vorgehen sollten. Am 18. Februar 1993 warfen uns die sächsischen Metallarbeitgeber tatsächlich eine »außerordentliche Kündigung« des geltenden Flächentarifs und Stufenplans auf den Tisch. Die Frage, wie wir reagieren sollten, was wir uns zutrauen könnten, führte zu heißen Debatten – bei uns in

Sachsen und beim IG Metall-Vorstand in Frankfurt am Main. In diesem Entscheidungsprozess spielte Rudolf Hickel eine hervorragende Rolle. In der Diskussion mit dem Vorstand der IG Metall stellte er sich klar auf unsere Seite: Der Flächentarif und die Angleichung könnten nur im Arbeitskampf verteidigt werden. Ganz wichtig war seine Argumentation, dass dieser Arbeitskampf ein ostdeutscher sein müsste und keiner, der aus der Gewerkschaftszentrale ferngesteuert würde. Der Erfolg gab ihm Recht: Der erste und bislang größte Streik in der Metall- und Elektroindustrie in Sachsen und Mecklenburg-Vorpommern sowie in der ostdeutschen Stahlindustrie führte zum Abschluss eines neuen Flächentarifvertrags mit einem Stufenplan, der die 100-Prozent-Angleichung der Löhne und Gehälter für 1996 festsetzte. Der Weg zur Angleichung wurde damit zwar länger, aber wir hatten den Flächentarif verteidigt und das Ziel – 100 Prozent Westtarif – gesichert.

Im Herbst 1995 stand der Stufentarif von 1993, der damals auch für die ostdeutsche Stahlindustrie bis 1996 verlängert worden war, auf dem Prüfstand, da auch hier eine Revisionsklausel vereinbart worden war. Diesmal nahmen wir sie in Anspruch, weil wir der Auffassung waren, dass die volle Übernahme der Westlöhne und -gehälter aufgrund der ökonomischen Bedingungen der Branche früher möglich wäre. Die Begründung hatte Rudolf Hickel exzellent entwickelt. Unsere gemeinsame Vorgehensweise führte erneut zu einem Schlichtungsverfahren. Auch wenn Rudolf Hickel erneut nicht Vorsitzender wurde, setzte er sich in dieser Schlichtung wiederum sehr klar mit dem von den Arbeitgebern benannten Vertreter auseinander: Professor Rüthers, ein in der Fachwelt sehr geschätzter konservativer Arbeitsrechtler von der Universität Konstanz. Dieses ausgesprochen harte, aber nach allen Regeln der Kunst ausgefochtene Schlichtungsverfahren endete mit einem Vergleich. Der Einführungstermin der Westtarife wurde um einen Monat vorgezogen. Dafür wurde die schon früher vereinbarte Erhöhung der Sonderzahlung (Weihnachtsgeld) ein wenig gestreckt.

Ein Blick auf das erste Jahrzehnt der wiedergewonnenen deutschen Einheit offenbart, dass die Prognosen der alternativen Wirtschaftswissenschaftler leider weitgehend eingetroffen sind. Der »reine« Markt hat versagt. Oder vielleicht sollte man viel treffender sagen: Er hat sich gnadenlos durchgesetzt, aber gegen die Interessen der Menschen – vor allem in den neuen Ländern. Im zurückliegenden Jahrzehnt haben blind waltende Kräfte des Marktes Hand in Hand mit einer konservativ geprägten Politik 90% der Arbeitsplätze in der Metall- und Elektroindustrie der neuen Länder vernichtet.

Rudolf Hickel hat sich von dieser Entwicklung nicht entmutigen lassen, sondern stets neue Vorschläge entwickelt und unsere Vorhaben wissenschaftlich begleitet und unterstützt – zum Beispiel das Konzept der Industrieholding als Alternative zur Treuhandanstalt. Überhaupt hat Hickel zu jeder Zeit unsere permanente Kritik an der verfehlten Treuhandpolitik mit wissenschaftlich untermauerten Argumenten gestützt. Er wies nach, was wir und unsere Mitglieder täglich erleben mussten: Erst privatisieren und dann sanieren führte die meisten Betriebe direkt in den Untergang, es bedeutete, das Pferd vom Schwanz aufzuzäumen.

Des weiteren stützte er unsere Idee, sich bei der Sanierung der ostdeutschen Wirtschaft zunächst auf den Erhalt industrieller Kerne zu konzentrieren, die später wieder wachsen könnten. In diesem Zusammenhang profilierte sich Hickel als Vordenker eines Konzepts der Regionalisierung der Sanierungspolitik. Diese sollte, so das Denkmodell, begleitet werden durch staatliche Strukturpolitik, also durch eine stärkere Intervention des Staates für die Entwicklung von Strukturen der Zukunft. Stets entwickelte er Konzepte zur Ankurbelung der ostdeutschen Ökonomie. Diese zeichneten sich dadurch aus, dass neben den notwendigen Geldtransfers auch die Infrastruktur entwickelt und Investitionen gefördert werden sollten, die nicht primär zu einem Steuerabschreibungsboom für westdeutsche Privathaushalte führen, sondern die in erster Linie die Ansiedlungspolitik der Unternehmen auf die neuen Länder orientieren und Beschäftigung in Räumen organisieren sollten, die inzwischen sehr stark unter der Transformation gelitten hatten.

Zwar gibt es positive Entwicklungen und echte Erfolgsgeschichten. Die Automobilbranche zum Beispiel glänzt mit Volkswagen in Sachsen, Opel in Eisenach und Daimler-Chrysler im brandenburgischen Ludwigsfelde. BMW und Porsche planen neue Werke in Leipzig – einer Stadt, die wie kaum eine zweite in Ostdeutschland mit den Aufbaumitteln konsequent Infrastruktur und Kultur entwickelt hat und zu einem attraktiven Standort mit hoher Lebensqualität geworden ist. Auch die Werften in Wismar, Stralsund und Warnemünde haben sich behauptet. Weil Metallerinnen und Metaller den Plattmachern von der Treuhandanstalt Widerstand leisteten, gibt es in Ostdeutschland heute eine moderne, effiziente Stahlindustrie, einen konkurrenzfähigen Schienenfahrzeugbau und einen leistungsfähigen Maschinen- und Anlagenbau, deren Unternehmen in der europäischen und Welt- liga mitspielen. Neben EKO Stahl Eisenhüttenstadt wären da zu nen- nen die Waggonbaubetriebe von Bombardier und schließlich die Uni- on Werkzeugmaschinen GmbH Chemnitz, ein boomendes Unterneh- men in Mitarbeiterhand.

Aber wir haben schon gesehen: Dass von diesen Standorten heute überhaupt die Rede ist, können wir nicht allein dem Weitblick und der Weisheit von Politikern, Wirtschaftslenkern und Arbeitsmarkt- strategen zuschreiben. Im Grunde genommen gibt es diese Standorte, weil in Infrastruktur, in neue Anlagen und Arbeitsplätze investiert wurde – oft auf Druck und Initiative der IG Metall, deren Mitglieder und Betriebsräte mit machtvollen und phantasievollen Aktionen Ent- scheidungen von Managern und Politikern beeinflussten, und die da- bei auch viele Opfer brachten, um Betriebsschließungen abzuwenden.

Wäre es allein nach der Treuhand-Chefin Birgit Breuel und den radi- kalen Vertretern einer neoliberalen, marktgläubigen Wirtschaftspoli- tik gegangen, würde es all diese und viele weitere Betriebe heute nicht mehr geben. Beharrlichkeit und Trotz von Belegschaften aus ehemals volkseigenen Kombinatsbetrieben, die die Treuhand eigentlich »ab- wickeln« wollte, führten schließlich doch zum Erhalt von Standorten. Ohne Co-Management der IG Metall und ohne ihre programmati- schen Vorschläge für den Erhalt industrieller Kerne, für den Aufbau neuer Wirtschaftsstrukturen in den Regionen würden Besucher Ost- deutschlands heute eine ganz andere Szenerie antreffen. Vielleicht diese: Über exzellent ausgebaute Autobahnen und Bundesstraßen geht es vorbei an begrünten und aufgeforsteten »Industrie-Folgelandschaf- ten«, hin zu großen, menschenleeren Freizeitparks, in deren Umge- bung neu errichtete oder renovierte Landhaushotels und Bauernhöfe vergeblich auf Touristen warten. Vielleicht würde es sich bei diesen Besuchern aus dem Westen ja um »Ehemalige« handeln, die ihre Hei- mat im Osten verlassen mussten, weil es einfach keine Arbeit gab und damit keine Perspektive, also keine Möglichkeit, sich den Lebensun- terhalt zu verdienen. Zum Glück ist es so weit nicht gekommen. Aber die Gefahr, dass der Osten nach und nach ausblutet, besteht immer noch.

Beim Aufbau Ost – und das berührt uns schmerzlich – sind nur wenige Blütenträume gereift. Trotz zeitweise zweistelliger Wachstums- raten ist die industrielle Basis im Osten zu klein für eine sich selbst

tragende Wirtschaftsentwicklung geblieben. Was von den einst stol-
zen volkseigenen Kombinaten übrig geblieben ist, ausgegründet wurde oder neu entstand, existiert meist ohne eigene Forschungs-, Ent-
wicklungs- und Marketingabteilungen. Sie sind so vollkommen durch-
rationalisiert, wie es sich Manager im Westen nur erträumen, erwirt-
schaften aber nur eine geringe Wertschöpfung und sind abhängig von
Konzernzentralen, die fern in Westdeutschland, Europa oder sogar in
Übersee örtlich kaum nachvollziehbare Entscheidungen treffen. Diese »verlängerten Werkbänke«, so die Erfahrung, dienen bei Auftrags-
oder Marktschwankungen als Puffer und sind bei Entlassungen oder
Kurzarbeit stets zuerst betroffen. Als Folge verharrt die Arbeitslosigkeit auf hohem Niveau. Seit 1990 schwankt sie um die 20%-Marke.
Sie war stets doppelt so hoch wie im Westen und liegt jetzt sogar über
dieser Marke. Wenn der Blick über die offiziellen Zahlen hinausgeht
und die Arbeitssuchenden hinzu gerechnet werden, die zeitlich befri-
stet an öffentlich geförderten Beschäftigungs- und Qualifizierungs-
maßnahmen teilnehmen, erhöht sich die Quote nochmals auf bis zu
40% realer Erwerbslosigkeit. Auf beunruhigende Weise bestätigt dies
die Richtigkeit der Kritik von Bundestagspräsident Wolfgang Thier-
se, der in seinen mutigen Thesen Anfang 2001 vor einer weiter ausein-
anderdriftenden Entwicklung in Ost und West warnte.

Wie ist die Lage in Ostdeutschland heute? In der Metall- und Elektroindustrie sowie in der Stahlindustrie von Berlin, Brandenburg und
Sachsen sind nur noch zehn Prozent der Arbeitsplätze von 1991 übrig
geblieben. Die Zeit der großen Investitionen ist vorbei, und es gilt
nun, den Aufbau im Kleinen, mit kleinen, aber in Stadt und Land sicht-
baren Schritten voranzubringen. Die auf Initiative der IG Metall ins
Leben gerufenen Beschäftigungs- und Qualifizierungsgesellschaften
milderten zwar in den ersten Aufbaujahren die schlimmsten Folgen
der Massenarbeitslosigkeit. Sie konnten aber ihre Brückenfunktion in
den privatwirtschaftlichen Arbeitsmarkt nur sehr minimal erfüllen.
Gesellschaften wie die Wirtschaftsentwicklungs- und Qualifizierungsgesellschaft (WEQUA) im brandenburgischen Lauchhammer oder die
Sächsische Aufbau- und Qualifizierungsgesellschaft (SAQ) in Zwickau, die im Sommer 1991 nach einer Betriebsbesetzung gegen den
Willen der Treuhand als erste ihrer Art im Osten für die Trabant-Bau-
er bei Sachsenring gegründet wurde, gehören bis heute zu den größten Arbeitgebern in den jeweiligen Regionen. Die Idee, für den Aufschwung Ost eine Reserve von Fachkräften für neue Arbeitsplätze

auszubilden, gewissermaßen für die Zeit eines künftigen Beschäftigungsaufbaus zu »parken«, scheiterte jedoch an einer verfehlten Aufbau-Ost-Politik der konservativen Regierung aus CDU, CSU und FDP.

Statt Industrie und Infrastruktur vernünftig aufzubauen, wurde ein gigantisches Bauprogramm gefördert, in dessen Gefolge Wohnungen und Büros im Überfluss entstanden, wobei vornehmlich westdeutsche Betriebe und Steuerzahler bei Wirtschaftsförderung und Fiskus kräftig abkassierten. Heute frisst die Bauwirtschaft, die so schnell wieder in sich zusammen fiel, wie sie zunächst aufgebläht wurde, die zum Teil zweistelligen Wachstumsraten der ostdeutschen Industrie völlig auf. Unter dem Strich sind deshalb die Wachstumsraten des Bruttoinlandsprodukts seit 1997 geringer als in Westdeutschland. Sie müssten aber dauerhaft höher sein, um die Angleichung an den Westen wenigstens auf lange Sicht zu schaffen. Wie weit der Weg zu annähernd gleichen Lebensverhältnissen in Ost und West noch ist, zeigt immer wieder ein Blick auf die Erwerbstätigkeit. In Ostdeutschland kommen heute auf 1.000 Einwohner nicht einmal halb so viele Industriebeschäftigte wie in Westdeutschland.

Die Wirtschaftsstruktur in den neuen Ländern ist indessen sehr uneinheitlich. Auf der einen Seite gibt es aufstrebende Boom-Regionen wie Dresden und Frankfurt (Oder) als Standorte der Mikroelektronik, die bereits erwähnten Zentren des Automobilbaus in Ludwigsfelde, Zwickau und künftig auch Leipzig sowie Chemnitz als Standort des Maschinen- und Anlagenbaus. Andere Regionen aber bleiben zurück. Die Industriebasis ist zwar gesund, aber zu schmal. Unternehmen der Metall- und Elektroindustrie verweisen zwar auf beachtliche Gewinne, doch gibt es davon insgesamt viel zu wenige.

Die Folge dieser dünnen Niederlassungsstruktur ist, dass strategische Entscheidungen aus sehr großer Entfernung gefällt werden. Die Interessen der Beschäftigten und der Regionen spielen dabei kaum eine Rolle. Die kritische Begleitung durch Gewerkschaften und den Sachverstand alternativer Wirtschaftswissenschaftler ist unverzichtbar. Bei Großfusionen wie im Stahlbereich (betroffen war 2001 die Usinor-Tochter EKO Stahl, die bei der Bildung des Stahlriesen New-Co erneut ins öffentliche Licht rückte) oder im Bahntechnik-Bereich bei der Übernahme von Adtranz durch Bombardier wurde überdeutlich, welche Welten zwischen Paris und Eisenhüttenstadt, zwischen Montreal und Hennigsdorf liegen. Mit Aufsehen erregenden Aktio-

nen in den Betrieben und in einem Nerven aufreibenden Papierkrieg
mussten wir den Konzernzentralen in Erinnerung bringen, dass in Ostdeutschland noch für eine geraume Zeit besondere Bedingungen zu
beachten sind.

Dennoch: Die Resignation der Ostdeutschen wächst. Sie sehen nicht
mehr ein, warum sie für weniger Geld länger arbeiten sollen, wobei
ihnen obendrein die Gefahr des Arbeitsplatzverlustes ständig im Na-
cken sitzt. Mit einem unvergesslichen Arbeitskampf, der die Aufmerksamkeit der gesamten Bundesrepublik und auch des Auslands erregte,
erstritten sich die IG Metall-Mitglieder 1993 zwar einen Stufenplan
zur 100-Prozent-Angleichung. Die Löhne und Gehälter in der Me-
tall- und Elektroindustrie sowie im Stahlbereich haben 1996 nominal
mit denen im Westen gleichgezogen. Aber noch gilt im Osten eine um
drei Stunden längere Arbeitszeit, und es gibt weniger Zulagen. Deshalb liegt das Tarifeinkommen zwar nominal bei 100%, effektiv aber
nur bei 82% des Westniveaus. Rechnet man die Einkommensnachtei-
le wegen der längeren Arbeitszeit mit ein, bekommen Ostdeutsche
nur 72% vom Westtarif. Diesem dauernden Gefühl der Unsicherheit
und der Zweitklassigkeit entziehen sich immer mehr Menschen – von
Rostock bis zum Vogtland. Allein 1999, das ist die neueste verfügbare
statistische Zahl, zogen 126.000 Sachsen in den Westen oder ins Ausland. Den »Auszug aus dem Osten« führen vor allem gut ausgebildete
mobile junge Fachkräfte an.

Die ganz Jungen ziehen aus den schlechteren Verdienstmöglichkei-
ten, gepaart mit einer Arbeits- und Ausbildungsplatzmisere, noch ri-
gorosere Konsequenzen: Sie gehen aus der Heimat weg, um woanders
einen Beruf zu lernen, und zwar klassisch und solide in einem richtigen, gesunden Betrieb. 1999 gingen 14.000 Ostdeutsche zur Ausbildung in den Westen – mit einer Finanzspritze des zuständigen Ar-
beitsamts in der Tasche. Irgendwie kann man verstehen, dass es die
jungen Leute in die Ferne zieht, denn das Gute liegt nicht so nah. Der
Ausbildungsbereich insgesamt ist nämlich ein echtes Paradoxon geworden, ein Beispiel dafür, wie staatliche Förderprogramme das Gegenteil von dem bewirken können, was beabsichtigt war und was notwendig wäre. Die Unternehmen im Osten nutzen nämlich Fördergel-
der des Staates, um sich immer mehr aus ihrer Verantwortung für die
berufliche Erstausbildung zu stehlen. Diese findet inzwischen überwiegend außerhalb der Betriebe und unter sehr schlechten Bedingungen statt – Monatsbezüge von 400 Mark, die nicht einmal die Hälfte

der tariflichen Ausbildungsvergütung bedeuten, sind keine Seltenheit. Tausende Jugendliche werden in wenig sinnvollen Praktika und Berufsgrundbildungsjahren geparkt, damit sie die Arbeitslosenstatistik nicht belasten. Aber mit einem ordentlichen Ausbildungsplatz versorgt sind sie damit noch lange nicht. Wenn das so weiter geht, blutet der Osten bald völlig aus. Der schon jetzt von der Wirtschaft beklagte Fachkräftemangel wird sich sehr drastisch bemerkbar machen. Nach einer Umfrage der »Leipziger Volkszeitung« Anfang 2001 sehen 73 Prozent der 30- bis 40-Jährigen, also die Elterngeneration der Jugendlichen, die Zukunft ihrer Kinder in den alten Ländern. Von den Jugendlichen selbst rechnet jeder zweite damit, eines Tages die Koffer zu packen. Tun sie es wirklich, wird der Aufholprozess der Ost-Wirtschaft auf Jahre blockiert.

Der Aufbau Ost braucht neuen Schwung. Nach wie vor ist er Aufgabe des gesamten Staates. Die neuen Länder haben Anspruch darauf, dass ihr Rückstand an Ausstattung mit Industrie und Infrastruktur gegenüber dem Westen wettgemacht wird. Experten sprechen von 150 Milliarden Euro, die allein für die Angleichung investiert werden müssten. Das klingt gewaltig, ist aber notwendig. Wenn sie die Wahl hätten, würden die Ostdeutschen lieber heute als morgen vom Finanztropf des Westens unabhängig werden. Aber das geht nicht über Nacht, sondern muss durch langfristige Politikkonzepte und Finanzierungszusagen gesichert werden.

Die IG Metall hat in einem Beschluss des Vorstands eine »Politik der neuen Ehrlichkeit« gegenüber Ostdeutschland gefordert und zusammengefasst, worauf es in den nächsten Jahren ankommt: Die Arbeitslosigkeit muss drastisch gesenkt werden. Dazu muss vernünftige Arbeitsförderung betrieben und in neue Unternehmen investiert werden, die innovative, wertschöpfungsintensive und zukunftsfähige Produkte von hoher Qualität herstellen. Eine Anschlussregelung zum Solidarpakt über mindestens zwölf Jahre muss für eine verlässliche Finanzierung sorgen. Neue Ansätze in der Industriepolitik müssen die Industrialisierung wieder vorantreiben und die teilweise gravierenden Ost-West-Unterschiede angleichen. Die staatliche Förderung darf nicht länger nach dem Gießkannenprinzip verteilt werden, sondern muss umsteuern in Richtung Innovation der Produktion und Qualifizierung der Beschäftigten und Arbeitsuchenden. Die Infrastruktur muss weiter ausgebaut werden. Nur so wird eine nachhaltige, selbsttragende Entwicklung der Ökonomie Ostdeutschlands erreicht – auch mit Blick auf die Osterweiterung der Europäischen Union.

In der Tarifpolitik haben wir für die ostdeutsche Metall- und Elektroindustrie sowie den Stahlbereich die Angleichung der Arbeitszeit an die westdeutschen Manteltarife auf die Tagesordnung gesetzt. Die Friedenspflicht dafür läuft 2003 aus. Wir wissen schon heute: Wir werden diesen Kampf führen, und wir brauchen dann erneut die Unterstützung der gesamten IG Metall, wir brauchen erneut die Unterstützung von Wirtschafts- und Sozialwissenschaftlern, die sich wie Rudolf Hickel als ausgewiesene Kapitalismuskritiker nicht allein der reinen Lehre vom Markt verpflichtet fühlen. Bei seinen häufigen Auftritten auf gewerkschaftlichen Foren und Veranstaltungen zur Struktur- oder Tarifpolitik hat sich Rudolf Hickel als Kenner der ostdeutschen Wirtschaft erwiesen.

Rudolf Hickel ist prinzipientreu, ohne starrköpfig zu sein. Hinter uns liegen Jahrzehnte gemeinsamer Arbeit, Jahrzehnte des fruchtbaren Streits um den besten Weg, um die besten Argumente, Methoden, Strategien. Rudolf Hickel ist einer der wenigen Wissenschaftler, die nicht nur erklären, warum und wie sich die Welt verändert. Er hilft mit, sie so zu verändern, dass sie sozial gerechter, also besser wird.

Der Beweis: Werden ostdeutsche IG Metall-Funktionäre gefragt, welchen Wirtschaftswissenschaftler sie bei der Lösung ernster Probleme hinzuziehen würden, dann hört man durch die Bank auf Anhieb einen Namen: Rudi Hickel.

IV. Gewerkschaften, Tarifpolitik, Mitbestimmung

Detlef Hensche
Wissenschaft und
gewerkschaftliche Praxis

1. Die Hegemonie des Neoliberalismus

Die Hegemonie neoliberaler Politik erscheint unerschütterlich. Ungeachtet aller nationalen Unterschiede hinsichtlich Arbeitslosigkeit, sozialer Sicherung, Arbeitsrecht und Tarifordnung dominiert in den westeuropäischen wie in anderen entwickelten Ländern ein neoklassisches Muster der Wirtschafts- und Sozialpolitik, das sich – verkürzt – auf die Formel bringen lässt:

- Kostensenkung für die private Wirtschaft;
- Deregulierung durch Abbau arbeitsrechtlichen Schutzes und sozialer Sicherung;
- Rückzug des Staates durch Privatisierung öffentlicher Einrichtungen und Leistungen;
- Haushalts-Konsolidierung durch Sparen bei gleichzeitiger Privilegierung großer Vermögen und Einkommen.

Wir kennen das Lied: Wenn die Marktkräfte sich nur ungehemmt entfalten könnten, würden millionenfache Beschäftigung, Fortschritt und allgemeiner Wohlstand winken. Tatsächlich tritt jedoch das Gegenteil ein: Wachstums- und Wohlstandschancen bleiben ungenutzt, die Arbeitslosigkeit verfestigt sich, prekäre Beschäftigungsverhältnisse nehmen zu, die öffentliche Infrastruktur verarmt, und nicht zuletzt vertieft sich die soziale Spaltung – national wie international. Die Umverteilung von unten nach oben fördert zugleich die Stärkung und Verselbständigung des Finanzsektors mit allen Risiken hochgeschraubter Renditevorgaben für Produkt-Vielfalt und unternehmerische Langfrist-Planung. Das alles ist seit Jahren bekannt und empirisch belegt.

Die durchaus beachtlichen nationalen Besonderheiten liefern interessante Erfahrungswerte. Wie passt es etwa ins neoliberale Bild, dass die Steuer- und Sozialabgaben-Quote allein in Westeuropa so unterschiedliche Werte wie z.b. 42,6% in der Bundesrepublik, 44,2% in Frankreich, 47,4% in den Niederlanden, 48% in Dänemark und 50,4% in Schweden beträgt, und dass Länder mit hohen Quoten über eine robuste Wirtschaft und niedrige Arbeitslosigkeit verfügen? Oder wie kommt es, dass Länder mit geringer Lohnspreizung wie die Niederlande oder Dänemark eine bemerkenswert hohe Beschäftigung aufweisen – ganz im Gegensatz zur Theorie von der »beschäftigungsfeindlichen Nivellierung«? Nationale Unterschiede wie diese widerlegen zugleich die verbreitete These, in Zeiten der Globalisierung gäbe es für die nationale Politik keinen sozialpolitischen Handlungsspielraum mehr.

Angesichts dieser Gegenbeweise ist die Erfahrungs-Resistenz der neoliberalen Schule bemerkenswert hoch. Merke: Es wird solange Armut und gesellschaftliche Spaltung geben, solange es Menschen gibt, die daran verdienen; und es wird immer Wirtschaftstheologen geben, die nachweisen, dass dies dem allgemeinen Besten dient.

Ebenso bemerkenswert ist die Mehrheits-Resistenz der praktischen Politik. Die Wahl zum Deutschen Bundestag im September 1998 war durchaus eine Richtungswahl gegen neoklassische Deregulierung und für gesellschaftliche Vorsorge, »ein Plebiszit für die Erhaltung des Sozialstaats«, wie Renate Köcher am 20. Juni 1999 in der Frankfurter Allgemeine Sonntagszeitung geschrieben hatte. In seinem Buch »Profit over People« hat Noam Chomsky 1999 auf Forschungsergebnisse in den USA aufmerksam gemacht, die für die Mehrheit der Bevölkerung »sozialdemokratische« Grundeinstellungen belegen. Beides, Dogmatisierung in Wissenschaft und Medien und Missachtung von Mehrheitserwartungen in der Politik, fördern Vertrauensverlust und apolitische Grundhaltungen, die der Demokratie nicht gut tun.

2. Die Notwendigkeit einer »ökonomischen Alphabetisierung«

Es reicht nicht, die Arroganz der Macht zu beklagen. Wie kann es geschehen, dass die herrschende Meinung so stabil und wirksam ist? Immerhin ist die Linke nicht sprachlos. Kritik findet statt. Alternativen liegen vor. Namentlich die seit 25 Jahren erscheinenden Gutachten der Memorandumgruppe bieten ein überzeugendes Kompendium an empirischem Material und nachvollziehbaren Reform-Vorschlägen. In anderen Ländern, etwa Frankreich, mischen sich Sozialwissenschaftler und Intellektuelle ein. Dennoch hat man nicht den Eindruck, dass die Linke auf dem Sprung ist, die Offensive zu ergreifen.

Nun kennen wir die Erklärungen der eigenen Ohnmacht, angefangen von der lähmenden Wirkung der Arbeitslosigkeit bis zum Globalisierungs-Fatalismus, der auch unter Linken gepflegt wird. Und immer wieder werden »der Neoliberalismus«, seine Profiteure und seine

Propheten zu einer Größe aufgeblasen, die dazu angetan ist, bestehende Widersprüche, Schwächen und Angriffspunkte aus dem Blick zu verlieren. Es ist in der Tat verführerisch, die Übermacht der anderen Seite herauszustellen, da dies von der Verantwortung für die eigene Schwäche befreit. Allerdings ist auch diese selbstverschuldet. Friedhelm Hengsbach hat vor Jahr und Tag zu Recht eine »ökonomische Alphabetisierung« gefordert. Soweit es um die dazu notwendige theoretische Grundlegung und die wissenschaftliche Aufklärungsarbeit geht, stehen wir, wie dargelegt, nicht mit leeren Händen da. Die Arbeiten von Rudolf Hickel und vielen anderen legen Zeugnis dafür ab.

Doch die Entwicklung und Präsentation konkreter und begründeter Alternativen sowie die wissenschaftliche Politikberatung ist das eine, die Einbeziehung in praktische Politik und politische Bewegung das andere. Die ökonomische Alphabetisierung gelingt erst im Zusammenhang mit realen Auseinandersetzungen und Aktionen. Die jährliche Vorstellung eines keynesianisch orientierten alternativen Gutachtens verursacht für sich genommen noch kein politisches Erdbeben. Doch ein Finanzminister und sein Staatssekretär, die an einigen Tabus neoliberaler Dogmatik rührten, wie Oskar Lafontaine und Heiner Flassbeck, lösten national wie international eine Welle der Ablehnung und Entrüstung, ja Denunziation aus. Sie hatten offenkundig den Nerv getroffen.

Kurzum, wenden wir uns den potenziellen Akteuren einer alternativen Wirtschaftspolitik zu, zum Beispiel den Gewerkschaften.

3. Die Aufgabe der Gewerkschaften

Ein politischer Kurswechsel schließt notwendig die Einkommensverteilung ein. Es gilt die Umverteilung zu Lasten der Löhne und Gehälter umzukehren, zumindest aber zu stoppen.

Betrachten wir die Tarifpolitik der letzten Jahre unter dieser Anforderung, präsentiert sich keine Erfolgsbilanz. Bis auf wenige Ausnahmen haben die Tarifabschlüsse der 80er und 90er Jahre den – neutralen – Verteilungsspielraum nicht ausgeschöpft, geschweige denn überschritten. Dies aber wäre eigentlich notwendig gewesen, um das Missverhältnis zwischen Masseneinkommen und Gewinnen zu korrigieren. Natürlich ist dies auch das Ergebnis des realen Kräfteverhältnisses. Arbeitslosigkeit oder konjunkturell bedingte Unterauslastung der Betriebe erschweren lohnpolitische Offensiven der Gewerkschaften.

Doch bevor wir uns vorschnell Absolution erteilen, ist darauf hinzuweisen, dass das Kräfteverhältnis keine unverrückbare Größe ist, sondern vom eigenen Auftreten mitbestimmt wird. Letzteres war in der Verteilungsfrage nicht immer von Konsequenz und Selbstbewusstsein geprägt.

Um dies am Beispiel der Tarifrunde des Jahres 2000 zu demonstrieren: Vorausgegangen war im Frühjahr 1999 eine durchaus selbstbewusste Tarifbewegung mit respektablen Ergebnissen. Sie stand nicht zuletzt unter dem Eindruck einer wirtschaftspolitischen Wende, wie sie sich nach der Bundestagswahl – zunächst – abzeichnete. Erstmals in der Geschichte der Bundesrepublik hatte der neue Bundesfinanzminister Lafontaine die Gewerkschaften im Interesse der Binnenkonjunktur ausdrücklich zu kräftigen Lohnerhöhungen ermuntert, was von einigen Gewerkschaftern entrüstet als Einmischung zurückgewiesen wurde. Verkehrte Welt!

Die Reaktion auf die Tarifabschlüsse des Frühjahrs 1999 ließ nicht lange auf sich warten. Seit dem Frühsommer verging kaum eine Woche, in der nicht Arbeitgebervertreter und wirtschaftswissenschaftliche Experten beschwörend vor einer Wiederholung warnten. Die in früheren Jahrzehnten fraglos anerkannte Definition des neutralen Verteilungsspielraums aus Preissteigerung und Produktivitätsfortschritt wurde fundamental bestritten. Inzwischen war das Wetterleuchten einer keynesianischen Wende erloschen; Oskar Lafontaine war zurückgetreten – auch mangels Unterstützung aus Partei und Gewerkschaften.

Im Sommer 1999 verständigten sich der DGB-Vorsitzender Schulte und BDA-Präsident Hundt zur Rettung des Bündnisses für Arbeit auf ein Dokument, das neben positiven Ansätzen den verräterischen Satz enthielt, dass »die Produktivitätssteigerungen vorrangig der Beschäftigungsförderung dienen« sollen. Wären damit etwa Arbeitszeitverkürzungen gemeint gewesen, wäre die Forderung nicht anstößig. Sie wurde jedoch allgemein so interpretiert, wie sie Herr Hundt zweifelsfrei verstanden hatte und verstanden wissen wollte: als Rückkehr zur unterproportionalen Beteiligung der Arbeitnehmerinnen und Arbeitnehmer am Produktivitätsfortschritt, also als Wiederaufnahme der Umverteilung zugunsten der Gewinne. Ungeachtet dieser herrschenden Interpretation fand sich dieselbe Formulierung ein halbes Jahr später im Abschlussdokument des Bündnisgesprächs vom Januar 2000 wieder.

Schon vorher hatte die öffentliche Kampagne erste Wirkungen gezeigt: Die Forderungen der Gewerkschaften im Vorfeld der Tarifrunde des Frühjahrs 2000 bewegten sich im Schnitt um ein Prozent unter den Forderungen des Vorjahres, obwohl sich die konjunkturelle Lage deutlich gebessert hatte, also eigentlich höhere Forderungen gerechtfertigt hätte. Das Ergebnis ist bekannt.

Natürlich drängt es sich in diesem Zusammenhang auf, das Bündnis für Arbeit dafür verantwortlich zu machen. Gewerkschaftliche Kritiker können sich neuerdings gar auf den Bundeskanzler berufen, der die Zwei-Jahresabschlüsse des Frühjahrs 2000 als Bündnis-Erfolg feierte. So liegt der Ruf nach einem Auszug aus dem Bündnis geradezu in der Luft. Dabei muss man sich freilich vor einer Mystifizierung hüten. Soweit etwa auf dem Sektor der Arbeitsumverteilung betriebspolitische Lösungen, tarifvertragliche Rechte und gesetzliche Reformen ineinander greifen müssen, können Verabredungen der drei beteiligten Akteure hilfreich sein. Gerade auf diesem Feld liegen auch Chancen für die Gewerkschaften, das Bündnis zu nutzen und durch Konzentration auf zentrale Themen und durch politische Zuspitzung die öffentliche Debatte zu bestimmen. Das wäre freilich eine thematisch und funktional eingeschränkte Rolle des Bündnisses. Doch selbst die wurde nicht eingelöst. Arbeitsumverteilung, eine Wirtschaftspolitik, die die Binnenkonjunktur fördert, oder die durch sozial-ökologisches Umsteuern und den Ausbau der öffentlichen Infrastruktur Beschäftigung schaffen würde, werden von Bundesregierung und Unternehmerverbänden tabuisiert. Sieht man einmal von minimalen Erfolgschancen in Sachen Weiterbildung ab, ist die Bündnis-Bilanz enttäuschend. Für die Gewerkschaften verdichtet sich die Gefahr, vom politischen Vertrauensverlust mit erfasst zu werden. Auf Dauer lassen sich die Menschen durch Scheinlösungen, die durch mediale Inszenierungen zu Großereignissen aufgeblasen werden, nicht veralbern. Die Arbeit im Bündnis sollte daher eingestellt werden, wenn sich an der Haltung der anderen Beteiligten nichts ändert. Im Grunde offenbart das Bündnis für Arbeit, dass korporatistische Lösungen dann ihre Grundlage verlieren, wenn der wirtschaftspolitische und sozialstaatliche Grundkonsens nicht mehr besteht.

Die tieferliegende Frage, welche Haltung die Gewerkschaften gegenüber dem marktradikalen Umverteilungs-Mainstream einnehmen, stellt sich unabhängig vom Bündnis. Die Zwei-Jahres-Abschlüsse des Jahres 2000 wären auch ohne das Bündnis für Arbeit zustande gekommen. Entscheidend ist die grundsätzliche Einsicht, dass gegen alle Markt-, Angebots- und Standort-Rhetorik die Lohnabschlüsse der letzten zwei Jahrzehnte wirtschafts- und beschäftigungspolitisch kontraproduktive Folgen hatten. Stimmt diese Erkenntnis, gilt es danach zu handeln, was freilich nicht bereits den Erfolg garantiert. Bleiben reale Tarifabschlüsse hinter der eigentlich gebotenen Marke zurück – was mangels Kampfkraft immer wieder geschehen kann –, sollten sie nicht als Zeichen von »Augenmaß« oder als »Beitrag der Vernunft« (welcher?) gerechtfertigt oder gar schöngeredet werden. Solange selbst Gewerkschaften immer wieder als Kronzeugen für liberale Umverteilungsmuster zitiert werden können, stabilisieren sie jene herrschende Meinung und tragen – ungewollt – dazu bei, dass z.b. so wichtige Aufklärungsarbeit wie die der Memorandumgruppe in den Halbschatten wirtschaftswissenschaftlicher Subkultur verbannt wird.

Kurzum, verteilungspolitische Offensiven, getragen von dem nötigen Selbstbewusstsein, und Konfliktbereitschaft sind gefragt – wenn anders die ökonomische Alphabetisierung keine akademische Veranstaltung im Verborgenen sein soll.

4. Wider die Lohnspreizungsthese

Eine andere lohnpolitische Herausforderung betrifft die Verteilungsgerechtigkeit in den eigenen Reihen. Die von Unternehmern und Wirtschaftswissenschaftlern geforderte Lohnspreizung ist längst Wirklichkeit, nicht nur in Gestalt nicht tarifierter oder tarifwidriger Bezahlung, namentlich im Bereich geringfügiger Beschäftigung. Auch soweit es sich um Arbeitsverhältnisse in tarifgebundenen Sektoren handelt, hat sich die Schere weiter geöffnet. Dass es auch anders geht, zeigen die bereits erwähnten Beispiele der Einkommensstruktur in den Niederlanden oder in skandinavischen Ländern, die sich wesentlich mehr vom Egalitäts-Prinzip leiten lassen, ohne deshalb an »leistungsfeindlicher Nivellierung« zu kollabieren. Doch hierzulande reicht die Spannbreite offenkundig noch nicht aus. Die immer wieder geforderte Subventionierung von Niedriglohnarbeiten soll die weitere Absenkung erleichtern – mit der Folge einer allgemeinen Sogwirkung nach unten und der Perversion eines staatlich geförderten Gettos unterbezahlter und unterqualifizierter Arbeiten.

Damit es nicht vergessen wird: An der heute schon bestehenden Lohnspreizung sind die Gewerkschaften nicht unschuldig. Die jahrzehntelange Fixierung auf das männlich dominierte Normalarbeitsverhältnis hat die Beschäftigung mit diskriminierenden Frauenlöhnen – wohlwollend formuliert – nicht verhindert. Ist die Reinigungsarbeit oder sind Service- und Aufräumarbeiten im Hotel- und Gaststättengewerbe so viel weniger wert als Hilfstätigkeiten in einem Produktionsbetrieb der Exportwirtschaft? Ist es leistungsgerecht, dass für Pflegeberufe – nach einer beruflichen Ausbildung – deutlich weniger gezahlt wird als für den Facharbeiter z.b. in der Metallindustrie? Die Beispiele ließen sich beliebig vermehren.

Das Ergebnis ist eine Hierarchie der Einkommen und anderer Arbeitsbedingungen, deren diskriminierende Wirkung mittlerweile auch Männer, vor allem Jugendliche, trifft. Überdies wirkt sie wie eine nach unten offene Skala, die für Arbeiten in neuen Geschäftsfeldern, für die Tarifverträge noch nicht gelten, normbildend ist. Und sie schafft in Zeiten der Migration die Legitimation für untertarifliche Beschäftigung.

Was Arbeiten im Baugewerbe angeht, haben der europäische und der nationale Gesetzgeber in Gestalt der Entsende-Richtlinie einen gesetzlichen Mindestlohn geschaffen, in der Bundesrepublik auf dem Umweg über allgemeinverbindliche Tarifvereinbarungen. Im europäischen Ausland gibt es seit langem gesetzliche Mindestlöhne. Hierzulande würde vermutlich der Untergang des Abendlandes ausgerufen, wenn das bestehende, aber bisher nicht genutzte Gesetz über die Festsetzung von Mindestarbeitsbedingungen von 1952 angewandt würde, um Mindestlöhne festzulegen. In Zeiten der Prekarisierung und des millionenfach betriebenen und erlittenen Lohndumpings könnte sich dieses Instrument als sinnvoll, wenn nicht sogar sozialstaatlich geboten erweisen. Die gewerkschaftlichen Vorbehalte sollten daher kritisch hinterfragt werden.

In jedem Fall aber sollten sich die Gewerkschaften der Aufgabe stellen, dort dem weiteren Einkommensverfall entgegenzutreten, wo sie tarifmächtig sind oder es werden können. Die Schweizer Gewerkschaften haben vor einem Jahr eine 3.000-Franken-Kampagne verabredet. Vor mehreren Jahren sind die österreichischen Gewerkschaften bereits mit einer 10.000-Schilling-Aktion vorangegangen. Wie also wäre es, die DGB-Gewerkschaften würden sich verabreden, in mittlerer Frist für alle tarifierbaren Arbeitsverhältnisse ein Mindesteinkommen von beispielsweise 1.500 Euro/Monat bzw. neun Euro/Stunde durchzusetzen, für Call-Center in gleicher Weise wie für Kurier- und Frachtdienste, für Reinigungsarbeiten ebenso wie für die untersten Lohngruppen in manchen industriellen Tarifbereichen? Es ist zu vermuten, dass eine solche Forderung dazu beitragen würde, dem Tarifvertrag ein Stück moralische Autorität zurückzugeben. Ist es eigentlich in einer reichen, wirtschaftlich prosperierenden, zivilisierten Gesellschaft so abwegig, für eine Vollzeitarbeit einen Lohn zu fordern, von dem man/frau sein/ihr Leben angemessen bestreiten kann? Natürlich sind solche Ziele nicht ohne Konflikt erreichbar. Doch die Gewerkschaften stehen ohnehin vor der Notwendigkeit, dem ausufernden Disparitäts-Geschwätz entgegenzutreten. Vom – übrigens verfassungsrechtlich verankerten – Gleichheitsgebot scheint man sich derzeit zu verabschieden. Selbst Sozialdemokraten sind davon infiziert und schwärmen von »gerechter Ungleichheit«(!). So leitet man den partiellen Rückzug vom Gebot gleicher Lebensverhältnisse ein, ganz zu schweigen von der liberalen Denunziation der Gleichheit als leistungsfeindlich und spiegelbildlich dem Bekenntnis zur Ungleichheit als Fortschrittsmotor. Das passt zum darwinistischen Gesellschaftsbild, dessen Wertekanon sich auf Kategorien wie Stärke, Verdrängung, Eigenverantwortung, auf Sieg und Unterwerfung fokussiert. Die Nietzsche-Renaissance unserer Tage scheint kein Zufall, auch wenn das 100. Todesjahr den Anlass dazu bot.

Kurzum, die Gewerkschaften haben allen Grund, sich das Verfassungsgebot der Gleichheit wieder anzueignen und es zum Prüfstein der Tarifpolitik zu machen, wenn sie gegen die Tendenz der sozialen Polarisierung aus der Defensive kommen wollen. Geschieht dies nicht, bleiben noch so treffende und empirisch untermauerte Verteilungsstudien wohl eher eine akademische Veranstaltung.

5. Rentenreform als Ausdruck sozialstaatlicher Demontage

Eines der wohl nachhaltigsten Demontagewerke der letzten Zeit war die sogenannte Rentenreform. Die Reform kennt bekanntlich zwei Gewinner: die Arbeitgeber in Gestalt teilweiser Entlassung aus der paritätischen Finanzierung sowie die Versicherungswirtschaft, der milliardenschwere, noch dazu steuersubventionierte Geschäfte winken. Die Lasten trägt die übergroße Mehrzahl der Versicherten durch überproportionale Steigerungen der eigenen Vorsorgeaufwendungen und alle die, die sich keine private Kompensation für die Absenkung des gesetzlichen Rentenniveaus leisten können, sei es, dass das Einkommen nicht reicht, sei es, dass es ihre Erwerbsbiografie nicht hergibt. Nimmt man den dadurch bewirkten Anstieg der Sozialhilfe und die

Subventionierung der privaten Vorsorge, entpuppt sich die Reform volkswirtschaftlich als ein überaus teures Experiment. Leider vergessen unsere privatisierungsversessenen Rechenkünstler immer wieder, dass eine Gesellschaft auch volkswirtschaftlich die Mark nur einmal ausgeben kann!

Die Gewerkschaften haben sich nach Kräften gegen jene Perversion einer Rentenreform gewandt – nicht ohne Erfolg, was die Höhe des Rentenniveaus angeht. Doch insgesamt haben die gewerkschaftlichen Aktionen zum einen darunter gelitten, dass sie spürbar und öffentlichkeitswirksam erst sehr spät einsetzten. Erst im Spätherbst 2000 gelang vornehmlich der IG Metall im Südwesten eine breitere Mobilisierung. Spätestens dabei zeigte sich, dass die Rente durchaus ein Volksthema sein kann. Der Generalstreik in Griechenland im Mai 2001 bestätigt dies. Zum anderen litt die gewerkschaftliche Position an der Schwäche, dass die eigentlichen Reformnotwendigkeiten nur halbherzig entwickelt und vorgetragen worden waren. Diese liegen in der Verbreiterung der Finanzierungsbasis, mindestens durch eine Einbeziehung aller Erwerbstätigen; allein dies wird der künftigen Realität der Erwerbsbiografien gerecht.

Es ist das Verdienst der Gewerkschaft BAU, in der letzten Phase der Auseinandersetzung dazu ein eigenes schlüssiges Konzept vorgelegt zu haben. Hinzu kommen die weithin tabuisierten Erfordernisse, wie etwa die Beseitigung der Beitrags-Bemessungsgrenze sowie die Flankierung der lohnbezogenen Arbeitgeberfinanzierung durch eine Wertschöpfungsabgabe. So würden die Grundlagen geschaffen für eine zukunftsfähige gesetzliche Rentenversicherung, die in der Lage ist, gesellschaftlich erwünschte Abweichungen vom Normalarbeitsverhältnis rentenrechtlich aufzufangen, wie etwa Kindererziehungszeiten oder Phasen der Weiterbildung etc.

Rückblickend fällt – wieder einmal – auf, dass es nicht an kritischen Stimmen und wissenschaftlicher Untermauerung gefehlt hat. Die Memorandumgruppe beispielsweise hat ein eigenes Gutachten zur Rentenreform vorgelegt. Doch die herrschende öffentliche Meinung hat Walter Riesters Reformmodell von Anfang an unterstützt. Auch hier bringt es wenig, über Manipulationen und Gedankenlosigkeit der veröffentlichten Meinung zu räsonieren; als ob etwa das demographische Problem durch den Wechsel des Versicherungssystems gelöst würde! Auch in einer privaten Versicherung werden die Renten der Alten ausschließlich aus dem Arbeitsergebnis der Jungen finanziert.

Dass solche Fehlleistungen unreflektiert Bestandteil des öffentlichen Diskurses wurden, hängt nicht zuletzt damit zusammen, dass es angesichts einer großen Koalition im Bundestag keine ernst zu nehmende gesellschaftliche Opposition gab. Diese Rolle wäre vornehmlich den Gewerkschaften auf den Leib geschrieben – wem sonst? Auf dem Hintergrund einer breiten, von den Gewerkschaften getragenen Bewegung wären auch die durchaus zahlreichen kritischen Stimmen stärker zu Gehör gekommen. Auch die Minderheit in den Regierungsfraktionen, namentlich in der SPD, hätte breitere Resonanz gebraucht; tatsächlich hat sie sich letztlich im Stich gelassen gefühlt. Abermals bestätigt sich: Ökonomische Alphabetisierung setzt eine erfolgsmächtige gesellschaftliche Kraft und Bewegung voraus, die auch über Alternativen verfügt.

Die selbstkritische Auseinandersetzung mit der Rentenreform ist auch deshalb geboten, da sich derselbe Konflikt alsbald in der Krankenversicherung wiederholen wird, einem Zweig der Sozialversicherung, der ohnehin schon auf zahlreiche Schritte der Teilprivatisierung zurückblickt.

6. Internationale Herausforderungen

Ökonomische Alphabetisierung kann nicht an den nationalen Grenzen halt machen. Die These von der Globalisierung hat einen harten Kern. Er betrifft das Finanzkapital und – damit zusammenhängend – das Geflecht von internationalen Finanzinstitutionen wie Währungsfonds, Weltbank sowie von internationalen Handelsabkommen, sei es unter dem Dach der WTO oder regionaler Vereinigungen. Alle diese Einrichtungen und Vertragswerke bekennen sich zum freien Handel und zur Liberalisierung der Weltmärkte – und bewirken das Gegenteil! Vor dem Hintergrund ökonomischer Ungleichgewichte haben es die wirtschaftlich entwickelten Metropolen verstanden, ihren Unternehmen und Konzernen freien Zugang zu allen Märkten zu verschaffen, bei gleichzeitig fortgeschriebenem Ausschluss des reziproken Zugangs etwa für landwirtschaftliche Erzeugnisse und Veredelungen aus den Ländern der sogenannten dritten Welt. Statt unterentwickelten Regionen die Chancen zu lassen, ihre eigenen Kräfte zu entfalten und so ihren Wohlstand zu heben, wird ihnen die Rolle als Absatzmarkt und ausgelagerte Werkbank zugewiesen. Die dazu notwendigen internationalen Kredite sind getreu neoklassischer Paradigmen an Bedingungen geknüpft, die die jeweils betroffene Regierung zwingen, eine Politik gegen die eigene Bevölkerung zu führen. Internationale Handelsabkommen haben dieselbe Wirkung, wenn es etwa dem nationalen Gesetzgeber verwehrt ist, patentierten Erzeugnissen, etwa Medikamenten, erschwingliche Preise vorzuschreiben. Nebenbei bemerkt: Das geistige Eigentum gerät derzeit in der Hand der Produzenten (nicht der Urheber) zu einem außerordentlich wirksamen Instrument der Monopolisierung.

Zugleich haben internationale Agenturen die Unart, sich demokratischer Kontrolle und Einflussnahme zu entziehen. Der Entwurf eines MAI-Abkommens zielte auf eine weitreichende Beschneidung des demokratischen Souveräns. Doch gerade das Beispiel MAI ist auch ein Beleg für Eingriffs-Chancen. Ohne die Wachsamkeit einiger Nicht-Regierungsorganisationen und ohne die Hartnäckigkeit weniger Europa-Parlamentarier wären weder die regierungsamtliche Geheimbündelei aufgedeckt noch das Abkommen – vorerst – zu Fall gebracht worden. Derzeit sind es vornehmlich Nicht-Regierungsorganisationen, die gegen die desaströse Politik globaler Finanzkartelle ihre Stimme erheben und sich seit einiger Zeit Gehör verschaffen, auch durch Demonstrationen wie in Seattle, Prag, Davos, Nizza etc. Es ist gewerkschaftliche Aufgabe, mit solchen Initiativen zu kooperieren, was einige nordamerikanische Gewerkschaften beispielsweise im Vorfeld von Seattle bereits getan haben.

Auch auf dem Gebiet der Globalisierung liegen seit Jahren wissenschaftliche Erkenntnisse vor und werden laufend fortgeschrieben, z.b. durch die Gruppe Europäischer Wirtschaftswissenschaftlerinnen und Wirtschaftswissenschaftler für eine alternative Wirtschaftspolitik in Europa (Euro-Memorandum-Gruppe).

Es ist schlechte Tradition der deutschen Gewerkschaften, die internationalen Bezüge ihrer Arbeit zu vernachlässigen. Hinzu kommt die besondere Anfälligkeit in einem exportorientierten Land wie der Bundesrepublik, sich der Standortlogik des Wettbewerbsstaats zu beugen. Doch diese Logik hat kurze Beine, da sie andere zwingt gleichzuziehen. Daher dürfte die Auseinandersetzung mit der Politik internationaler Finanzeinrichtungen nicht minder wichtig sein als die Durchsetzung einer nachfrageorientierten Lohnpolitik im nationalen Raum. Dabei sollte immer wieder der wechselseitige Zusammenhang herausgestellt werden: Die Überwindung weltweiter ökonomischer Ungleichgewichte ist auch im wohlverstandenen Interesse der abhängig Beschäftigten in den Metropolen geboten. Es gibt keine unangefochtene Insel des Wohlstands in einer Welt von Armut, Hunger und Flucht. Auch diese Erkenntnis gehört zur ökonomischen Alphabetisierung.

7. Arbeitsumverteilung als gewerkschaftliche Aufgabe

Ein unverzichtbares Element der Beschäftigungspolitik ist die Arbeitsumverteilung. Der Anstieg der Produktivität, seit Jahren größer als die Expansion von Nachfrage und Produktion, muss neben Einkommensverbesserungen auch für kürzere Arbeitszeiten genutzt werden. Dass dies in vielfältiger Gestalt zu geschehen hat, ist mittlerweile eine Binsenweisheit. Natürlich wird und muss auch morgen die wöchentliche und tägliche Verkürzung im Vordergrund stehen. Der derzeitige Stand der Produktivität erlaubt und verlangt die 30-Stunden-Woche für alle. Doch die beruflichen Anforderungen wie auch die Lebenslagen der arbeitenden Menschen haben sich inzwischen weiter ausdifferenziert, so dass die Einheitslösung der täglichen und wöchentlichen Stunden-Begrenzung nicht für alle passt. Wer etwa ergebnisorientiert arbeitet, z.B. in Projekten, wird eher auf längere Freizeitblöcke oder gar Sabbaticals Wert legen – verbunden allerdings mit Mitbestimmungsrechten bei der Festlegung von Projektzielen und -ressourcen. Daneben ist das Recht auf zusätzliche Reduzierung der individuellen Arbeitszeit auszubauen und – soweit es um allgemein wünschenswerte Ziele wie etwa Kindererziehung oder Weiterbildung geht – zu fördern, einschließlich der notwendigen rentenrechtlichen Vorsorge. Doch so notwendig das alles ist – schon beim bescheidenen Einstieg, der Reduzierung von Überstunden, verlässt die Helden die Kraft. Tatsächlich verzeichnen wir für viele, die in Lohn und Brot stehen, eine Verlängerung der täglichen und wöchentlichen Arbeitszeit durch offizielle oder verschwiegene Mehrarbeit. An Arbeitszeitverkürzung mag so recht keiner mehr glauben.

Das hat Gründe, die mit dem wachsenden Druck am Arbeitsplatz zusammenhängen. Nicht unwesentlich ist überdies für viele Beschäftigten, dass das Einkommen nicht stimmt. Wenn es finanziell eng ist, ist die Bereitschaft zu Mehrarbeit oder – im Extremfall – zum Zweit-Job nur zu verständlich, wie das Beispiel der USA lehrt. Auch deshalb sind Einkommensverbesserungen und nicht zuletzt die Durchsetzung eines Mindesteinkommens so wichtig – auch als Voraussetzung für weitere Arbeitszeitverkürzung.

Doch allein damit dürfte die verbreitete Skepsis gegenüber weiteren Arbeitszeitverkürzungen noch nicht überwunden sein. Allgemein lässt sich feststellen: Solange Arbeitszeitverkürzung in erster Linie als Notprogramm zur Bekämpfung der Arbeitslosigkeit verstanden wird, kann man sicher an die Einsicht, auch an die Moral appellieren – doch der Funke wird kaum überspringen. Arbeitszeitverkürzung war immer dann eine begeisterungsfähige gewerkschaftliche Forderung, wenn sie als Wohlstandssteigerung begriffen wurde. Legendär ist der Siegeszug des freien Samstags in den 60er Jahren. Heute wird Arbeitszeit-Souveränität, d.h. verlässliche, planbare freie Zeit, nicht zuletzt Blockfreizeit, eine größere Rolle spielen. Auch das Recht, nach eigenen Bedürfnissen die individuelle Arbeitszeit – vorübergehend oder auf Dauer – zu reduzieren, gewinnt größeres Gewicht.

Die Gewerkschaften stehen somit vor der Aufgabe, näher auf die differenzierten Bedürfnisse und Lebenslagen der Mitglieder einzugehen – eine Binsenweisheit, die jedoch alles andere als selbstverständlich ist. Gerade die Arbeitszeit ist ein Beispiel für die Vernachlässigung, um nicht zu sagen: Ausblendung bestimmter Interessen, nämlich die der Frauen. Um es zu wiederholen: das Normalarbeitverhältnis als Vollzeitbeschäftigung ist eng mit einem patriarchalischen Familienmodell verknüpft. Es funktioniert nur deshalb so reibungslos, weil und solange die Reproduktionsarbeit den Frauen aufgehalst wird, ohne Bezahlung, versteht sich. Tarifverträge, gesetzliche Bestimmungen, wie etwa das Ehegattensplitting, tun ein Übriges, diese Rollenverteilung zu verfestigen. Unter diesen Bedingungen werden Frauen typischerweise in prekäre und unstete Beschäftigungsverhältnisse abgedrängt.

Auf Dauer lässt sich dieser Zustand nicht fortschreiben. Was ist zu tun? Testweise stelle man(n) sich einmal vor, über Nacht würden alle Frauen das Land verlassen – unter Hinterlassung von Kleinkindern, Heranwachsenden, Kranken, Pflegebedürftigen und Alten. Wie lange würde es wohl dauern, bis Betriebskindergärten und Ganztagsschulen obligatorisch sind? Wie lange müssten wir warten, bis Schichtrhythmus und Öffnungszeiten von Kindergärten und Schulen aufeinander abgestimmt sind? Wie lange würden Lohn- und Gehaltsstrukturen Faktoren wie soziale Kompetenz oder etwa Kindererziehungszeiten als Höhergruppierungsmerkmale noch ausblenden? Wie schnell würde das moderne Exemplar männlicher Karriere-Zurichtung, der Marathonik, der keine Grenzen seiner Arbeitszeit kennt, Mitleid erregen? Welche männlichen Krüppel durch solche Konditionierung erzeugt werden – dies und vieles andere würde schlagartig klar, wenn man(n) sich einmal jenem Gedanken-Experiment unterzieht. Es kostet nicht viel Mühe und nur wenig Phantasie.

Warum dieser Exkurs? Die Gewerkschaften haben sich auf eine typische Interessen-Reduktion eingelassen. Betrieblicher und tarifvertraglicher Regelung zugänglich und damit als kollektives Gestaltungsfeld anerkannt sind die Verhältnisse, wie sie im Betrieb sichtbar sind. Was mit Verlassen des Werktors geschieht, ist privat – auch wenn die langen Arme der Arbeit weit ins private Leben hineinragen. Wie z.B. Reproduktionsarbeiten mit Erwerbsarbeitszeiten in Einklang zu bringen sind, ist privatem Organisationstalent überlassen, unter Einbeziehung von Nachbarn, Verwandten und mit Hilfe täglich stattfindenden Tauschs von Schichten. Dies alles gilt nicht als Thema für kollektive Gestaltung. Dabei hatten wir uns doch schon vor 30 Jahren auf die alte Einsicht besonnen: Das Private ist politisch!

Die Gewerkschaften stehen daher vor der Aufgabe, wieder die ganze Lebenswirklichkeit in den Blick zu nehmen – nicht etwa, um das Private zu normieren, sondern um die Arbeit so zu gestalten, dass mann/frau sein/ihr Leben autonom gestalten kann. Vermutlich entscheidet sich die Zukunftsfähigkeit der Gewerkschaften u.a. an dieser Frage: Ausdifferenzierte Erwerbsbiografien und Lebenslagen zwingen zu größtmöglicher und authentischer, eben lebensweltlicher Interessenwahrnehmung.

Dann dürfte auch die Arbeitszeit wieder ein Thema sein, einschließlich ihrer geschlechterdemokratischen Verteilung. Dass dies innerhalb der Gewerkschaften hier und da nicht konfliktfrei verläuft, ist voraussehbar und erwünscht. Aufgegeben ist – wenn man so will – eine lebensweltliche Alphabetisierung. Damit ist zugleich die kulturelle Dimension des Projekts einer Neuverteilung der Arbeit angesprochen.

8. Ein Nachwort

Das verleitet zu einem Nachwort. Die Durchmarktung der Gesellschaft hat weitreichende Folgen. Darüber ist oft geschrieben worden. Es ist ja eine zentrale neoliberale Botschaft, auch solche gesellschaftlichen Beziehungen den Mechanismen von Konkurrenz und kommerziellem Austausch zu unterwerfen, die eigentlich anderen Gesetzmäßigkeiten zu folgen hätten. Das Recht auf Arbeit, Bildung, Gesundheit, Kultur, soziale Sicherung verkommt zum Privileg für wenige, wenn seine Verwirklichung den engen Maßstäben von Kaufkraft, Rendite und ökonomischer Verwertbarkeit unterworfen wird.

Eine Begleiterscheinung der Ökonomisierung ist Beschleunigung. Geschwindigkeit gilt als Konkurrenzvorteil. Just-in-Time-Produktion, Real-Time-Information, jederzeitige Verfügbarkeit, automatenhafte Reaktionsschnelle,»Full speed« als neue Arbeitstugend, Rund-um-die-Uhr-Gesellschaft – diese und andere Erscheinungen, ja »Tugenden« stehen für jene Tendenz der Beschleunigung. Das hat Folgen und verursacht Kosten. Den Preis der modernen Lagerhaltung auf Straßen und Autobahnen durch Just-in-Time-Produktion kennen wir mittlerweile. Den Qualitätsverlust durch konkurrenzbedingten Zeitdruck in den Medien beginnen wir zu begreifen.

Um den Bogen etwas weiter zu spannen: Es besteht ein Zusammenhang nicht nur zwischen Tempo auf der einen, Gedankenlosigkeit und Qualitätsverlust auf der anderen Seite, sondern auch zwischen Geschwindigkeit und Augenblicksverlorenheit. Bewusstes Leben setzt u.a. sich selbst vergewissernde und erinnerungsfähige Kontinuität voraus – und genau die droht in zusammenhanglose Fragmente zerhackt zu werden. Und umgekehrt: Es besteht ein Zusammenhang zwischen Muße und Emanzipation, zwischen Entschleunigung und Selbstvergewisserung, zwischen Reflexionszeit und Langfrist-Denken.

Abermals zeigt sich die kulturelle Dimension eines Reformprojekts, das auf Emanzipation und Solidarität setzt. Dazu ist Mut zur Utopie gefragt. Man scheut sich fast, solches auszusprechen. Utopie hat einen schlechten Klang. Zuletzt wurde sie gar für die Perversionen des real existierenden Sozialismus verantwortlich gemacht und gleich mit abgeräumt. Dabei gehört utopisches Denken zum Erbe der Aufklärung – ebenso wie der Liberalismus, den die Neoliberalen so missbräuchlich für sich usurpieren.

Ein Kurswechsel gegenüber dem neoklassischen Mainstream bedingt Reformen, die eine Debatte über die Zukunft einschließen. Wir werden die Diskussion darüber, wie wir morgen leben wollen, wie Wohlstand unter menschenwürdigen gesellschaftlichen Bedingungen sich entwickeln kann, wieder aufgreifen müssen. Überflüssig zu betonen, dass dies nicht allein in kleinen Zirkeln geschehen kann. Hier wären auch die Gewerkschaften, auf sich allein gestellt, überfordert. Wissenschaftliche Impulse sind unverzichtbar.

Horst Schmitthenner/ Hans-Jürgen Urban
Sisyphos als Leitbild?
Zum Verhältnis von alternativer Wirtschaftswissenschaft und Gewerkschaften

»Es gibt Wirtschaftswissenschaftler, und es gibt politische Ökonomen. Rudolf Hickel, Professor an der Bremer Universität, gehört zur zweiten Kategorie, und das nicht nur, weil sein heutiger Lehrstuhl für Finanzwissenschaften lange auch den Titel ›Politische Ökonomie‹ trug.«

Petra Pinzler 1996: 44

1. »Wirtschaftswissenschaften« und »Politische Ökonomie«

Selbst wenn die Gegenüberstellung von »Wirtschaftswissenschaften« und »Politischer Ökonomie« nicht ohne Risiken sein mag, so macht sie durchaus Sinn. Jedenfalls war es kein Zufall, dass Politische Ökonomie als kritische Wissenschaft in der Phase der Politisierung der Sozialwissenschaften Ende der 60er/Anfang der 70er Jahre ihre bisher letzte Renaissance erlebte. Dabei verbargen sich sehr heterogene Vorstellungen hinter diesem Sammelbegriff. Während eine Richtung stärker an der marxistisch-leninistischen Kapitalismuskritik ansetzte und sich in der Theorie des staatsmonopolistischen Kapitalismus gut aufgehoben sah, verorteten sich andere eher in einer »undogmatischen« und pluralistischen Rezeption der historischen Kapitalismuskritik. Exemplarisch und stellvertretend für viele sei hier ein programmatischer Artikel aus dieser Zeit zitiert, in dem Carl Böhret einige Essentials des gemeinsamen Grundverständnisses benannte:

»Gegenstand der politischen Ö. (politischen Ökonomie, d. Verf.) ist nicht ein ahistorischer homo oeconomicus, sondern das historische – also auch veränderliche – Verhältnis der gesellschaftlich produzierenden Menschen zueinander. Die PÖ (politische Ökonomie, d. Verf.) ist damit auf die bewegenden Kräfte und die gestaltbare Zukunft der Gesellschaft gerichtet: auf die historisch unterscheidbaren gesellschaftlichen Produktions-, Verteilungs- und Steuerungssysteme, die sie kritisch analysiert. (...) Kritik bedeutet, dass man die ›gegebene‹ Struktur, deren Funktion und Erklärung (›Theorien‹) nicht einfach hinnimmt, sondern sie nach objektiven und zumindest begründbaren subjektiven Maßstäben beurteilt, wobei auch die Prämissen der Kritik zugänglich bleiben müssen. (...) Solche Systemkritik ist (...) durch die praxeologische (d.h. handlungsbezogene) Aufgabe zu ergänzen, humanere Formen der Leistungserstellung durch bessere Organisation von Menschen und Sachen zu finden« (Böhret 1977: 334).

Im terminus technicus »Politische Ökonomie« kam es offensichtlich, so ließe sich schlussfolgern, vor allem auf das Adjektiv an. Politisch war diese Wissenschaft in einem vierfachen Sinne:

Erstens: Sie fokussierte auf die Interdependenzen zwischen Ökonomie und Politik, inklusive der sozialen und kulturellen Vermittlungsglieder. Politische Ökonomie beschäftigte sich also nicht isoliert mit Wirtschaft oder Politik, sondern gerade mit ihren Wechselwirkungen: Politisch meinte hier sozialwissenschaftlich interdisziplinär.

Zweitens: Politische Ökonomie verstand sich zwar als vorurteils-, keineswegs aber als werturteilsfrei. Sie bestand auf einem normativen Orientierungsrahmen und verweigerte sich nicht dem schwierigen Unterfangen der Bewertung ökonomischer Sachverhalte nach Kategorien wie Gerechtigkeit und Solidarität. Politisch in diesem Sinne bedeutete normativ und wertorientiert.

Drittens: In engem Zusammenhang mit der normativen Orientierung stand der Praxisbezug der Politischen Ökonomie. Damit rückten zugleich soziale Verteilungs- und politische Machtinteressen als potenzielle Hindernisse bei der Umsetzung normativ wünschenswerter Politikinhalte in den Fokus der Aufmerksamkeit. Politisch meinte in diesem Sinne praxisorientiert.

Viertens schließlich reduzierte sich Politische Ökonomie nicht auf die Analyse der Produktion und Verteilung wirtschaftlicher Güter, sondern fragte zugleich nach dem gesellschaftlichen Wohlfahrtspotenzial ökonomischer Tätigkeiten. Im Gegensatz zur einschlägigen Wirtschaftswissenschaft interessierte sie nicht nur das »Wie«, sondern auch das »Was« und »Warum« der Produktion. Politisch meinte hier gebrauchswertorientiert.

2. Der Links-Keynesianismus

Auch wenn diese Komponenten nicht zu einer wissenschaftlich exak-
ten Begriffsbestimmung taugen, so umreißen sie doch das Wissen-
schaftsverständnis, für das politische Ökonomen wie Rudolf Hickel
damals standen und bis heute stehen.

In Deutschland hat sich dieses
Verständnis in der Auseinandersetzung mit der einschlägigen Wirtschaftswissenschaft an den Universitäten und wirtschaftswissenschaftlichen Instituten entwickelt. Kritisiert wurde vor allem eine neoklassische Gleichgewichtsökonomie, die – von einer kurzen Blüte keynesianischer Wirtschaftstheorien in den 70er Jahren abgesehen – seit
Gründung der Bundesrepublik den akademischen Diskurs dominiert.
Rudolf Hickel beteiligt sich seit Jahrzehnten aus der Perspektive eines Links-Keynesianismus, der stark von Joan Robinson und Michal
Kalecki beeinflusst ist, an dieser Kritik. Dieser Links-Keynesianismus grenzt sich zugleich nach zwei Seiten ab. Einmal gegenüber einem »Bastard-Keynesianismus« (Joan Robinson), der die Keynesianische Theorie auf eine reine Nachfragetheorie und seine Politikempfehlungen auf einen schlichten Staatsinterventionismus reduziert.[1] Vor
allem kritisiert er den Modellplatonismus, der die einschlägige Wirtschaftswissenschaft in eine hyperabstrakte Welt modelltheoretischer
Annahmen und Schlussfolgerungen geführt hat, die längst nur noch
mittels mathematischer Formeln handhabbar sind. Zugleich wendet
er sich gegen die Kerndoktrin von den Selbstheilungskräften der Märkte, auf deren interessenpolitischen Hintergrund bereits John Maynard
Keynes hingewiesen hatte:

»Diese Doktrin muß dadurch entstanden sein, daß sie eine Menge
enthielt, was der Umwelt, auf die sie projiziert wurde, nur zu will-
kommen war. (...) Daß sich mit ihr eine Menge sozialer Ungerechtig-
keiten als unvermeidliche Begleiterscheinung im Rahmen des Fortschritts erklären und der Versuch, diese Dinge zu ändern, als wahrscheinlich mehr Schaden als Gutes stiftend hinstellen ließ, trug ihr das
Wohlwollen der staatliche Autorität ein. Daß sie Rechtfertigungsgrün-
de für die freie Betätigung für die einzelnen Kapitalisten lieferte, brachte
ihr die Unterstützung der hinter der Autorität stehenden, herrschenden Kräfte ein« (zit. n. Hickel 1986: 159).

Mit dieser Analyse führte Keynes eine ideologiekritische Tradition
fort, die nicht zuletzt mit dem Namen Karl Marx verbunden war. In

---

[1] Vgl. hierzu den Beitrag von Jan Priewe in diesem Band.

der ihm eigenen, analytisch-spöttischen Sprache hatte Marx 1872 unter Verweis auf die Machtübernahme des Bürgertums in Europa und die damit einhergehende Unterordnung der Wirtschaftswissenschaften unter die sich formierenden Interessen der neuen hegemonialen Klasse geschrieben:
»Er (der politische und theoretische Klassenkampf, d. Verf.) läutete die Totenglocke der wissenschaftlichen bürgerlichen Ökonomie. Es handelt sich jetzt nicht mehr darum, ob dies oder jenes Theorem wahr sei, sondern ob es dem Kapital nützlich oder schädlich, bequem oder unbequem, ob polizeiwidrig oder nicht. An die Stelle uneigennütziger Forschung trat bezahlte Kopffechterei, an die Stelle unbefangener wissenschaftlicher Untersuchung das böse Gewissen und die schlechte Absicht der Apologetik« (Marx 1972: 21).

3. Die »Arbeitsgruppe Alternative Wirtschaftspolitik«

Dieses an Marx und Keynes orientierte Verständnis einer politischen Wirtschaftswissenschaft stand auch bei der Gründung der »Arbeitsgruppe alternative Wirtschaftspolitik« vor nunmehr 27 Jahren Pate. Damals verkörperte der mit Gesetz von 1963 eingerichtete »Sachverständigenrat zur Begutachtung der gesamtwirtschaftlichen Entwicklung« für viele Linke eine moderne Variante jener »bezahlten Kopffechterei« und »schlechten Absicht der Apologetik«. Auch wenn die Formulierungen heute ein wenig wuchtig wirken mögen, so verweisen sie doch auf einen zentralen Grundgedanken, der der damaligen Kritik am Sachverständigenrat zugrunde lag. Gerade deren Gutachten dienten seit Beginn der 1970er Jahre der wissenschaftlichen Begründung und Legitimation der mit dem Wechsel zu Helmut Schmidt auch politisch angestrebten Wende, die die kurze Phase einer keynesianisch inspirierten Wirtschaftspolitik in Deutschland unter der sozialliberalen Koalition beenden wollte. Die zentrale Krisenursache für den wirtschaftlichen Einbruch 1974/75 sah der Sachverständigenrat in einer angeblichen »Gewinnschwäche« der Unternehmen, die vor allem durch zu hohe Lohnabschlüsse und einen ausufernden Finanzbedarf des Sozialstaates hervorgerufen worden sei. Folge sei ein Rückgang der Investitionsquote, was wiederum als zentrale Ursache für die Wachstums- und Beschäftigungsprobleme gewertet wurde.

Aus dieser Diagnose wurden Selbstbescheidung des Staates und Lohnzuwächse unterhalb der Inflationsrate als Therapie abgeleitet. Dass diese Politikempfehlungen (die sich bis heute nicht grundlegend gewandelt haben) gerade 1975 zum »Stein des Anstoßes« und Ansatzpunkt der Formulierung einer linken Alternative wurden, ist sicherlich nicht ohne Berücksichtigung der gesellschaftlichen und politischen Gesamtkonstellation jener Jahre zu begreifen. Die Gesellschaft befand sich in einem zwiespältigen Zustand. Einerseits wirkten noch jene Politisierungsimpulse nach, die den Übergang vom »CDU-Staat« zur »sozialliberalen Reformära« begleiteten. An den Hochschulen war durch die 68er-Revolte das Monopol »bürgerlicher Wissenschaft« durchbrochen worden und kapitalismuskritisches Denken zumindest in einige Teilbereiche eingedrungen; die sogenannten »wilden Streiks« verwiesen auf die zunehmenden Brüche im Politikmodell der »konzertierten Aktion«; die Lehrlings- und Schülerbewegung markierte einen Aufbruch der Jugend; und schließlich wurden im Zuge der Entspannungspolitik nach außen die wildesten, ideologischen Auswüchse des kalten Krieges relativiert und das Verhältnis zwischen den Systemgegnern auf eine rationalere Stufe gestellt.

Gleichzeitig waren jedoch auch deutliche Anzeichen für eine gesellschaftspolitische Wende und ein Ende der Reformphase erkennbar. Die politische Entkrampfung gegenüber den realsozialistischen Staaten wurde durch eine härtere Linie nach innen abgesichert; insbesondere die Berufsverbote auf der Grundlage des »Radikalenerlasses« markierten eine Grenze, über die hinaus die Demokratie denn nun doch nicht gewagt werden sollte. Und vor allem: Es wurde immer offensichtlicher, dass sich die Massenarbeitslosigkeit zu einem strukturellen Problem auszuwachsen begann.

Als am 4. November 1975 das erste Memorandum unter dem Titel »Für eine wirksame und soziale Wirtschaftspolitik« der Öffentlichkeit vorgestellt wurde, handelte es sich noch weitgehend um eine Angelegenheit linker Insider. Unterzeichnet war dieser Aufruf von 41 WissenschaftlerInnen, von denen sechs aus dem Wirtschafts- und sozialwissenschaftlichen Institut des DGB (WSI) stammten. Die Ende April 1977 vorgelegten »Vorschläge zur Beendigung der Massenarbeitslosigkeit« wurden bereits von 75 WissenschaftlerInnen, das Memorandum 1978 von 158 unterstützt. Rudolf Hickel fasste damals das politische Selbstverständnis der AutorInnen in einem Vorspann zur Kurzfassung des Memorandums '78 zusammen (Hickel 1978: 624). Die Unterzeichnenden seien sich trotz aller Differenzierungen und Nuancierungen im Detail in folgenden Punkten einig: erstens, dass das einseitige, sozial schädliche und wirtschaftspolitisch erfolglose

»Beratungskartell« (gemeint war der »Sachverständigenrat«) durch alternative Untersuchungen und Therapievorschläge durchbrochen werden müsse; zweitens, dass anstelle der permanenten Wiederholung marktwirtschaftlicher Glaubenssätze eine ursachenadäquate Analyse der Wirtschaftskrise geleistet werden müsse; drittens, dass auf der Basis dieser Analyse eine alternative, im Interesse der abhängig Beschäftigten liegende Wirtschaftspolitik zu entwickeln sei; und viertens, dass nicht das »Recht auf Profit«, sondern das »Recht auf Arbeit« das Zentrum des wirtschaftlichen Geschehens ausmachen müsse. Dieses politische Selbstverständnis knüpfte an einer gesellschaftskritischen, konkreter: kapitalismuskritischen Wissenschaftsauffassung an, die im Zuge des »Wirtschaftswunders« und der ideologischen Schlachten des »Kalten Krieges« nahezu völlig verschüttet worden war.

Die gesellschaftlichen Reaktionen auf die ersten Memoranden waren widersprüchlich. Große Teile der Medien und der universitätsoffiziellen Wirtschaftswissenschaft stellten die Alternativvorschläge unter »Ideologieverdacht« und in die Ecke antikapitalistischer Fundamentalopposition. Aber auch aus dem Bereich der akademischen Linken, die mit der Memorandumgruppe die kapitalismuskritische Grundorientierung teilten, traf vor allem das »Keynesianische« am Links-Keynesianismus des Memorandum auf Kritik. Die Alternativvorschläge litten (so etwa Altvater/Hoffmann/Semmler 1979) an einer Unterschätzung der systembedingten Restriktionen für alternative Wirtschaftspolitik, an einer tendenziellen Überschätzung der politischen Handlungsspielräume des Staates und an einer zu geringen Berücksichtigung von Erfahrungen und Kämpfen einzelner Belegschaften in den Betrieben. Insgesamt setze die Memorandumgruppe zu stark auf keynesianische Nachfragekonzepte und vernachlässige den Stellenwert politischer Einflussnahme auf die unmittelbaren Bedingungen des Produktionsprozesses, wie sie etwa unter dem Stichwort »gesellschaftliche Investitionskontrolle« diskutiert würden.

4. Die Reaktion der Gewerkschaften

Wie aber reagierten die Gewerkschaften? Sie waren eigentlich der »natürliche Bündnispartner« dieses die Interessen der abhängig Beschäftigten in den Mittelpunkt stellenden Wissenschaftsauffassung. Bei der Antwort auf diese Frage ist zu berücksichtigen, dass die Gewerkschaften auch damals politisch keinen monolithischen Block darstellten. Eine gewisse Anzahl von GewerkschafterInnen war von Beginn an um eine inhaltliche Mitarbeit und politische Unterstützung bemüht. Dies galt jedoch beileibe nicht für die offiziellen Standpunkte der Gewerkschaftsvorstände bzw. führender Repräsentanten. Die gewerkschaftsoffizielle Distanzierung ging so weit, dass Gewerkschaftsfunktionären die Unterstützung der jährlichen Memoranden untersagt wurde oder zumindest auf die Berufsbezeichnung »Gewerkschaftssekretär der Gewerkschaft XY« verzichtet werden sollte (wenngleich sich viele von dieser Anweisung nicht sonderlich beeindrucken ließen). Betrachtet man das Verhältnis zwischen Memorandumgruppe und Gewerkschaften von Beginn an bis heute, so lassen sich drei Phasen unterscheiden, die mit den Begriffen Konfrontation, Entspannung und Kooperation beschrieben werden können:

■ In der Anfangsphase begegneten die Gewerkschaften den Memoranden mit einer ablehnenden, teilweise konfrontativen Haltung. Über die Ursachen lässt sich trefflich spekulieren. Sicherlich spielte eine Rolle, dass sich viele in den Gewerkschaften noch nicht von der Handlungslogik der »konzertierten Aktion« verabschiedet hatten; und als Handlungsanleitung für gewerkschaftliche Aktivitäten im Rahmen der »konzertierten Aktion« taugten die Alternativvorschläge natürlich nicht (eine Konfliktstruktur, über die noch zu sprechen sein wird). Zugleich tat sich die deutsche Gewerkschaftsbewegung schon immer schwer mit der Kritik an einer Politik, die von einer sozialdemokratischen Regierungsmehrheit zu verantworten war. Und schließlich fühlten sich auch die Gewerkschaften – wie die SPD – von Anhängern der Theorie des »Staatsmonopolistischen Kapitalismus« bedroht, die man überall – auch in der Memorandumgruppe – mit subversiven Unterwanderungsstrategien lauern sah.

■ Zu Beginn der 80er Jahre begann eine Phase der »Entspannung« des Verhältnisses. Allzu offensichtlich war, dass auch die sozialliberale Regierungskoalition über einen forcierten Sozialabbau den Ausweg aus den wirtschaftlichen Problemen suchte. Aber bereits in dieser Zeit wurde deutlich, dass dadurch dem gesellschaftlichen Hauptproblem, der anwachsenden Massenarbeitslosigkeit, nicht beizukommen war. Die große Demonstration der IG Metall in Baden-Württemberg 1981 gegen den Sozialabbau der Bundesregierung markierte einen Wendepunkt. Zumindest die IG Metall verlor ein wenig die »politische Bisshemmung« gegenüber der Regierung. Als 1982 eine konservativ-liberale Mehrheit die Regierungsgeschäfte übernahm, waren die Fronten wieder übersichtlicher. Die gemeinsame Gegnerschaft gegenüber der verstärkten Fortsetzung des Sozialabbaus bot die Möglichkeit eines politischen Minimalkonsenses, der nun auch Positionen einschloss, deren Nähe zuvor nicht unbedingt als angenehm empfunden wurde. Aber entscheidender war die Position der Memorandumgruppe zur Frage der Arbeitszeitverkürzung, insbesondere der »35-Stunden-Woche«. Innerhalb des DGB begann zu Beginn der 1980er Jahre ein Streit über die zukünftige Arbeitszeitpolitik. Konzepten einer Verkürzung der Lebensarbeitszeit z.b. durch Vorruhestandsregelungen stand das Konzept der Verkürzung der wöchentlichen Arbeitszeit auf 35 Stunden gegenüber. Die Memorandumgruppe sprach sich klar und eindeutig für die wöchentliche Arbeitszeitverkürzung aus und lieferte eine Vielzahl von Materialien und Argumentationen, die schließlich Eingang in die politische Begründung z.B. von IG Metall und IG Medien fanden. Diese Annäherung kam auch in der Anzahl der UnterstützerInnenunterschriften zum Ausdruck. Sie wuchs bis 1988 auf stattliche 900 und umfasste eine Vielzahl hauptamtlicher GewerkschaftssekretärInnen.

■ In dieser Zeit begann auch die dritte Phase, die der »Kooperation«. Auch hier stellt die gesellschaftspolitische Entwicklung den entscheidenden Hintergrund dar. Die wirtschaftlichen und sozialen Folgeprobleme der staatlichen und territorialen »Vergrößerung« der alten Bundesrepublik haben fast zwangsläufig zu einer »Koalition der Opposition« gegenüber der grundlegend falschen Wirtschafts- und Sozialpolitik der Bundesregierung geführt. In der Grundorientierung und den politischen Kernforderungen zwischen den Gutachten der Memo-Gruppe und der Programmatik, z.B. der IG Metall, waren keine qualitativen Differenzen festzustellen. Dass es unterschiedliche Schwerpunktsetzungen in Einzelfragen, z.B. in der Frage des vollen oder nur teilweisen Lohnausgleichs bei weiterer Arbeitszeitverkürzung gab, hat wohl in dem Maße an Bedeutung verloren, in dem auch die gewerkschaftliche Politik »pragmatischer« wurde.

5. Kooperation in der Defensive

Doch diese Kooperation muss realistischerweise bis heute als eine »Kooperation in der Defensive« bezeichnet werden. Zum einen könnte die zu konstatierende Abnahme der öffentlichen Aufmerksamkeit, die dem jährlichen Memorandum zuteil wird, als Beleg für ein Gesetz vom abnehmenden politischen Grenznutzen bewertet werden; zum anderen stehen die Gewerkschaften angesichts von Massenarbeitslosigkeit,

Reallohnverlusten und einer voranschreitenden Demontage des Sozialstaates seit geraumer Zeit mit dem Rücken an der Wand. Das galt nicht nur am Ende der »Bonner«, sondern auch am Beginn der »Berliner« Republik, und das gilt gleichermaßen nach dem Übergang von einer konservativ-liberalen zu einer rosa-grünen Regierungskoalition. Seither hat sich vieles, aber leider vieles auch nicht geändert. Kurz gesagt: Die Regierung hat gewechselt, die Defensive von kritischer Wirtschaftswissenschaft und Gewerkschaften ist geblieben. Man könnte sogar die These wagen, dass sich seit dem Regierungswechsel die Bedingungen für ein radikales sozial-ökologisches Reformprojekt noch verschlechtert haben. Nicht, weil die neue Regierung einfach die Politik der alten fortsetzen würde. Diese Einschätzung, für die auf den ersten Blick einiges spricht, ist zu grobschlächtig. Die Politik der »neuen Sozialdemokratie« enthält gerade mit Blick auf die Gewerkschaften und den Sozialstaat durchaus neue Momente (Schmitthenner/Urban 2000: 21ff.). Aber auch die neuen sind nicht unbedingt besser als die alten. Im Gegenteil: Die Privatisierung der Lebensstandardsicherung im Alter und die Milliarden-Subventionen für die Versicherungswirtschaft, die die Kernbestandteile der »Riester-Rente« darstellten, haben weitgehendere Sozialstaatsschäden zur Folge, als es alle Blüm-Reformen zusammen je hatten; und die Politik der Einbindung der Gewerkschaften in einen neokorporatistischen Wettbewerbspakt gefährdet die gewerkschaftliche Autonomie viel stärker als die »Kohl'sche« Konfrontationspolitik, die gewerkschaftliche Gegenwehr und Mobilisierungsbereitschaft unserer Mitglieder geradezu provoziert hatte (Urban 2000).

Aber nicht nur für die Gewerkschaften, auch für eine linke, sozialreformistische Wirtschaftswissenschaft sind trotz des Regierungswechsels keine neuen Zeiten angebrochen. An den Universitäten und in den Wirtschaftsinstituten ist, trotz sicher vorhandener Ausnahmen, die Hegemonie der »Theologen des freien Marktes« (Eric Hobsbawm) ungebrochen; hier scheint sich nicht einmal eine Veränderung abgespielt zu haben, die mit dem Übergang vom Neoliberalismus zur Neuen Sozialdemokratie vergleichbar wäre. Dies gilt über die Grenzen Deutschlands hinaus. Der Gedanke, dass eine Ökonomin vom Schlage einer Joan Robinson den »Nobel-Preis« für Wirtschaftswissenschaften erhalten könnte, scheint heute – im Unterschied zu den 1970er Jahren, in denen dies eine weitverbreitete (aber schließlich doch enttäuschte) Hoffnung war (Hickel 1993) – schlichtweg abwegig.

6. Plädoyer für ein gesellschaftliches Reformprojekt

Was notwendig wäre, um die Defensive zu überwinden, ist einfach zu benennen, aber schwierig zu bewerkstelligen. Die zentrale Aufgabe besteht darin, ein gesellschaftliches Reformprojekt zu konzipieren und politisch durchzusetzen, das eine Alternative zur dominierenden weltmarktfixierten Modernisierungspolitik mit seinen enormen wirtschaftlichen, sozialen, ökologischen und politischen Folgekosten darstellt. Es geht um die wissenschaftlich-analytische und politisch-praktische Arbeit für ein neues, sozial-ökologisches Entwicklungsmodell, das nach Innen allgemeinen Wohlstandszuwachs ohne soziale und ökologische Zerstörung ermöglicht und nach Außen die sozialdarwinistischen Spielregeln der Shareholder-Ökonomie überwindet. Sowohl einer kritischen Wissenschaft wie den Gewerkschaften fallen dabei wichtige Aufgaben zu.

Der Beitrag der Politischen Ökonomie bestünde darin, sich an der analytischen Durchdringung des »neuen Kapitalismus« abzuarbeiten. Das wissenschaftliche Instrumentarium einer marxistisch-(links)keynesianischen Wirtschaftswissenschaft hat sich im Sinne einer praxisorientierten Wissenschaft vor den Interessenlagen, Mechanismen und Interventionsmöglichkeiten im neuen »Akkumulationsregime des Vermögensbesitzes« (M. Aglietta) zu bewähren. Fortgesetzt werden muss also der Prozess der Modernisierung des wissenschaftlichen Instrumentariums, das seine Herkunft aus der Tradition einer »industrieorientierten Nationalökonomie« nicht verleugnen kann. Dabei befanden sich die Memoranden der letzten Jahre durchaus auf einem guten Weg. Seit geraumer Zeit enthalten sie konzeptionelle Reformvorschläge zum ökologischen Umbau des Produktionsmodells, zur Fortentwicklung der sozialen Sicherungssysteme, zur sozialen Regulierung der Europäischen Integration und der globalen Finanzmärkte sowie zur Regulierung der »New Economy«. Damit trugen sie das mühsame Geschäft der Formulierung praxisfähiger Alternativen in Politikfelder hinein, denen die Meinungsführer in Wissenschaft und Medien mitunter heute noch mit einer naiven Euphorie gegenüberstehen. Selbst die Europäisierung der Arbeitsstrukturen gelang Mitte der 90er Jahre und hat seither mit den diversen »Europäischen Memoranden« beeindruckende Ergebnisse gezeitigt (zuletzt: Memorandum europäischer WirtschaftswissenschaftlerInnen 2001).

Im Vergleich dazu weisen die Gewerkschaften insbesondere mit Blick auf die Transnationalisierung ihrer Politik einen nicht unerheblichen »Modernisierungsrückstand« auf. Zurzeit stellen sie wohl die Schwachstelle eines politisch wirksamen Bündnisses zwischen kritischer Wissenschaft und sozialer Bewegung dar. Es gibt Anzeichen für die Befürchtung, dass die Gewerkschaften in der gegenwärtigen Verfassung gar nicht zu einer produktiven Verarbeitung von Impulsen aus einer kritischen Wissenschaft in der Lage sind. Denn statt die Transnationalisierung der sozialökonomischen und politischen Strukturen auf der Ebene der politischen Interessenvertretung nachzuvollziehen, setzt eine politische Mehrheit (nicht nur) in den deutschen Gewerkschaften darauf, sich in den Wettbewerbskorporatismus einzugliedern, der in den Kernstaaten des Euro-Raumes durch die Neue Sozialdemokratie geschmiedet wird. Aber die Beteiligung an den korporatistischen Verhandlungssystemen und Regulierungsinstitutionen blockiert nicht nur die personellen und intellektuellen Ressourcen, die für die Aufholung des Internationalisierungsrückstandes von Nöten wäre; sie zieht auch ihre innerorganisatorischen Folgen nach sich. Und diese weisen – das hat die Korporatismus-Forschung der 1970er, aber auch der 1990er Jahre gezeigt – in Richtung einer internen Formierung der Entscheidungsprozesse, um die in den zentralen Verhandlungen vereinbarten Ziele intern auch durchsetzungsfähig zu machen. Das ist aber das Gegenteil einer diskursiven Öffnung und von aufnahmebereiten Kommunikationsstrukturen, die kritische Impulse von außen aufzunehmen und zu verarbeiten bereit und in der Lage sind. Das erhöht seinerseits eher die Beratungsresistenz sowieso »beratungsungewohnter« Organisationen, als dass es die Kommunikationsbereitschaft mit einer kritischen Politischen Ökonomie fördern würde. Gewiss, auch die wettbewerbskorporatistische Formierung stößt zunehmend auf Widersprüche, auch, vielleicht gerade in der IG Metall. Aber noch ist sie Realität und Ausdruck der gewerkschaftlichen Hoffnung, der eigenen Defensive durch das Eingehen auf staatliche Kooperationsangebote zu entkommen und trotz nachlassender Gegenmachtfähigkeit politische Gestaltungsfähigkeit zu erhalten – und sei sie auf die staatlich zugestandenen Terrains begrenzt.

Sollte sich die wettbewerbskorporatistische Einbindung der Gewerkschaften verfestigen, könnte dies durchaus einen erneuten »Entfremdungsprozess« zwischen ihnen und einer Politischen Ökonomie zur Folge haben, die zu Recht auf transnationale Regulierung statt nationale Wettbewerbspolitik setzt. Damit wäre das Verhältnis zwischen beiden an seinen Anfang zurückgekehrt. Um diesen Rückfall in die Zeiten der »konzertierten Aktion« zu verhindern, ist von beiden Seiten eine gewisse Widerspenstigkeit gegen die hegemoniale Wissenschafts- und Gesellschaftsphilosophie von Nöten. Das Bild von Sisyphos im Hades drängt sich auf, der dem in's Tal zurückrollenden Felsblock nachsicht, den er kurz vor den Gipfel hinaufgewälzt hatte. Doch mit den Augen Albert Camus' betrachtet, vermag der alte Mythos durchaus zu ermutigen. Camus bedrückte nicht die Botschaft vergebenen Mühens; ihn beeindruckten Optimismus und Elan, mit dem sich Sisyphos immer wieder daran machte, seinem Schicksal zu trotzen. Camus hatte Recht, oder?!

Literatur

Altvater, Elmar/Hoffmann, Jürgen/Semmler, Willi (1979): Notwendigkeit und Schwierigkeit eines Programms alternativer Wirtschaftspolitik. Zur Kritik des Memorandums, in: WSI-Mitteilungen, Nr. 2, S. 59-68.

Böhret, Carl (1977): Politische Ökonomie, in: von Eynern, Gerd/Böhret, Carl (Hrsg.): Wörterbuch zur politischen Ökonomie, Opladen, S. 343-353.

Hickel, Rudolf (1978): (Vorbemerkung zum) Memorandum 1978: Alternativen der Wirtschaftspolitik, in: Blätter für deutsche und internationale Politik, Nr. 5, S. 624.

Hickel, Rudolf (1986): Alternativen zur kapitalorientierten Wirtschaftspolitik, in: Prokla u.a.: Kontroversen zur Krisentheorie. Überakkumulati on, Verschuldung, Nachfragepolitik und Alternativen, Hamburg, S. 157-167.

Hickel, Rudolf (1993): Genie im Männerzirkus, in: DIE ZEIT, Nr. 10, vom 5. März.

Marx, Karl (1972): Nachwort zur zweiten Auflage des Kapitals (1873), in: Karl Marx/Friedrich Engels. Werke (MEW), Band 23, Berlin, S. 18-28.

Memorandum europäischer WirtschaftswissenschaftlerInnen (2001): Alternative wirtschaftspolitische Leitlinien für Vollbeschäftigung und sozialen Zusammenhalt in Europa, in: Memo-Forum, Nr. 28, S. 18-94.

Pinzler, Petra (1996): Der Opponent, in: von Kühnhain, Hauck (Hrsg.): ZEIT-Punkte. Ökonomie heute, Hamburg, S. 44-45.

Schmitthenner, Horst/Urban, Hans-Jürgen (2000): Entwicklungsvarianten des Sozialstaates im Übergang zum 21. Jahrhundert, in: Hickel, Rudolf u.a. (Hrsg.): Politik des Kapitals – heute. Festschrift zum 60. Geburtstag von Jörg Huffschmid, Hamburg, S. 14-28.

Urban, Hans-Jürgen (Hrsg.) (2000): Beschäftigungsbündnis oder Standortpakt? Das »Bündnis für Arbeit« auf dem Prüfstand, Hamburg.

1. Die Wirklichkeit ist differenziert

Die Diskussion um den Flächentarifvertrag füllt Seite um Seite. Vom Tod über den Tod auf Raten zur Reformbedürftigkeit und zum Zukunftsmodell ist je nach politischer Couleur dem Medienwald alles zu entnehmen.

Viel langweiliger – weil komplizierter und differenzierter – sieht dagegen die Praxis in den Betrieben und Tarifgebieten aus. Neben der echten Bindung über die Mitgliedschaft in Gewerkschaft und Arbeitgeberverband stehen Haus- und Anerkennungstarifverträge, die in aller Regel sich direkt auf einen Flächentarifvertrag beziehen und höchstens in einzelnen Bereichen ihn verbessernd oder verschlechternd variieren. In nicht tarifgebundenen Betrieben wird in den meisten Fällen arbeitsvertraglich auf Tarifverträge verwiesen. Darüber hinaus hat der Flächentarifvertrag erhebliche Auswirkungen auf die Arbeitsbedingungen der nicht tarifgebundenen Arbeitnehmer und Betriebe. Bei der Frage nach der Entgelthöhe, nach Urlaubsdauer und Urlaubsgeld, Weihnachtsgeld und vermögenswirksamen Leistungen wird der tarifliche Standard gewählt und als Messlatte für die Vergleichbarkeit der Arbeitsbedingungen genommen.

Diese Feststellung kann nicht darüber hinweg täuschen, dass die Erosion des Flächentarifvertrages als Phänomen feststellbar, zumindest als Gefahr zu problematisieren ist. Dies gilt schon deshalb, weil von FDP über CDU bis zum Bundesverband der Deutschen Industrie nebst einigen Verbänden, wie z.b. dem VDMA, eine schlagkräftige Lobby genau die Zerstörung des Flächentarifvertrages anstrebt. Bei der Tarifbindung gibt es sehr starke regionale Gefälle, insbesondere von West nach Ost, aber auch sehr starke branchenbezogene Differenzierungen. Entscheidend ist, dass wir es nicht mit einem einseitigen Trend, sondern mit der Gleichzeitigkeit vieler verschiedener und zum Teil sich auch widersprechender Phänomene zu tun haben.

Die zunehmende Differenzierung der betrieblichen Wirklichkeiten übt immer mehr Druck auf den Flächentarifvertrag aus. Die permanente Veränderung der ökonomischen Bedingungen bleibt nicht ohne Einfluss auf den nationalen Flächentarifvertrag. Globalisierung ist eben nicht nur ein Schlagwort, sondern dahinter stecken auch Prozesse wie die Internationalisierung der großen wie der mittelständischen Unternehmen, die grenzüberschreitende Vernetzung der Produktion, die Vernetzung von Verkehrs-, Daten- und Finanzströmen usw. Der Fortfall des »Eisernen Vorhangs«, die Wiedervereinigung und die Europäisierung haben Niedrig- und Hochkostengebiete zusammenrücken lassen. Die immer mehr zunehmende internationale Zulieferung führt dazu, dass die Konkurrenten eines Produzenten immer häufiger nicht mehr unter den Geltungsbereich des Flächentarifvertrages fallen, sondern in Europa oder der Welt unter völlig unterschiedlichen Bedingungen produzieren.

Bisher galt der Flächentarifvertrag für alle, auch für sehr unterschiedliche Unternehmen einer Branche. Trotzdem kann nicht übersehen werden, dass neue Unternehmensstrategien wie die Dezentralisierung von Unternehmen, die Ausgliederung von Unternehmensteilen, die Bildung von Zuliefernetzen, die Differenzierung der Produktion usw. einen steigenden Druck für betriebsspezifische Regelungen auslösen. Dieser Prozess ist durchaus nicht auf die Bundesrepublik beschränkt, sondern lässt sich auch in anderen Ländern beobachten. Die gewerkschaftliche Organisationsstruktur ist diesem Phänomen zum Teil nur unvollkommen gewachsen. Für ein Unternehmen der Transportbranche gelten beispielsweise die Tarifverträge von ver.di. Gliedert ein Unternehmen der Metallindustrie den Transport aus, so kann nur mittels gewerkschaftlicher Kampfkraft verhindert werden, dass der Unternehmer sich den günstigeren Tarifvertrag aussucht. Zusätzlicher Druck kommt aus der Differenz zwischen Ost- und Westtarifverträgen. In Berlin treten derartige Bedingungen sogar innerhalb einer Stadt auf.

Nationale Tarifregelungen eröffnen bei zunehmender Internationalisierung die Möglichkeit, Druck auf die jeweils besseren nationalen Standards der Tarifverträge auszuüben. Bei Standortentscheidungen spielt die Frage der Arbeitskosten nicht mehr nur im Bürgermeisterwettbewerb, sondern auch international eine Rolle. Die Prozesse der fortschreitenden Individualisierung und Pluralisierung der Lebensverhältnisse verstärken diese Prozesse. Sie sind auch nicht auf die Gewerkschaften allein beschränkt, sondern treffen auch die Arbeitgeberverbände, bei denen insbesondere neue, kleine Unternehmen sich immer seltener organisieren.

Schließlich darf nicht übersehen werden, dass es aufgrund dieser Entwicklungen auch in tarifgebundenen Betrieben eine Erosion gibt. Insbesondere bei der betrieblichen Arbeitszeitgestaltung nimmt tarifwidriges Verhalten zu. Mit heimlicher oder offener Zustimmung von Betriebsräten oder auch Gewerkschaften setzen sich hier syndikalistische Interessen durch. Die Zahl der Haus-, Ergänzungs- und Zusatztarifverträge nimmt zu. Der Flächentarifvertrag verliert hier, zumindest in Teilbereichen, seine Bindungskraft.

2. Der rheinische Kooperatismus

Das Flächentarifvertragssystem der Bundesrepublik Deutschland basiert auf der Systematik, die Regelungen der industriellen Beziehungen dem staatlichen Normsetzungsmonopol zu entziehen und den Koalitionspartnern zuzuweisen (Artikel 9 Abs. 3 GG). Die Voraussetzung dafür ist das Bestehen starker Einheitsgewerkschaften und starker Arbeitgeberverbände. Das Kräfteverhältnis war in der Vergangenheit zumindest insoweit ausgewogen, als keine Seite nur Objekt der Strategie der anderen Seite werden konnte. Die Vorteile des Flächentarifvertragssystems kamen allen Beteiligten, wenn auch nicht im gleichen Maße, zu Gute. Sie lagen in einer hohen sozialen Stabilität, dem weitgehenden Entzug betrieblicher Arbeitskampfmaßnahmen und in im Verhältnis zu vergleichbaren Volkswirtschaften höheren tariflichen Leistungen.

Das System der Flächentarifverträge förderte darüber hinaus die Steigerung der Produktivität und den Ausbau der Qualifikation, da dies der sicherste Weg für höhere tarifliche Leistungen war. Es zwang die Unternehmen zur Erhöhung der Produktivität, zur Verbesserung der Qualität und zur Steigerung der Innovationsleistung, da ein schnelles Ausweichen über die reine Senkung der Arbeitskosten nicht möglich war. Konnte der Unternehmer in den USA durch »hire and fire« ökonomische Schwächephasen ausgleichen, war der deutsche Arbeitgeber sehr viel stärker gefordert, derartige Probleme über strukturpolitische Maßnahmen zu lösen. Qualität, Produktivität und Innovation wurden damit zum »Aushängeschild« erfolgreicher Unternehmen.

Konstitutives Merkmal dieses Regulationsmodelles war die Konsensfähigkeit beider Seiten, die auf ihrer gleichzeitigen Kampffähigkeit basierte. Auch im härtesten Streit oder der schärfsten Aussperrung gingen die Beteiligten davon aus, dass am Ende ein Tarifkompromiss stehen würde, der dann auch von allen Seiten getragen würde. Der Grundkonsens, der dieser vertraglichen Regelungskompetenz zugrunde lag, ist in den 90er Jahren von starken politischen Kräften der »geistig-moralischen Wende« in Frage gestellt worden.

Die Standortkampagne der Arbeitgeber, mit ihren holzschnittartigen, einseitig interessengeleiteten Bezügen, ist spätestens seit der Wiedervereinigung und dem zunehmenden Fortfall »schützender« Grenzen zur gesellschaftlich dominierenden Kampagne geworden. Das Schlagwort der Globalisierung verleitet Politiker, Sachverständige und Unternehmer, einseitig und monokausal die Reduzierung der Arbeitskosten zum Goldenen Kalb zu ernennen. Die »Modernisierer« in Politik und Gesellschaft entdeckten Kartelle, Rituale und Besitzstandsverteidiger. Gewerkschaften waren per Definition Traditionalisten, Dinosaurier, die sich völlig sinnlos dem natürlichen Verlauf der Dinge in den Weg stellen.

Die Verantwortung für die Massenarbeitslosigkeit, die Jahr für Jahr stieg, sollten – wie immer – die Arbeitnehmer tragen, während die unheilige Allianz eines liberal-konservativen Kabinetts und des mit ihm verbundenen Kapitals unter den Kampfbegriffen Privatisierung, Mobilisierung, Flexibilisierung die Wunschkataloge der Arbeitgeber abarbeiteten. Die zunehmende Ökonomisierung aller Lebensbereiche, die Reduktion menschlicher und gesellschaftlicher Beziehungen auf ihre ökonomische Verwertbarkeit, brachte die sozialen Sicherungssysteme unter Druck. Die Definition gesellschaftlicher Zielsetzungen, die Diskussion des Gewollten und Machbaren, verschwand hinter dem Leitbild einer naturwüchsigen Ökonomie, der die Menschen hilflos ausgeliefert sind.

Das Ergebnis dieser gesellschaftlichen Situation war die Aufkündigung des gesellschaftlichen Grundkonsenses, der seit dem 2. Weltkrieg den wirtschaftlichen Aufschwung der Bundesrepublik Deutschland getragen hatte. Das »Modell Deutschland« wurde in die Ecke gestellt. Dies geschah zum Teil offen, wie zum Beispiel durch den Präsidenten des Verbandes der Deutschen Industrie, Henkel, der die Abschaffung des Flächentarifvertragssystems zu Gunsten von betriebsindividuellen Regelungen forderte.

Andere bekannten sich ausdrücklich zum Flächentarifvertrag, um im gleichen Atemzuge seine Öffnung und Durchlöcherung, bis hin zur Sinnentleerung, zu verlangen. Sie brauchten den Flächentarifvertrag nur, um sich die generelle Friedenspflicht zu sichern und somit das Unterbleiben von Arbeitskämpfen im Betrieb. Hier soll aber die faktische Regelungsmacht liegen, die auf Arbeitnehmerseite durch Betriebsräte wahrgenommen wird, die zudem durch die Friedenspflicht des Betriebsverfassungsgesetzes gebunden sind. Das Verfahren, die vorhandenen gegensätzlichen Interessen im Rahmen eines notfalls konfliktorischen Prozesses zu einem Konsens zu bringen, der als Kompromiss für beide Seiten sowohl schmerzhaft als auch erfolgreich war, wurde immer stärker aufgegeben (»Konsensduselei«). Gegenüber Öffentlichkeit und Mitgliedschaft wurde jedes Ergebnis zu einer »Katastrophe« hochstilisiert, das die Ökonomie ruiniere. Fast alle regionalen Arbeitgeberverbände in der ME-Industrie gründeten sogenannte OT-Verbände, die die Mitgliedschaft ohne Tarifbindung ermöglichten. Andere, wie die Verbände in Sachsen, Thüringen und Sachsen-Anhalt, suchten sich eine Ersatzgewerkschaft und schlossen mit dem Christlichen Metallarbeiterverband (CMV) Tarifverträge ab, obwohl dieser keine Mitglieder nachweisen konnte. In Einzelfällen haben Arbeitgeberverbände sogar versucht, durch Neugliederung oder sogar Selbstauflösung von Verbänden, die Tarifbindung zu beenden. Die fristlose (rechtswidrige) Kündigung von Tarifverträgen, Austritte aus bzw. Nichteintritte in den Arbeitgeberverband vervollständigen das Bild und wurden als »modern« gelobt.

3. »Reform?«

Insbesondere von der FDP wird immer wieder der Vorschlag eingebracht, den Tarifvorrang – im Paragraphen 77, Abs. 3 BetrVG speziell geregelt – aufzuheben. Damit wären Betriebsräte in der Lage, auch Inhalte, wie sie typischerweise in Tarifverträgen geregelt sind, im Wege einer Betriebsvereinbarung mit normativer Rechtsbindung zu regeln. Ziel ist es, über diese Betriebsvereinbarungen zu einer Verbetrieblichung der Regelungsmaterie zu gelangen. Da das Günstigkeitsprinzip des Arbeitsrechts Verbesserungen zulässt, wird deutlich, dass es bei diesem Vorschlag allein um eine *Absenkung* tariflicher Standards geht.

Dieser Vorschlag zwingt zu einer Betrachtung der Besonderheiten des deutschen Mitbestimmungsrechtes im Verhältnis zur Tarifautonomie. Anders als in nahezu allen anderen Ländern der Welt ist das bundesrepublikanische Recht der industriellen Beziehungen gespalten in eine gewerkschaftliche und eine betriebsverfassungsrechtliche Interessenvertretung. Auch wenn die handelnden Personen in den meisten Betrieben identisch sind, besteht doch rechtlich ein erheblicher Unterschied zwischen den Systemen.

Die Mütter und Väter unserer Verfassung haben gerade vor dem Hintergrund der Erfahrungen der Weimarer Republik die Koalitionen und ihre Handlungsfähigkeit verfassungsrechtlich geschützt. Die Übertragung der Normsetzungsbefugnis nach Artikel 9 Abs. 3 unserer Verfassung ist ein aus der Verfassungssystematik herausragendes Recht. Von der Systematik her ist die Normsetzungsbefugnis den demokratisch legitimierten Parlamenten vorbehalten. Ohne eine verfassungsrechtliche Regelung könnte nicht einmal die Regierung Verordnungen erlassen. Dies bedeutet aber auch, dass die so mit Rechtsetzungsbefugnis Beliehenen diese Möglichkeit nicht einfach an Dritte, hier an Betriebsräte, weitergeben können.

Koalitionsfreiheit setzt Betätigungsfreiheit und Mobilisierungsfähigkeit voraus. Beides wäre durch eine gesetzliche Eingriffsmöglichkeit der Betriebsräte berührt. Die Übertragung von Tarifrechten auf die Betriebsräte würde ihnen den Charakter der Betriebsgewerkschaft geben und sie damit in eine Zwitterstellung bringen, da sie sowohl Belegschafts- als auch Betriebsinteressen berücksichtigen müssten. Dies würde sie in Konflikte stürzen, die der einzelne Arbeitgeber nicht hat. Letztlich muss man sich entscheiden, ob man Betriebsgewerkschaften mit Streikrecht oder Betriebsräte und Industriegewerkschaften will. Ein Rosinenpicken der jeweils günstigsten Umstände kann es nicht geben.

Erschwerend käme hinzu, dass dadurch auch das verfassungsrechtlich geschützte Recht, sich keiner Koalition anzuschließen, aufgehoben würde. Da die Betriebsräte für alle Arbeitnehmer handeln, wäre der einzelne Arbeitnehmer in seiner negativen Koalitionsfreiheit beeinträchtigt.

Der am häufigsten vertretene Vorschlag der Arbeitgeberseite sieht vor, die tarifliche Regelungstiefe und -dichte zu verringern und statt dessen Dritte – hier die Betriebsparteien – mit der Regelung zu beauftragen bzw. ihnen genügend Freiraum für eigene Regelungen zu lassen. Wenn Öffnungsklauseln als Möglichkeit grundsätzlich auch anzuerkennen sind, so muss doch sehr deutlich auf die Probleme und die Grenzen derartiger Regelungen hingewiesen werden. Gewerkschaftliche Regelungsmacht und Kompromissfähigkeit basiert auf der Konfliktfähigkeit, d.h. auf der Möglichkeit, Mitglieder für Forderungen zu mobilisieren. Öffnungsklauseln, die entscheidende Fragen wie

Entgelthöhe, Urlaubsdauer, Urlaubsgeld, Weihnachtsgeld, Arbeitzeitdauer und ähnliches mit umfassen, führen dazu, dass die Mobilisierungsfähigkeit und damit die Regelungsfähigkeit erlischt. Auch die neuerdings überlegte Aufnahme einer Regelung in die Paragraphen 111 ff. BetrVG, die eine Öffnung der Tarifverträge in den Fällen einer Betriebsänderung ermöglichen soll, begegnet den selben rechtlichen Argumenten. Im Übrigen hat die immer wieder behauptete Notwendigkeit derartiger Regelungen in der Praxis keinerlei Entsprechung, da gerade in diesen Fällen Ergänzungstarifverträge bereits heute vermehrt abgeschlossen werden.

Aus gewerkschaftlicher Sicht ist insbesondere anzumerken, dass das Betriebsverfassungsrecht weder beteiligungsorientiert noch internationalisierbar ist. Das Zustandekommen von Tarifverträgen verläuft demokratisch über die Beteiligung der Mitglieder, über Tarifkommissionen etc. Das Betriebsverfassungsgesetz sieht dagegen nach der Wahl der Betriebsräte eine Beteiligung in Einzelfragen nicht mehr vor. Die Reform des Flächentarifvertrages darf nicht dazu führen, dass weniger Beteiligung das Ergebnis ist, sondern – ganz im Gegenteil – mehr Beteiligung muss das Ziel sein. Daneben wird die Reform des Flächentarifvertrages auch die Frage der europäischen und der internationalen Zusammenarbeit lösen müssen. Das deutsche Mitbestimmungsrecht versagt vor dieser Aufgabe.

4. Flächentarifvertrag als Kern differenzierter Tarifpolitik

Der Flächentarifvertrag galt und gilt für die Beschäftigten als soziales Netz, das ein Absinken unter bestimmte Standards verhindert. Gleichzeitig bieten die Tarifrunden den kollektiven Ansatz zur Verbesserung der Bedingungen.

Gerade die in ökonomischen Krisensituation vereinbarten »Differenzierungen«, wie die ostdeutschen Härtefallregelungen oder die sogenannten betrieblichen Beschäftigungspakte, zeigten, dass die Verlierer die Arbeitnehmer waren. Kürzungen der materiellen Leistungen korrespondierten oft genug nicht mit zuvor versprochener Arbeitsplatzsicherheit, ein Zugeständnis zog das nächste nach sich und obendrein war die Zufriedenheit der Mitglieder so natürlich nicht zu gewinnen, so dass die Gewerkschaft Mitgliederverluste erlitt. Ein Tarifvertrag, der seine Schutzfunktion verliert, verliert für die Arbeitnehmer seine Kernbedeutung und damit die Mobilisierungsfähigkeit für Veränderungen.

Auf der anderen Seite darf nicht übersehen werden, dass die reine Defensivposition der Verteidigung der Tarifverträge weder in jedem Fall haltbar war noch in jedem Fall von den Mitgliedern honoriert wurde. Die Defensive verhinderte gleichzeitig offensive Strategien wie Beschäftigungssicherung, Innovationsförderung, Investitionsverpflichtung, Arbeitsplatz- und Ausbildungsplatzaufbau. Die »Mindestbedingungen« in den Tarifverträgen z.b. der IG Metall sind – je nachdem, ob Stahl, Metallindustrie, Metallhandwerk, Textil, Holz oder Kunststoff betroffen sind – auf erheblich unterschiedlichem Niveau. Für Arbeitnehmer, die beispielsweise bei Siemens aus der Industrie ins Elektrohandwerk ausgegliedert wurden, ist bereits der Wechsel aus einem Flächentarifvertrag in einen anderen ein enormer Nachteil.

Dazu wird es für die Gewerkschaft ganz schwierig, wenn nicht einmal niederwertige Tarifverträge gelten, sondern Betriebe tarifungebunden sind. Oft genug steht die Gewerkschaft vor der Alternative, entweder keinen Tarifvertrag abzuschließen oder aber zumindest in Stufen zu versuchen, an den Flächentarifvertrag langsam heranzukommen. Es wird schwierig zu argumentieren, dass nur der beste Tarifvertrag die Mindestbedingungen regelt, wenn selbst im eigenen Bereich Branchen- und Haustarifverträge existieren, die deutlich darunter liegen.

Ein vergleichbares Problem tritt dort auf, wo betriebliche spezifische Situationen das Halten der Standards für unrealistisch erscheinen lassen. Um dies an einem Beispiel deutlich zu machen: Nach wie vor ist das freie Wochenende konsensfähige Überzeugung der breiten Mehrheit der Bevölkerung. Das Versprechen eines nichttarifgebundenen Großkonzerns, in einer Hochburg der Arbeitslosigkeit 3.000 Arbeitsplätze zu schaffen, sofern die Produktion kontinuierlich durchläuft, führte zu einem Run von Arbeitnehmern auf die Rekrutierungsbüros. Wer in dieser Situation Prinzipien reitet, verpatzt seinen Einsatz. Entweder wird an ihm vorbei geregelt und damit die gewerkschaftliche Handlungsfähigkeit aufgehoben, oder es wird der konsensfähige Grundsatz des freien Wochenendes generell und ohne Bedingungen aufgegeben. Wir müssen akzeptieren, dass die Handlungsfähigkeit der Gewerkschaften in jedem Fall von höchster Priorität ist.

Nicht übersehen werden darf auch, dass der Flächentarifvertrag und die ihm innewohnende Friedenspflicht betriebliche oder branchenmäßige Gestaltungsmöglichkeiten behindern kann. Der Versuch, vernünftige Teilzeitregelungen mit Ansprüchen auf Rückkehr, Qualifizierung etc. in der Fläche durchzusetzen, scheiterte einerseits an der mangelnden Mobilisierungsfähigkeit, andererseits daran, dass für viele Unternehmen diese Frage kein Problem darstellt. Das gilt insbesondere für übertarifliche Regelungen, vom Bonus über betriebliche Sozialleistungen bis hin zu Zuschlägen und Aktienoptionen, Schichtzulagen, Gruppenprämien etc. Arbeitsorganisatorische Voraussetzungen gelten selten flächendeckend, konnten aber immer nur durchgesetzt werden, wenn eine flächendeckende Mobilisierung möglich war. Es muss Zielvorstellung bleiben, die Handlungsfähigkeit im Flächentarifvertrag zu erhalten und trotzdem die gewerkschaftliche Handlungsfähigkeit im Betrieb zu erhöhen. Ein Blick über die Grenzen zeigt, dass gewerkschaftliche Identifikation, Mobilisierung und positives Image über stärkere betriebliche Differenzierungsstrategien gewonnen werden können. Das dänische Beispiel, das neben dem flächendeckenden »Mindestvertrag« nachgelagerte betriebliche Verhandlungen zur Konkretisierung der anzuwendenden betrieblichen Regelungen enthält, ist hier beispielgebend.

Durch die ökonomische Krise ist die Frage der Beschäftigungssicherung zu einer prioritären Forderung der Arbeitnehmer geworden. Hier sind die Gewerkschaften beschäftigungs-, sozial- und wirtschaftspolitisch gefordert und auch schon immer tätig gewesen. Die Möglichkeit differenzierter tariflicher Regelungen gibt hier eine weitere effektive Handlungsmöglichkeit, die zum Beispiel Betriebsschließungen auch durch Arbeitskämpfe, wenn auch oft nicht verhindern, so doch gestalten, verzögern oder abfedern kann. Die Forderung nach einer bestimmten Anzahl von Ausbildungsplätzen, nach zusätzlichen Investitionen oder Neueinstellungen kann einzelbetrieblich auch tarifvertraglich durchgesetzt werden. Der Flächentarifvertrag bietet diese Möglichkeit nicht. Gerade die Einbeziehung von Arbeitnehmern in eine »Sanierungssituation« hat gewerkschaftliche Stärke und Identifikation hervorgebracht. Wer nur die Mindestbedingungen im Flächentarifvertrag garantiert, verkürzt in diesen Fällen die gewerkschaftliche Aktionsfähigkeit ausgerechnet um die schärfste Waffe: den erkämpfbaren Tarifvertrag.

In der tarifpolitischen Diskussion führen alle diese Umstände dazu, dass die Notwendigkeit der Reform sowohl auf Arbeitgeber- als auf Arbeitnehmerseite gesehen wird. Die bloße Verteidigung des Status quo ist angesichts der bestehenden Machtverhältnisse nicht nur chancenlos, sie würde darüber hinaus dazu führen, dass die Veränderung naturwüchsig ungesteuert verläuft. Die Reform ist aber auch schwierig, weil nicht eine Realität durch eine neue abgelöst wird, sondern neue Realitäten neben die alten treten. Die Reform muss also Alt und Neu berücksichtigen, die kollektiven Interessen der Arbeitnehmer in traditioneller Produktion wie die in den neuen Dienstleistungen. Tarifpolitik bleibt weiterhin das zentrale kollektive Regelungsmuster, muss aber gleichzeitig, vor allem in den hochspezialisierten und zukunftsträchtigen Dienstleistungsberufen, der Forderung nach stärkerer Berücksichtigung der individuellen Interessen und Bedürfnisse entsprechen. Das trifft auch für eine stärkere Berücksichtigung der Geschlechterrollen zu. Voraussetzung jedes Vertrages, auch des Tarifvertrages ist, dass beide Seiten Nutzen aus ihm ziehen können.

Der Flächentarifvertrag bietet für die Arbeitnehmerseite die Möglichkeit, kollektiv Bedingungen durchsetzen und garantieren zu können, die vom Einzelnen oder in Einzelbetrieben nur im Ausnahmefall zu erreichen wären. Diese Möglichkeit umfasst sowohl die Schutz- als auch die Gestaltungsfunktion. Daneben ist die sogenannte Kartellfunktion von Bedeutung, soll sie doch zumindest im Großen und Ganzen den Wettbewerb durch Lohndumping ausschließen.

Für die Arbeitgeberseite ist die Ordnungsfunktion, d.h. die Herstellung überschaubarer und stabiler Lohnstrukturen und Arbeitsbedingungen, durch Tarifverträge einfacher zu erreichen als über Einzelarbeitsverträge. Die Kartellfunktion dient vor allem der Standardisierung der Lohnsätze und Arbeitszeiten. Wichtig bleibt die Friedensfunktion, d.h. die Sicherstellung der Abwesenheit kollektiver Arbeitskämpfe während der Laufzeit eines Tarifvertrages.

Daneben zeigt sich, dass der Flächentarifvertrag für beide Seiten als Gestaltungselement zur Veränderung der gesellschaftspolitischen Situation genutzt wird. Ob die Einführung der 35-Stunden-Woche, Altersteilzeit oder Lohnfortzahlung: Der Tarifvertrag war das Element, mit dem flächendeckend Veränderungen angegangen wurden, die oft genug später dann in Gesetzesform nachträglich allgemeingültig wurden. Das Beispiel der Durchsetzung der Arbeitszeitverkürzung in England zeigt, dass über Betriebstarifverträge oder individuelle Arbeitsverträge eine derartige gesellschaftsweite Gestaltung nicht zu erreichen war.

Die Tarifvertragssystematik der Bundesrepublik bietet für eine echte Reform verschiedenste Möglichkeiten an, die sich in der Praxis auch alle wiederfinden lassen. Kern dieser Überlegungen ist die Aufrechterhaltung des Flächentarifvertrages bei zusätzlicher Differenzierung hinsichtlich betrieblicher, regionaler oder branchenmäßiger Besonderheiten.

Gewöhnungs- und diskussionsbedürftig wird die Frage der »Arbeitsteilung« zwischen Flächentarifvertrag und Ergänzungstarifvertrag auf der einen und zwischen Flächentarifvertrag und Betriebsvereinbarung auf der anderen Seite sein. Auf Arbeitnehmerseite darf keine Konkurrenz zwischen Gewerkschaftern und Betriebsräten entstehen, da Betriebsrat und Vertrauensleute die handelnden Personen im Betrieb sind und damit für die Beteiligung der Arbeitnehmer und die Durchführung der entsprechenden Verhandlungen Personenidentität vorliegt. Dies wird allerdings dadurch erschwert, dass die Arbeitgeber kein Interesse am Abschluss eines Ergänzungstarifvertrages mit der daraus folgenden Bindung und Verpflichtung haben, sondern lieber »freiwillige« Betriebsvereinbarungen anstreben werden. Den im Betrieb handelnden Arbeitnehmervertretern erwächst neben der Möglichkeit der Betriebsvereinbarung in den durch das Betriebverfassungsgesetz begrenzten Bereichen als Handlungsoptionen die Tarifpolitik. In Abstimmung mit der Gewerkschaft können sie entscheiden, welches Instrumentarium für welchen Zweck am geeignetsten ist. Damit wird auch das Problem, dass Betriebsräte sich durch gute Regelungen profilieren wollen, unabhängig von der Form einer Regelung, da betriebsnahe »Ergänzungstarifpolitik« als eine Handlungsoption der Arbeitnehmervertreter im Betriebsrat und Vertrauenskörper existiert.

Ein Kernvorteil gewerkschaftlicher Tarifpolitik und eine Chance für die Zukunftsfähigkeit des Flächentarifvertrages besteht in der Möglichkeit, über den Ergänzungstarifvertrag die individuelle Beteiligung der Arbeitnehmer an der Gestaltung ihrer eigenen speziellen Arbeitsbedingungen sicherzustellen. Da dies bislang in einem Flächentarifvertrag so nicht möglich war, ist die Identifikation mit betrieblichen Regelungen – z.B. Ergänzungstarifverträge oder Betriebsvereinbarungen – deutlich höher. Die Einbeziehung der Mitglieder und die besondere Berücksichtigung spezieller Arbeits- und Lebensverhältnisse verstärkt den Offensivcharakter betriebsnäherer Tarifpolitik. In ihrer Abgrenzung zum weiter existierenden Flächentarifvertrag reduziert sie den Druck auf den Flächentarifvertrag und eröffnet für die Belegschaften und ihre Vertreter offensive Handlungsmöglichkeiten.

Heinz-J. Bontrup
Für mehr unternehmensbezogene Mitbestimmung – Ein Reformvorschlag

»Wir müssen der Tatsache ins Auge sehen, dass uns in Sachen Mitbestimmung nach der historischen Errungenschaft der Montanmitbestimmung kein entscheidender Durchbruch mehr gelungen ist. Vieles was danach kam, war wichtig, aber alles war weniger.«

Ernst Breit

1. Problemaufriss

Die Debatte um eine Novellierung des 1952 vom Deutschen Bundestag erlassenen Betriebsverfassungsgesetzes (BetrVG) (vgl. DGB 1998; Bartl/Lang/Wehner 2000, Wassermann 2000: 697ff.), also der sogenannten betrieblichen Mitbestimmung, greift viel zu kurz. Sicher ist auf Grund tiefgreifender struktureller Veränderungen in der Wirtschaft und der Arbeitswelt eine Reform von Nöten. Diese aber auf das Betriebsverfassungsgesetz zu beschränken, bringt die Mitbestimmung als eine wesentliche Säule einer zu demokratisierenden Wirtschaft nicht entscheidend weiter. Hierzu ist auch eine umfassende Reform der »unternehmerischen Mitbestimmung« notwendig. Dies schon allein deshalb, weil nicht einmal sechs Prozent der abhängig Beschäftigten in der Bundesrepublik dieser Mitbestimmungsform unterliegen. Im folgenden Beitrag sollen daher vor dem Hintergrund einer kurzen historischen Betrachtung sowie einer Zustandsanalyse die wesentlichen Eckgrößen einer Reform umrissen und dargestellt werden.

2. Forderungen nach einer demokratisierten Wirtschaft

Seit den grundlegenden Veränderungen der ökonomischen Produktions- und Reproduktionsbedingungen in der ersten Hälfte des 19. Jahrhunderts (Ablösung der Agrar- und Handwerksgesellschaft durch eine Industriegesellschaft), sowie einer damit verbundenen Herausbildung der Arbeiterschaft als »neue Klasse« und der sich daraus ergebenden Konstituierung von Gewerkschaften zur Behebung kapitalistisch ökonomischer und sozialer Fehlentwicklungen, lassen sich Forderungen nach einer Mitgestaltung an den wirtschaftlichen Entscheidungen nachweisen (Potthoff/Blume/Duvernell 1962: 1ff.). Die erste rechtlich zaghafte Absicherung von Mitbestimmung gelang 1891 durch die Novelle zur Gewerbeordnung, die eine fakultative Bildung von Arbeiterausschüssen in Unternehmen vorsah. Deren Errichtung wurde durch ein Reichsgesetz im Ersten Weltkrieg ab 1916 kriegsbedingt für alle versorgungswichtigen Unternehmen mit mehr als 50 Beschäftigten und durch Verordnung zum Ende des Krieges ab 1918 auf alle Unternehmen mit mehr als 20 Beschäftigten ausgedehnt.

Die Mitbestimmungsforderungen der Gewerkschaften während der Weimarer Zeit gingen allerdings darüber weit hinaus. Sie entstanden aus der Überzeugung, dass nicht nur eine politische Demokratie, sondern ebenso eine Demokratie in der Wirtschaft umgesetzt werden muss. Das dazu ursprünglich 1928 von Fritz Naphtali im Auftrag des Allgemeinen Deutschen Gewerkschaftsbundes (ADGB) entwickelte Modell einer »Wirtschaftsdemokratie« konnte aber auf Grund der Machtergreifung durch die Nationalsozialisten im Jahr 1933 sowohl wissenschaftlich als auch gesellschaftlich zu wenig diskutiert und damit auch nicht entscheidend weiterentwickelt werden. Neben einer Demokratisierung der Arbeitsverhältnisse durch arbeitsrechtliche Bestimmungen, der Schaffung einer Betriebsdemokratie sowie einer arbeitnehmerorientierten Sozialpolitik, sah die Konzeption insbesondere eine »Demokratisierung der privaten Wirtschaft« durch die Bildung von Gegenmacht (countervailing power) in Form öffentlicher Unternehmen und den Aufbau einer Gemeinwirtschaft (Genossenschaften) vor. Außerdem war eine Demokratisierung von staatlich verfasster gesamtwirtschaftlicher Planung durch die aktive Mitarbeit von Gewerkschaftsvertretern im Staatsapparat vorgesehen (vgl. Naphtali 1928).

»Mitbestimmung kam in dieser Konzeption eigentlich eher nur am Rande vor. Die Wirtschaftsdemokratie war stark auf den Staat fixiert, Gewerkschaften und Betriebsräte hatten eine repräsentativ-korporatistische Funktion; allerdings sollten Vertreter der Arbeitnehmerschaft in den Geschäftsführungen monopolartiger Unternehmen mitarbeiten. Naphtali war skeptisch hinsichtlich der Mitarbeit von Betriebsräten in den Aufsichtsräten von Großunternehmen; im Wesentlichen sah er nur Informationsfunktionen für diese Form der Repräsentanz. Wenngleich hier die Wurzel der heutigen Mitbestimmung liegt, so hatte sie damals im Rahmen der Konzeption der Wirtschaftsdemokratie eine nur untergeordnete Funktion« (Priewe 1991: 29f.).

Nach dem Ende des Zweiten Weltkrieges wurden die wesentlichen von Naphtali entwickelten Positionen einer Wirtschaftsdemokratie wieder aufgenommen. Zunächst erarbeitete der Kölner Betriebswirtschaftler Erich Potthoff für die noch inoffizielle Gewerkschaftsführung in der britischen Nachkriegsbesatzungszone konzeptionelle Vorschläge, die eine Sozialisierung der großen Unternehmenskomplexe in Form einer Verstaatlichung vorsahen, wobei die Maßnahmen in eine globale staatliche Wirtschaftsplanung einzubetten seien (vgl. den Redebeitrag Potthoff von 1946 in Müller (1991): 10ff.). Potthoffs Überlegungen gingen 1949 in das erste Grundsatzprogramm des Deutschen Gewerkschaftsbundes (DGB) als wirtschaftspolitische Forderungen mit ein. Dort heißt es:

»Eine Wirtschaftspolitik, die unter Wahrung der Würde freier Menschen, die volle Beschäftigung aller Arbeitswilligen, den zweckmäßigen Einsatz aller volkswirtschaftlichen Produktivkräfte und die Deckung des volkswirtschaftlichen Bedarfs sichert. Mitbestimmung der organisierten Arbeitnehmer in allen personellen, wirtschaftlichen und sozialen Fragen, in der Wirtschaftsführung und Wirtschaftsgestaltung. Überführung der Schlüsselindustrien in Gemeineigentum, insbesondere des Bergbaus, der Eisen- und Stahlindustrie, der Großchemie, der Energiewirtschaft, der wichtigsten Verkehrseinrichtungen und der Kreditinstitute. Soziale Gerechtigkeit durch angemessene Beteiligung aller Werktätigen am volkswirtschaftlichen Gesamtertrag und Gewährung eines ausreichenden Lebensunterhaltes für die infolge Alter, Invalidität oder Krankheit nicht Arbeitsfähigen. Eine solche wirtschaftspolitische Willensbildung und Wirtschaftsführung verlangt eine zentrale volkswirtschaftliche Planung, damit nicht private Selbstsucht über die Notwendigkeit der Gesamtwirtschaft triumphiert« (zitiert nach Deppe, F./Fülberth, G./Harrer, H.-J. u.a. (1978): 318f.).

Die Möglichkeit, das gewerkschaftliche Konzept einer gesamtwirtschaftlichen Planung, des Gemeineigentums und der Mitbestimmung auf betrieblicher und gesamtwirtschaftlicher Ebene umzusetzen, war allerdings auf Grund des rechtsliberalen Wahlerfolges bei der ersten Bundestagswahl am 14. August 1949 politisch nicht mehr vorhanden. Zu stark waren hier bereits wieder die bürgerlichen Kräfte in der Bundesrepublik und der Einfluss der privaten Wirtschaft, die insbesondere aus einer Ablehnung des gewerkschaftlichen Grundsatzprogramms zur Umsetzung einer »mixed economy« oder eines »Dritten Weges«, der sich zwischen einer zentralistischen Planwirtschaft und einer kapitalistischen Marktwirtschaft hätte bewegen sollen und können, keinen Hehl machten.

3. Unzureichende gesetzliche Mitbestimmungsregelungen

So kam es letztlich nur noch auf betrieblicher Ebene zur gesetzlichen Etablierung des Betriebsverfassungsgesetzes im Jahr 1952 und ein Jahr zuvor auf Unternehmensebene zum »Gesetz über die Mitbestimmung der Arbeitnehmer in den Aufsichtsräten und Vorständen der Unternehmen des Bergbaus und der Eisen und Stahl erzeugenden Industrie« (Montanmitbestimmungsgesetz).[1] Mitbestimmung wurde zwischen Betrieb und Unternehmung differenziert. Zu dieser Dichotomie führt Werner Sundermann aus:

»Unter Betrieb ist die organisatorische Einheit zu verstehen, innerhalb derer ein Unternehmen mit seinen Mitarbeitern mit Hilfe von sachlichen und immateriellen Mitteln bestimmte arbeitstechnische Zwecke fortgesetzt verfolgt. Das Unternehmen verfolgt dagegen einen (betriebs-)übergreifenden, zumeist wirtschaftlichen Zweck. Deshalb ist von der betrieblichen Mitbestimmung grundsätzlich ausgenommen der Bereich der wirtschaftlichen Entscheidungen des Arbeitgebers in seiner Rolle als Unternehmer« (Sundermann 1992: Sp. 1344).

In dieser künstlichen Trennung manifestiert sich bis heute die entscheidende Schwäche des Betriebsverfassungsgesetzes, nämlich der Ausschluss der Betriebsräte von allen wirtschaftlichen Entscheidungen, deren Auswirkungen für die Arbeitnehmer allenfalls durch die Aufstellung eines Sozialplans, der seit 1972 rechtlich erzwingbar ist, gemildert werden können (vgl. Bontrup 1998: 312ff.).

Der auch aus Art. 14 GG abgeleiteten unternehmerischen Planungs-, Preissetzungs- und Investitionsfreiheit steht aber das entscheidende und zentrale ökonomische Argument für eine paritätische Mitbestimmung entgegen, dass nämlich Kapital und Arbeit im Leistungserstellungs- und Leistungsverwertungsprozess aufeinander angewiesen sind, und dass die Arbeitskraft die Quelle allen Wohlstands ist, dass allein Arbeit Kapital erzeugen und es in der Produktion und Reproduktion

---

[1] Bereits 1956 musste das Gesetz durch ein »Mitbestimmungsergänzungsgesetz« (MitbestErgG) vom 7. Juni 1956 für Konzernobergesellschaften angepasst und durch mehrere »Mitbestimmungssicherungsgesetze« ergänzt werden.

wirksam werden lassen kann. Ein Unternehmen wird nicht durch den Unternehmer abgebildet, sondern zusätzlich (komplementär) durch die Summe der Beschäftigten. Unternehmer ist damit nicht gleich Unternehmen, selbst wenn dies viele Unternehmer in Form einer Selbstmystifikation glauben mögen. Insofern ist die Gleichberechtigung von Arbeit und Kapital als naturgegeben zu betrachten. Dies wird auch nicht mit dem immer wieder vorgetragenen Argument des Risikos beim Kapitaleinsatz aufgehoben. Schließlich ist Kapital nur durch den Einsatz von Arbeit in Vorperioden geschaffen worden. Außerdem steht dem Kapitalrisiko auch die Gewinnchance gegenüber, und die Arbeitnehmer tragen Risiken in Form von schlechteren Arbeitsbedingungen, Einkommenskürzungen oder sogar des Arbeitsplatzverlustes, der unter heutigen von Massenarbeitslosigkeit geprägten Arbeitsmarktbedingungen besonders schwer wiegt. Und es darf auch nicht vergessen werden, dass Menschen durch Arbeit krank und sogar invalide werden können und damit das Risiko der Berufsunfähigkeit zu tragen haben.

Die erste rechtliche Grundlage der »unternehmerischen Mitbestimmung« entstammt dem während der Weimarer Zeit erlassenen Betriebsrätegesetz in Verbindung mit dem dazu verabschiedeten Ausführungsgesetz von 1922 (»Gesetz über die Entsendung von Betriebsratsmitgliedern«). Die entsprechenden Regelungen sahen vor, dass sämtliche Unternehmen, die bereits einen Aufsichtsrat (AR) oder ein vergleichbares Organ hatten, bis zu zwei vom Betriebsrat oder Gesamtbetriebsrat (bei mehreren Betrieben, d.h. Orten der Leistungserstellung eines Unternehmens) gewählten Arbeitnehmervertretern Sitz und Stimme im jeweiligen Aufsichtsorgan einzuräumen hatten. Erst nach dem Zweiten Weltkrieg kam es dann aber zur rechtlichen Etablierung des bereits erwähnten »Montanmitbestimmungsgesetzes«. Um die Einführung des Gesetzes gab es zwischen 1947 und 1951 allerdings heftigste politische Auseinandersetzungen. Erst nachdem die IG Metall und die IG Bergbau Ende 1950 Urabstimmungen durchführen ließen, und sich über 90% der Gewerkschaftsmitglieder für Streik aussprachen, war die Adenauer-Regierung bereit, das Gesetz im Bundestag zu verabschieden.[2]

---

[2] Zur Entstehungsgeschichte der »Montanmitbestimmung« vergleiche ausführlich Müller 1991.

Das Gesetz enthielt trotz der Parität[3] eine bis heute bestehende dreifache Restriktion: Erstens gilt es nur für die Wirtschaftszweige Kohle und Stahl, im Bereich Stahl zudem nur für die Stahlerzeugung, nicht aber für die stahlverarbeitenden Unternehmen. Zweitens nur für die Unternehmen, die in der Rechtsform einer AG, GmbH oder einer bergrechtlichen Gewerkschaft mit eigener Rechtspersönlichkeit betrieben werden, und drittens müssen in der Regel mehr als 1.000 Arbeitnehmer beschäftigt sein. Für die Unternehmen, die diese Prämissen erfüllen, wurde festgelegt, dass auf der Arbeitnehmer- und Arbeitgeberseite des AR jeweils eine gleich große Anzahl von Mitgliedern vertreten ist. Daneben fungiert als ein weiteres Mitglied des AR ein »neutraler Mann«, der bei Pattabstimmungen zwischen Kapital und Arbeit zum »Zünglein an der Waage« bzw. zum »Entscheider« wird. Außerdem erhielten die Gewerkschaften und die Betriebsräte Einfluss bei der Bestellung eines Vorstandsmitglieds (Geschäftsführers) als Arbeitsdirektor, der das besondere Vertrauen von Gewerkschaft und Belegschaft (Betriebsrat) besitzen muss und nicht gegen die Stimmen der Mehrheit der Arbeitnehmervertreter im AR bestellt oder abberufen werden kann. Nichtsdestotrotz benötigt aber auch der Arbeitsdirektor bei seiner Bestellung (Wiederberufung) die einfache Mehrheit im AR; mindestens also alle Stimmen der Arbeitnehmerbank plus die Stimme des »neutralen Mannes«.[4]

Ulrich Borsdorf (1982: 274), der Biograph des ersten DGB-Vorsitzenden Hans Böckler, charakterisierte die Montanmitbestimmung als die »isolierte Pragmatisierung einiger Grundgedanken der Wirtschaftsdemokratie für die Kräftekonstellation der Nachkriegszeit.« Weniger positiv geht Helmut Martens (1990: 482) mit der Montanmitbestimmung ins Gericht, wenn er sagt: »Die Montanmitbestimmung blieb

---

[3] Von einer gleichberechtigten Mitbestimmung kann nur die Rede sein, wenn sie paritätisch ist. »Parität« wird dabei vom Bundesverfassungsgericht definiert »als ein Verhältnis zweier Parteien (...), in dem keine Seite imstande ist, eine von ihr gewünschte Entscheidung ohne die Zustimmung der anderen Seite oder doch eines Teils von ihr zu erzwingen, in dem daher auch jede Seite die andere hindern kann, ihre Ziele (allein) durchzusetzen«. Zitiert nach Kittner/Köstler/Zachert 1995: 23.

[4] Nach dem »Bericht der Kommission Mitbestimmung« lag die Zahl der Unternehmen, die der Montanmitbestimmung unterliegen, im Jahr 1998 nur noch bei 45 Unternehmen. Die Zahl der in montanmitbestimmten Unternehmen beschäftigten Arbeitnehmer lag dabei 1996 bei rund 400.000. Vgl. Bertelsmann Stiftung/Hans-Böckler-Stiftung 1998: 43.

unvollendetes Programm und ist heute von diesem Blickwinkel aus wohl am treffendsten als eine ›altehrwürdige Ruine‹ zu bezeichnen.« Sicherlich hat die Montanmitbestimmung den Strukturwandel im Kohle- und Stahlbereich mit dramatischen Arbeitsplatzverlusten nicht verhindern können und wollen.[5] Sie ist und bleibt natürlich eingebettet in die Bewegungsgesetze einer kapitalistischen Ordnung auf Basis des Profitprinzips. Sie hat aber in beiden Bereichen – trotz aller Kritik – bis zum heutigen Tage betriebsbedingte Kündigungen nicht zugelassen. Sie hat außerdem in den Unternehmen weitreichende soziale Errungenschaften durchgesetzt und eine vielfach von anderen Branchen bewunderte – aber dort nie realisierte – offene Informationspolitik möglich gemacht. Dadurch entstand schließlich im Kohle- und Stahlbereich eine besondere Unternehmenskultur. Dennoch kann nicht verschwiegen werden, dass die unternehmerische Mitbestimmung seit ihrem Bestehen durch Arbeitgeberverbände und rechtsliberale Politiker vehement bekämpft worden ist. Die Geschichte der Montanmitbestimmung, schrieben Wolfgang Spieker und Heinrich Strohauer (1982), bedeutet »30 Jahre Management gegen die Montan-Mitbestimmung.« Hieran hat sich bis heute nichts geändert.

In dem nach dem Montanmitbestimmungsgesetz am 19. Juli 1952 verabschiedeten Betriebsverfassungsgesetz wurde in den §§ 76 und 77 BetrVG den abhängig Beschäftigten außerhalb der Wirtschaftszweige Kohle und Stahl im Rahmen der »unternehmerischen Mitbestimmung« nur noch ein Drittel der jeweiligen AR-Mandate (sog. Ein-Drittel-Parität) zugestanden. Dies galt außerdem nur für Unternehmen, die in der Rechtsform der AG oder einer KGaA geführt wurden. Bei GmbH und bergrechtlichen Gewerkschaften mit eigener Rechtspersönlichkeit sowie bei Erwerbs- und Wirtschaftsgenossenschaften musste zusätzlich eine Zahl von 500 Arbeitnehmern zur Konstituierung von Aufsichtsräten erreicht sein.[6] Darüber hinaus wurde und

---

[5] Exemplarisch für den Stahlbereich vgl. Bierwirth, 1985; Bierwirth/König 1988.

[6] Mit der Verabschiedung des »Gesetzes über kleine Aktiengesellschaften« (10.8.1994) – mit Ausnahme der Gesellschaften, die vor dem Inkrafttreten des Gesetzes erstmalig in das Handelsregister eingetragen wurden – verschlechterte sich über alle AG und KGaA noch einmal die Mitbestimmungsmöglichkeit, da nun auch hier die Beschäftigtenzahl von 500 Arbeitnehmern eingeführt wurde, was vorher mit Ausnahme von Familiengesellschaften bei AG und KGaA nicht der Fall war.

wird auch heute die »Ein-Drittel-Parität« für Versicherungsvereine auf Gegenseitigkeit vorgeschrieben, sofern diese ebenfalls mehr als 500 Arbeitnehmer beschäftigen. Die Gesellschaftsform der Einzelunternehmung und auch sämtliche Personengesellschaften werden dagegen vom Gesetz nicht erfasst. Die Gewerkschaften haben bis heute bei der Bestellung der Aufsichtsräte weder ein Vorschlags- noch ein Entsendungsrecht. Die Aufsichtsräte werden in unmittelbarer Wahl aus der Belegschaft durch die Beschäftigten des Unternehmens bestimmt. Hinzu kommt, dass keine Mitbestimmungsmöglichkeit bei der Bestellung oder Abberufung der Unternehmensleitung besteht. In der Mitbestimmungsbeurteilung stellt der AR gemäß »Ein-Drittel-Parität« oder »einfacher Mitbestimmung« allenfalls ein Informations- und Mitberatungsorgan dar. Von gleichberechtigter Mitbestimmung zwischen Kapital und Arbeit kann hier absolut keine Rede sein.

Erst mit der Machtübernahme durch die SPD-FDP-Regierung im Jahr 1969 wurde der politische Boden für eine mögliche Neugestaltung einer »unternehmensbezogenen Mitbestimmung« geschaffen. »Die entscheidende Phase in der mitbestimmungspolitischen Auseinandersetzung begann mit der Regierungserklärung von Bundeskanzler Willy Brandt vom 18. Januar 1973. In dieser Erklärung bekundete er den Willen der SPD-FDP-Regierung, die paritätische Mitbestimmung noch in dieser Legislaturperiode auf der Grundlage der Parität von Kapital und Arbeit zu verwirklichen: ›Den Ausbau der Mitbestimmung sehen wir als eine unserer Hauptaufgaben. Mitbestimmung gehört zur Substanz des Demokratisierungsprozesses unserer Gesellschaft. In ihr erkennen wir die geschichtliche Voraussetzung für jene Reformen, die in ihrer Summe den freiheitlichen Sozialstaat möglich machen‹« (Schriftenreihe der Bundeszentrale für politische Bildung (1977: 375).

Die FDP rückte allerdings unter dem massiven Druck der Arbeitgeberverbände von der gemeinsamen Regierungserklärung ab. Die Einführung einer paritätischen Mitbestimmung wurde schließlich nach dem Rücktritt Brandts auf Grund der »Guillaume-Affäre« und der 1974 von Helmut Schmidt übernommenen Kanzlerschaft durch eine neue Koalitionsvereinbarung zwischen SPD und FDP vom 9. September 1975 zu Grabe getragen.

So kam es gegen den Willen der Gewerkschaft am 1. Juli 1976 zum Inkrafttreten des neuen sog. 76er Mitbestimmungsgesetzes. Das Gesetz gilt nur für Unternehmen mit in der Regel mehr als 2.000 Arbeitnehmern. Alle Personengesellschaften – egal wie groß diese Unternehmen sind – unterliegen bis heute nicht dieser Mitbestimmungsregelung. Im Wesentlichen wurden nur Kapitalgesellschaften erfasst. Dazu zählen die AG, KGaA, die GmbH, die bergrechtliche Gewerkschaft, die Erwerbs- und Wirtschaftsgenossenschaft und ferner die Kommanditgesellschaft in der Form einer GmbH und Co. Auch die herrschenden Unternehmen von Konzernen und Teilkonzernen, die in einer der genannten Rechtsformen betrieben werden, wenn die Konzernunternehmen insgesamt in der Regel mehr als 2.000 Arbeitnehmer beschäftigen, wurden ebenfalls dem Gesetz unterworfen. Die Mitbestimmung im Montanbereich nach dem Montanmitbestimmungsgesetz von 1951 und dem Mitbestimmungsergänzungsgesetz von 1956 blieben ebenso unverändert erhalten wie die nach dem Betriebsverfassungsgesetz von 1952 bestehende »Drittel-Parität«. Entscheidend für die 76er Mitbestimmung war die Zusammensetzung des AR zwischen Anteilseignern und Arbeitnehmern. Hier wurde festgelegt, dass der zu bildende AR nominell je zur Hälfte aus Arbeitnehmervertretern und Kapitalvertretern zu bestehen habe. Die Größe des AR (12, 16 oder 20 Mitglieder) richtet sich nach der Zahl der im Unternehmen beschäftigten Arbeitnehmer. Auf der Arbeitnehmerseite fällt seit 1988 ein Sitz an die Vertretung der leitenden Angestellten gemäß der Einrichtung eines Sprecherausschussgesetzes (SprAuG). Darüber hinaus muss die Bank der Arbeitnehmer das zahlenmäßige Verhältnis von Arbeitern und Angestellten im Unternehmen widerspiegeln. Der AR-Vorsitzende und sein Stellvertreter werden mit Zwei-Drittel-Mehrheit gewählt. Wird die Zwei-Drittel-Mehrheit nicht erreicht, so wählen die AR-Mitglieder der Anteilseigner den AR-Vorsitzenden und die AR-Mitglieder der Arbeitnehmer den Stellvertreter. Dadurch wird sichergestellt, dass der Vorsitzende des AR immer von der Kapitalseite gestellt wird. Dies ist von entscheidender Bedeutung, da bei einer Pattsituation zwischen den nominell gleich starken Aufsichtsratsbänken der AR-Vorsitzende den Stichentscheid durch sein doppeltes Stimmrecht herbeiführen kann. Im Gegensatz zur Montanmitbestimmung, bei der der »neutrale Mann« die Pattsituation auflösen muss, besitzt hier die Kapitalseite letztlich einseitig die Möglichkeit, Entscheidungen zu ihren Gunsten festzulegen. Die Mitglieder des Vorstandes bzw. der Geschäftsführung werden vom AR mit einer Mehrheit von zwei Dritteln gewählt und abberufen. Wird eine solche Mehrheit nicht erreicht, so hat bei einer erneuten Abstimmung der AR-Vorsitzende auch hier den Stichentscheid. Mit Ausnahme von KGaA muss dem Vorstand/Geschäftsführung ein Arbeitsdirektor angehören; im Unterschied zum Montanmitbestimmungsgesetz gibt es für ihn allerdings keinen besonderen Bestellungs- oder Abberufungsmodus. Von einer paritätischen, d.h. gleichberechtigten Mitbestimmung kann bei der 76er Mitbestimmung also keine Rede sein. Sie wird deshalb auch als eine »Scheinmitbestimmung« bezeichnet. Aber selbst diese unternehmerische Form der Mitbestimmung ging den Arbeitgeberverbänden 1976 noch zu weit. Man rief das Bundesverfassungsgericht an, das allerdings das Gesetz als mit dem Grundgesetz für vereinbar einstufte.

4. Ein alternativer Entwurf für eine paritätische Mitbestimmung

Wenn es auf Grund tiefgreifender Veränderungen in der Wirtschaft und der Arbeitswelt einer Novellierung des Betriebsverfassungsgesetzes bedarf, so ist es vor dem aufgezeigten Istzustand der »unternehmerischen Mitbestimmung« nur logisch, dies auch hier zu fordern. Als Leitbild für eine zu demokratisierende Wirtschaft sollte dabei das paritätische Modell der Montanmitbestimmung als wesentlicher Baustein dienen. Zur Umsetzung müssten die heute drei gesetzlich nebeneinander bestehenden Mitbestimmungsgesetze (»Montan«, »Drittelparität«, »76er Mitbestimmung«) aufgehoben und in ein einheitliches neues Gesetz überführt werden. Die dabei vorliegenden unterschiedlichen Restriktionen von Branchenzugehörigkeit, Gesellschaftsrechtsform und Beschäftigtenzahl wären wie folgt zu harmonisieren: Erstens gilt keine branchenbezogene Beschränkung der unternehmerischen Mitbestimmung mehr. Zweitens unterliegen alle Unternehmen völlig unabhängig von der jeweiligen Gesellschaftsrechtsform, also auch alle Personengesellschaften, bis auf die Einzelunternehmung, dem neuen Gesetz. In der allgemeinen, bezogen auf die Beschäftigtenzahl aber auch in Abgrenzung der vom Handelsgesetzbuch, definierten und festgelegten Größe für ein Großunternehmen soll drittens die Zahl von 500 Arbeitnehmern für die Etablierung einer unternehmerischen Mitbestimmung maßgebend sein. Dies impliziert in Summe, dass alle Unternehmen unabhängig von Branche und gesellschaftsrechtlicher Zuordnung mit Ausnahme der Einzelunternehmung ab 500 Beschäftigten der unternehmerischen Mitbestimmung unterliegen würden. Alle Unternehmen mit weniger als 500 Mitarbeitern oder geführt in der Rechtsform der Einzelunternehmung unterlägen dagegen den ausschließlichen Rechtsbestimmungen des Betriebsverfassungsgesetzes.

Die im bisherigen Modell der Montanmitbestimmung festgelegte paritätische Zusammensetzung zwischen Kapital und Arbeit im AR bleibt bestehen. Ebenso die »Pattauflösung« bei möglichen Kampfabstimmungen durch ein »weiteres neutrales Mitglied«. Der »neutrale Mann« ist einvernehmlich zwischen den Mitgliedern des AR zu bestellen bzw. abzuberufen. Beide Seiten können hierzu Wahlvorschläge machen. Die Wahl der Vertreter der Anteilseigner im AR findet durch die Versammlung der Gesellschafter statt; die Wahl der Vertreter der Beschäftigten durch die Betriebsrätevollversammlung und die im Unternehmen vertretenen Gewerkschaften.[7] An welche Personen dabei jeweils die Mandate gehen, soll nicht wie bisher durch das Gesetz bestimmt werden, sondern den jeweiligen Wahlgremien autonom überlassen bleiben. Dagegen soll die quantitative Größe des AR – gestaffelt nach Unternehmensgrößen – wie folgt festgelegt werden:

- Unternehmen von 500 bis 2.000 Beschäftigte 11 Mitglieder,
- von 2.001 bis 5.000 Beschäftigte 15 Mitglieder und
- von 5.001 und mehr Beschäftigte 21 Mitglieder.

Dem Leitungsorgan (Vorstand/Geschäftsführung) muss außerdem wie im Montanmitbestimmungsgesetz ein gleichberechtigtes Mitglied (Arbeitsdirektor) angehören. Die Berufung/Abberufung auf Vorschlag der im AR vertretenen Gewerkschaften sollte hier allerdings abweichend zur heutigen Montanmitbestimmung ausschließlich im Machtbereich der Arbeitnehmerbank im AR liegen. Dafür bestimmt die Kapitalseite autonom über die anderen Vertreter des Leitungsorgans. Der Geschäftsbereich des Arbeitsdirektors umfasst dabei nicht nur den personellen und sozialen Bereich, sondern auch den Umweltschutz im Unternehmen, der nicht mehr losgelöst vom Arbeitsschutz gesehen und zielorientiert ausgesteuert werden kann. Umfasst das Leitungsorgan inkl. des Arbeitsdirektors mehr als drei Mitglieder, so ist über jede weitere Berufung bzw. Abberufung eines Mitglieds zwischen Kapital und Arbeit Einigkeit herzustellen. Können die Parteien sich nicht einigen, entscheidet der neutrale Mann.

---

[7] Bei der Zahl der AR-Mandate sei darauf hingewiesen, dass im Gegensatz zu heute die Anzahl von maximal zehn auf drei zu beschränken sind und einzelne AR-Mitglieder keinen Sitz in konkurrierenden Unternehmen erhalten dürfen.

Mit dieser Rahmenfestlegung für eine wirkliche paritätische Unternehmensmitbestimmung ist es aber noch nicht getan. Hierzu gehört auch die Aufhebung des sog. Letztentscheidungsrechts der Anteilseignerversammlung gemäß Aktiengesetz § 111 Abs. 4. Hierdurch können heute letztlich alle Entscheidungen des AR vom Kapitaleigner wieder aufgehoben und für nichtig erklärt werden. Im Gegensatz dazu muss der AR mit Ausnahme von unternehmerischen Satzungsänderungen, der Verwendung des Bilanzgewinns und von Kapitalerhöhungen/Kapitalherabsetzungen das Letztentscheidungsrecht haben.

Außerdem müssen die Informations- und Kontrollrechte des AR gegenüber dem Vorstand/Geschäftsführung gestärkt werden. Dazu muss gesetzlich bestimmt werden, dass der AR in einem Geschäftsjahr mindestens sechs Mal zusammenkommt. Zu den Sitzungen ist spätestens zwei Wochen vorher mit Tagesordnung, d.h. konkreter Benennung der anstehenden Themen und der zu fassenden Beschlüsse, einzuladen. Den Tagesordnungspunkten sind als Grundlage für eine Entscheidungsfindung ausführliche und inhaltlich aufbereitete bzw. nachvollziehbare Unterlagen beizufügen. Dazu gehört selbstverständlich auch die Zusendung und Überlassung des Wirtschaftsprüferberichtes sowie die Teilnahme des Wirtschaftsprüfers an den jeweiligen Bilanz-Aufsichtsratssitzungen. In Abweichung zum heutigen Recht ist außerdem der Abschlussprüfer nicht von der Anteilseignerseite zu bestimmen und der Prüfungsauftrag vom Vorstand/Geschäftsführung zu erteilen, der/die ja gerade geprüft werden sollen, sondern vom AR. Zudem sollte zur Vermeidung eines »Prüfungsschlendrians« mindestens alle drei Jahre der Wirtschaftsprüfer gewechselt werden.

Bei der Konstituierung des AR gibt sich dieser eine Geschäftsordnung, die nicht durch Satzung der Kapitaleigner beeinflusst sein darf. Hierzu gehören auch die Festlegung der Rechte eines einzelnen oder von mehreren AR-Mitgliedern. Auf jeden Fall muss hier bestimmt werden, dass ein einzelnes AR-Mitglied die Möglichkeit haben muss, außerordentliche AR-Sitzungen durch den AR-Vorsitzenden, der alle zwei Jahre alternierend von der Kapital- und Arbeitnehmerbank gestellt wird, einberufen zu lassen und einzelne Tagesordnungspunkte durchzusetzen. Außerdem ist ein Einholen von Gutachten oder die Einbeziehung von Sachverständigen zu ermöglichen, wenn dies von einem Drittel der AR-Mitglieder gewünscht wird.

Durch die Festlegung einer Geschäftsordnung für Vorstand/Geschäftsführung muss der Einfluss auf das Leitungsorgan durch den

AR in Zukunft wesentlich ausgeweitet und verbessert werden. Dabei sollte folgender Grundsatz gelten: Das Leitungsorgan führt die operativen Geschäfte, entwickelt die strategischen Planungen und legt diese aufbereitet mit entsprechenden nachvollziehbaren Unterlagen zur Beschlussfassung dem AR vor. Dabei ist einmal im Geschäftsjahr nach schriftlicher Vorlage eine umfassende Strategiediskussion über die unternehmerische Mittel- und Langfristplanung im AR zu führen.

Der allgemeine Berichtsumfang des Leitungsorgans hat mindestens zu umfassen:

■ die beabsichtigte Geschäftspolitik und die sich daraus ergebende Unternehmensplanung (insbesondere die Finanz-, Investitions- und Personalplanung),

■ den Gang der laufenden Geschäfte, insbesondere die Umsatz-, Kosten- und Ergebnisentwicklung sowie die Liquiditätslage und die Rentabilität des Unternehmens.

Daneben legt die Geschäftsordnung des Leitungsorgans einen Mindestkatalog zustimmungsbedürftiger Geschäfte sowie dessen regelmäßige Überprüfung und Anpassung durch den AR fest. Absolut unverzichtbar sind dabei:

■ Einzelprojekte, deren Summe einen bestimmten Prozentanteil (z.B. 3 vH) des gezeichneten Kapitals übersteigt;

■ Stilllegungen von Betriebsteilen oder Abteilungen, Outsourcingmaßnahmen;

■ rechtliche und organisatorische Unternehmensumwandlungen (z.B. in Cost- oder Profitcenter);

■ Unternehmenskäufe oder -verkäufe.

Die rechtliche Umsetzung einer solchen paritätischen und unternehmerischen Mitbestimmung entbindet auf dem Weg zu mehr Wirtschaftsdemokratie natürlich zusätzlich die Politik in keiner Weise, die dem Kapitalismus inhärenten Widersprüche und Konflikte im Interesse der gesamten Gesellschaft, und nicht nur einer vom Profit lebenden gesellschaftlichen Subschicht, durch eine in Europa abzustimmende gesamtwirtschaftliche Planung aufzulösen (vgl. Vollbeschäftigung ... 2001).

»Denn Mitbestimmung und andere Formen demokratischer Partizipation und Kontrolle wirtschaftlicher Macht können nur dann zu einer Demokratisierung der unternehmerischen Entscheidungsbildung in einem gesamtwirtschaftlich und -gesellschaftlich vernünftigen Sinne führen, wenn sie an bestimmte volkswirtschaftliche und ökologische, also gesamtgesellschaftliche Orientierungsdaten gebunden sind. Wesenselement einer stabilen, umweltgerechten, an den Bedürfnissen der Konsumenten und der Gesellschaft orientierten Volks- und Europawirtschaft muss daher eine volkswirtschaftliche Rahmenplanung, eine Politik indirekter und/oder direkter Investitionslenkung und eine planvolle Arbeitsmarkt- und Arbeitszeitpolitik sein« (Vilmar 1999: 199).

Neben dieser gesamtwirtschaftlichen Einbettung ist außerdem eine einzel(betriebs)wirtschaftliche Integration erforderlich. Diese basiert auf einer Unternehmenskultur, die auf Kommunikationsdialektik, auf eine unternehmerisch personelle Interaktion von These, Antithese und Synthese in den Kommunikations-, Führungs- und Entscheidungsprozessen setzt. Dies gelingt in Summe am Besten, wenn ein kreativer Rahmen in Form einer kooperativen bzw. partizipativen Führung vorliegt, die auf Empowerment (»Ermächtigung«) sowie auf eine gegenseitig anerkannte Führung durch Zielvereinbarungen (Management by Objectives) aufbaut. Ein weiteres Element bildet eine offene Informationspolitik. Diese darf nicht rein aufgaben- bzw. funktionsbezogen erfolgen, sondern holistisch in Bezug auf das gesamte Unternehmen. Dazu gehören auch eine umfassende Darlegung der wirtschaftlichen Situation sowie besondere Anstrengungen in Sachen Aus- und Weiterbildung der Mitarbeiter. Eine solche vergemeinschaftende Personalpolitik verlangt letztlich nach einer Gewinnpartizipation. Das klassische Lohn-Gewinn-Verhältnis bekommt hierdurch eine neue Dimension (vgl. Bontrup 2000). Anderenfalls bleiben die Mitarbeiter eine »Ware Arbeitskraft« bzw. abhängig beschäftigte Produktionsfaktoren, trotz aller anderslautenden Verheißungen.

Literatur

Bartl, E./Lang, H.-G./Wehner, E. (2000): Mitbestimmung als Gegenmacht. Zur Reform des Betriebsverfassungsgesetzes, Hamburg.

Bertelsmann Stiftung/Hans-Böckler-Stiftung (Hrsg.) (1998): Mitbestimmung und neue Unternehmenskulturen – Bilanz und Perspektiven, Gütersloh.

Bierwirth, W. (1985): Das Ende der Stahlzeit, Frankfurt a.M.

Bierwirth, W./König, O. (Hrsg.) (1988): Schmelzpunkte, Essen.

Bontrup, H.-J. (1998): Interessenausgleich und Sozialplan, in: WSI-Mitteilungen, Heft 5.

Bontrup, H.-J. (2000): Lohn und Gewinn, München/Wien.

Borsdorf, U. (1982): Hans Böckler. Arbeit und Leben eines Gewerkschafters von 1875 bis 1945, Köln.

Deppe, F./Fülberth, G./Harrer, H.-J. u.a. (1978): Geschichte der deutschen Gewerkschaftsbewegung, 2. Aufl., Köln.

DGB (Hrsg.) (1998): Novellierungsvorschläge des DGB zum Betriebsverfassungsgesetz 1972, Düsseldorf.

Kittner, M./Köstler, R./Zachert, U. (1995): Aufsichtsratspraxis, 5. Aufl., Köln.

Martens, H. (1990): Mitbestimmung und Demokratisierung, in: Gewerkschaftliche Monatshefte, Heft 8.

Müller, G. (1991): Strukturwandel und Arbeitnehmerrechte. Die wirtschaftliche Mitbestimmung in der Eisen- und Stahlindustrie 1945-1975, Essen.

Naphtali, F. (Hrsg. im Auftrag des ADGB) (1928): Wirtschaftsdemokratie. Ihr Wesen, Weg und Ziel, Berlin.

Potthoff, E./Blume, O./Duvernell, H. (1962): Zwischenbilanz der Mitbestimmung, Tübingen.

Priewe, J. (1991): Von der Mitbestimmung zur Wirtschaftsdemokratie – Überlegungen zur Mitbestimmungsdebatte anlässlich eines Gesetzentwurfes der »Grünen«, in: Memo-Forum, Nr. 17, Bremen.

Schriftenreihe der Bundeszentrale für politische Bildung (1977): Gewerkschaften und Mitbestimmung, Bd. 128, Bonn.

Spieker, W./Strohauer, H. (1982): 30 Jahre Management gegen die Montan-Mitbestimmung, Köln.

Sundermann, W. (1992): Mitbestimmung, betriebliche, in: Frese, E. (Hrsg.): Handwörterbuch der Organisation, 3. Aufl., Stuttgart.

Vilmar, F. (1999): Wirtschaftsdemokratie – Zielbegriff einer alternativen Wirtschaftspolitik, in: Helmedag, F./Reuter, N. (Hrsg.), Der Wohlstand der Personen. Festschrift zum 60. Geburtstag von Karl Georg Zinn, Marburg.

Vollbeschäftigung und eine starke Sozialverfassung – Alternativen für eine neue Ökonomie in Europa (2001): in: Memo-Forum, Nr. 28, Bremen.

Wassermann, W. (2000): Zum Reformbedarf des Betriebsverfassungsgesetzes, in: WSI-Mitteilungen, Heft 11.

Günter Geisler
Das »weitere Mitglied« der Arbeitnehmerseite eines montanmitbestimmten Aufsichtsrates

Im Rahmen dieser Ausführungen soll die Aufmerksamkeit der Öffentlichkeit auf ein Spezifikum des Mitbestimmungsgesetzes für Kohle und Stahl fokussiert werden, das als wichtige gesetzliche Rahmenbedingung die Arbeit von Aufsichtsräten nachhaltig bestimmt. Dabei wird der Versuch unternommen, empirische, durch teilnehmende Beobachtung gewonnene Daten in Beziehung zu bestimmten Konstruktionsmerkmalen montanmitbestimmter Aufsichtsräte zu setzen. Der § 4, Abs. 1 des Montanmitbestimmungsgesetzes regelt die Zusammensetzung des Aufsichtsrates (AR). Neben internen und externen Vertretern von Anteilseignern und Arbeitnehmern sind je nach Grundkapital ein oder zwei »weitere Mitglieder« auf beiden Bänken zu wählen. Diese Mitglieder dürfen nicht in einer direkten Beziehung zu einer Gewerkschaft oder einer Vereinigung der Arbeitgeber stehen. Ebenso darf keine direkte wirtschaftliche Beziehung zu dem von ihnen im AR vertretenen Unternehmen vorliegen.[1] Eine vergleichbare Vorschrift fehlt im Mitbestimmungsgesetz von 1976, das im Hinblick auf die Arbeitnehmerbank nur nach unternehmens- und gewerkschaftsangehörigen Vertretern unterscheidet.

Inwieweit ergeben sich aus dieser Differenzierung direkte Auswirkungen auf die Art und Weise der Behandlung von Sachfragen? Zunächst soll die Frage beantwortet werden, welche Motive den Gesetzgeber bewogen haben, die für die betriebliche Mitbestimmung unstrit-

---

[1] Montan-Mitbestimmungsgesetz § 4 (2) »Die ... weiteren Mitglieder dürfen nicht a) Repräsentant einer Gewerkschaft oder einer Vereinigung der Arbeitgeber oder einer Spitzenorganisation dieser Verbände sein oder zu diesen in einem ständigen Dienst- oder Geschäftsbesorgungsverhältnis stehen, b) im Laufe des letzten Jahres vor der Wahl eine unter Buchstabe a) bezeichnete Stellung innegehabt haben, c) in den Unternehmen als Arbeitnehmer oder Arbeitgeber tätig sein, d) an dem Unternehmen wesentlich interessiert sein.«

tig erforderliche interne Fachqualität durch die Heranziehung unabhängiger externer Kompetenz zu ergänzen.

Ein kurzer Rückblick auf den zum Teil sehr erbittert geführten Streit um die Beteiligung von Arbeitnehmern an sozialen und wirtschaftlichen Fragestellungen gibt erstaunliche Aufschlüsse über frühe Verbindungen zwischen betrieblicher Mitbestimmung und überbetrieblichen Aspekten. Hier deuten sich historische Wurzeln an, die bis zur Diskussion um die Berufung »weiterer Mitglieder« in die montanmitbestimmten Aufsichtsräte reichen.

Die Forderungen der Arbeiterbewegung bezogen sich seit Beginn der Diskussion um die Demokratisierung der Wirtschaft und die Einräumung von Mitspracherechten zunächst ausschließlich auf den Bereich der betrieblichen Sozialpolitik. Acht-Stunden-Tag, Arbeitsschutz, Arbeitsbedingungen standen im Mittelpunkt der gewerkschaftlichen Forderungskataloge. Die regionale und überregionale Einbindung von Unternehmen in technische, ökonomische, ökologische und personale Strukturen und die sich daraus ergebenden Interdependenzen waren als gewerkschaftliche Aktionsfelder noch weitgehend unerschlossen.

Bereits 1918/19 hatte der Soziologe und Rechtswissenschaftler Hugo Sinzheimer darauf hingewiesen, dass es über das wirtschaftliche Einzelinteresse hinaus eine gesamtwirtschaftliche Interessenssphäre gibt. Diese gebündelten gesamtwirtschaftlichen Ziele werden laut Sinzheimer bei einer ausschließlichen Orientierung an einzelwirtschaftlichen Prioritäten beeinträchtigt. Folglich weist Sinzheimer den Betriebsräten als Träger der betrieblichen Mitbestimmung eine Mitarbeit in sogenannten gesamtwirtschaftlichen Zentren zu (zitiert nach Müller 1991: 118). Fast gleichzeitig erkannte die Weimarer Verfassung in Art. 165 Arbeiterräte an. Arbeiter und Angestellte wurden dazu berufen, gleichberechtigt in Gemeinschaft mit den Unternehmern an der gesamten wirtschaftlichen Entwicklung der produktiven Kräfte mitzuwirken und sozial- und wirtschaftpolitische Gesetzentwürfe von grundlegender Bedeutung im Reichswirtschaftsrat zu begutachten.

Erstmals gezogene Verbindungslinien zwischen Mikro- und Makroökonomie waren jedoch nach zehn Jahren bereits wieder unterbrochen. Die durch den Nationalsozialismus aufgezwungene Gleichschaltung der gesamten Arbeiterbewegung, die Zerschlagung erster Ansätze zur Demokratisierung des Wirtschaftslebens und die Installierung eines straffen, am ideologischen Zweck ausgerichteten Unterdrückungsapparates, verzögerten die Umsetzung dieses Gedankens, ohne ihn vollständig zu eliminieren.

Nach dem Zusammenbruch wurden mühsam und tastend, dennoch zielstrebig die Lehren aus einer Katastrophe gezogen, die sich aus dem Zusammenspiel von unkontrollierter wirtschaftlicher Macht mit aggressiven politischen Zielsetzungen ergeben hatten. Dabei knüpfte man an die vor dem zweiten Weltkrieg entwickelten Überlegungen an. Zunächst überwog die grundsätzliche Auseinandersetzung um Fragen der Neuordnung und Legitimation gewerkschaftlicher Forderungen nach Teilhabe an Mitwirkungs- und Entscheidungskompetenz in organschaftlichen Gremien von Konzernen und Unternehmungen.

Erich Potthoff (1950) bemerkt, dass »die Mitbestimmung der Arbeitnehmer in der Wirtschaft als ein unteilbares Ganzes (zu) betrachten (sei).« Die Betriebe seien Zellen einer Volkswirtschaft vergleichbar, deren Lebensfähigkeit vom Funktionieren der übergeordneten politischen Einheit abhänge. Auch hier klingt mehr oder weniger deutlich der Gedanke einer interdependenten Beziehung zwischen betrieblicher und außerbetrieblicher Ebene an, die zur Erreichung eines wechselseitigen Nutzens inhaltlich und organisatorisch geordnet werden müsse. Die Ausformung dieser Idee im Montanmitbestimmungsgesetz führte zur Berufung externer Mitglieder in den AR. Aufgegriffen wurde dieses Prinzip durch die Entsendung von Vorstandsmitgliedern in AR anderer Gesellschaften. Zu dieser Verfahrensweise bemerkt Potthoff, dass von einer Überfremdung von AR durch betriebsfremde Personen nicht die Rede sein könne. Entscheidend sei der Zugewinn an Fachkompetenz. Dieses Argument für eine von Unternehmensvertretern geübte Praxis müssen sich die Kritiker aufseiten der Arbeitgeber, die sich vehement gegen die Entsendung externer Arbeitnehmervertreter in die AR aussprechen, entgegenhalten lassen.

Das Plädoyer Potthoffs für eine Zusammenführung von externen und betrieblichen AR-Mitgliedern blieb für die weitere Diskussion um die Einführung einer Mitbestimmung in Deutschland nicht ohne Folgen. Für die von den Alliierten und Teilen der deutschen Politik betriebene Entflechtung der Eisen- und Stahlindustrie existierte kein spezifischer Sachverstand. Damit war das Ziel, die entflochtenen Werke paritätisch zu besetzen und so gleichzeitig ein möglichst breites Wissenspotenzial im AR zu verankern, das Gebot der Stunde. Im Februar 1947 konstituierten sich die ersten paritätischen Aufsichtsräte. Auf beiden Bänken des AR der Eisen- und Stahlwerke Haspe, des Hörder

Vereins, der Eisen- und Hüttenwerke Bochum und der Gutehoffnungshütte wurden neben ausgewiesenen Vertretern des Unternehmerlagers bzw. der Gewerkschaften je ein Vertreter der öffentlichen Hand benannt. Die Anteilseigner bzw. die Arbeitnehmervertreter erhielten das Vorschlagsrecht.

Damit waren die Entwicklungslinien bzw. Konturen der späteren gesetzlichen Montanregelung erkennbar, wenn auch die uns heute geläufige Differenzierung bei den externen Arbeitnehmervertretern noch fehlte. Erst vier Jahre später, am 21.5.1951, einigten sich die Gewerkschaften mit der Bundesregierung auf einen Gesetzesentwurf, der nach ernsten Streikdrohungen als »qualifizierte Mitbestimmung« oder offiziell als »Montanmitbestimmungsgesetz« vom Bundestag verabschiedet wurde. Der Preis war die Beschränkung des Gesetzeswerks auf den Bereich Kohle, Eisen und Stahl.

Von Bedeutung für die hier zu behandelnde Thematik ist die Tatsache, dass der noch unter dem unmittelbaren Eindruck des verhängnisvollen Zusammenwirkens von Großindustrie und Politik stehende Gesetzgeber die Arbeitnehmerbank bewusst nicht als Hausmacht für die unternehmensangehörigen AR-Mitglieder konstruierte. Im Gegenteil hatten die externen Mitglieder bei einem 21köpfigen AR und einer mit zehn Mitgliedern besetzten Arbeitnehmerbank die zahlenmäßige Mehrheit. Bei der fünf Jahre später verabschiedeten Holdingnovelle, dem »Montanmitbestimmungsergänzungsgesetz«, kehrt sich dieses Verhältnis um, d.h. die betrieblichen Arbeitnehmervertreter stellen die Mehrheit auf der Arbeitnehmerbank.

Die 50er Jahre waren geprägt durch die politischen Bestrebungen zur Sicherung der 1951 in Kraft getretenen Montanmitbestimmung. Dies führte 1956 zur Verabschiedung der Holdingnovelle. Auch hierauf folgte nur eine kurze Phase der Beruhigung. Im Zuge der Rekonzentrationsbewegungen wurde der Geburtsfehler der Montanmitbestimmung als Branchenmodell sehr schnell deutlich. Immer mehr Obergesellschaften fielen durch Diversifizierung der Produktpaletten ihrer Tochter- und Beteiligungsgesellschaften aus dem Geltungsbereich der Montanmitbestimmung heraus und machten so die grundlegenden Defizite dieser Gesetzgebung deutlich.

Die Auseinandersetzung um die Sicherung der Montanmitbestimmung währte bis 1987, dem Zeitpunkt der Verabschiedung des Gesetzes über die Verlängerung von Auslaufzeiten beim Fortfall der gesetzlichen Anspruchsvoraussetzungen. Auch diese vermeintliche Dauerregelung zur Sicherung der Montanmitbestimmung hatte nur vorübergehenden Charakter. Die sich anschließenden Bemühungen von Arbeitnehmern, Gewerkschaften und Teilen der Politik zur dauerhaften Sicherung der Mitbestimmungssubstanz im Montanbereich trugen durch die Dynamik des Wirtschaftsgeschehens stark defensive Züge. Diese Situation gestaltete sich durch die stark rückläufige wirtschaftliche Dominanz der Branchen Kohle und Stahl noch schwieriger als früher. Dabei bietet die gesetzliche Ausgestaltung der Montanmitbestimmung zahlreiche Ansatzpunkte, ihre Substanz nicht nur zu erhalten, sondern ihre Übertragung auf die übrige Wirtschaft zu erwägen. In der Rückschau auf die 70er Jahre des vorigen Jahrhunderts lässt sich feststellen, dass dieses Ziel, vor allem auch durch die bei Kohle und Stahl zu bewältigenden schwierigen Anpassungsprobleme, zunehmend aus den Augen verloren wurde. Montanmitbestimmung galt vielen als überholtes Konservierungsinstrument zur Verhinderung einer Ablösung unzeitgemäßer Strukturen. Damit verharrte das Montanmitbestimmungsgesetz als der weitestgehende Anspruch zur Regelung des Verhältnisses von Kapital und Arbeit in einer wirtschafts- und gesellschaftspolitischen Minderheitsposition. Folglich blieben die Standards des 1976 verabschiedeten Mitbestimmungsgesetzes für die übrige Wirtschaft weit unter dem Niveau der Montanregelung.

Eine Revitalisierung der politischen Diskussion um die Forderung der Gewerkschaften, die Montanmitbestimmung als erfolgreiches Modell für eine Aktualisierung des Mitbestimmungsrechts in Deutschland im Gespräch zu halten, scheint derzeit nicht in Sicht. Die Vorschläge der Bundesregierung für die Neuregelung des Betriebsverfassungsgesetzes von 1972 haben die Fronten im Gegenteil sehr deutlich werden lassen. Insbesondere die Gegner einer Ausdehnung der Mitbestimmung auf betriebs- und organschaftlicher Ebene führen die Diskussion vor allem mit ideologischen Argumenten. Dabei bleiben die erwiesenen Vorteile einer Einbindung der Arbeitnehmer und ihrer Vertreter in schwierige unternehmenspolitische Entscheidungen meist außer Acht. Aber auch die mit dem Montanmitbestimmungsgesetz institutionalisierten Regelungen für eine Versachlichung und qualitative Optimierung der AR-Arbeit sind einer breiten Öffentlichkeit weitgehend unbekannt geblieben, sodass hier ein dringender Informationsbedarf besteht.

Zum § 4 des Montanmitbestimmungsgesetzes, in dem auch die »weiteren Mitglieder« behandelt werden, liegt eine Reihe von Stellungnahmen verschiedener Autoren und Institutionen vor. Leider ist die Quellenlage hinsichtlich ihrer Aktualität insgesamt nur unzureichend. Die meisten Bewertungen stammen aus den Jahren 1962 bis 1970, aus einer Zeit also, in der die Novellierung des Betriebsverfassungsgesetzes vorbereitet wurde und Mitbestimmung noch zu den wirtschafts- und gesellschaftspolitisch umstrittenen Projekten in Deutschland gehörte. Der erbitterte Streit um die Einführung einer Mitbestimmungsregelung außerhalb der Branchen Kohle und Stahl ist hierfür ein deutliches Zeugnis. Dennoch soll aus historischen Gründen ein Abriss des damaligen Diskussionsstandes, ergänzt um den Bericht der Kommission Mitbestimmung aus dem Jahr 1998, wiedergegeben werden.

Fritz Voigt (1962) verweist auf die Dynamik des Wirtschaftsgeschehens, die zu großen Unternehmenseinheiten mit einer wachsenden Machtkonzentration führe. Der damit verbundene Einfluss auf das wirtschaftliche, soziale und gesellschaftliche Unternehmensumfeld erfordere eine Einbindung des Unternehmens in die regional- und strukturpolitische Diskussion. Dabei übernähmen die »weiteren Mitglieder« sog. Auflockerungsfunktionen zur Auflösung drohender Pattsituationen, ähnlich der Funktion des neutralen Mitglieds. Hinsichtlich der Zielerreichung ist Voigt äußerst skeptisch. Nennenswerte positive Beispiele für das Tätigwerden der »weiteren Mitglieder« in dem vom Gesetzgeber erwarteten Sinn werden von ihm nicht nachgewiesen. In der Regel erwiesen sich die »weiteren Mitglieder« als gehorsame Anhänger der Gruppe, die sie auf die jeweilige Bank entsendet hat. Die tatsächliche Unabhängigkeit der »weiteren Mitglieder« sieht Voigt demnach als Schlüssel für die vom Gesetzgeber beabsichtigten Ziele. Außerdem bemängelt er die Kumulierungen von AR-Mandaten, die dem »weiteren Mitglied« eine tiefgreifende Beschäftigung mit den Problemen des Unternehmens nicht erlaube.

Friedhelm Farthmann (1967) nimmt eine Gegenposition ein. Danach habe sich die Verbandsfreiheit der »weiteren Mitglieder« bewährt. Sie ermögliche die Berufung von Persönlichkeiten aus branchenfremden Berufen. Hierdurch würden neue Aspekte in die Diskussionen um paritätische Aufsichtsräte eingebracht und die betrieblichen Perspektiven um regionale Aspekte und gesamtwirtschaftliche Überlegungen erweitert.

Unternehmen, so Farthmann, sind pluralistische Gebilde, die wirtschaftliche, gesellschaftliche und politische Macht ausüben. Ihr Schicksal, vor allem aber ihr Einfluss, sei deshalb von größerem öffentlichen

Interesse und erfordere besondere Mechanismen und Entscheidungsstrukturen im AR zur Berücksichtigung des Gemeinwohls und der
Verhinderung eines »ungesunden« Unternehmensegoismus.

Nach seiner Einschätzung ist die Institution des »weiteren Mitgliedes« ein praktisch gangbarer Weg, öffentlichen Einfluss auf Entscheidungen in Großunternehmen auszuüben. Da die Wahrnehmung dieser Aufgaben nicht in der Hand staatlicher Vertreter, z.B. der Öffentlichen Hand liege, könne ein Missbrauch eher als gering eingestuft
werden.

In der Stellungnahme der Mitbestimmungskommission (1970) werden keine zusätzlichen Impulse im AR durch die »weiteren Mitglieder« festgestellt. Die Verbreiterung des Beratungspotenzials durch die
Berufung unabhängiger Persönlichkeiten wird demgegenüber jedoch
hervorgehoben.

Eine ähnliche Position nimmt Werner Tegtmeier (1973) ein. Auch
nach seiner Bewertung fehlen Beweise für positive Auswirkungen von
Initiativen der »weiteren Mitglieder« auf den Prozess der Willensbil-
dungs- und Entscheidungsprozesse in montanmitbestimmten AR.

Die Kommission Mitbestimmung (1998) stellt in ihrem Ab-
schlussbericht eine zunehmende »Verbetrieblichung« der Mitbestimmung fest. Dies äußere sich darin, dass die im AR behandelten Themen weitgehend von den internen AR-Mitgliedern, in der Regel von
Betriebsräten, bestimmt würden. Daraus lässt sich schließen, dass der
Einfluss der externen, und damit auch der »weiteren Mitglieder«, auf
die Tagesordnungen nur gering sei. Im Gegensatz zu dieser Bewertung wird auf das Mitbestimmungsmodell von 1976 verwiesen. Unter
diesen Bedingungen habe der Sachverstand der leitenden Angestellten auf der Arbeitnehmerbank die Qualität der Themenbehandlung
verbessert.[2]

Eine empirische Verifizierung der tatsächlichen Wirkweise der »weiteren Mitglieder« von montanmitbestimmten Aufsichtsräten steht
noch aus. Es wäre wünschenswert, wenn dieses spezifische gesetzliche Konstruktionsmerkmal einer historisch-systematischen Analyse
unterzogen würde, um den immer wieder aufflackernden Streit über
die Legitimität gewerkschaftlicher Forderungen nach Mitbestimmung

---

[2] Eine Analogie zu den »weiteren Mitgliedern« der Montanmitbestimmung
scheint nur bedingt möglich, da die leitenden Angestellten aus dem internen
Kreis des Unternehmens stammen.

zu versachlichen. Aus der Struktur der derzeit in montanmitbestimmten Aufsichtsräten tätigen »weiteren Mitglieder« lassen sich Schlussfolgerungen auf die Qualität der Behandlung von Sachfragen ziehen. Dies ersetzt jedoch nicht den noch fehlenden methodischen Untersuchungsansatz.

Der folgenden Betrachtung liegen 20 derzeit montanmitbestimmte AR von Stahlgesellschaften in Deutschland zugrunde.[3] Es liegt nahe, die Herkunft der auf die Arbeitnehmerbank berufenen »weiteren Mitglieder« zu untersuchen, um aus biografischen Daten – soweit erhältlich – Rückschlüsse auf gesellschaftspolitischen Standort, ideologische Unabhängigkeit, Qualität in der Problemdiskussion, aber auch auf die Berufungsmotive, zu erhalten. Hier sind wir angesichts der zur Verfügung stehenden Information auf Schlussfolgerungen angewiesen, die – wie bereits erwähnt – eine weitere methodisch-systematische Überprüfung im Rahmen eines empirischen Untersuchungsansatzes, der auch die »weiteren Mitglieder« auf der Anteilseignerbank einbeziehen sollte, erforderlich machen. Ich beschränke mich deshalb auf eine erste Abschätzung auf Basis der beruflichen Tätigkeiten.

Zurzeit üben aktuell 21 »weitere Mitglieder« ein Mandat auf der Arbeitnehmerbank aus, einschließlich der Wahrnehmung von Mehrfachmandaten.

Das zahlenmäßige Übergewicht bilden mit acht Mandaten die in Politik tätigen AR-Mitglieder. Hiervon stammen vier Mandatsträger aus dem überregionalen Politikbereich, davon ein Europaabgeordneter und drei Angehörige aus der Ministerialbürokratie der Bundesländer. Von den restlichen »weiteren« Arbeitnehmervertretern üben zwei ein Bürgermeisteramt aus, einer ist als Rechtsdezernent und ein weiterer als Landrat gewählt. Der enge und unmittelbare Bezug zum Unternehmen und zum unternehmerischen Umfeld scheint damit der ausschlaggebende Faktor für die Berufung in einen montanmitbestimmten AR gewesen zu sein. Für diese sehr pragmatische, gleichwohl externe Kompetenz integrierende Auswahl, bei der ein Verzicht auf Bundespolitiker auffällt, spricht die Tatsache, dass die sehr differenzierten Förderprogramme der EU mit dem Ziel der Stärkung der Regionen sektoralen und strukturpolitischen Sachverstand von Kommunal- und Landespolitikern erfordern.

---

[3] Aufstellung IG Metall, Zweigbüro Düsseldorf und eigene Recherchen, Juni 2001.

Die mit sieben «weiteren Mitgliedern» besetzte Gruppierung rekrutiert sich aus dem Bereich Forschung und Lehre. Es handelt sich durchweg um erfahrene Persönlichkeiten mit engen Beziehungen zur Industrie. Zwei Lehrstuhlinhaber (in einem Fall mit zwei Mandaten) vertreten wirtschaftswissenschaftliche Fachrichtungen. Ferner sind die Wissenschaftsbereiche Informationstechnologie, Organisations- und Personalwesen, Soziales, Technik mit Schwerpunkt Eisenhüttenkunde und – über das Wissenschaftszentrum Nordrhein/Westfalen – Arbeit und Technik in den montanmitbestimmten Aufsichtsräten präsent. Für diese Berufung »weiterer Mitglieder« im Sinne des Unabhängigkeitsmotivs des Gesetzgebers spricht die Tatsache, dass sich die Rekrutierung wissenschaftlicher Kompetenz auf eine breite Auswahl von Fachrichtungen erstreckt, was für den im Vordergrund stehenden differenzierten Beratungsbedarf der Arbeitnehmervertreter spricht.

In der dritten Position rangieren als »weitere Mitglieder« die Bankenvertreter mit fünf Mandaten. Eine Beziehung zur Gewerkschaft wird bei diesen Berufungen – wenn überhaupt – nur insoweit deutlich, als ein Bankvertreter eine Führungsposition in dem Institut vertritt, dass die ehemals in Mehrheitsbesitz der Gewerkschaften befindliche Bank für Gemeinwirtschaft übernommen hat. Die zwei »weiteren Mitglieder« gehören zum Management der West/LB. Auch hier sind keine besonderen Bindungen zum Gewerkschaftsbereich erkennbar.

Ferner bringen zwei selbstständige, als Rechtsanwalt und als Unternehmensberater tätige Personen ihren Sachverstand in die Beratungen und Beschlussfassungen des AR ein. Je ein Vertreter aus dem Bereich der öffentlichen Verwaltung und der Gewerkschaft komplettiert diese Übersicht.

Die betreffenden »weiteren Mitglieder« sind in der Funktion eines Vizepräsidenten der Bundesanstalt für Arbeit und als Referatsleiter für die gewerkschaftsnahe Hans-Böckler-Stiftung tätig. Insgesamt ist auffällig, dass bei der Berufung der »weiteren Mitgliedern« für die Arbeitnehmerbank in Kapitalgesellschaften auf eine enge und unmittelbare Beziehung zum Arbeitnehmerlager bzw. zu den Gewerkschaften verzichtet wird, obwohl das Vorschlags- bzw. Wahlrecht bei den Betriebsräten des Unternehmens liegt. Dies kann ein Indiz dafür sein, dass externer Sachverstand durch »verbandsunabhängige« AR-Mitglieder (Farthmann) von Betriebsräten und Gewerkschaften in Sinne einer umfassenden Problemdiskussion geschätzt ist.

Ob die Intentionen des Gesetzgebers tatsächlich zu einer Versachlichung der AR-Arbeit führen, ist zunächst bloße Vermutung. Mit einer empirischen Einzelfallanalyse soll deshalb die Einflussnahme eines »weiteren Mitglieds« auf die Willensbildungs- und Entscheidungsprozesse eines qualifiziert mitbestimmten AR einer Stahlgesellschaft überprüft werden.

Die folgende Inhaltsanalyse bezieht sich auf den 21-köpfigen AR der Salzgitter AG mit jeweils zwei »weiteren Mitgliedern«, darunter auf der Arbeitnehmerbank Prof. Dr. Rudolf Hickel, der sein Mandat seit Juni 1984 ausübt.[4] In den 17 Jahren seiner AR-Zugehörigkeit meldete sich Hickel im Rahmen seiner Plenumsbeiträge 70 mal zu sieben einschlägigen Themenkomplexen zu Wort. Diese Komplexe sind Strategie (20 Diskussionsbeiträge), Kosten/Bilanz/Ergebnisse (13), Stahlmarkt/Konjunkturen/Krisen (12), Personalpolitik (8), Ordnungspolitik (7), Forschung und Entwicklung (7), Börsengang (3).

Die Diskussionsbeiträge zum Thema Strategie sind in etwa gleichmäßig über die Zeit seiner AR-Tätigkeit verteilt. Während die EU-Kommission die Stahlkrise noch Mitte der 1980er Jahre mit Mindestpreisen und Lieferquoten nach Art. 56 EGKS-Vertrag zu lösen glaubt, verweist Hickel frühzeitig auf Kooperationen zum Zwecke der Standortsicherung und Stabilisierung der Erlöse. Ebenso deutlich betont er bei Akquisitionen im Stahlbereich, dass strategische Allianzen nicht zu einem Ausverkauf von Kernkompetenzen führen dürfen. In diesem Zusammenhang mahnt er Handlungsbedarf zur Schaffung von Ersatzarbeitsplätzen an, da Kooperations- und Fusionsvorgänge häufig mit Stilllegungs- und Anpassungsmaßnahmen verbunden seien. Seine erkennbaren Motive sind Auslösung von Beschäftigungsimpulsen zur Verbesserung der regionalen Wirtschaftsstruktur. Diese Diskussion hatte 1992/93 im Zusammenhang mit der drohenden Stilllegung der EKO Stahl GmbH besondere gesellschaftspolitische Brisanz. Mit weiteren Interventionen verweist Hickel auf potenziell hohe Belastungen durch Sanierungsaufwand und nicht überschaubare Altlastenrisiken. Zur Ende der 1990er Jahre an Bedeutung zunehmenden Fusionsdebatte mahnt Hickel selbstbewusst Informationen der Gesellschafter über etwaig beabsichtigte Veränderungen in der Eigentümerstruktur an.

---

[4] Rudolf Hickel hat seit seiner Berufung mit hoher Sitzungsfrequenz an fast allen Aufsichtsratssitzungen teilgenommen.

Mit hoher Fachkompetenz und großem Engagement ist Hickel nicht nur analytisch tätig, sondern bringt sich beratend in die bilanzfeststellende Diskussion der jährlichen Jahresabschlussdaten ein. Seine Beiträge beziehen sich in den 80er Jahren auf Liquiditätsentwicklung, Kosteneinflüsse durch Währungskursveränderungen, Belastungen aus Tarifrunden und auf die steuerliche Behandlung von Pensionsrückstellungen.

Bei den Entscheidungsvorgängen im AR zu umfassenden Investitionsvorhaben wie der Umstellung auf die schrottbasierte Elektrostahlmetallurgie und der Erweiterung des Produktspektrums zur Erweiterung der Oberflächenveredelungsbereiche fordert Hickel eine höhere Transparenz bilanzieller Tatbestände und fragt konkret nach den Auslösern von Ergebnisveränderungen. Sein besonderes Interesse gilt einer effizienten Risikovorsorge. Das unternehmensintern initiierte Ergebnisverbesserungsprogramm bewertet Hickel als ein wirksames Instrument zur Ausschöpfung bestehender Kostensenkungspotenziale und zur Nutzung von kreativen Humanressourcen.

Beim Themenkomplex Stahlmarkt, Konjunkturen, Krisen äußerte Hickel sich u.a. zu den Auswirkungen der Stahlexporte nach Europa, machte kritische Anmerkungen zu den durch die Europäische Kommission gesetzten Rahmendaten für Expansionen und hinterfragte nicht zuletzt die zyklisch bedingten Erlösminderungen und Mengeneinbußen. Hickel erweist sich hier als der kundige Beobachter und Ratgeber eines von Booms und Baissen geprägten Marktgeschehens, das er in enge Beziehung zur Beschäftigungsentwicklung der Stahlbereiche setzt.

Zu Beginn seiner AR-Tätigkeit Mitte der 80er Jahre beziehen sich Hickels Diskussionsbeiträge und Empfehlungen auf die betriebliche Notwendigkeit der Rückführung der Personalkosten. Warnende Hinweise gelten flexibilisierten Arbeitsvertragsformen zu Lasten von Normalarbeitsverhältnissen. Deutliche Signale setzt Hickel hinsichtlich der Beschäftigung von Fremdfirmenarbeitskräften, die nach seiner Einschätzung mit der Gefahr der Entwertung der Qualifikationen der Stammbelegschaft verbunden sein könne. Dieser Anstoß führte zur deutlichen Reduzierung des Fremdaufwandes und der Gründung einer Personal-, Produktions- und Servicegesellschaft.

Die in den 90er Jahren entwickelten Mitarbeiterbeteiligungsmodelle sind für Hickel Anlass, ein höheres Maß an Kreativität und Innovation einzufordern. Diese Anregungen im Zusammenhang mit der

Umstellung der Altersversorgung der Belegschaft führten zum Abschluss einer Konzernrahmenbetriebsvereinbarung mit vier Modulen (Erfolgsbeteiligung, betriebliche Altersversorgung, Belegschaftsaktienprogramme und Aktiensparpläne, Zeitsparkonto). Seine Grundsatzkritik gilt der Ausschließlichkeitsformel und der Dominanz des Shareholder Value-Begriffs, der bei der Salzgitter AG durch die Ideen- und Wertschöpfungskompetenz des Faktors Arbeit wesentlich ergänzt wird.

Hickel als ordnungspolitisch orientierter Wissenschaftler nimmt auch zu Verstößen gegen den Subventionskodex der EU kritisch und wertend Stellung. Seine deutlichen Appelle gelten einer sauberen, vertragskonformen Subventionspraxis in Deutschland, um Präzedenzfälle für die Fortführung der Erhaltungssubventionen in Italien und Spanien zu vermeiden.

Engagiert beschäftigt sich Hickel auch mit innovativen Technologien zur Standortsicherung der Salzgitter AG. Im Zeitraum zwischen 1984 und 1988 beteiligt er sich an Diskussionen über die Verbreiterung der Produktpalette. Diese Beratungsanstöße zur Diversifikation, Produktinnovation, zur Markt- und Kundenorientierung und zu Umweltschutzstrategien haben die innerbetrieblichen Projektierungsvorgänge im investiven Bereich belebt.

Im Zusammenhang mit dem Börsengang 1998 verweist Hickel auf die zunehmende Bedeutung der Öffentlichkeitsarbeit und betont die Notwendigkeit veränderter Kommunikationsstrukturen in Richtung Anlegerpublikum. Auch diese Intentionsappelle führten zum weiteren Ausbau der Investor Relations-Aktivitäten des Konzern.

Wertet man die Rolle des »weiteren Mitgliedes« im montanmitbestimmten AR in Kombination mit den beobachtenden und teilnehmenden Funktionen eines Sitzungsteilnehmers auf der Basis der vorstehenden Einzelfallbeispiele, sind nach meinen Eindrücken in besonderem Maße folgende Eigenschaften und Fähigkeiten relevant:

In vielen Fällen hat sich Hickel als Consultant erwiesen, als sachkundiger und politischer Berater mit Einfluss, der exogene Faktoren stimulierend auf endogene Entscheidungsträger überträgt. Er schafft Kommunikationsverbindungen und bewegt sich im aufsichtsratsinternen Feld in der Rolle eines Multiplikators, als Impulsgeber und Initiator. In einer Reihe der beobachteten Fälle sind seine signifikanten Abwägungs- und Ausgleichsfunktionen deutlich wahrnehmbar. Damit ist er in einer ähnlichen Funktion wie das »Neutrale Mitglied«.

Bei kritischen, konfliktbezogenen Einzelereignissen hat er sich als Moderator mit dem Gewicht seiner wissenschaftlichen Kompetenz und seinem Bekanntheitsgrad über Print- und elektronische Medien als Meinungs- und Willensbildner mit Überzeugungskraft und hohem Vertrauenspotenzial auf beiden Aufsichtsratsbänken für dauerhafte Problemlösungen eingesetzt.

In der einschlägigen Fachliteratur finden sich Stimmen, die die mangelhafte Bereitschaft des AR, Anträge des Vorstandes in zeitlich angemessener Form zu behandeln, rügen. Die institutionalisierte Beteiligung externen Sachverstandes ist sicher nicht die einzige Form, die erforderliche Sachdiskussion, gerade bei komplizierten unternehmenspolitischen Anträgen des Vorstandes, zu beleben. Wie sich an der Person Rudolf Hickels beispielhaft zeigen lässt, bietet die Einbindung unabhängiger Persönlichkeiten aber die Chance, die betriebliche Perspektive der Mehrheit der AR-Mitglieder durch neue Argumente zu erweitern und ein normiertes Gruppenverhalten aufzubrechen. Die Montanmitbestimmung stellt mit ihren in 50 Jahren bewährten Konfliktregelungsmechanismen eine Plattform dar, die es für die Zukunft und im Interesse von Unternehmen und Arbeitnehmern zu erhalten gilt.

Literatur

Bericht der Kommission Mitbestimmung (1998): Mitbestimmung und neue Unternehmenskulturen – Bilanz und Perspektiven, Gütersloh.

Farthmann, F. (1967): Funktion und Bedeutung der »weiteren Mitglieder« in den Aufsichtsräten der Montanindustrie, in: Nemitz/Becker (Hrsg.): Mitbestimmung und Wirtschaftspolitik, Köln.

Mitbestimmungskommission (1970): Mitbestimmung in Unternehmen, Kassel.

Müller, G. (1991): Strukturwandel und Arbeitnehmerrechte. Die wirtschaftliche Mitbestimmung in der Eisen- und Stahlindustrie 1945 bis 1975, Essen.

Potthoff, E. (1950): Wirtschaftliche Mitbestimmung im Betrieb, in: Gewerkschaftliche Monatshefte, Heft 3.

Tegtmeier, W. (1973): Wirkungen der Mitbestimmung der Arbeitnehmer, Göttingen.

Voigt, F. (1962): Die Mitbestimmung der Arbeitnehmer in den Unternehmungen. Eine Analyse der Einwirkungen der Mitbestimmung in der Bundesrepublik Deutschland auf die Unternehmensführung, Berlin.

V. Erlebnisse und Begegnungen

Eckard Wandel
Rudolf Hickel in Tübingen
1962-1970

1962 begann Rudolf Hickel das Studium der Volkswirtschaftslehre an der Rechts- und Wirtschaftswissenschaftlichen Fakultät der Eberhard-Karls Universität in Tübingen, nachdem er über den zweiten Bildungsweg das Abitur am Wirtschaftsgymnasium Pforzheim bestanden hatte. Aufgewachsen ist Hickel in Wildbad. Graf Eberhard gründete 1476 die Tübinger Universität, die im Laufe Ihres Bestehens eine große Anzahl von bedeutenden Gelehrten hervorbrachte. Besonders bekannt ist das Evangelische Stift, in dem u.a. Hegel, Schelling, Hölderlin und Kepler studierten. Auch während des Studiums Hickels zwischen 1962 und 1967 lehrten in Tübingen viele prominente Professoren. Bei den Juristen müssen hier genannt werden: Fritz Baur, Josef Esser, Ludwig Raiser, Joachim Gernhuber (Zivilrecht), Otto Bachof, Günter Dürig (Öffentliches Recht) sowie Horst Schröder und Jürgen Baumann (Strafrecht). Auch der Politologe Theodor Eschenburg war in dieser Zeit eine herausragende Persönlichkeit. Der spätere Kardinal Ratzinger war 1967/8 Dekan der Katholischen Fakultät, der damals auch Hans Küng angehörte. Vielbesuchte Vorlesungen für Hörer aller Fakultäten gaben u.a. der Philosoph Ernst Bloch, der Soziologe Ralph Dahrendorf und der Literaturwissenschaftler Walter Jens. In diesem Umfeld hat Hickel Volkswirtschaft studiert, wobei seine Neigung von Anfang an zur Wirtschaftstheorie, zur Statistik, zur Wirtschafts- und Finanzpolitik, aber auch zur Theologie und Philosophie tendierte. Um die Ursprünge Hickels geistiger und wissenschaftlicher Entwicklung zu verstehen, soll zunächst auf die Geschichte seiner Fakultät und seiner akademischen Lehrer und deren Vorgänger sowie auf sein Studium eingegangen werden. Danach werden die politischen Entwicklungen und Ereignisse des Jahres 1968 dargestellt.

1967 bestand die Wirtschaftswissenschaftliche Abteilung der Rechts- und Wirtschaftswissenschaftlichen Fakultät 150 Jahre, freilich unter wechselnden Namen und Organisationsformen. Sie wurde 1817 als Staatswirtschaftliche Fakultät auf Vorschlag von Friedrich List und Karl Fulda gegründet, die auch die ersten Lehrstühle erhielten. Fulda

war zuvor Ordinarius für Kameralistik an der Philosophischen Fakultät, und der aus Reutlingen stammende List war auch ohne Studium durch nationalökonomische Schriften bekannt geworden. Ziel des
damaligen Schulministers Karl August von Wangenheim im erst 1810
gegründeten Königreich Württemberg war, die Missstände in der
württembergischen Verwaltung durch das so genannte Schreiberun-
wesen zu beseitigen. Künftig sollten in Tübingen besser qualifizierte,
nicht nur juristisch, sondern auch ökonomisch ausgebildete Verwal-
tungsbeamte ausgebildet werden. Die neue Fakultät erhielt einen Lehrstuhl für Nationalökonomie und einen für Finanzwirtschaft sowie drei
weitere für Landwirtschaft, Forsten und Technologie. 1830 erhielt die
Fakultät das Promotionsrecht zum Dr.oec.publ. Die ersten Promotionen kamen durch »Akzepttausch« zu Stande: die Mitglieder der
Fakultät erhielten die Befugnis, sich gegenseitig ohne Förmlichkeit,
d.h. ohne Dissertation und Disputation zu Doktoren der Staatswirtschaft zu erklären. Nachdem an der staatswirtschaftlichen Fakultät
bis etwa 1900 ganz überwiegend Verwaltungs- und Finanzbeamte ausgebildet wurden, kam danach die Ausbildung von Führungskräften
der Privatwirtschaft hinzu. Der erste und bis 1959 einzige Lehrstuhl
für Privatwirtschaftslehre (später Betriebswirtschaftslehre) wurde 1922
eingeführt. Erst ab 1923 wurden als Studienabschlüsse der Diplom-
Volkswirt und der Dr.rer.pol. verliehen. Zur selben Zeit wurde die bis
dahin selbstständige Staatswissenschaftliche Fakultät mit der Juristischen Fakultät zur Rechts- und Wirtschaftswissenschaftlichen Fakultät verschmolzen. Nach 1923 waren u.a. Robert Wilbrandt, Carl Jo-
hannes Fuchs, Herbert von Beckerath, Walter Eucken sowie Wilhelm
Rieger als Professoren tätig. 1928 und 1930 wurden Hans Peter und
Erich Preiser habilitiert, mit denen die moderne mathematische Theorie
in Tübingen Eingang fand.

Wilbrandt verließ 1929 Tübingen nach einem politischen Krawall.
Nationalistische Studenten und Mitglieder schlagender Verbindungen
hatten einen Vortrag eines Privatdozenten verhindert, der zahlreiche
Fememorde angeprangert hatte, die mit stillschweigender Billigung des
»nationalen« Bürgertums begangen worden waren. Nach einer Schlä-
gerei und der Räumung des Hörsaales durch die Polizei zogen ein Teil
der Hörer unter Führung Wilbrandts, der mit dem Vortrag sympathi-
sierte, in ein Gasthaus nach Lustnau. Nach diesem Vorfall wurde Wilbrandt von der »guten Gesellschaft« und den Studentenverbindungen
in Tübingen boykottiert. In Dresden wurde er bereits 1933 von sei-

nen nationalsozialistischen Gegnern zwangsemeritiert. Die national-
sozialistische Herrschaft von 1933 bis 1945 hat in der wissenschaftlichen Entwicklung der Fakultät kaum Spuren hinterlassen. Wirtschaftswissenschaftliche Probleme standen außerhalb der Interessen der neuen
Machthaber. Sichtbarer Ausdruck dieses Desinteresses war der Rückgang der Studentenzahlen in Tübingen: 1932 studierten 86 Studenten
Volkswirtschaftslehre, 1938 waren es nur noch 26. Seit 1934 bestanden nur noch drei Lehrstühle, wobei insbesondere der Nachfolger
Wilbrandts, Hans Teschemacher sowie der Sozialist Hans Peter unter
politischen Schwierigkeiten litten. Nach dem Zusammenbruch und
dem kurzfristigen Ruhen des Studienbetriebes wurden bereits im Win-
tersemester 1945 die Vorlesungen wieder aufgenommen. Neben Teschemacher lehrten nun in Tübingen Rieger, Peter und Hero Moeller
sowie ab 1947 Carl Brinkmann. Alle danach berufenen Professoren
waren die akademischen Lehrer Hickels: noch 1947 folgte auf den
Lehrstuhl Riegers Rudolf Johns, der erstmals ein Ordinariat für Betriebswirtschaftslehre übernahm. Daneben war Johns für das For-
schungsgebiet Kommunalwirtschaft zuständig. In der Betriebswirt-
schaftlehre setzte er seinen Schwerpunkt auf die Bankbetriebslehre.
1953 übernahm nach dem Tod Brinkmanns Woldemar Koch den Lehrstuhl für Finanzwirtschaft. Aufgrund der stark steigenden Studentenzahlen (1946: 171, 1957: 519) wurden drei neue Lehrstühle errichtet:
1958 Wirtschaftspolitik (Erich Arndt), 1959 Statistik (Heinrich Strecker) und Betriebswirtschaftslehre und Steuerlehre (Dieter Pohmer).
Strecker hat damals über moderne Methoden der Agrarstatistik und
Pohmer über die Grundlagen der betriebswirtschaftlichen Steuerlehre sowie 1960 über die Neuordnung der Umsatzbesteuerung publi-
ziert. Nach dem Tod von Peter 1959 und der Emeritierung Moellers
1960 übernahmen Karl Brandt und Norbert Kloten die vakanten Lehrstühle. 1962 entstand noch der Lehrstuhl für Wirtschafts- und Sozialgeschichte von Karl Erich Born, der sich zunächst mit der Sozialpolitik im Kaiserreich, später insbesondere mit Bankengeschichte beschäftigte.

   1962 nahm Hickel in Tübingen sein Studium auf und hörte nach
seiner propädeutischen Grundausbildung bei dem akademischen Ober-
rat Karl Keim insbesondere Wirtschaftstheorie bei Brandt, Wirtschaftspolitik bei Kloten und Arndt, Statistik bei Strecker und Steuerlehre
bei Pohmer. Bereits 1963 wurde der eigentliche Lehrer Hickels, Alfred E. Ott, ein Schüler von Erich Preiser, nach Tübingen berufen.

Ott hatte besondere didaktische Fähigkeiten und zog deshalb viele Studenten in seinen Bann. Einer seiner Forschungsschwerpunkte war die Preistheorie. 1963 erschien sein Werk: »Einführung in die dynamische Wirtschaftstheorie«, das neben der dreibändigen »Einführung in die Wirtschaftheorie« von Erich Schneider aus Kiel Pflichtlektüre der Tübinger Studenten wurde. Für das Fach Ökonometrie wurde ab 1965 Hans Jürgen Jaksch berufen. Brandt folgte 1965 einem Ruf nach Freiburg. Sein Nachfolger wurde Hans-Jürgen Vosgerau, der 1970 Hickel mit nach Konstanz nahm. Vosgerau veröffentlichte 1965 »Über optimales wirtschaftliches Wachstum«, sodass sich auch Hickel mit der Wachstumstheorie beschäftigte.

Hickel entfaltete schon in den ersten Semestern besondere Aktivitäten: 1963 war er mit einer Sammlung zugunsten Neville Alexanders aufgefallen. Der schwarze Südafrikaner hatte in Tübingen über Hölderlin promoviert und wurde nach seiner Rückkehr auf Robinson Island inhaftiert. Die Sammlung erbrachte 40.000 DM und diente der Finanzierung des teuren Gerichtsverfahrens. Hickel engagierte sich auch in der studentischen Selbstverwaltung und war für seine Diskussionsfreude über die Fakultät hinaus bekannt. Neben den volkswirtschaftlichen Studien betrieb er ein Universalstudium und besuchte u.a. die Veranstaltungen von Dahrendorf, Jens und vor allem Bloch. Besonders mit Jens und Bloch hat Hickel persönliche Verbindungen aufgebaut, die über seine Tübinger Zeit andauerten. Während er mit seinem akademischen Lehrer Ott aufgrund dessen konservativer Grundeinstellung keine innige Beziehung hatte, stand ihm der liberal-konservative Vosgerau menschlich näher. Wissenschaftlich diskutiert hat Hickel insbesondere mit den Lehrstuhlassistenten und seinen späteren Kollegen: Franz Xaver Bea vom Lehrstuhl Pohmer, Hans Barth vom Lehrstuhl Ott und Klaus Jäger vom Lehrstuhl Vosgerau. Politisch war Hickel im Gegensatz zu seiner Fakultät immer links ausgerichtet. Er gehörte keiner der akademischen Studentenverbindungen an, die bis 1968 in Tübingen eine wichtige Rolle gespielt haben. Vielmehr war er Mitglied der katholischen Studentengemeinde. Er wohnte zunächst im Carl-Sonnenschein-Haus, kurzfristig in der Tübinger Poststraße, die längste Zeit aber im Erasmus-Haus, einem katholischen Studentenheim. Hickel wurde aufgrund seiner guten Leistungen bald Stipendiat der Bischöflichen Hochbegabtenförderung (Cusanus Werk) und lernte dadurch während eines Stipendiatentreffens in Cambridge Oskar Lafontaine kennen.

Neben den Vorlesungen besuchte Hickel im fortgeschrittenen Studium vor allem Seminare, Übungen und Kolloquien, in denen er durch seine Beiträge auffiel. Wichtigstes Instrument Hickels war die seit 1875 bestehende zentrale Bibliothek des Volkswirtschaftlichen Seminars. Ihr Bestand belief sich 1967 auf 35.000 Bände und 220 gehaltene Fachzeitschriften, von denen 40 Prozent fremdsprachlich waren. Dabei soll angemerkt werden, dass damals technisch noch keine Kopiermöglichkeit bestand, sodass Literatur für Seminararbeiten abgeschrieben werden musste. Bis 1964 war die Seminarbibliothek, die als eine der größten deutschen Spezialbestände gilt, im Hauptgebäude der Universität untergebracht. Danach erfolgte der Umzug in ein provisorisches Barackengebäude in der Brunnenstraße, in dem auch acht volks- und betriebswirtschaftliche Lehrstühle sowie die Seminarverwaltung untergebracht waren. Die vielbesuchten Grundvorlesungen Otts und der anderen akademischen Lehrer Hickels erfolgten in einer danebenstehenden Holzbaracke.

Zwischen 1964 und 1967 gingen die Studentenzahlen von 802 auf 630 zurück. Dies war eine Folge der zunehmend strengeren Diplomprüfung. Wenigstens ein Drittel der Kandidaten fiel durch und die Durchschnittsnoten lagen bei »befriedigend«. Während Mitte der Fünfzigerjahre bei 500 Studenten noch jährlich rund 40 Promotionen erfolgten, wurden 1962-1967 jährlich nur noch zwischen drei und zehn Diplom-Volkswirte zum Doktor der Staatswissenschaften (Dr.rer.pol.) promoviert. Voraussetzung für eine Promotion war seit 1959 eine Durchschnittsnote im Diplom von wenigstens »gut«, was aber nur noch 5% der Absolventen erreichten. Im Frühjahr 1967, nach dem 9. Semester, reichte Hickel seine Diplomarbeit über »Die Theorie der Lohnverhandlungen« ein, die von Ott mit »sehr gut« benotet wurde. Damit war Hickels wissenschaftliche Berufung vorgezeichnet. Auch die schriftliche und mündliche Diplomprüfung für Volkswirte bestand er mit Durchschnittsnoten zwischen eins und zwei. Die mündliche Prüfung im April 1967 absolvierte Hickel damals noch im obligatorischen, von ihm geliehenen schwarzen Anzug mit Silberkrawatte. Nach der letzten Prüfung erfolgte dann eine Fahrt im Pferdewagen zum nahen Hofgut Schwärzloch, das für seine Mostbowle bei Tübinger Studenten noch heute berühmt ist. Am Ende des Wintersemesters 1966/67 feierte die wirtschaftswissenschaftliche Abteilung der Rechts- und Wirtschaftswissenschaftlichen Fakultät ihr 150. Jubiläum mit einem großen Ball der Studenten und Professoren im Festsaal und in den Wandelgängen der Neuen Aula. Eine solche Veranstaltung war schon kurze Zeit später undenkbar.

1965 wurde der in Tübingen lebende Kurt Georg Kiesinger Bundeskanzler einer Großen Koalition zwischen CDU/CSU und SPD. Vor allem durch die Notstandsgesetzgebung und durch den Vietnamkrieg entstand bald eine außerparlamentarische Opposition, die so genannte APO. Diese Entwicklung war jedoch nicht singulär. Auch in den Vereinigten Staaten, in Frankreich und anderen Ländern entstanden Protestbewegungen, deren Demonstrationen weltweit durch die Medien verbreitet wurden. Die Tübinger Universität bot zunächst das Bild einer »friedlichen Insel«. Noch im Dezember 1966 demonstrierten Professoren, Assistenten und Studenten gemeinsam gegen Rechtsradikalismus in Deutschland. Den eigentlichen Auftakt der »Studentenunruhen« in Tübingen bildete am 5. Juni 1967 eine Demonstration von 2000 Tübinger Studenten gegen die Erschießung Benno Ohnesorgs in Berlin. Von nun an bestimmten Vorlesungsstreiks und Demonstrationen, sogenannte Go-ins und Sit-ins, »Sprengungen« von Seminaren und Prüfungen, Störungen von Gerichtsverhandlungen und Sitzungen der Universitätsgremien das Geschehen an der Universität Tübingen.

Hickel, der nach seinem Examen eine Assistentenstelle bei Alfred Ott übernommen hatte, solidarisierte sich mit den Studenten und mit deren radikalem Sprachrohr, dem Sozialistischen Deutschen Studentenbund SDS. Dies führte dazu, dass das ohnehin nicht gute Verhältnis zum konservativen Lehrstuhlinhaber sich so verschlechterte, dass Hickel 1968 als Assistent zum Lehrstuhl Vosgerau wechselte. Für die Liberalität Vosgeraus spricht, dass er Hickel trotz unterschiedlicher politischer Auffassungen als wissenschaftlichen Assistenten beschäftigte, zumal alle anderen Professoren der Fakultät die Aktivitäten Hikkels mit Misstrauen betrachteten und missbilligten.

Schon am 14.8.1967 wurde die traditionelle Immatrikulationsfeier in Tübingen mit dem zuvor in Hamburg geprägten Schlachtruf »Unter den Talaren – Muff von tausend Jahren« gesprengt. Anfang 1968 verschärfte sich die Situation: Die Veranstaltungen des Soziologen Tenbruck und des Philosophen Schulz wurden durch Go-ins so gestört, dass sie abgebrochen werden mussten. Die Fakultät beschloss daraufhin, solche Provokationen nicht mehr hinzunehmen. Nach Ansicht von Dekan Born lag in der Störung der Vorlesungen sowohl der Tatbestand der einfachen Nötigung als auch der Beamtennötigung vor. Gegen fünf Mitglieder des SDS – Hickel war nicht dabei – wurde namentlich Anzeige erstattet. Die Reihe der Schüler- und Studenten-demonstrationen in allen Teilen der Bundesrepublik aus den unterschiedlichsten Gründen – Fahrpreiserhöhungen, bessere Studienbedingungen, vor allem aber gegen die politischen Entwicklungen – nahm immer mehr zu. Rektor Raiser gab in Tübingen die Parole aus, »wir kapitulieren nicht«. In der Folge wurden zahlreiche Strafanzeigen gegen einzelne Studenten gestellt, so gegen die Anführer einer Demonstration vor dem Tübinger Amerika Haus, die am 17.2.1968 gegen den Vietnamkrieg und gegen die griechische Militärdiktatur gerichtet war sowie gegen einen Studenten, der Professor Ott »infantil« genannt hatte.

Im März 1968 wurde in Baden-Württemberg trotz massiver Proteste der Studenten ein neues Hochschulgesetz erlassen. Darin wurden alle Universitäten verpflichtet, sich eine neue Satzung, die so genannte Grundordnung zu geben. Im Gegensatz zur Studentenschaft in Freiburg, Karlsruhe und Stuttgart lehnte der Tübinger Allgemeiner Studentenausschuss (AStA) aus Protest gegen das neue Gesetz die Mitarbeit an der neuen Grundordnung ab. Dazu kam ein Urteil des Verwaltungsgerichtes Sigmaringen vom 2. Februar 1968, nach dem der Tübinger AStA kein Recht habe, allgemeinpolitische Äußerungen abzugeben, es sei denn sie seien hochschulbezogen. Auslöser war eine erfolgreiche Klage von zwei Jurastudenten, die argumentierten, jeder Student sei durch seine Immatrikulation automatisch Mitglied des AStA und daher sei der AStA eine Zwangsorganisation. Hickel und der Assistent im Juristischen Seminar Wolfgang Däubler, die den AStA berieten, hielten dieses Urteil für falsch, sodass Rechtsmittel eingelegt wurden.

Kurze Zeit später stimmte der Tübinger AStA auf der Mitgliederversammlung des Verbandes Deutscher Studentenschaften (VDS) in München demonstrativ Resolutionen gegen den Vietnamkrieg sowie gegen die Regierungen in Spanien, Griechenland, Südkorea und die DDR zu. Am 6. März 1968 verteilten Tübinger Studenten 100.000 Flugblätter, auf denen generelle Veränderungen der Machtverhältnisse in der Gesellschaft und der Hochschule gefordert wurden. Am 8. April übermittelte der Tübinger SDS Bundeskanzler Kiesinger, der in Bebenhausen seinen Geburtstag feierte, »Kraft und Freude bei der Verabschiedung der Notstandsgesetze« zusammen mit einem Bild Maos. Am 13. April erfolgte der Mordanschlag auf Rudi Dutschke.

Berlin glich einem Hexenkessel. Der Protest richtete sich vor allem gegen den Springer Verlag. Auch in Tübingen tauchten rote Fahnen auf und der Verkehr wurde wieder einmal lahmgelegt. Fünf Tage später fand eine Diskussion mit den Professoren Bachof, Heckel, Dürig, Raiser, Jens und dem Theologen Käsemann statt. Bei fast allen Veranstaltungen meldete sich Hickel zu Wort. Die feierliche Rektoratsübergabe am 24. April fiel aus.

Stattdessen gab es eine öffentliche Diskussion zwischen dem Tübinger Carlo Schmidt und dem Politologen von Beyme. Am 28. April ging der Stimmenanteil der SPD im Landtag von 37% auf 29% zurück. Stattdessen rückte mit 9,3% der Stimmen die NPD in den Landtag ein. Kiesinger musste zwei Tage vorher in Heidelberg seine Wahlrede abbrechen, weil er von 2000 Studenten niedergebrüllt wurde. Der Großteil der Tübinger Bevölkerung zeigte für die Studentenunruhen kein Verständnis.

Am 24. Mai zogen 500 Studenten zum Haus von Oberbürgermeister Hans Gmelin, dem Vater der späteren Bundesjustizministerin Herta Däubler-Gmelin. Grund war der abgelehnte Antrag auf Einsatz eines Lautsprecherwagens für eine Anti-Notstands-Demonstration. Tags darauf wurde das Tübinger Rathaus von 300 Studenten besetzt – ohne Erfolg. Die Tübinger evangelische Studentengemeinde forderte am 28. Mai mit Zeitungsanzeigen »Unruhe ist die erste Bürgerpflicht« zum Protest gegen die Notstandsgesetze auf. Ab dem 29. Mai 1968 wurde die Tübinger Universität ganz bestreikt. Die Tübinger Polizei setzte Tränengas ein. Vor dem volkswirtschaftlichen Seminar gab es am nächsten Tag ein Gerangel, wohin Alfred Ott sich mit 100 Hörern zurückgezogen hatte, nachdem das nahe Hörsaalgebäude von Streikposten abgeriegelt worden war. Darauf folgte eine zweistündige Debatte ohne Ott, aber mit Vosgerau und Hickel mit Streikbefürwortern und Streikbrechern. Besonders Ott war gegenüber den neuen Entwicklungen fassungslos und verstand die Aktionen der Studenten als persönlichen Angriff. Dass sein Schüler Hickel dabei eine wichtige Rolle spielte, hat ihn tief verbittert. Am 31. Mai stimmte der Bundestag für die neuen Notstandsgesetze mit 384 gegen 100 Stimmen. Am selben Tag veröffentlichte das Schwäbische Tagblatt eine ganzseitige Abhandlung von Hickel mit der Überschrift »Wissenschaft in der Gesellschaft – zum Politischen Mandat der Studentenschaft«. Darin begründete er seine Ablehnung des Gerichtsurteils und bejahte im Gegensatz zu Eschenburg ausdrücklich das Politische Mandat der

Studenten und der Universität. Das Politische Mandat stelle »so besehen die Konkretisierung der Kompetenz und Verantwortlichkeit von Wissenschaft dar, die es politisch zu realisieren gilt«.

Nach Ende des Streiks berichtete am 1. Juni das Schwäbische Tagblatt:»still ruhen die Megafone. In Tübingen stabilisiert sich das Leben wieder (...). Streikwillige und Gegner fühlten sich gleichermaßen als Sieger (...) als Fazit lässt sich sagen: vielen Studenten war es bitter Ernst mit ihrem Protest. Die Kluft zwischen ihnen und den Professoren und den Bürgern ist nicht kleiner geworden.«

Nach dem Mord an Robert Kennedy am 8. Juni kam es in Tübingen erneut zu einer Demonstration, die zunächst von der Bevölkerung mitgetragen wurde. Auf Unverständnis stieß jedoch die am 21. Juli erfolgte Besetzung der Luftschutzhilfestelle sowie des Psychologischen Instituts von Professor Schulz, das in »Wilhelm Reich Institut« umgetauft wurde. Hickel war unter den Besetzern, wurde aber von einem Freund, dem Sohn Kiesingers, vor dem unmittelbar bevorstehenden massiven Polizeieinsatz und der Zwangsräumung gewarnt.

Auch 1969 war die Lage in Tübingen nicht ruhig: Am 13. Januar wurde das Rektorat von 150 Studenten besetzt, konnte aber durch das besonnene Verhalten Raisers freiwillig geräumt und die Diskussion in den Festsaal verlegt werden. Auf dem Podium saß Hickel neben dem Rektor und dem AStA-Vorsitzenden. Im Oktober 1969 trat das neue Hochschulgesetz in Kraft; die 6 Tübinger Fakultäten wurden aufgelöst, es entstanden 17 Fachbereiche. Den Nichtordinarien wurde eine Mitbestimmung und Repräsentanz in den Gremien eingeräumt. Die von manchen erhoffte Drittelparität brachte das neue Gesetz aber nicht. Die Studentenbewegung verebbte gegen Ende 1969, nachdem auch interne ideologische Richtungskämpfe linker Gruppen sie geschwächt hatten. Sichtbarer Ausdruck war die Selbstauflösung des SDS im März 1970.

Auch Hickel wandte sich vermehrt wieder wissenschaftlichen Themen zu. Er folgte als Assistent Vosgerau an die Universität Konstanz und erlebte 1970 eine glückliche und wissenschaftlich fruchtbare Zeit am Bodensee. Besonders beeindruckt haben ihn dort die Diskussionen mit dem Monetaristen Milton Friedman, der dort im Sommer lehrte. Schon 1971 – mit 29 Jahren – übernahm Hickel die Professur für Politische Ökonomie an der neugegründeten Universität Bremen. Mit seinem Tübinger Mitstreiter Däubler bildete er zunächst eine Wohngemeinschaft.

Hickel hatte Ende März 1968 erstmals Bremen besucht. Anlass war die Hochzeit seines Examenskollegen, dem Verfasser dieser Erinnerungen, und einer Bremer Kaufmannstochter, die 1967 ebenfalls in Tübingen als Volkswirtin diplomiert wurde. Hickel sah die touristischen Sehenswürdigkeiten der Hansestadt, erhielt aber auch Einblikke in die noch florierende Hafenwirtschaft, u.a. durch einen Besuch des Modellraumes der Bremer Lagerhaus-Gesellschaft (BLG). Der Brautvater erklärte Hickel, er sei immer in sein Haus eingeladen – dies gelte aber nicht, wenn er eine Professur an der »roten Kaderschmiede« annehme. Diese schroffe Haltung zeigt die damalige Einstellung weiter Kreise der Bremer Kaufmannschaft, die in der neuen Universität eine Bedrohung sahen. Natürlich ist auch nach der Entscheidung Hickels, in Bremen zu lehren, die alte Gastfreundschaft erhalten geblieben und die politischen Gräben von einst sind nicht mehr so groß. Auf der Rückfahrt von der Hochzeit nach Tübingen Anfang April 1968 übernachtete Hickel mit dem Sohn Kiesingers im Bungalow des Bundeskanzlers und diskutierte mit dem Kanzler über die Notstandsgesetzgebung und den nahen Landtagswahlkampf. Hickel hat erst 30 Jahre später nach dem Regierungsantritt Schröders den Bonner Kanzlerbungalow wieder besucht.

Diese Darstellung der Studienzeit Hickels soll zeigen, dass auch bei harter politischer Auseinandersetzung letztlich sowohl Toleranz als auch Freundschaften wichtige Bestandteile des Lebens sind.

Gespräch mit dem Bremer Bürgermeister Henning Scherf*

Frage: *Wer Prof. Dr. Rudolf Hickel und den Ministerpräsidenten und Bürgermeister Dr. Henning Scherf schon mal persönlich erlebt hat, denkt sicherlich spontan an die Gemeinsamkeiten der beiden: Ob Rudolf Hickel oder Henning Scherf – beide können leidenschaftlich für ihre Sache eintreten, mit Verve argumentieren und Zuhörer in ihren Bann ziehen. Mir scheint, es gibt Parallelen in ihrem Temperament, es gibt eine persönliche Verbundenheit. In der Sache allerdings hat man hier und da den Eindruck, dass beim Thema »Alternative Wirtschaftspolitik« die Freundschaft endet.*

Henning Scherf: Es stimmt, dass wir uns persönlich gerne mögen. Wir sind freundschaftlich verbunden. Rudolf Hickel ist offen, direkt, scheut keine Konflikte; im Gegenteil, manchmal drängelt er sogar und macht eine Fernsehsendung mehr als alle anderen. So ähnlich ist es auch zwischen uns beiden. Wir haben eigentlich über die ganzen langen Jahre nicht immer aus der gleichen Position heraus miteinander geredet. Ich weiß noch, wie schwierig es manchmal in den Gründungsjahren der Universität war. Er war natürlich das genaue Gegenteil von einem sozialdemokratischen Wirtschaftswissenschaftler, für den er heute gerne steht. Er hat damals alles, was im Ruch stand, sozialdemokratisch zu sein, mit Lust bekämpft.

Ich habe dann miterlebt, wie er seine Hochschulkarriere an der Bremer Universität organisiert hat; wie er Hochschullehrer wurde und wie ihm daran lag, in die bremische Finanzpolitik hereinzukommen und sein fiskalpolitisches Denken einzubringen. Ich weiß noch, wie er damals von Claus Grobecker zum Finanz-Staatsrat in Bremen gemacht werden sollte; da hatte er bereits zugesagt und dann kam allerdings eine Absage. Da hat er wohl über Nacht gemerkt, dass seine Bühne eine andere ist. So habe ich ihn erlebt – und ich glaube, er hat es richtig gemacht.

---

* Das Gespräch führte Andrea Adrian, Senatskanzlei Bremen.

Daraus ist dann eine enge Zusammenarbeit geworden. Er hat mir viele Sachen gegeben, die ich dann nachgelesen habe.

Welche konkreten Berührungspunkte gibt es zwischen den von Rudolf Hickel bzw. der Arbeitsgruppe Alternative Wirtschaftspolitik vertretenen Positionen und der von Ihnen vertretenen Politik?

Zu nennen ist z.b. der Ansatz, über Investitionen wesentlich zur Belebung der Wirtschaft und zur Schaffung von Arbeitsplätzen beizutragen. Dies ist ein zentrales Thema auch in der Bremer Politik. Ein weiteres Beispiel ist die von Hickel wiederholt geforderte Arbeitsmarkt- und Beschäftigungspolitik. Wir haben in Bremen z.b. sehr früh damit begonnen, ESF-Mittel für Arbeitsmarkt- und Beschäftigungspolitik zu nutzen. Bis heute spielt die Schaffung von Arbeitsmöglichkeiten auch auf dem sog. zweiten Arbeitsmarkt und die damit verbundene (Re-)Integration ehemals Arbeitsloser in den allgemeinen Arbeitsmarkt eine wesentliche Rolle im Land Bremen. Dies kann man auch am Beispiel »Mypegasus« sehen. Mit dieser damals einmaligen und beispielhaften Auffanglösung erhielten viele der durch den traurigen Untergang des Vulkan-Konzerns von Arbeitslosigkeit bedrohten Männer und Frauen die Chance auf eine neue berufliche Perspektive.

Als dritten wichtigen Punkt der Übereinstimmung möchte ich den Ausbau des Wissenschaftsbereichs nennen. Auch hier wurden und werden zukünftig – trotz angespannter Haushaltslage – erhebliche Anstrengungen unternommen, um das Studieren und das Forschen in Bremen noch attraktiver zu machen. Meines Wissens hat Rudi dies auch immer wohlwollend begleitet.

Aber trotz der Übereinstimmung in so vielen Punkten: das alljährlich erscheinende MEMORANDUM, das ganz wesentlich mit auf Rudolf Hickel zurückgeht, unterschreiben Sie ja nicht... Haben Sie mal direkt mit Rudolf Hickel bzw. der Arbeitsgruppe Alternative Wirtschaftspolitik die Einzelthemen diskutiert?

Rudi hat mich mal zur MEMO-Gruppe eingeladen; zur 20-Jahr-Feier in Bremen.

Da habe ich mich allerdings daneben benommen. Ich habe so richtig offen und kritisch erklärt: Ihr könnt mich doch mal beraten. Ich brauche Beratung. Ihr könnt mir doch nicht sagen, dass alles Quatsch ist, und ihr sagt mir nicht, wie es weitergeht. Wie soll ich das hinkriegen, wie soll ich Wirtschaftswachstum organisieren, wie soll ich Arbeitsplätze organisieren, wie soll ich den öffentlichen Haushalt sanieren, wie bitte geht das? Nun mal los... Wenn ich eure Konzepte sehe, so mögen die einen spannenden Diskurs abbilden im Hinblick auf das, was der Sachverständigenrat sagt, aber für mich ist das ganz harte Kost. Ich kriege nicht die alternativen Konzepte an die Hand, die ich dringend brauche.

Das hat Jörg Huffschmid damals so geärgert, dass er 'rausgegangen ist. Der konnte das nicht aushalten, während Rudi so in seiner Art jede – auch freche – Opposition ganz gut findet.

Herbert Schui hat dann eine ganz schrille Rede gehalten. Der hat mir abgeraten, mich um Afrika zu kümmern, denn das wäre sowieso sinnlos: Die hätten nichts zu verkaufen und hätten keine Kaufkraft, oder so... Das war meine wirklich sehr anstrengende direkte Begegnung mit der MEMO-Gruppe.

Aber die wirtschaftspolitischen Ausführungen im MEMORANDUM nutzen Sie?

Ich habe gerne die Jahrbücher einbezogen in meine öffentlichen Reden. Ich bin ja kein Ökonom und habe mich immer darüber gefreut, dass ich eine Diskussion erreichen konnte. Ich konnte argumentieren; sonst liest man so als Nicht-Ökonom das Sachverständigenrat-Gutachten und bekommt die Kontroverse gar nicht präsentiert. Ich habe über die Gegenargumentation die wirtschaftspolitischen Inhalte oft besser verstanden als über die ganze Fülle von Zahlen und Datenfriedhöfen, die ich gar nicht richtig einschätzen konnte.

Ich finde es gut, dass es in der bundesdeutschen Öffentlichkeit eine ehrgeizige Gegenstimme gibt. Es geht schließlich um Politik und bei Politik gibt es immer Alternativen.

Es ist geradezu verdächtig, wenn jemand sagt, es gibt keine Alternativen. Deshalb ist mir das, was Rudi und die MEMO-Leute machen, wichtig.

Aber es gibt eine Reihe von Punkten, bei denen die Meinungen auseinander gehen. Wie z.B. beim Thema Staatsverschuldung.

Beim Thema Staatsverschuldung wird aus meiner Sicht viel zu wenig Rücksicht genommen auf die Belange der Länder. Schon allein durch die Sanierungsauflagen, die dem Land Bremen auferlegt wurden, entstehen bei uns Sparzwänge, die nicht mit den Ansätzen im MEMO-RANDUM in Einklang zu bringen sind.

Kompliziert ist das immer, wenn man eine isolierte Lösung anpeilt. Das kleine Land Bremen kann nicht gegen alle übrigen finanzpolitische Alleingänge veranstalten. Ich erinnere mich noch genau, als Hans Matthöfer Bundesfinanzminister war – auch ein alter Freund von mir –; damals war Rudi auch schon immer dabei.

Und als Matthöfer versucht hat, Fiskalpolitik in die Bundespolitik einzuführen; ich war damals – das muß ungefähr 1978 gewesen sein – Finanzsenator. Und ich dachte: Wenn du das verzahnt machst mit der Bundespolitik; wenn du dich als Landespolitiker 'reindenkst in die fiskalpolitische Logik, die die in Bonn ausbrüten, und dann sagst, da will ich beschäftigungspolitisch überall dabei sein, da will ich alle möglichen regionalpolitischen Konsequenzen vorwegnehmen, schneller sein als die anderen, Instrumente dafür entwickeln, dann nützt das, da hast Du was davon, da hat Bremen was davon – das finde ich bis heute richtig.

Leider ist uns damals parallel die durch die Zerlegung der Steuern bedingte Unterfinanzierung der bremischen Haushalte hineingeplatzt. Und wir haben einen Großteil unserer Programme mit Schulden bezahlt. Nun sitzen wir auf diesem Schuldenberg und sind ein richtiger Sanierungsfall geworden. Ich behaupte nach wie vor: nicht weil wir alles falsch gemacht haben, sondern weil wir benachteiligt worden sind – wie das Bundesverfassungsgericht das ja auch festgestellt hat – bei der Zerlegung der Steuer und der Behandlung als Stadtstaat.

Da kommt jetzt unser Bremer Regierungsprogramm mit den ehrgeizigen Investitionen, die den Strukturwandel vorantreiben und das Wirtschaftswachstum stimulieren. Wir wollen auf diese Weise Beschäftigung schaffen.

Ich bilde mir ein und lebe auch davon, dass wir schrittweise von Jahr zu Jahr so etwas wie ein Referenzfall werden, und zeigen, dass man in so einem kleinen Bundesland mit dieser Ausgangslage, dieser hohen Arbeitslosigkeit und diesen hohen Schulden es schaffen kann. Unser Konzept muss es sein, bei den laufenden Ausgaben zu sparen und uns zu konzentrieren auf die öffentlichen Investitionen und damit auch private Investitionen zu mobilisieren.

Wir wollen Beschäftigung möglich machen, wir wollen privates Investment hier in das Land holen, wir wollen eine Infrastruktur, die es möglich macht, ehrgeizig in Konkurrenz mit anderen zu treten. Und da gibt es inzwischen eine ganze Reihe von Lichtblicken; große Investitionsvorhaben, die wir in weiten Teilen unter Hinzuziehung von privatem Kapital gemeinsam mit privaten Investoren realisieren werden. Ich glaube, das ist auch ein Stück Fiskalpolitik – anders als zu Matthöfers Zeiten, anders als ich damals noch gedacht hatte, aber unterm Strich dient das dazu, gegenzuhalten.

Ist das eine Empfehlung an Rudolf Hickel, zukünftig u.a. beim Thema Staatsverschuldung stärker auch die Interessen der Länder zu berücksichtigen?

Das ist kompliziert. Ich glaube man muss sich inzwischen auf verschiedenen Ebenen legitimieren. Ich glaube, man kann in Europa bei diesem gemeinsamen europäischen Markt nicht mehr machen, was man will, sondern wir müssen uns – ob wir nun wollen oder nicht – an die Stabilitätsvorgaben halten und wir müssen uns – ob wir wollen oder nicht – an die Vorgaben der EZB halten. Wir müssen uns mit unserer Verschuldung und mit unseren finanzpolitischen Handlungsspielräumen auf den gesetzten Stabilitätskurs einlassen, den die definieren und nicht wir. Wir müssen uns darauf einlassen. Das ist das eine.

Das geht dann aber weiter auf der nationalen Ebene. Da müssen wir uns immer überlegen: wo landen wir da? Isolieren wir uns in Europa oder bleiben wir im mainstream? Und wir versuchen, unsere Altlasten, also unsere alten Schulden und unsere Unterfinanzierungsprobleme z.B. in der Sozialversicherung so hinzukriegen, dass wir die Binnenmarkt-Nachfrage nicht zusätzlich belasten. Die Binnennachfrage stellt ein ganz wichtiges Korrektiv zu dieser Dominanz des Exportes dar. Das habe ich auch wieder von den MEMO-Leuten.

Wir brauchen dringend eine stabile, solide, Arbeitsplätze schaffende Binnennachfrage – da bin ich voll Rudis Meinung. Dies kriegen wir aber nur hin, wenn die Leute Kaufkraft haben – ist doch logisch. Denen kann ich doch mit Steuern nichts wegnehmen oder mit Sozialversicherungsbeiträgen. Ich muß sie kaufkräftig halten. Und zwar in einer breiten Nachfragestruktur – nicht nur so ein paar Reiche, die ihr Geld auf irgendeiner Insel ausgeben. Das ist nicht mein Problem. Mein Problem ist: Was ist eigentlich mit den vielen, für die ich ein politisches Mandat habe. Man muss dafür sorgen, dass die kaufkräftig bleiben. Und darum ist Steuerentlastung für die Breite eine wichtige Sache. Die müssen zahlungsfähig sein und ihre Häuschen, ihre Autos ausstatten usw. – was immer die wollen, oder wenn sie es investieren in Weiterbildung – jeder hat doch so seine Ideen. Das muss man möglich machen.

Argumentiert jetzt das Gewerkschaftsmitglied Henning Scherf?

Ja, ich bin – wohl eines der beitragsstärksten – Mitglieder der Gewerkschaft ver.di.

Die Gewerkschaften befinden sich in einem Neuordnungsprozess sowohl organisatorisch als auch inhaltlich und reagieren somit auf die neuen Anforderungen einer veränderten »modernisierten« Arbeitswelt an der Schnittstelle zwischen Old- und New-Economy. So hat beispielsweise der Vorsitzende der Dienstleistungsgewerkschaft ver.di, Frank Bsirske, in seiner Rede auf dem Gründungskongress in Berlin angekündigt, neue Wege zu gehen. Können Sie sich mit seinem Slogan »Raus aus den Gewerkschaftsgettos – rein ins Leben« identifizieren?

Mit großem Interesse habe ich die Rede von meinem Freund Frank Bsirske nachgelesen. Ich bin begeistert, wie er das Thema Modernisierung der Gewerkschaft angeht. Er befindet sich in einer dramatisch schwierigen Lage, wo die Häme über Gewerkschaftspolitik fast unüberhörbar ist. Weit in die liberalen Blätter hinein heißt es: ›Solch' große Gewerkschaft – die Zeit ist vorbei…‹

Frank Bsirske bringt die Kraft auf – und da stehe ich voll hinter ihm – vor dem Hintergrund seiner Erfahrungen eine neue Dienstleistungs-Kampfstruktur zu entwickeln, und er trägt damit ganz in meinem Sinne entscheidend dazu bei, dass wir so was wie verhandlungsfähige, durchsetzungsfähige, gesellschaftlich anerkannte und lernfähige Arbeitnehmerorganisationen haben. Das gehört zu unserem Wirtschaftssystem. Die Gewerkschaften müssen den Strukturwandel auch ein Stück antizipieren können und dies in die Köpfe ihrer Mitglieder bringen und so die Leute davor schützen, ›auszusteigen‹.

Ich spüre bei ihm richtig, dass er seine Gewerkschaftskollegen beansprucht und auch belastet und dass er Veränderungsbereitschaft fordert; das macht er in seinen Reden immer wieder deutlich.

Zurück zu Rudolf Hickel. Seine öffentlichen Auftritte in Talkshows, in Fernsehsendungen haben wir angesprochen. Dort tritt er bekanntlich nicht als Rudolf Hickel, Wirtschaftspolitiker oder gar Vertreter des MEMORANDUMS auf, sondern er wird vorgestellt und wahrgenommen als Vertreter der Universität Bremen. Nun ist es ja so, dass die Universität Bremen den Ruf hatte und in weiten Teilen der Bevölkerung auch noch hat, eine linke Uni zu sein. Sie stehen dafür, dieses Image der Uni differenzierter darzustellen und ihr verändertes Profil auch öffentlich darzustellen. Sie werben engagiert dafür, dass Bremen eine moderne Uni hat mit neuen Inhalten und zusätzlich eine private internationale Universität in Bremen gerade ihre Arbeit aufgenommen hat.

Konterkariert Rudi durch sein Auftreten als linker Vertreter der Universität Bremen in gewisser Weise Ihre Ansätze zur Modernisierung des Wissenschaftsstandorts Bremen?

Also aus meiner Sicht tut er das nicht – weil ich ihn kenne, und weil ich auch weiß, wie er das meint. Ich weiß, dass er hochvermittlungsfähig ist und sich eben nicht als lernunfähiger Rechthaber immer nur gegen alle querstellt. Aber ich kann natürlich nicht ausschließen, dass der eine oder andere ihn so erlebt und kann mir auch vorstellen, dass unter den zahlreichen Zuschauern – dem großen Kreis, den er so erreicht – manche sagen: ›Guck an, das ist doch die alte Geschichte. Die kenn ich doch.‹

Die Frage ist: Wie kommt man da raus? Ich beobachte mit großem Vergnügen, dass auch die Wirtschaftswissenschaftler an der Uni Bremen sich in den letzten Jahren neu aufgestellt haben. Inzwischen wurde ein neues Gebäude bezogen, wo Rudi ja auch seinen Arbeitsplatz hat. Man kann schon am Design erkennen; dass da etwas passiert sein muss. Das ist nicht mehr die Studentenbewegung '68, sondern das sind Leute, die wollen als ehrgeizige Consulter auch gerade Unternehmern sich gegenüberstellen und zeigen, dies ist hier ein neues Ambiente.

Wenn man merkt, wie die am knappen Markt der Gutachten versuchen zu akquirieren, dann lerne ich richtig schrittweise, dass wir inzwischen eben nicht mehr so eine Truppe haben, die sagt, wir haben immer Recht.

Ich lerne bei Rudi – aber auch bei den anderen –, dass die mittlerweile sehr, sehr nüchtern, sehr pragmatisch an diesen schwierigen Markt 'rangehen. Und dass sie mit großem Ehrgeiz – wie die anderen

Wirtschaftsberatungsunternehmen auch – auftreten, um als Konkurrenz wahr- und ernstgenommen zu werden.

Das finde ich gut. Da haben wir mit dazu beigetragen, dass diese Studentengeneration der ehemaligen '68er sich schmerzhaft in schwierige Lernprozesse eingelassen hat, auf die Wirklichkeit. Und wer dann immer noch sagt, das sind linke Ideologen, der hat selber ein Problem. Der verweigert nämlich, dass wir in der Bundesrepublik darum so erfolgreich gewesen sind über die ganzen Jahrzehnte, weil wir diesen Verständigungsprozess erreicht haben und nicht brutale Manchester-Kapitalisten sind, die alles platt gemacht haben.

Rudolf Hickel tritt gerne auf. Er läuft eigentlich an keinem Mikrofon vorbei, ohne da 'reingesprochen zu haben. Und zweitens hat der auch Lust zu solchen Kontroversen. Und oft ist er ja auch schlau dabei und argumentiert gescheiter als die anderen.

Wer so rein mit Sachlogik und reinen Zahlen argumentiert, hat ja ein Erklärungsproblem. Und wenn er dann kommt mit dieser unverwechselbaren Mischung aus fachlich, politisch und populistisch und nah an den Leuten denkt – da hat er schon viele Punktsiege davongetragen, eben weil er nah an den Leuten ist. Er kann auch vermitteln und erklären. Er ist nicht so ein spröder Zitierer oder Ableser von komplizierten Texten. Er redet lebendig, das kommt an.

Sie kennen sicher das Geheimnis, wo Rudi das gelernt hat?

Er hat ja mit katholischer Theologie angefangen und nicht mit Volkswirtschaft. Und um ein Haar wäre er Priester geworden. Und da hat er sich wahrscheinlich schon eingeübt. Dieses predigen und schwierige Texte 'rüberbringen; Texte, die sich normalerweise niemand angucken würde.

Da muß man schon ordentlich erzählen können und Bilder entwickeln, um den Leuten das schmackhaft zu machen.

Und ich glaube, das hat er durch das Studium durchgehalten. Er ist ja bei den Demos immer vorne drangewesen. Zum Teil damals zusammen mit Herta Gmelin. Den unverwechselbaren Charme muss er schon damals gehabt haben, sich einerseits eine Frechheit zu leisten, die eigentlich schon über die Grenze geht, aber andererseits die Sache so zu verkaufen, dass er nicht mit der Polizei 'rausgejagt wird. Das hat er, glaube ich, ganz früh entwickelt, und das hat er noch heute.

Wäre Rudolf Hickel Priester geworden, hätten Sie als Senator für kirchliche Angelegenheiten sicherlich auch viel mit ihm zu tun gehabt...

Da bin ich ganz sicher. Und außerdem: Rudi hätte die Kirche vollgekriegt. Auch davon bin ich überzeugt!

Klaus Pierwoß
Zwischen Konfrontation und Kooperation
Beispiele kulturpolitischer Kontroversen in Bremen

Als ich im Sommer 1993 zum künstlerischen Leiter des BREMER THEATERS gewählt wurde, habe ich mir die Bereitschaft abringen lassen, mit einem um 2 Millionen Mark gekürzten Sockelbetrag von 40,3 Millionen als Zuschuss an die Theater GmbH auskommen zu wollen; gleichzeitig sollte dieser Sockelbetrag für fünf Jahre festgeschrieben und jährlich um 3% gesteigert werden, als Ausgleich für angenommene Personalkostensteigerungen; diese Erhöhungen sollten unabhängig davon gezahlt werden, ob solche Tarifsteigerungen wirklich vereinbart wurden oder nicht. Darüber hinaus wurde vereinbart, dass der gesamte Zeitraum meiner fünfjährigen Intendanz als einheitlicher Etat-Zusammenhang zu sehen ist: Überziehungen zu Beginn einer Aufbauarbeit sind möglich und müssten erst am Ende der Intendanz wieder ausgeglichen sein. Das Ganze stand allerdings unter dem Vorbehalt der Etat-Beschlüsse der Bremischen Bürgerschaft. Von manchem Intendantenkollegen beargwöhnt, ich hätte mich durch die Sparbereitschaft eingekauft, hielt ich diese vertragliche Abmachung angesichts der besonderen Bremer Finanzsituation (auferlegte Entschuldung) und der absehbaren allgemeinen Entwicklung der öffentlichen Haushalte für klug und weitsichtig und wurde mit fortschreitender Zeit auch darum beneidet: Kein jährliches Etat-Gerangel, sondern Ruhe für fünf Jahre, unabhängig von politischen Regierungswechseln.

Der nachfolgende Beitrag berichtet über die Auseinandersetzungen zur finanziellen Absicherung des Bremer Goethe-Theaters. In dieser Auseinandersetzung hat auch Rudolf Hickel Partei ergriffen. An mehreren Initiativen zum Erhalt der Qualität des Bremer Goethe-Theaters war er aktiv beteiligt und betonte den Beitrag des Theaters und der Kultur insgesamt als einen Standortfaktor zur Stärkung des Stadtstaats Bremen.

Und nachbetrachtend lässt sich feststellen: Wenn diese Etat-Vereinbarung eingehalten worden wäre, hätte das Theater angesichts allgemeiner Kürzungswellen glänzend dagestanden.

Der Theaterstreit

Aber: Im Frühjahr 1995 wurde die Ampelkoalition, der für die *Grünen* Dr. Helga Trüpel als Senatorin für Kultur und Ausländerintegration angehörte (sie hatte den Vertrag mit mir verhandelt), durch eine große Koalition aus SPD und CDU abgelöst. Bringfriede Kahrs wurde Senatorin für Bildung, Wissenschaft, Kunst und Sport. Fortan interessierte an meinem Vertrag nur noch die Ausstiegsklausel. Das erste ausführliche Gespräch über die Finanzsituation des Theaters zwischen der Senatorin, dem Senatsdirektor Rainer Köttgen, dem damaligen kaufmännischen Geschäftsführer Rolf Rempe und mir endete harsch. Kahrs: *Meine Herren, Sie haben die Chance, sich auf 3,5 Millionen Mark zusätzlicher Einsparungen einzulassen oder ich werde Sie Ihnen politisch oktroyieren.* Meine Replik: *Zum Oktroyieren gehören zwei. Mit mir machen Sie das nicht!*

Was tun? Stille Diplomatie oder offene Feldschlacht? Rolf Rempe und ich entschieden uns für den zweiten Weg. Bei der Auseinandersetzung um die Weiterfinanzierung des BREMER THEATERS, die sich vom November '95 bis Ende April '96 hinzog, ging es um eine grundsätzliche politische Weichenstellung. Die ursprünglichen Sparbegehren der Kultursenatorin hätten die Abschaffung der Mehrspartigkeit dieses für die deutsche Theaterlandschaft typischen Stadttheaters mit Musiktheater, Schauspiel, Tanztheater, Kinder- und Jugendtheater zur Konsequenz gehabt. Dagegen haben wir uns vehement zur Wehr gesetzt. Im Vergleich zu anderen Städten unterhält Bremen eines der am niedrigsten finanzierten Stadttheater. Unser Etat ist ohnehin schon, wie es der Bonner Intendant Manfred Beilharz formulierte, *zum Skelett abgemagert.* In der Senatsbehörde wurde darüber nachgedacht, ob im Musiktheater nicht eine Beschränkung auf personenarme Stücke möglich sei, für ›große Werke‹ könnten die Bremer Zuschauer ja nach Hamburg fahren. Es wurde die Frage gestellt, ob denn so personalintensive und chorgeprägte Werke wie *Moses und Aaron, La Gioconda* oder *Anatevka* für einen Bremer Spielpan unverzichtbar sind.

Dieser ins Kalkül gezogenen Herabstufung des BREMER THEATERS haben wir heftig und kräftig widersprochen und diesen Konflikt in die Öffentlichkeit getragen. Denn Status, Struktur und Funktion eines kommunalen Mehrspartentheaters, dessen Volumen immerhin 30% des gesamten Kulturetats umfasst, ist keine Angelegenheit ausschließlich zwischen den Amtsstuben einer Senatorin und eines Intendanten. Am Anfang stand eine Protestveranstaltung mit der Deutschen Akademie der Darstellenden Künste aus Frankfurt am Main und ihrem Präsidenten Dr. Günther Rühle: Viele Theaterleute kamen nach Bremen und unterstützten uns. Der gerade bei uns gastierende Michel Piccoli war ebenso dabei wie der SV Werder Bremen (mit dem das Theater durch eine Kooperation verbunden ist) mit seinem damaligen Kapitän Oliver Reck. Recks Pointe: *Auch in der Kulturpolitik erzielt man mit Eigentoren keine Punktgewinne.* Pressekonferenzen, die Medien ergriffen Partei für uns. Endlose Gespräche mit Politikern, auf die wir im Konflikt hoffnungsvoll setzten.

Eine originelle Kampagne

Die Bremer Öffentlichkeit, die anfangs sehr zurückhaltend war, mobilisierte sich immer stärker für uns. Exemplarisch dafür war eine Kampagne der agilen Galeristin Katrin Rabus. Nachdem eine geplante, großformatige Solidaritätsanzeige für das BREMER THEATER nicht zustande kam, weil sich die Betreiber dieser Sache durch ihre Prominenz selber lähmten und keiner wirklich das Heft in die Hand nahm, startete Katrin Rabus in einer solchen Situation eine besondere Aktion: Über mehrere Monate erschien auf der Titelseite der *taz bremen* eine für das Theater Partei ergreifende und von bekannten und weniger bekannten Bremer Persönlichkeiten in Auftrag gegebene Kleinanzeige – ein tägliches Menetekel, das nadelstichartig den Nerv der Bremer Kulturpolitik traf.

Anfangs war Katrin Rabus besorgt, ob die Zahl der Kombattanten ausreichen würde; innerhalb kürzester Zeit meldete sich aber eine Vielzahl von Mitstreitern und machte für 100 DM per Anzeige den Widerspruch öffentlich. Der Konflikt endete, bevor die Zahl der Anzeigen versiegt war. Was eine prominent besetzte Runde kulturinteressierter Bürger mit großem Habitus angekündigt, aber letztlich nicht zustande gebracht hat, hat Katrin Rabus als Einzelperson angestiftet – dieser Vorgang war und ist sehr bezeichnend für ihr Verständnis von demokratischer Handlungsdynamik.

Dem Theater ist in der Situation der Bedrohung durch öffentliches Interesse der Rücken gestärkt worden: Medieninstitutionen, Interessenverbände, Parteien, Besucherorganisationen, Zuschauerkreise und einzelne Persönlichkeiten des öffentlichen Lebens haben uns kräftig unterstützt. Die von uns initiierte und organisierte kulturpolitische Diskussionsreihe mit Lothar Späth, Hilmar Hoffmann, Hermann Glaser und Kathinka Dittrich beabsichtigte, den nicht nur für die Bremer Situation aktuellen Konflikt grundsätzlich zu erörtern und perspektivisch zu erweitern. Diese Gesprächsreihe hat mit dazu beigetragen, dass das öffentliche Bewusstsein für Kultur in Bremen geschärft wurde und eine weitere kulturelle Selbstbeschneidung vermieden werden konnte. Der halbjährige Konflikt war für mich ein Wechselbad zwischen Euphorie und Depression. In bestimmten Phasen gab es gleichzeitig eine Konfrontation mit der Senatorin und Teilen des Betriebsrats. Wie lange war das durchzuhalten? Mir war klar, dass das Theater dauerhaft gegen eine Aufsichtsratsvorsitzende und Kultursenatorin nicht zu leiten ist. Rolf Rempe erklärte, enttäuscht über die Theaterpolitik der Stadt, seinen Rücktritt als Verwaltungsdirektor und Geschäftsführer.

In Bremen haben wir einen Tabubruch begangen: Der Subventionsempfänger hat öffentlich den Subventionsgeber kritisiert. Aufmunternder Effekt: Das hat uns nicht größere Abhängigkeit oder gar Rache der Politiker eingebracht – im Gegenteil: Der Respekt im Umgang mit uns ist erheblich gestiegen. Wir haben der Öffentlichkeit deutlich machen können, dass es nicht um die Verteidigung von Pfründen geht, sondern dass am Beispiel unseres Theaters das kulturelle Sein und Bewusstsein in der Stadt Bremen zur Disposition steht. Die von mir befürchtete Image-Schädigung durch öffentliche Querelen ist nicht eingetreten, im Gegenteil, dem Theater ist Akzeptanz zugewachsen. Sicherlich ist unsere Position im Konflikt auch dadurch gestärkt worden, dass wir in der Spielzeit 1995/96 in allen Sparten besondere künstlerische Erfolge zu verzeichnen hatten und diese Erfolge sich auch in einer deutlichen Steigerung der Besucherzahlen niederschlugen: Die Zuschauerzuwächse betrugen 15%, die Einnahmesteigerung aus dem Kartenverkauf sogar 27%. Aber mit der Dauer des Kampfes stiegen die Ermüdungserscheinungen und die Erkenntnisfähigkeiten auf beiden Seiten: Die Konfrontation ist in eine Kooperation übergegangen, und wir haben letztlich einen tragfähigen Kompromiss erreicht, der uns die künstlerische Weiterarbeit ohne erhebliche Beeinträchtigung ermöglichte. Die ursprüngliche Sparquote von 3,5 Millionen DM konnte auf 480000 DM herabgesenkt werden.

Das Theater sollte geschwächt werden, ist aber aus diesem Konflikt trotz einer neuerlichen Kürzung gestärkt hervorgegangen. Ist daraus Generelles oder Modellhaftes abzuleiten? Wohl kaum. Es kommt in jeder Stadt oder Region darauf an, welche Person die politischen Kraftfelder besetzt. Im Rückblick erscheint der Konfliktweg wie eine ausgeklügelte Strategie, die positiv aufgegangen ist. In den Etappen war aber nicht vorhersehbar, wie es weitergeht oder gar enden würde. Die Dialektik von persönlichem Dialog und öffentlicher Auseinandersetzung, von Verhandlung und Gefecht ist eine Vorgehensweise, in der Glücken und Scheitern gleichermaßen angelegt sind.

Die Gründung einer Kulturinitiative

Um das kulturelle Bewusstsein in dieser Stadt zu verbreitern und zu intensivieren, ist als Konsequenz aus dem Theaterstreit von der (schon erwähnten) Galeristin Katrin Rabus und mir die Kulturinitiative ANSTOSS gegründet worden, die sich aus einem bunten Personenspektrum aus und außerhalb der Kulturszene zusammensetzt, eine formlose Vereinigung von Personen, die im Kulturbereich arbeiten, aber auch von Menschen, die nicht im Kulturbereich arbeiten, an einem lebendigen kulturellen Leben in Bremen aber großes Interesse haben, eine parteiübergreifende Lobby, die sich kritisierend und kommentierend in die Kultur einmischt. Die Unberechenbarkeit dieser außerparlamentarischen Opposition ist ihr Qualitätsmerkmal. Inzwischen sind wir von den politischen Entscheidungsträgern in der Stadt ebenso geachtet wie gefürchtet. Wir wollten uns nicht immer nur in einer Situation der drohenden Subventionskürzung aus einer Verteidigungsposition zu Wort melden; wir wollten den kulturpolitischen Dialog nicht immer nur als Ritual im Abstand von vier Jahren, wenige Wochen vor der Wahl, führen. Wir wollten uns offensiv und zukunftsperspektivisch einmischen. Wir waren darauf aus, in dieser Initiative das querdenkerische Potenzial dieser Stadt zu versammeln.

Zu allem, was das deutsche Vereins- und Clubwesen kennzeichnet, sind wir ein manifester Gegenentwurf: Wir haben keine förmliche Organisation, wir haben weder Satzung noch Geschäftsführung, wir haben keinen gewählten Vorstand, mit Katrin Rabus und mir lediglich zwei Sprecher; wir haben keine geregelten Mitgliedsbeiträge, aber immerhin ein Bankkonto; wenn es an Geld fehlt, treibt Katrin Rabus das auf ihre sehr persönliche Weise ein. Diese Mischung aus Spontanem und Chaotischem hat andererseits einen Überschuss an Handlungsenergien freigesetzt, mit dem wir in der kurzen Zeit unseres Bestehens einiges erreicht haben.

Katrin Rabus und ich als Sprecher stehen gleichzeitig auch institutionell für die Spannweite der Bremer Kultur. Sie, die Galeristin, die unabhängig von staatlicher Finanzierung als eigenständige Unternehmerin arbeitet und viel wagt mit einem Programm, das sich durch Avanciertheit in der bildenden Kunst und der zeitgenössischen Musik auszeichnet. Ich stehe für die Kunst-Institution der Stadt, die den größten Anteil am Kulturhaushalt für sich reklamiert, auch wenn das im Vergleich zu anderen Theatern und Städten immer noch viel zu wenig ist.

Die Feuerwehrfunktionen des Einmischens zur Abwehr kulturpolitischer Fehlentwicklungen war eine unserer selbstgestellten Aufgaben. Es war gleich unsere erste Aktion, durch ein öffentliches Plädoyer das Scheitern einer Design-Ausstellung zu verhindern. Unsere erste Intervention war erfolgreich.

Zu unserem Programm gehört die Vortragsreihe *Bremer Reden zur Kultur*, die von Gerard Mortier mit seinen Ausführungen *Über die Unverzichtbarkeit der Provokation durch Kunst* eröffnet wurde.

Niederlage für McKinsey

Eine unserer größten Aktivitäten war die Gegenoffensive zu den McKinsey-Gutachten, die die Stadt über den Bereich der Kultur in Auftrag gegeben hatte. Das Beste, was sich über die McKinsey-Gutachten sagen lässt, war die Gegenoffensive, die sie losgetreten haben – wenngleich auch ganz und gar unfreiwillig.

Die Dramaturgie der Gegenöffentlichkeit zu McKinsey erfolgte in zwei Schritten: Zunächst hat zum theaterbezogenen Teil des Kulturgutachtens das Bremer Theater nicht weniger als drei kritische Stellungnahmen (zwei gegen McKinsey, eine gegen *culturplan*) durch den Deutschen Bühnenverein in Auftrag gegeben, die auf Pressekonferenzen veröffentlicht und an einen ausgewählten politischen Personenkreis in Bremen verteilt wurden. Untersuchungsmethoden von McKinsey wurden analysiert und kritisiert. Dass es neben einem weitgehend von fachfremder Betriebsökonomie bestimmten Beurteilungsraster aus Benchmark-Vergleichen, Effizienzsteigerungen, Optimierungspotenzialen und Kostensenkungen auch noch andere Aspekte gibt, unter denen Musik, bildende Kunst, Soziokultur, Literatur und Theater einer kritischen Bewertung zu unterziehen sind, machten dann die vier alternativen Stellungnahmen deutlich, die die Kulturinitiative AN-STOSS in Auftrag gegeben hat. Die Autoren waren: für die Musik der ehemalige Leiter des Münchner Gasteig Eckhard Heinz, für das Theater der Baseler Direktor Michael Schindhelm, für bildende Kunst und Museen der ehemalige Leiter des New Yorker Guggenheim-Museums Tom Messer und für Literatur und Soziokultur der Kulturreferent des Deutschen Städtetages Bernd Meier. Diese Autoren haben zu Preisen gearbeitet, die der Finanzlage der Stadt erheblich angemessener waren als die von McKinsey. Mit dem Kennerblick von außen haben die vier Experten ein Wertebewusstsein für die bisherige hiesige Kulturlandschaft formuliert, von dem wir hoffen, das es sich wenigstens spurenhaft auch in der städtischen Administration niederschlägt. Vor allem Katrin Rabus (die einer McKinsey-Begleitgruppe angehörte) hat die Finanzierung dieser alternativen Stellungnahmen bei der städtischen Verwaltung durchgesetzt, vielleicht ihr auch abgetrotzt; vielleicht war die Finanzierung auch konzediert aus einer politischen Befriedungsstrategie gegenüber dem nicht unbeträchtlichen Widerspruch. Wie auch immer – Transparenz im Vorgehen und die öffentliche Erörterung der Ergebnisse sorgten jedenfalls bei unserer Stellungnahme für eine erheblich größere demokratische Prägung als die Vermittlung der McKinsey-Gutachten an Politik, Administration und die unmittelbar Betroffenen.

Zur öffentlichen Präsentation unserer Stellungnahme und zur Diskussion mit den Senatoren Bringfriede Kahrs und Josef Hattig kamen 400 bzw. 350 Teilnehmer in die Obere Rathaushalle. Es ist uns gelungen, ein erhebliches öffentliches Interesse für diese Kontroverse über Kultur zu mobilisieren. Dieses öffentliche Interesse war auch Ausdruck einer Infragestellung nicht nur von McKinsey, sondern auch einer Politik, die es nötig hatte, sich von McKinsey beraten zu lassen.

Trotz der Finanznöte werden in Bremen auf nicht nachvollziehbare Weise Gelder für Gutachten ausgegeben. Der Gutachter-Flop von McKinsey kostete die Stadt, nur im Bereich der Kultur, 1,5 Millionen DM. An einer Strukturreform des Philharmonischen Staatsorchesters haben mit der Berliner Firma Rademacher, der Firma Roland Berger und der stadteigenen *kmb* nicht weniger als drei Gutachterinstanzen gearbeitet. Kulturpolitische Ratlosigkeit wird verzweifelt durch Gutachterei substituiert. In dieser bundesweit zu beobachtenden Tendenz kann Bremen einen Spitzenplatz in Anspruch nehmen.

Zusammen mit der Handelskammer

Außerordentlich wichtig für die weitere Entwicklung unserer Kulturinitiative ANSTOSS ist die Zusammenarbeit mit der Handelskammer geworden. Die Bremer Handelskammer, die am historischen Marktplatz gegenüber dem Rathaus liegt, ist Repräsentant der Wirtschaft. Am Anfang stand eine gemeinsame Veranstaltung über *Kultur – Staat – Wirtschaft*, bei der mit Arend Oettker (ehemals Sprecher des Arbeitskreises Kultur im BDI) und dem vormaligen Kulturreferenten des Landes Baden-Württemberg, Dr. Hannes Rettich, zwei kulturpolitisch erfahrene Persönlichkeiten die Zusammenhänge zwischen Kultur und Ökonomie argumentativ und analytisch entfaltet haben. Mittlerweile gibt es einen von Handelskammer und ANSTOSS paritätisch besetzten Arbeitskreis *Kultur und Wirtschaft,* der sich vierteljährlich trifft und Leitlinien zur Kulturpolitik der Stadt formuliert hat. Mit Bernd Hockemeyer hat die Handelskammer einen Vizepräses, der sich zur Verblüffung der Politik klug und kräftig argumentierend für die Kultur der Stadt einsetzt.

Während die Kulturszene mühsam um jede Subventionsmark kämpfen muss, durfte sie mitansehen, wie dem zuschauermäßig dahinsiechenden Musical *Jekyll und Hyde* im Handumdrehen über 18 Millionen DM zugesprochen wurden. Mittlerweile ist *Jekyll und Hyde* abgespielt, ein neuer Betreiber spielt *Hair*. Aber das Musical dümpelt wie einst die Vulkan-Werft dem Ende entgegen. Während für die öffentlichen Kunst- und Kulturinstitutionen immer neue Kontroll-Mechanismen erfunden werden, ist die große Koalition durch ihr eigenes Finanz- und Vertragsgebaren um das Musical kräftig durchgeschüttelt worden. Aber eines hat die zuweilen kompetenz- und konzeptionslose Kulturpolitik bewirkt: Senatoren und Bürgerschaftsmitglieder sind mit einer selbstbewusst agierenden Kulturszene konfrontiert, die sich nicht länger damit abfindet, nur das Objekt von Kulturpolitik zu sein, sondern die sich in Gestaltungsfragen kräftig einmischt und dafür gesorgt hat, dass Fragen der Kulturpolitik ein immer größeres Interesse zuwächst.

Senatoren kommen und gehen

Aber was für die gesamte Szene gilt, trifft auch für mich persönlich zu: In Bremen ist die Gefahr groß, alle gestalterischen Kräfte in nervenverzehrenden und energieverschleißenden Abwehrreaktionen gegen eine fragwürdige Kulturpolitik aufzubrauchen. Von den acht Spielzeiten, in denen ich seit 1994 das BREMER THEATER leite, sind nur zwei ohne kulturpolitische Turbulenzen verlaufen. In der 6. Spielzeit habe ich nicht weniger als sechs Monate auf die Unterschrift meiner Vertragsverlängerung warten müssen, obwohl diese bereits im Dezember 1997 der Öffentlichkeit mit allen wesentlichen Inhalten bekannt gegeben wurde. Senator Dr. Bernt Schulte versuchte nachträglich und letztendlich vergeblich gegen mich eine Absenkung der Etatvereinbarung durchzusetzen. Kaum war die Vertragsverlängerung unterschrieben, da gab eben dieser Kultursenator auf einer Pressekonferenz bekannt, dass mein Vertrag nicht über 2004 hinaus verlängert und dass ab 2004 das Concordia geschlossen wird, eine experimentelle Raumbühne mit großer Avantgarde-Tradition, die nicht nur vom BREMER THEATER, sondern auch von der freien Szene bespielt wird. Mittlerweile hat aber auch diesen Senator die Umbesetzung ereilt. Seit 1994 habe ich jetzt den vierten Senator als Partner, und mit jeder personellen Erneuerung verbunden ist trotz aller gegenteiligen Erfahrungen die Hoffnung auf einen wirklichen Neuanfang in der städtischen Kulturpolitik. Die ersten Anzeichen sprechen dafür, dass der neue, für Kultur zuständige Senator Dr. Kuno Böse Kulturpolitik wieder als gestalterische Chance begreift und tatkräftig und zukunftsperspektivisch die Probleme unter Einbeziehung der Betroffenen in Angriff nimmt. Erstmals seit vielen Jahren wird der unterfinanzierte Kulturhaushalt Bremens (nur 1,6% vom Gesamtetat) deutlich erhöht. Es gibt also aktuelle Hoffnungszeichen im Herbst 2001, dass sich das Verhältnis zwischen Kulturszene und Kulturpolitik wieder von der Konfrontation zur Kooperation hin entwickelt.

Nebenher machen wir auch noch Theater. Mit einem ambitionierten Programm haben wir in der Spielzeit 1998/99 mit 263000 Zuschauern die Platzausnutzung auf 84% steigern können. Dieser Erfolg ist ein nicht unwichtiges Argument gegen eventuelle Kürzungsattacken, reicht aber allein noch nicht aus.

Wer in Bremen Intendant ist, muss dort essen gehen, wo Nervennahrung das Hauptgericht ist. Seit 1968 habe ich das politische Agieren gelernt und aus immer neuen Erfahrungen die aktuell notwendigen Dramaturgien entwickelt. Die Boxhandschuhe in meinem Intendantenzimmer sind nicht nur eine Hommage an den verehrten Jahrgangsgenossen Muhammad Ali, sondern auch mein Talisman für den kulturpolitischen Alltag. Ich habe die von Kürzungswut angetriebenen, schier endlosen Attacken nur deshalb jahrelang durchstehen können, weil ich die mir zusätzlich aufgedrängte kulturpolitische Rolle offensiv angenommen habe und keinem argumentativen Faust-Kampf in der Öffentlichkeit ausweiche. Beim öffentlichen Argumentieren herrscht trotz klarer Machtverhältnisse am ehesten Waffengleichheit. Und trotzdem ist es auf Dauer kein gedeihlicher Zustand, wenn Theaterträger und Theaterleiter gegeneinander kämpfen.

Träume

Die widersprüchlichen Erfahrungen mit der Bremer Kulturpolitik halten mich nicht davon ab, davon zu träumen, dass hier eine Theaterarbeit ohne permanente politische Auseinandersetzungen möglich ist. Ich träume weiterhin davon, dass es Planungssicherheit für eine Legislaturperiode (von vier Jahren) oder eine Intendanz (von fünf Spielzeiten) gibt. Ich träume davon, dass in Bremen die Politik den traditionellen Kunst- und Kultur-Institutionen dieselbe Zuwendung entgegenbringt wie der Tourismus-Kultur des Musicals. Ich träume davon, die vier Herzkammern eines typischen Stadttheaters (Musiktheater, Schauspiel, Tanztheater, Kinder- und Jugendtheater) möglichst lange vital erhalten zu können – vielleicht sogar mit der Kulturpolitik als Partner.

Verzeichnis der Schriften Rudolf Hickels 1968-2001*

1. Buchveröffentlichungen

Wissenschaft in der Gesellschaft. Tübinger Streitgespräch zum Politischen Mandat. Dokumentation (hrsg. im Auftrag des Allgemeinen Studentenausschusses der Universität Tübingen), Tübingen (1968).

Voraussetzungen und Inhalt projektorientierter Ökonomieausbildung in Bremen. Eine Materialsammlung (hrsg. mit Barbara Herzbruch), Bremen 1976

Goldscheid, Rudolf/Schumpeter, Joseph, Die Finanzkrise des Steuerstaats. Beiträge zur politischen Ökonomie der Staatsfinanzen (Hrsg.), Frankfurt a.M. 1976.

Krise des Steuerstaates? Widersprüche, Perspektiven, Ausweichstrategien (hrsg. mit Rolf Richard Grauhan), Leviathan Sonderheft 1/78, Opladen 1978.

Millionen Arbeitslose! Streitschrift gegen den Rat der Fünf Weisen. Eine Bilanz nach zwanzig Jahren (hrsg. mit Harald Mattfeld), Reinbek bei Hamburg 1983.

Technologische Arbeitslosigkeit. Ursachen, Folgen, Alternativen, Hamburg 1984 (hrsg. mit Ulrich Briefs/Eberhard Fehrmann u.a.), Hamburg 1984.

Ineffiziente Instrumente oder unzureichende Anwendung? Die Finanzpolitik von 1974-1984 auf dem Prüfstand. Argumente für ein Beschäftigungsprogramm (mit Jan Priewe), PIW-Studien Nr. 3, Bremen 1985.

Umwelt und Beschäftigung. Nationale und internationale Studien im Überblick – Anhaltspunkte für ein Programm ›Arbeit und Umwelt‹ im Lande Bremen (mit Manfred Gurgsdies), Kooperation Universität Bremen/ Arbeitskammer Bremen, Bremen 1986.

Wirtschaftsdemokratie gegen Wirtschaftskrise. Über die Neuordnung ökonomischer Machtverhältnisse (hrsg. mit Heiner Heseler), Hamburg 1986.

Radikale Neoklassik. Ein neues Paradigma zur Erklärung der Massenarbeitslosigkeit? – Die Vogt-Kontroverse (Hrsg.), Opladen 1986.

Ein neuer Typ der Akkumulation. Anatomie des ökonomischen Strukturwandels – Kritik der Marktorthodoxie, Hamburg 1987.

Stadtstaat Bremen im föderalen Finanzsystem: Ursachen der Finanzkrise – Neuordnungsvorschläge zum Länderfinanzausgleich (mit Bernhard Roth/Axel Troost), Kooperation Universität – Arbeiterkammer Bremen, Bremen 1988.

* Die Herausgeber danken Frau Janneke Göke (RWTH Aachen), die an der Erstellung des Schriftenverzeichnisses maßgeblich mitgewirkt hat.

Einrichtung und Finanzierung einer Integrierten Bremer-Umwelt-Beratung (IBUB). Gutachten im Auftrag der Senatorin für Umweltschutz und Stadtentwicklung (Forschungsprojekt »Arbeit und Umwelt« im Kooperationsbereich Arbeiterkammer/Universität) (mit Manfred Gurgsdies), Bremen 1989.

Finanzpolitik für Arbeit und Umwelt – Zur Kritik der Angebotslehre und Globalsteuerung (mit Jan Priewe), Köln 1989.

Zur Deregulierung des Arbeitsmarkts – Pro und Contra (mit Werner Dichmann) (Beiträge zur Gesellschafts- und Bildungspolitik der deutschen Wirtschaft 7/1989), Köln 1989.

Entwurf eines Gesetzes zur Förderung der umwelt- und sozialverträglichen Entwicklung der Wirtschaft (mit Jan Priewe), PIW-Studien Nr. 5, Bremen 1990.

Der maritime Sektor im Umbruch – Wirtschaftsstrukturelle und beschäftigungspolitische Vorschläge für Rostock (mit Heiner Heseler), PIW-Studien Nr. 6, Bremen 1990.

Das Land Bremen in Deutschland und Europa. Argumente und Konzepte für die Zukunft (mit Volker Kröning/Hartmut Müller/Hans-Helmut Euler/Andreas Fuchs), Bremen 1991.

Truppenabzug ohne Arbeitslosigkeit. Risiken und Alternativen des Abbaus ziviler Arbeitskräfte bei den Stationierungsstreitkräften in Bremerhaven (mit Joachim Eisbach/Heiner Heseler/Werner Voss), Bremen 1991.

Der Preis der Einheit. Bilanz und Perspektiven der deutschen Vereinigung (mit Jan Priewe), Frankfurt a.M. 1991.

Wachstum. Abschied von einem Dogma. Kontroverse über eine ökologisch-soziale Wirtschaftspolitik (hrsg. mit Eckhard Startmann-Mertens/Jan Priewe), Frankfurt a.M. 1991.

Das Land Bremen in Deutschland und Europa. Argumente und Konzepte für die Zukunft (mit Volker Kröning/Hartmut Müller/Hans-Helmut Euler/Andreas Fuchs), Bremen 1991.

Truppenabzug ohne Arbeitslosigkeit. Risiken und Alternativen des Abbaus ziviler Arbeitsplätze bei den Stationierungsstreitkräften in Bremerhaven (mit Joachim Eisbach/Heiner Heseler /Werner Voss), ÖTV/Kooperation Universität – Arbeiterkammer Bremen, Bremen 1991.

Regionalökonomische Folgen des Abzugs der US-Army aus Bremerhaven: Wirtschafts- und arbeitsmarktpolitische Aufgaben der Standortkonversion von der militärischen zur zivilen Nutzung, PIW-Studie, Bremen 1992.

Umverteilen. Schritte zur sozialen und wirtschaftlichen Einheit Deutschlands (hrsg. mit Ernst-Ulrich Huster/Heribert Kohl), Köln 1993.

Die Beschäftigungswirkungen eines Ausstiegs aus der Atomenergienutzung in Verbindung mit einer ökologisch orientierten Energiewirtschaft (mit Hans-Peter Speiser), PIW-Studie, Bremen 1994.

Nach dem Fehlstart. Ökonomische Perspektiven der deutschen Einigung (mit Jan Priewe), Frankfurt a.M. 1994.

Was geschieht denn nun wirklich in den fünf neuen Bundesländern, Herr

Späth? (Mengler Kamingespräche 17) (mit Lothar Späth), Darmstadt 1996.
Arbeit und Arbeitslosigkeit – die gesellschaftliche Herausforderung unserer Zeit. Tagungsband zum Kongress vom 30. und 31. März 1995 in Bremen (Kooperation Universität – Arbeiterkammer Bremen) (hrsg. mit Hermann Holzhüter/Thomas Kieselbach), Bremen 1997.

Tarifliche Lohnpolitik unter Nutzung der Härtefallregelung: Ergebnisse einer Untersuchung zur Praxis der ostdeutschen Metall- und Elektroindustrie (mit Wilfried Kurtzke), Schriftenreihe der Otto-Brenner-Stiftung 67, Köln 1997.

Sozialstaat und neoliberale Hegemonie – Standortnationalismus als Gefahr für die Demokratie (hrsg. mit Christoph Butterwegge/Ralf Ptak), Berlin 1998.

Bremens Selbständigkeit: Bedrohung – Herausforderung – Chance (hrsg. mit Heiner Heseler/Rolf Prigge), Bremen (1998).

Standort-Wahn und Euro-Angst. Die sieben Irrtümer der deutschen Wirtschaftspolitik, Reinbek bei Hamburg 1998.

Politik des Kapitals – heute. Festschrift zum 60. Geburtstag von Jörg Huffschmid (hrsg. mit Klaus-Peter Kisker/Harald Mattfeld/Axel Troost), Hamburg 2000.

Brauchen wir eine andere Wirtschaft? (hrsg. mit Frank Strickstrock), Reinbek bei Hamburg 2001.

Die Risikospirale. Was bleibt von der New Economy, Frankfurt a.M. 2001.

2. Aufsätze in Sammelbänden und Zeitschriften

Leseanleitung zu den Marxschen Reproduktionsschemata, in: Marx, Karl: Das Kapital. Kritik der politischen Ökonomie. Band II: Der Zirkulationsprozeß des Kapitals. Herausgegeben von Friedrich Engels, Frankfurt a.M./Berlin/Wien 1976, S. 490-511.

Zur Interpretation der Marxschen Reproduktionsschemata, in: Mehrwert, Nr. 2 (1973), Berlin 1973, S. 33-109.

Orientierung ohne Perspektive. Anmerkungen zum zweiten Orientierungsrahmen der SPD (mit Günter Schmieg), in: Leviathan, 3. Jg., Nr. 2 (1975), S. 170-206.

Kapitalfraktionen. Thesen zur Analyse der herrschenden Klasse, in: Kursbuch, Nr. 42 (1975), S. 141-152.

Krise des Mittelstands – Mittelstandspolitik in der Krise, in: Blätter für deutsche und internationale Politik, 21. Jg., Nr. 10 (1976), S. 1163-1181.

Stichworte zu: Praxisrelevanz der aktuellen ökonomischen Theoriebildung – eine Kritik ökonomischer Denkformen, in: Herzbruch, Barbara/Hikkel, Rudolf (Hrsg.), Voraussetzungen und Inhalt projektorientierter Ökonomieausbildung in Bremen. Eine Materialsammlung, Bremen 1976, S. 122-126.

Stichworte zu: Das wirtschaftswissenschaftliche Studium in der BRD zwischen Restauration und Reform, in: Herzbruch, Barbara/Hickel, Rudolf (Hrsg.), Voraussetzungen und Inhalt projektorientierter Ökonomieausbildung in Bremen. Eine Materialsammlung, Bremen 1976, S. 241-244.

Einleitung: Krisenprobleme des »verschuldeten Steuerstaats«, in: Goldscheid, Rudolf/Schumpeter, Joseph, Die Finanzkrise des Steuerstaats. Beiträge zur politischen Ökonomie der Staatsfinanzen, hrsg. von Rudolf Hickel, Frankfurt a.M. 1976, S. 7-39.

Die Sünden der Weisen, in: Der Volks- und Betriebswirt, Nr. 1 (1978), S. 16f.

Krise des Steuerstaats? – Widersprüche, Ausweichstrategien, Perspektiven staatlicher Politik, in: Grauhan, Rolf Richard/Hickel, Rudolf (Hrsg.), Krise des Steuerstaates? Widersprüche, Perspektiven, Ausweichstrategien, Leviathan Sonderheft 1/78, Opladen 1978, S. 7-33.

Ökonomische Stabilisierungspolitik in der Krise. Ursachen und Ausweichparadoxien, in: Grauhan, Rolf Richard/Hickel, Rudolf (Hrsg.), Krise des Steuerstaates? Widersprüche, Perspektiven, Ausweichstrategien, Leviathan Sonderheft 1/78, Opladen 1978, S. 92-130.

Die theoretischen Grundlagen des Memorandums. Eine Auseinandersetzung mit der Kritik Hajo Rieses, in: Alternative Wirtschaftspolitik. Methodische Grundlagen – Analysen und Diskussion (Argument-Sonderband 35), Berlin 1979, S. 47-69.

Der gespaltene Konjunkturaufschwung – und was danach?, in: Die Neue Gesellschaft, (1979), S. 540-543.

Die Demokratisierung des Unternehmens – Die neomarxistische Konzeption, in: Internationale Stiftung Humanum (Hrsg.), Neomarxismus und Pluralistische Wirtschaftsordnung, Bonn 1979, S. 150-179.

Die Lehre vom Geld – neu betrachtet, in: Diehl, Karl/Mombert, Paul (Hrsg.), Vom Gelde. Ausgewählte Lesestücke zum Studium der Politischen Ökonomie, Frankfurt a.M./Berlin/Wien 1979, S. VII-LX.

Kapital und Kapitalismus – neu betrachtet, in: Diehl, Karl/Mombert, Paul (Hrsg.), Kapital und Kapitalismus. Ausgewählte Lesestücke zum Studium der Politischen Ökonomie, Frankfurt a.M. 1979, S. V-XL.

Konjunktur und Krise – neu betrachtet, in: Diehl, Karl/Mombert, Paul (Hrsg.), Wirtschaftskrisen. Ausgewählte Lesestücke zum Studium der politischen Ökonomie, Frankfurt a.M. 1979, S. V-CXLV.

Valuta und Währung – neu betrachtet, in: Diehl, Karl/Mombert, Paul (Hrsg.), Valuta und Währung. Ausgewählte Lesestücke zum Studium der Politischen Ökonomie, Frankfurt a.M. 1979, S. V-LXVII.

Notwendigkeit und Möglichkeiten »Alternativer Wirtschaftspolitik«. Zur Begründung der »Memoranden«, in: Gewerkschaftliche Monatshefte, 31. Jg., Nr. 2 (1980), S. 116-130.

Alternativen zur Wirtschaftspolitik in der BRD, in: Wirtschaft und Gesellschaft, Nr. 3 (1980), S. 305-319.

Keynes(ian)sche Makroökonomik in der innerwissenschaftlichen Kontroverse – Forschungsstrategische Folgerungen, in: WSI Mitteilungen, 33. Jg., Nr. 10 (1980), S. 604-613.

Notwendigkeiten und Grenzen der Staatsverschuldung – Eine Neubetrachtung, in: Diehl, Karl/Mombert, Paul (Hrsg.), Ausgewählte Lesestücke zum Studium der politischen Ökonomie. Das Staatsschuldenproblem, Frankfurt a.m./Berlin 1980, S. V-CLVIII.

»Gegengutachten« – Anstoß und konzeptionelle Entwicklung einer wirtschaftspolitischen Alternative, in: Simmert, Diethard B. (Hrsg.), Wirtschaftspolitik – kontrovers, Köln 1980, S. 129-157.

Staatsverschuldung aus der Perspektive der wissenschaftlichen Theoriebildung und Politikberatung, in: Staatsverschuldung: Vom Reizwort zur Sache, Loccumer Protokolle, Nr. 9 (1981), S. 85-112.

Anmerkungen »Zur Diskussion um die Staatsverschuldung« im WSI-Konjunkturbericht 1980, in: WSI Mitteilungen, 34. Jg., Nr. 1 (1981), S. 57ff.

Reagans »amerikanischer Traum« – ein Alptraum für Europa, in: Blätter für deutsche und internationale Politik, 26. Jg., Nr. 3 (1981), S. 286-300.

»Haushaltsoperation '82«. Politisch-ökonomische Hintergründe, in: Blätter für deutsche und internationale Politik, 26. Jg., Nr. 9 (1981), S. 1062-1078.

Zum Ideologiegehalt der Staatsverschuldungsdebatte – Ein theoriegeschichtlicher Abriß, in: Simmel, Diethard B. (Hrsg.), Staatsverschuldung kontrovers, Köln 1981, S. 137-171.

Vorrang für Vollbeschäftigung. Vorschläge zur Finanzierung eines Beschäftigungsprogramms (mit Michael Deitmer), in: Gewerkschaftliche Monatshefte, 33. Jg., Nr. 1 (1982), S. 50-64.

Strategieprobleme alternativer Wirtschaftspolitik (mit Michael Ernst-Pörksen), in: Prokla, 12. Jg., Nr. 2 (1982), S. 145-156.

Warum Reagans Wirtschaftskurs scheitern muß. Darstellung und Kritik der »Angebotsstrategie«, in: Blätter für deutsche und internationale Politik, 27. Jg., Nr. 7 (1982), S. 829-840.

Plädoyer für eine alternative Wirtschaftsordnung – Ausgangspunkt, Grundlagen, Perspektiven, in: Rauscher, Anton (Hrsg.), Alternative Ökonomie?, Köln 1982, S. 60-122.

Grundsätze der Besteuerung – Eine politisch-ökonomische Neubetrachtung, in: Diehl, Karl/Mombert, Paul (Hrsg.), Grundsätze der Besteuerung. Ausgewählte Lesestücke zum Studium der politischen Ökonomie, Frankfurt a.M. 1982, S. IX-LXXXI.

Finanzpolitik in der Krise –Anforderungen an die Haushaltspolitik im Lande Bremen, in: Berichte aus dem Projekt »Arbeitsmarkt Bremen« (Mitteilungsblatt der zentralen wissenschaftlichen Einrichtung ›Arbeit und Betrieb‹ Nr. 5), Bremen 1982, S. 44-63.

Interview mit John Maynard Keynes. Über das Verhältnis von Theorie und Praxis in der zeitgenössischen Politischen Ökonomie, in: Leviathan, 11. Jg., Nr. 3 (1983), S. 413-421 (erneut abgedruckt in: von Greiff, Bodo/Koch, Claus/König, Helmut (Hrsg.), Der Leviathan in unserer Zeit, Opladen/Wiesbaden 1997, S. 129-137).

Es gibt eine Alternative. Plädoyer für eine andere Wirtschaftspolitik, in:

Blätter für deutsche und internationale Politik, 28. Jg., Nr. 4 (1983), S. 527-542.

Kreislaufökonomik in der Krise – Eine Replik zur Kritik von H.-Peter Spahn an den theoretischen Grundlagen der »Memoranden« (mit Herbert Schui), in: WSI Mitteilungen, 36. Jg., Nr. 5 (1983), S. 291-301.

Der Höhenflug des Dollars und die Hintergründe. Zinssatz und Dollarkurs als Mittel zur Finanzierung von Aufrüstung und Haushaltsdefizit, in: Blätter für deutsche und internationale Politik, 28. Jg., Nr. 9 (1983), S. 1256-1265.

35 Stunden sind genug, in: Sozialismus, Nr. 10 (1983), S. 52-59.

Review of R.A. Musgrave's Paper. The Rationale for Transfer Systems: Alternative Paradigms, in: Public transfers and some private alternatives during the recession. Papers presented at an International Scientific Conference of the DFG 1980 in Augsburg, Bd. 2, Berlin 1983, S. 76-98.

Die »Fünf Weisen« in der Krise – 20 Jahre Rat der Ratlosen? (mit Harald Mattfeldt), in: Gewerkschaftliche Monatshefte, 34. Jg., Nr. 11 (1983), S. 699-713.

Zu drei Zusammenhängen, die für die Diskussion einer Politik der Arbeitszeitverkürzung relevant sind, in: Memo-Forum, Nr. 1 (1983), S. 4-15.

Arbeitszeitverkürzung, voller Lohnausgleich und Lohnquote, in: Memo-Forum, Nr. 2 (1983), S. 32ff.

20 Jahre Sachverständigenrat – der teure Rat der Ratlosen? (mit Harald Mattfeldt), in: Hickel, Rudolf/Mattfeld, Harald (Hrsg.), Millionen Arbeitslose! Streitschrift gegen den Rat der Fünf Weisen. Eine Bilanz nach zwanzig Jahren, Reinbek bei Hamburg 1983, S. 18-34.

Argumente für eine Politik der Arbeitszeitverkürzung mit produktivitatsorientiertem Lohnausgleich, in: Wege aus der Wirtschaftskrise. Kurzfassung der Referate von Prof. Hickel, Dr. Kühlewind, Dr. Seidler, Prof. Walter (Tutzinger Materialien Nr. 01/1983), Tutzing 1983.

Vorwort, in: Ernst-Pörksen, Michael: Staatsschuldtheorien. Vom Merkantilismus bis zur gegenwärtigen Kontroverse um Funktion und Wirkungsweise der Staatsverschuldung, Berlin 1983, S. VIIff.

Wer soll das bezahlen?, in: Bolle, Michael/Grottian, Peter (Hrsg.), Arbeit schaffen – jetzt!, Reinbek bei Hamburg 1983, S. 49-69.

Ökonomische Ursachen- und Politikprobleme der Massenarbeitslosigkeit, in: Hoffmann, Jürgen (Hrsg.), Überproduktion, Unterkonsumption, Depression. Analysen und Kontroversen zur Krisentheorie, Hamburg 1983, S. 55-88.

Zur ökonomischen Erklärung der Arbeitslosigkeit – Der Ansatz der »Memorandumgruppe«, in: Sozialwissenschaftliche Informationen für Unterricht und Studium (SOWI), 13. Jg., Nr. 1 (1984), S. 23-32.

Lassen sich Verursachung und Überwindung der Massenarbeitslosigkeit innerhalb der Neoklassik mit Vogt-Ausstattung erklären?, in: Leviathan, 12. Jg., Nr. 1 (1984), S. 111-136 (erneut abgedruckt in: Hickel, Rudolf (Hrsg.), Radikale Neoklassik. Ein neues Paradigma zur Erklärung der

Massenarbeitslosigkeit? – Die Vogt-Kontroverse, Opladen 1986, S. 43-68).

»Krise des Steuerstaates« – Schumpeters Beitrag zur politischen Ökonomie der Staatsfinanzen – Ein Nachtrag zum hundertsten Geburtstag von J.A. Schumpeter 1983, in: Wirtschaft und Gesellschaft, 10. Jg., Nr. 3 (1984), S. 401-422.

Sozialdemokratische Wirtschaftspolitik in der Krise, in: Frankfurter Hefte, 39. Jg., Nr. 5 (1984), S. 53-64.

Technologische Arbeitslosigkeit. Keine Frage der Technik. Zum Einfluß »neuer Technologien« auf die Beschäftigungs- und Wirtschaftskrise, in: Blätter für deutsche und internationale Politik, 29. Jg., Nr. 10 (1984), S. 1190-1206.

Gewinne in Sachinvestitionen der Unternehmen im Lichte neuerer empirischer Informationen (mit Gerd Brosius), in: Memo-Forum, Nr. 2 (1984), S. 18-31.

Arbeitszeitverkürzung, voller Lohnausgleich und Lohnquote. Ein Nachtrag zum gleichnamigen Beitrag im Memo-Forum 1, in: Memo-Forum, Nr. 2 (1984), S. 32ff.

Ursachen, Prognose und Therapie der Arbeitsplatzvernichtung. Thesen und Materialien zur Gefahr einer »Technologischen Arbeitslosigkeit«, in: Briefs, Ulrich/Fehrmann, Eberhard/Hickel, Rudolf u.a. (Hrsg.), Technologische Arbeitslosigkeit. Ursachen, Folgen, Alternativen, Hamburg 1984, S. 51-94.

Sozialpolitik in Geschichte, Theorie und Praxis, in: Diehl, Karl/Mombert, Paul (Hrsg.), Sozialpolitik. Ausgewählte Lesestücke zum Studium der Politischen Ökonomie, Frankfurt a.M. 1984, S. V-LV.

Das »Steuersenkungsgesetz« der Bundesregierung, in: Blätter für deutsche und internationale Politik, 30. Jg., Nr. 5 (1985), S. 596-613.

Technologische Arbeitslosigkeit – gibt's die? in: Memo-Forum, Nr. 5 (1985), S. 20-34.

Programmvorrat als Voraussetzung nachfrageorientierter Arbeitsmarkt- und Beschäftigungspolitik, in: Buttler, Friedrich/Kühl, Jürgen/Rahmann, Bernd (Hrsg.), Staat und Beschäftigung. Angebots- und Nachfragepolitik in Theorie und Praxis (Beiträge zur Arbeitsmarkt- und Berufsforschung 88), Nürnberg 1985, S. 337-382.

Nur mit Beschäftigungsprogrammen ist der Arbeitslosigkeit beizukommen. Qualitatives Wachstum durch aktive Arbeitsmarktpolitik (mit Jan Priewe), in: Blätter für deutsche und internationale Politik, 31. Jg., Nr. 3 (1986), S. 325-339.

Plädoyer für eine beschäftigungsorientierte Steuerpolitik – Kritik der Pläne weiterer Steuerentlastungen für die Wirtschaft, in: Gewerkschaftliche Monatshefte, 37. Jg., Nr. 8 (1986), S. 449-462.

»Die Wende vollenden.« Zehn Thesen des BDI zur marktradikalen Wirtschaftspolitik, in: Blätter für deutsche und internationale Politik, 31. Jg., Nr. 12 (1986), S. 1412-1416.

Die Finanzpolitik seit 1974 auf dem Prüfstand. Argumente für ein umweltorientiertes Langzeit-Beschäftigungsprogramm (mit Jan Priewe), in: Aus Politik und Zeitgeschichte. Beilage zur Wochenzeitung Das Parlament, B 36 (1986), S. 3-15.

10 Jahre Memorandum – Kernaussagen und Weiterentwicklung der Positionen, in: Memo-Forum. Sonderheft Nr. 2 (1986), S. 12-33.

Alternativen zur kapitalorientierten Wirtschaftspolitik, in: Prokla, SPW, Sozialismus, Memorandum, IMSF, Kontroversen zur Krisentheorie.

Überakkumulation, Verschuldung, Nachfragepolitik und Alternativen, Hamburg 1986, S. 157-167.

Wirtschaftskrise, Wirtschaftsdemokratie und Vergesellschaftung (mit Heiner Heseler), in: Heseler, Heiner/Hickel, Rudolf (Hrsg.), Wirtschaftsdemokratie gegen Wirtschaftskrise. Über die Neuordnung ökonomischer Machtverhältnisse, Hamburg 1986, S. 7-41.

Ökologisch-industrieller Komplex 2000. Alternativen zur neoklassischen Lehre von den Umweltzertifikaten, in: Altvater, Elmar/Hickel, Erika/Hoffmann, Jürgen u.a. (Hrsg.), Markt, Mensch, Natur. Zur Vermarktung von Arbeit und Umwelt, Hamburg 1986, S. 11-29.

Zwischen Wahlkampf und Zukunftsaufgaben – Stellungnahmen zur politischen Agenda der 90er Jahre, in: Blätter für deutsche und internationale Politik, 32. Jg., Nr. 1 (1987), S. 44-50.

Technologische Arbeitslosigkeit oder langfristiger Aufschwung? Arbeitsplatzeffekte der Rationalisierung, in: WSI Mitteilungen, 40. Jg., Nr. 6 (1987), S. 327-337.

»Marktöffnung«: Die Umstrukturierungspläne bei der Bundespost, in: Blätter für deutsche und internationale Politik, 32. Jg., Nr. 7-8 (1987), S. 1172-1183.

Wirtschaften ohne Naturzerstörung: Strategien einer ökologisch-ökonomischen Strukturpolitik, in: Aus Politik und Zeitgeschichte. Beilage zur Wochenzeitung Das Parlament, B 29 (1987), S. 43-54.

Ökologischer Umbau der Wirtschaft – Strategien einer neuen Strukturpolitik, in: Memo-Forum, Nr. 11 (1987), S. 43-77.

Ist die Finanzkrise in Bremen hausgemacht? (mit Bernhard Roth/Axel Troost), in: Kooperation Universität – Arbeiterkammer Bremen (Hrsg.): Stadtstaat im Umbruch. Arbeitsmarkt, Wirtschaft und Finanzen in Bremen, Hamburg 1987, S. 160-187.

Zum Gemeindeanteil an der Einkommensteuer als städtische Einnahmequelle – Erfahrungen und Reformvorschläge, in: Der Städtetag, 41. Jg., Nr. 5 (1988), S. 327-330.

Steuerpolitik 1990. Fortsetzung der Einkommenspolarisierung, in: Gewerkschaftliche Monatshefte, 39. Jg., Nr. 7 (1988), S. 398-409.

Neue Technologien – Job-Killer oder Job-Schaffer, in: Der Gewerkschafter, Nr. 7 (1988), S. 18-19.

»Entfesselung der Marktkräfte«, in: VL-Info, Nr. 47 (1988), S. 8.

In das Jahr 1988 mit unzutreffenden Prognosen: Stärkeres Wirtschaftswachstum bei steigender Arbeitslosigkeit, in: Memo-Forum, Nr. 13 (1988), S. 31-35.

Deregulierung der Arbeitsmärkte: Grundlagen, Wirkungen und Kritik, in: Gewerkschaftliche Monatshefte, 40. Jg., Nr. 2 (1989), S. 85-96.

Arbeitsmarkt ist keine Aktienbörse, in: Der Gewerkschafter, Nr. 6 (1989).

Grauzonen der Besteuerung, Zur Abschaffung der Quellensteuer, in: Blätter für deutsche und internationale Politik, 34. Jg., Nr. 7 (1989), S. 868-874.

Zwischenbilanz zum europäischen Währungssystem (EWS) – Funktionsweise, Wirkungen und Weiterentwicklung aus der Sicht des »Delors-Berichts«, in: WSI Mitteilungen, 42. Jg., Nr. 10 (1989), S. 595-605.

Öko-Steuern: Steuern mit Steuern allein reicht nicht. Thesen zur ökologischen Lenkung mit öffentlichen Abgaben, in: Gewerkschaftliche Monatshefte, 40. Jg., Nr. 11 (1989), S. 664-672.

Stellungnahme zur Abschaffung der »Quellensteuer« im Rahmen einer Anhörung des Finanzausschusses des Deutschen Bundestages am 31. Mai 1989, in: Memo-Forum, Nr. 14 (1989), S. 10-16.

Grundzüge einer ökonomisch und sozial stabilen Arbeitsmarktverfassung und Kritik aktueller Vorschläge zur Deregulierung des Arbeitsmarktes, in: Dichmann, Werner/Hickel, Rudolf, Zur Deregulierung des Arbeitsmarkts – Pro und Contra (Beiträge zur Gesellschafts- und Bildungspolitik der deutschen Wirtschaft 7/1989), Köln 1989, S. 7-28.

Wirtschaften ohne Naturzerstörung – Strategien einer ökologisch-ökonomischen Strukturpolitik, in: Jahrbuch Arbeit und Technik in Nordrhein-Westfalen 1988, Bonn 1989, S. 3-19.

Kritischer Kommentar zu Senghaas, in: Leviathan, 18. Jg., Nr. 2 (1990), S. 205-210.

Die Währungsunion: Sozial-ökonomisch schädlicher Einstieg in die Sanierung der DDR-Wirtschaft, in: Gewerkschaftliche Monatshefte, 41. Jg., Nr. 3 (1990), S. 141-151.

Schwerpunkte und Instrumente eines Sofortprogramms, in: Wirtschaftsdienst, 70. Jg., Nr. 3 (1990), S. 121-125.

»Wirtschaftswunder« durch Ausverkauf oder sozial-ökologische Wirtschaftsdemokratie? Denkanstöße zum DDR-Umbau, in: Blätter für deutsche und internationale Politik, 35. Jg., Nr. 3 (1990), S. 331-341.

Total flexible Arbeitswelt. Deregulierung – das Zukunftsprojekt der Unternehmer, in: Der Gewerkschafter, Nr. 4 (1990), S. 30-32.

Lohnforderungen eingeschränkt. Zur Rolle der deutschen Bundesbank, in: Der Gewerkschafter, Nr. 5 (1990), S. 45-47.

Doppel-Integration. Der DM-Imperialismus zwischen Währungsunion und EG-Binnenmarkt, in: Blätter für deutsche und internationale Politik, 35. Jg., Nr. 7 (1990), S. 794-804.

Viel Marktvertrauen, wenig Politik. Plädoyer für ein mittelfristiges Zukunftsprogramm, in: Blätter für deutsche und internationale Politik, 35. Jg., Nr. 10 (1990), S. 1213-1219.

Instrumente zur Finanzierung eines »Zukunftsprogramms deutsche Integration«. Plädoyer für eine Anleihe mit Zeichnungspflicht, in: Die Neue Gesellschaft/Frankfurter Hefte, 37. Jg., Nr. 11 (1990), S. 994-999.

Das »Stabilitätsgesetz« – Kritik und Alternativen. Plädoyer für ein »Gesetz zur Sicherung einer umwelt- und sozialverträglichen Wirtschafts- und Beschäftigungsentwicklung« (mit Jan Priewe), in: Memo-Forum, Bd. 15 (1990), S. 19-31.

Folgen des D-Mark-Imports in der DDR. Sozial-ökonomische und ökologische Anforderungen an die deutsche Integration, in: Hemmer, Hans O./Stolt, Frank D. (Hrsg.), Gleichheit, Freiheit, Solidarität: Für ein »Zusammenwachsen« in gemeinsamer Verantwortlichkeit, Köln 1990, S. 60-83.

Ökonomische Steuerungsinstrumente zum ökologieorientierten Umbau der Wirtschaft, in: Memo-Forum, Sonderband 1: Steuerungsprobleme der Wirtschaftspolitik, Bremen 1990, S. 299-317.

Anleihe zur Finanzierung der Kosten der ökonomischen Sanierung des Wirtschaftsgebiets der ehemaligen DDR (Dokumentation), in: WSI Mitteilungen, 44. Jg., Nr. 1 (1991), S. 54f.

Die Soziale Marktwirtschaft – ein Mythos, in: Gewerkschaftliche Praxis, Nr. 3 (1991), S. 2-7.

Föderalismus zum Nulltarif? Die öffentliche Armut in den neuen Bundesländern als Entwicklungsbremse, in: Blätter für deutsche und internationale Politik, 36. Jg., Nr. 4 (1991), S. 425-438.

Die West-Wirtschaft strotzt vor Kraft. Eine Zwischenbilanz des Aufbauprogramms für Ostdeutschland, in: Die Quelle, Nr. 5 (1991), S. 28-29.

Befreite Arbeitsmärkte. Zum Endbericht der »Deregulierungskommission«, in: Blätter für deutsche und internationale Politik, 36. Jg., Nr. 6 (1991), S. 708-716.

Ökologisch-soziale Alternativen zum »Stabilitätsgesetz« (mit Jan Priewe), in: WSI Mitteilungen, 44. Jg., Nr. 6 (1991), S. 346-355.

Transformationsstrategie für den sozial-ökonomischen Aufbau Ostdeutschlands, in: Gewerkschaftliche Monatshefte, 42. Jg., Nr. 9 (1991), S. 579-586.

Sowjetunion im Umbau: Grundlinien einer Wirtschafts- und Währungsunion der bisherigen Sowjetrepubliken, in: Memo-Forum, Nr. 18 (1991), S. 83-87.

Deregulierung der Arbeitsmärkte: zurück in den technomodernen Manchester-Kapitalismus?, in: Memo-Forum, Nr. 18 (1991), S. 88-92.

Aufstieg und Fall des »Stabilitätsgesetzes«. Notwendigkeit einer Alternative (mit Jan Priewe), in: Stratmann-Mertens, Eckhard/Hickel, Rudolf/Priewe, Jan (Hrsg.), Wachstum. Abschied von einem Dogma. Kontroverse um eine ökologisch-soziale Wirtschaftspolitik, Frankfurt a.M. 1991, S. 33-62.

Konjunkturpolitik und ökologischer Umbau, in: Stratmann-Mertens, Eckhard/Hickel, Rudolf/Priewe, Jan (Hrsg.), Wachstum. Abschied von einem Dogma. Kontroverse um eine ökologisch-soziale Wirtschaftspolitik, Frankfurt a.M. 1991, S. 201-223.

Städtestaat – Zwei Städte – Länderverbund? Szenarien zur künftigen Entwicklung der Freien Hansestadt Bremen im geeinten Deutschland innerhalb der Europäischen Gemeinschaft, in: Kröning, Volker/Müller, Hartmut/Euler, Hans-Helmut/Hickel, Rudolf/Fuchs, Andreas, Das Land Bremen in Deutschland und Europa. Argumente und Konzepte für die Zukunft, Bremen 1991, S. 44-67.

Der Preis der Einheit. Wirtschafts- und finanzpolitische Alternativen, in: Schulz, Werner/Volmer, Ludger (Hrsg.), Entwickeln statt abwickeln. Wirtschaftspolitische und ökologische Umbau-Konzepte für die fünf neuen Länder, Berlin 1992, S. 201-215.

Ökonomischer Umbau und gesellschaftliche Gestaltung Ostdeutschlands. Bestandsaufnahme, Handlungsbedarf, Perspektiven, in: Blätter für deutsche und internationale Politik, 37. Jg., Nr. 4 (1992), S. 444-452.

Programm zur Finanzierung der deutschen Einheit, in: Wirtschaftsdienst, 72. Jg., Nr. 7 (1992), S. 339-342.

Föderaler Finanzausgleich im vereinten Deutschland nach 1995. Eine Problemskizze, in: WSI Mitteilungen, 45. Jg., Nr. 9 (1992), S. 563-576.

Programm EG '99: Ziele und Stufen zur Europäischen Wirtschafts- und Währungsunion (EWWU). Materialien zur kritischen Bewertung der Maastrichter Beschlüsse, in: Memo-Forum, Nr. 19 (1992), S. 76-106.

Ökonomische und finanzpolitische Strategien zum Um- und Aufbau des sozial-ökologischen Produktionsstandorts Ostdeutschland, in: Schikora, Andreas/Fiedler, Angela/Hein, Eckhard (Hrsg.), Politische Ökonomie im Wandel. Festschrift für Klaus Peter Kisker, Marburg 1992, S. 37-54.

Wirtschaft 1992, in: Kittner, Michael (Hrsg.), Gewerkschaftsjahrbuch 1993. Daten-Fakten-Analysen, Köln 1993, S. 196-260.

Transforming the East German Economy. Economic and Financial Policy under the Régime of German Unification, in: Debatte, Nr. 1 (1993), S. 65-84.

Grundlinien zu einem Gesetz über die Investitionshilfe von der westdeutschen gewerblichen Wirtschaft zur Sanierung der ostdeutschen Wirtschaft, in: WSI Mitteilungen, 46. Jg., Nr. 5 (1993), S. 325-327.

Haushaltskonsolidierung statt Umbaukonzept. Soziale und ökonomische Risiken der Finanzpolitik im Solidarpakt '95, in: Blätter für deutsche und internationale Politik, 38. Jg., Nr. 5 (1993), S. 569-579.

Das Tarifsystem steht zur Disposition (Gespräch mit Rudolf Hickel über die Kündigung des Tarifvertrages für das Metallgewerbe durch die Arbeitgeber und die Möglichkeiten einer gewerkschaftlichen Gegenstrategie), in: Gewerkschaftliche Monatshefte, 44. Jg., Nr. 10 (1993), S. 593-600.

Die arbeitslose Republik. Oder: Mit der Vier-Tage-Woche auf den Weg zum Niedriglohnland? (Streitgespräch mit Meinhard Miegel), in: Blätter für deutsche und internationale Politik, 38. Jg., Nr. 12 (1993), S. 1446-1459.

Joan Robinson – Mit der Kritik der Marktorthodoxie weit über Keynes hinaus, in: Memo-Forum, Nr. 20 (1993), S. 78-88.

Mutiger Beitrag (Kommentar), in: Der Gewerkschafter, Nr. 3 (1994), S. 3.

Jetzt ist die Fiskal- und Geldpolitik gefordert, in: Wirtschaftsdienst, 74. Jg., Nr. 4 (1994), S. 163-167.

Die Sache mit dem Aufschwung. Irrwege und Konsequenzen einer Kontroverse im Wahljahr, in: Blätter für deutsche und Internationale Politik, 39. Jg., Nr. 11 (1994), S. 1303-1313.

Joan Violet Robinson – Genie im Männerzirkus, in: Die Zeit (Hrsg.), Die großen Ökonomen. Leben und Werk der wirtschaftswissenschaftlichen Vordenker, Stuttgart 1994 (2. Aufl. 1996), S. 176-181.

Wider die Gefahren geldpolitischen Machtmißbrauchs: Autonomie und/ oder Demokratisierung der Deutschen Bundesbank?, in: Memo-Forum, Nr. 21 (1994), S. 19-22.

Die finanzpolitischen Orientierungen im Entwurf des SPD-Programms: Zwischen Gestaltungsanspruch und Restriktion, in: Scherer, Klaus-Jürgen/Tiemann, Heinrich (Hrsg.), Wechsel '94. Das Regierungsprogramm der SPD: Stellungnahmen aus der Wissenschaft, Berlin 1994, S. 148-158.

Mutige Tarifpolitik erstreitet Arbeitszeitverkürzung – jetzt muß die Politik ihren Beitrag leisten, in: Peters, J. (Hrsg.), Modellwechsel. Die IG Metall und die Viertagewoche bei VW, Göttingen 1994, S. 99-110.

Thesen zur zyklischen Debatte über die mittelfristigen Entwicklungsprobleme des Wirtschaftsstandorts Deutschland, in: Kantzenbach, Erhard/Mayer, Otto G. (Hrsg.), Deutschland im internationalen Standortwettbewerb, Baden-Baden 1994/95, S. 183-191.

Der »Waigel-Buckel«. Zur Kontroverse über die Erhöhung des steuerfreien Existenzminimums, in: Blätter für deutsche und internationale Politik, 40. Jg., Nr. 3 (1995), S. 369-372.

Perspektiven der Europäischen Währungsunion, in: Blätter für deutsche und internationale Politik, 40. Jg., Nr. 7 (1995), S. 883-886.

Wuchs zusammen, was zusammengehört? Langfristige Transformation jenseits eines sich selbst tragenden Aufschwungs, in: Gewerkschaftliche Monatshefte, 46. Jg., Nr. 9 (1995), S. 521-534.

Ökosteuer – keine Wunderwaffe, in: Umwelt, 25. Jg., Nr. 10 (1995), S. 418-419.

Die Euro-Währung. Notwendigkeit, illusionärer Zeitplan, Umstellungsrisiken, in: Blätter für deutsche und Internationale Politik, 40. Jg., Nr. 12 (1995), S. 1470-1481.

Das Gesetz von 1963 ist antiquiert, in: Schlecht, Otto/van Suntum, Ulrich (Hrsg.): 30 Jahre Sachverständigenrat zur Begutachtung der gesamtwirtschaftlichen Entwicklung, Krefeld 1995, S. 108-113.

Industriepolitische Strategien für den »Standort Deutschland«, in: Neue Industriepolitik im gesellschaftlichen Konsens? (Graue Reihe/Hans-Böckler-Stiftung, Bd. 98), Düsseldorf 1995, S. 24-30.

Arbeit für die Umwelt – Beschäftigungswirkungen des ökologischen Umbaus am Beispiel eines nachhaltigen Energiepfads, in: Gödde, Michael/ Robinet, Karin (Hrsg.), Die Notwendigkeit des Umweltschutzes unter ökonomischen Gesichtspunkten (Schriftenreihe des IÖW; 85/95), Berlin/Bremerhaven 1995, S. 43-54.

Arbeitsloses Wirtschaftswachstum. Ansatzpunkte zum Abbau der Arbeitsplatzlücke, in: Belitz, Wolfgang (Hrsg.), Wege aus der Arbeitslosigkeit, Reinbek b. Hamburg 1995, S. 46-65.

Internationalisierte Produktion und globalisierte Finanzmärkte. Das Kapital kennt keine Grenzen, in: Gewerkschaftliche Praxis, Nr. 1-2 (1996), S. 4-7.

Zum Tode von Gerhard Kade (mit Jörg Huffschmid), in: Blätter für deutsche und internationale Politik, 41. Jg., Nr. 2 (1996), S. 157-159.

Zwischen Marktentfesselung und Beschäftigungspolitik. Bündnis für Arbeit und zur Standortsicherung – Chancen und Probleme, in: Blätter für deutsche und internationale Politik, 41. Jg., Nr. 3 (1996), S. 296-306.

Schnelles Ende der Spitzengespräche. Mangelnde Konsensfähigkeit bei der Bekämpfung von Massenarbeitslosigkeit, in: Gewerkschaftliche Monatshefte, 47. Jg., Nr. 6 (1996), S. 371-383.

Vom falschen Umgang mit Haushaltslöchern, in: Blätter für deutsche und internationale Politik, 41. Jg., Nr. 7 (1996), S. 864f.

Staatliche Reichtumspflege. Der Entwurf zum Jahressteuergesetz '97, in: Blätter für deutsche und internationale Politik, 41. Jg., Nr. 8 (1996), S. 928-936.

Internationalisierung der Produktion und Globalisierung der Finanzmärkte – Folgen für Arbeit und Gewerkschaften, in: Gewerkschaftliche Monatshefte, 47. Jg., Nr. 11-12 (1996), S. 707-714.

Bremer Finanzen. Problem der Sanierungsstrategie, in: Petrowsky, Werner./ Sörgel, Angelina (Hrsg.), Zwischen Suburbanisierung und Massenarbeitslosigkeit: Selbständigkeit Bremens, Bremen 1996, S. 101-109.

Arbeitslosigkeit: Ökonomische und politische Ansätze zum Abbau der Arbeitsplatzlücke, in: Bremer Gesellschaft für Wirtschaftsforschung e.V. (Hrsg.), Massenarbeitslosigkeit durch Politikversagen? Diskussionsbeiträge, Frankfurt a.M. 1996, S. 29-49.

Internationalisierung der Produktion und Globalisierung der Finanzmärkte: Folgen für die Kapitalismusanalyse, in: Binus u.a., Internationalisierung – Finanzkapital – Maastricht II, Frankfurt a.M. 1996, S. 9-19.

Wirtschafts- und finanzpolitische Strategien zur Verbesserung der Beschäftigungslage (mit Ludwig Bußmann/Herbert Ehrenberg/Alois Oberhauser/Dieter Vesper/Klaus Wiesehügel), in: WSI Mitteilungen, 50. Jg., Nr. 1 (1997), S. 65-68.

Tarifliche Lohnpolitik unter Nutzung der Härtefallregelung. Ergebnisse einer Untersuchung zur Praxis in der ostdeutschen Metall- und Elektroindustrie (mit Wilfried Kurtzke), in: WSI Mitteilungen, 50. Jg., Nr. 2 (1997), S. 98-111.

Mehr durch weniger? Be- und Entlastung in Waigels Steuerreformkonzept, in: Blätter für deutsche und internationale Politik, 42. Jg., Nr. 3 (1997), S. 300-312.

»Euro à la Française?« Ein »Blätter«-Streitgespräch zwischen Rudolf Hickel und Norbert Walter, in: Blätter für deutsche und internationale Politik, 42. Jg., Nr. 7 (1997), S. 800-810.

Verräterische Sorgen. Unter welchen Bedingungen die Europäische Währungsunion wirklich gefährdet ist, in: Blätter für deutsche und internationale Politik, 42. Jg., Nr. 11 (1997), S. 1313-1322.

Ökologischer Umbau, Wachstumsschwäche und Verteilungskonflikte, in: Blazejczak, Jürgen, Zukunftsgestaltung ohne Wirtschaftswachstum: Ergebnisse eines Workshops des DIW im Auftrag von Greenpeace Deutschland, Berlin 1998, S. 61-67.

Die Angebotspolitik ist gescheitert: Umverteilung ohne Jobeffekte, in: Bischoff, Joachim/Deppe, Frank/Kisker, Klaus Peter (Hrsg.), Das Ende des Neoliberalismus? Wie die Republik verändert wurde, Hamburg 1998, S. 92-105.

Der Flächentarifvertrag als verteilungs- und beschäftigungspolitisches Instrument (mit Werner Dichmann), in: IW-Gewerkschaftsreport, 32. Jg., Nr. 1 (1998), S. 23-35.

Gespaltene Wirtschaftspolitik. Die Neoliberale Angebotspolitik ist gescheitert, in: Vorgänge, 37. Jg., Nr. 2 (1998), S. 70-79.

Antiliberale Wirtschaft. Der Graben zwischen arm und reich wird immer breiter, in: Evangelische Kommentare, 31. Jg., Nr. 3 (1998), S. 133ff.

Bilanz eines Scheiterns: Angebotspolitik, in: Gewerkschaftliche Monatshefte, 49. Jg., Nr. 3 (1998), S. 180-192.

Ökosteuer – jetzt erst recht, in: Sozialismus, Nr. 7-8 (1998), S. 4-5.

Eröffnungsbilanz nach Kohl, in: Blätter für deutsche und internationale Politik, 43. Jg., Nr. 8 (1998) S. 903-907.

Fiskalpolitik, Staatshaushalt und Strukturreform. Anmerkungen zur chaotischen Debatte über die Zukunft des öffentlichen Sektors, in: Büscher, Martin (Hrsg.), Markt als Schicksal? Zur Kritik und Überwindung neoliberaler Wirtschafts- und Gesellschaftspolitik, Bochum 1998, S. 151-159.

Bundesland Bremen in existenzbedrohender Finanzkrise: Kann der Zweistädtestaat noch gerettet werden?, in: Heseler, Heiner/Hickel, Rudolf/Prigge, Rolf (Hrsg.), Bremens Selbständigkeit: Bedrohung – Herausforderung – Chance, Bremen (1998), S. 24-69.

Neoklassische Deutung der massiven Arbeitslosigkeit: Theoretische Widersprüche und empirische Defizite, in: Utz, Arthur F. (Hrsg.), Die massive Arbeitslosigkeit und die Wirtschaftsordnung (Sozialpolitische Schriften, Heft 74), Berlin 1998, S. 39-54.

Tarifpolitik im Prozess der ökonomischen Transformation. Tarifliche Lohnpolitik unter Nutzung der Härtefallregelung. Ergebnisse einer Untersuchung zur Praxis in der ostdeutschen Metall- und Elektroindustrie, in: König, Otto/Stamm, Sybille/Wendl, Michael (Hrsg.), Erosion oder Erneuerung? Krise und Reform des Flächentarifvertrages, Hamburg 1998, S. 139-154.

Wie gerecht ist das deutsche Steuersystem? Zum voranschreitenden Abbau der Besteuerung nach dem Prinzip der Leistungsfähigkeit, in: Elsner, Wolfram/Engelhardt, Werner Wilhelm/Glastetter, Werner (Hrsg.), Ökonomie in gesellschaftlicher Verantwortung. Festschrift für Siegfried Katterle zum 65. Geburtstag, Berlin 1998, S. 245-268.

Gewinner und Verlierer der neoliberalen Angebotspolitik: Umverteilung für die Profitwirtschaft gelungen – Massenarbeitslosigkeit und sozialer Abstieg programmiert, in: Butterwegge, Christoph/Hickel, Rudolf /Ptak, Ralf (Hrsg.), Sozialstaat und neoliberale Hegemonie. Standortnationalismus als Gefahr für die Demokratie, Berlin 1998, S. 98-120.

Ein »bescheidener Entwurf«? Der rot-grüne Einstieg in eine andere Steuerpolitik, in: Blätter für deutsche und internationale Politik, 44. Jg., Nr. 2 (1999), S. 168-178.

Makroökonomische Sehkraft stärken. Anforderungen an eine keynesianische Wirtschaftspolitik, in: Gewerkschaftliche Monatshefte, 50. Jg., Nr. 2 (1999), S. 83-94.

Rot-grüne Steuerpolitik: Was bisher geschah, in: Blätter für deutsche und internationale Politik, 44. Jg., Nr. 4 (1999), S. 496-500.

Abschied vom Rheinischen Kapitalismus? Zum rot-grünen Kurswechsel in der Wirtschafts- und Finanzpolitik, in: Blätter für deutsche und internationale Politik, 44. Jg., Nr. 8 (1999), S. 947-957.

Zwischenbilanz der sozial-ökonomischen Einigung Deutschlands, in: Gewerkschaftliche Monatshefte, 50. Jg., Nr. 11 (1999), S. 656-666.

Zukunftsgestaltung oder Aderlaß, in: Blätter für deutsche und internationale Politik, 44. Jg., Nr. 12 (1999), S. 1423-1426.

Angebotsdoktrin in der Krise: Gründe für die Revitalisierung der Keynesschen Makroökonomik, in: Helmedag, Fritz/Reuter, Norbert, Der Wohlstand der Personen. Festschrift zum 60. Geburtstag von Karl Georg Zinn, Marburg 1999, S. 329-361 (erneut abgedruckt in: Hampe, Peter/Weber, Jürgen (Hrsg.), 50 Jahre Soziale Marktwirtschaft: Eine Erfolgsstory vor dem Ende?, München 1999, S. 95-128).

Am Tag, als im Osten die D-Mark kam. Zehn Jahre nach der deutschen Vereinigung: Zeit für eine ökonomische Zwischenbilanz, in: Frankfurter Rundschau, Nr. 230. 4.10.1999, S. 12.

Zur Dienstleistungsdynamik der deutschen Wirtschaft: Ausmaß, Ursachen, Strategien der Tertiarisierung, in: Bußmann, Ludwig (Hrsg.), Vollbeschäftigung und Tertiarisierung (Drei-Sektoren-Hypothese), Berlin 1999, S. 155-189.

Wirtschaftswachstum, ökologischer Umbau und Verteilungskonflikte, in: Greenpeace/Deutsches Institut für Wirtschaftsforschung (Hrsg.), Wirtschaft ohne Wachstum? Denkanstöße – Handlungskonzepte – Strategien, Wiesbaden 1999, S. 77-83.

Ökosteuern jetzt erst recht, in: Bremer Umwelt Beratung e.V. (Hrsg.),

Ökologische Steuerreform. Eine Debatte zwischen Politik, Wirtschaft, Wissenschaft, Gewerkschaften und Umweltverbänden, Bremen 1999, S. 22-26.

Die Ökosteuerreform ist leider ein Torso. Interview mit Prof. Dr. Rudolf Hickel, in: Bremer Umwelt Beratung e.V. (Hrsg.), Ökologische Steuerreform. Eine Debatte zwischen Politik, Wirtschaft, Wissenschaft, Gewerkschaften und Umweltverbänden, Bremen 1999, S. 74-80.

Mit Schrumpfpolitik läßt sich nicht wachsen: Eine erste Bilanz rot-grüner Steuerpolitik, in: Schmitthenner, Horst/Urban, Hans-Jürgen (Hrsg.), Sozialstaat als Reformprojekt. Optionen für eine andere Politik, Hamburg 1999 (2. Aufl.: Hamburg 2000), S. 239-259.

Zukunftsfähige Politik für Arbeit und Umwelt – Thesen zur Konzeption und zu den Instrumenten, in: Jahrbuch Arbeit und Technik 1999/2000. Was die Gesellschaft bewegt. Konzepte und Reflexionen zu Gegenwart und Zukunft, hrsg. u. bearb. v. Werner Fricke, Bonn 1999, S. 199-217.

Steuerpolitik für Shareholder, in: Blätter für deutsche und internationale Politik, 45. Jg., Nr. 2 (2000), S. 151-157.

Warum der Euro stärker ist als sein Ruf. Zehn Gründe für eine mittelfristige Aufwertung, in: Blätter für deutsche und internationale Politik, 45. Jg., Nr. 4 (2000), S. 489-493.

Steuerpolitik im Dienste der Neuordnung der Deutschland AG, in: Sozialismus, Nr. 4 (2000), S. 13f.

Halbzeit eines Systemwechsels, in: Blätter für deutsche und internationale Politik, 45. Jg., Nr. 8 (2000), S. 906-909.

Vom kooperativen zum konkurrierenden Föderalismus? Der Länderfinanzausgleich unter Reformdruck, in: Blätter für deutsche und internationale Politik, 45. Jg., Nr. 12 (2000), S. 1483-1493.

Die alte Finanzpolitik im neuen Gewande: Kritik der Verdrängung makroökonomischen Denkens, in: Goldschmidt, Werner/Klein, Dieter/Steinitz, Klaus (Hrsg.), Neoliberalismus – Hegemonie ohne Perspektive. Beiträge zum sechzigsten Geburtstag von Herbert Schui, Heilbronn 2000, S. 9-26.

Die sozial-ökonomische Transformation Ostdeutschlands. Herausforderung auch an die kritische Wirtschaftswissenschaft, in: Hickel, Rudolf/Kisker, Klaus-Peter/Mattfeld, Harald/Troost, Axel (Hrsg.): Politik des Kapitals – heute. Festschrift zum 60. Geburtstag von Jörg Huffschmid, Hamburg 2000, S. 356-377.

Keynesianismus versus Neoklassik: Auf der Suche nach einer zukunftsfähigen Politik für Arbeit und Umwelt, in: Ehrig, Detlev/Himmelreicher, Ralf K./Schäfer, Heinz (Hrsg.): Finanzmarktarchitektur, ökonomische Dynamik und regionale Strukturforschung. Festschrift für Gerhard Leithäuser und Thomas von der Vring, Bremen 2000, S. 195-224.

Weniger ist genug. Zur Beschäftigungspolitik der Bundesregierung, in: Blätter für deutsche und internationale Politik, Nr. 4 (2001), S. 456-463.

Einkommensteuer: Einfach vs. gerecht, in: Blätter für deutsche und internationale Politik, Nr. 7 (2001), S. 793-797.

Die neue Allmacht der Ökonomie. Wir brauchen eine andere Wirtschaft – und eine andere Politik, in: Hickel, Rudolf/Strickstrock, Frank (Hrsg.): Brauchen wir eine andere Wirtschaft?, Reinbek bei Hamburg 2001, S. 9-37.

Der Osten auf der Kippe. Widersprüche der Wirtschaftsentwicklung in den neuen Ländern, in: Blätter für deutsche und internationale Politik, Nr. 10 (2001), S. 1241-1249.

Widersprüchlicher Prozess der ostdeutschen Transformation, in: AG Perspektiven für Ostdeutschland (Hrsg.): Ostdeutschland – eine abgehängte Region? Perspektiven und Alternativen, Dresden 2001, S. 48-79.

Die Autorinnen, Autoren und Herausgeber

Bontrup, Heinz-J., geb. 1953, Dr. rer. pol., ehemaliger Arbeitsdirektor in der Stahlindustrie, Professor an der Fachhochschule Gelsenkirchen, Fachbereich Wirtschaftsrecht, Arbeitsschwerpunkte: Arbeitsökonomik, Mitbestimmung und Entgeltpolitik.

Düvel, Hasso, geb. 1945, seit 1991 Bezirksleiter des IG Metall-Bezirks Sachsen und seit 1995 Bezirksleiter des fusionierten IG Metall-Bezirks Berlin-Brandenburg-Sachsen.

Elsner, Wolfram, geb. 1950, Dr. rer. pol., Professor für Volkswirtschaftslehre, insbes. Strukturforschung an der Universität Bremen, 1989 bis 1995 Leiter der Planungsabteilung beim Bremer Wirtschaftssenator und des Bremer Ausschusses für Wirtschaftsforschung (BAW) sowie Konversionsbeauftragter im Lande Bremen (1992-2000).

Geisler, Günter, Prof. Dr. rer. pol., seit 1979 Vorstandsmitglied der Salzgitter AG für den Bereich Personal und seit 1996 stellvertretender Vorstandsvorsitzender, Lehrbeauftragter an der TU Braunschweig zu Fragen der Unternehmens- und Personalplanung, Personalentwicklung und Qualifikation.

Gerstenberger, Heide, geb. 1940, Dr. rer. pol., Professorin an der Universität Bremen, Arbeitsschwerpunkte: Strukturentwicklung moderner Staaten und Gesellschaften einschließlich ihrer Veränderungen durch Prozesse der Globalisierung, Armut und Armutspolitik, Sozialgeschichte der deutschen Handelsschifffahrt.

Hensche, Detlef, geb. 1938, Dr. jur., ab 1975 Mitglied im Geschäftsführenden Hauptvorstand der IG Druck und Papier, ab 1983 stellvertretender Vorsitzender, von 1992 bis 2001 Vorsitzender der IG Medien.

Heseler, Heiner, geb. 1948, Dr. rer. pol., Leiter der Abteilung Planung und Koordinierung in der Senatskanzlei des Landes Bremen, bis Oktober 2001 an der Universität Bremen Leiter des Kooperationsbereichs Universität Arbeitnehmerkammer.

Huffschmid, Jörg, geb. 1940, Professor für Politische Ökonomie und Wirtschaftspolitik an der Universität Bremen, Arbeitsschwerpunkte: Finanzmärkte, europäische Integration, Wirtschaftspolitik.

Lafontaine, Oskar, geb. 1943, ehem. Ministerpräsident des Saarlandes, ehem. Bundesvorsitzender der SPD, ehem. Bundesminister der Finanzen.

Luft, Christa, geb. 1938, Prof. Dr. habil., 1989/90 Stellvertretende Regierungschefin und Wirtschaftsministerin der DDR-Regierung, seit

1994 MdB, Stellvertretende Vorsitzende und haushaltspolitische Sprecherin der PDS-Fraktion und Mitglied im Haushaltsausschuss im Deutschen Bundestag.

Mattfeldt, Harald, geb. 1943, Dr. rer. pol., Professor für Volkswirtschaftslehre an der Hochschule für Wirtschaft und Politik Hamburg, Arbeitsschwerpunkte: Wirtschafts-, insbesondere Arbeitsmarktpolitik, Verteilung, Keynesianismus.

Mayer, Peter, geb. 1961, Dr. rer. pol., 1993-2001 Repräsentant der Friedrich-Ebert-Stiftung in Ghana und Südkorea, seit 2001 Professor für Volkswirtschaftslehre an der Fachhochschule Osnabrück, Arbeitsschwerpunkte: Wirtschaftliche Entwicklung in Ostasien, Handelspolitik, Entwicklungspolitik.

Müller, Christa, geb. 1956, Diplom-Volkswirtin, Diplom-Kauffrau, Gründerin und Vorsitzende des Vereins (I)NTACT e.V., Internationale Aktion gegen die Beschneidung von Mädchen und Frauen.

Nowotny, Ewald, geb. 1944, Vizepräsident der Europäischen Investitionsbank, Luxemburg; bis 1999 ordentlicher Universitätsprofessor für Volkswirtschaftslehre an der Wirtschaftsuniversität Wien; Vorsitzender des Finanzausschusses des Österreichischen Nationalrates; Publikationen in den Bereichen Finanzwissenschaft und europäische Wirtschaftspolitik.

Pierwoß, Klaus, geb. 1942, Prof. Dr., Dramaturg am Landestheater Tübingen, am Nationaltheater Mannheim und am Maxim Gorki Theater Berlin. Seit 1994 Generalintendant des Bremer Theaters, seit 2000 Professor für Musik- und Kulturmanagement an der Hochschule Bremen.

Priewe, Jan, geb. 1949, Dr. rer. pol., Professor für Volkswirtschaftslehre an der Fachhochschule für Technik und Wirtschaft Berlin, Arbeitsschwerpunkte: Makroökonomik, Arbeitsmarkt und Beschäftigung, Wirtschaftspolitik, Umweltökonomik.

Reuter, Norbert, geb. 1960, Dr. rer. pol., Privatdozent für Volkswirtschaftslehre an der Rheinisch-Westfälischen Technischen Hochschule Aachen, Arbeitsschwerpunkte: Institutionelle Ökonomik, Wachstumstheorie und -politik, Arbeitsmarktpolitik, Finanzwissenschaft.

Richter, Edelbert, geb. 1943 in Chemnitz, Dr. rer. phil. 1963 bis 1968 Theologiestudium in Halle, 1989 Mitbegründer des »Demokratischen Aufbruchs«, 1990 Eintritt in die SPD, Mitglied der Volkskammer vom 18. März bis 2. Oktober 1990, Mitglied des Bundestages vom 3. Oktober bis 20. Dezember 1990 und seit 1994.

Scherf, Henning, geb. 1938, Dr. jur., Bürgermeister, Präsident des Senats der Freien Hansestadt Bremen und zugleich Senator für Justiz und Verfassung; von 1972 bis 1978 Landesvorsitzender der SPD in Bremen; seit 1978 Mitglied des Senats.

Schmitthenner, Horst, geb. 1941, seit 1971 Gewerkschaftssekretär der IG Metall und seit Oktober 1989 geschäftsführendes Vorstandsmitglied der Industriegewerkschaft Metall.

Schui, Herbert, geb. 1940, Dr. rer. pol., Professor für Volkswirtschaftslehre an der Hochschule für Wirtschaft und Politik in Hamburg, Arbeitsschwerpunkte: Makroökonomie, Theoriegeschichte.

Steinitz, Klaus, geb. 1932, Dr. rer. oec. habil., Professor (em.), seit 1991 Sprecher der AG Wirtschaftspolitik der PDS, Arbeitsschwerpunkte: Struktur- und Technologiepolitik, alternative Wirtschaftspolitik, Probleme nachhaltiger Wirtschaftsentwicklung, ökonomische und soziale Entwicklungsprobleme Ostdeutschlands.

Teichmüller, Frank, geb. 1943, nach Abschluss der großen juristischen Staatsprüfung seit 1974 bei der IG Metall beschäftigt, seit 1986 Bezirksleiter des IG Metall Bezirks Küste.

Tofaute, Hartmut, geb. 1943, Dr. rer. pol., seit 1996 Referatsleiter für Steuer- und Finanzpolitik beim DGB-Bundesvorstand.

Troost, Axel, geb. 1954, Dr. rer. pol., Geschäftsführer der Arbeitsgruppe Alternative Wirtschaftspolitik (Memorandumgruppe) und der PIW Progress-Institut für Wirtschaftsforschung GmbH.

Urban, Hans-Jürgen, geb. 1961, Studium der Politikwissenschaft, Wirtschaftswissenschaft und Philosophie in Bonn, Gießen und Marburg, seit 1991 Gewerkschaftssekretär der IG Metall, seit 1998 Leiter der Abteilung Sozialpolitik beim Vorstand der IG Metall.

Vesper, Dieter, geb. 1947, Dr. rer. pol., seit 1973 tätig beim Deutschen Institut für Wirtschaftsforschung (DIW) in der Abteilung »Staat«, Arbeitsschwerpunkte: Haushalts- und Steuerpolitik, vertikaler und horizontaler Finanzausgleich, öffentliche Verwaltung, Regionalpolitik, Stabilisierungspolitik.

Walter, Norbert, geb. 1944, Prof. Dr. rer. pol., Mitarbeiter am Kieler Institut für Weltwirtschaft, seit 1990 Chefvolkswirt der Deutsche Bank Gruppe und Mitglied der Geschäftsleitung Deutsche Bank Research, seit Juli 2000 Mitglied im Gremium der »Sieben Weisen zur Regulierung der europäischen Wertpapiermärkte« bei der EU-Kommission.

Wandel, Eckard, geb. 1942, Dr. rer. pol. habil., Professor für Wirtschaftsgeschichte an der wirtschaftswissenschaftlichen Fakultät der Universität Tübingen (1980 bis 1995), Arbeitsschwerpunkte: Geld- und Bankengeschichte, Wirtschaftsgeschichte der Vereinigten Staaten, Transformation, Restrukturierungen.

Zinn, Karl Georg, geb. 1939, Dr. rer. pol., Professor für Volkswirtschaftslehre an der Rheinisch-Westfälischen Technischen Hochschule Aachen, Arbeitsschwerpunkte: Makroökonomie, Keynesianismus, Geschichte der Politischen Ökonomie, Internationale Wirtschaftsbeziehungen.

VSA: Politische Ökonomie

Jörg Huffschmid

Politische Ökonomie der Finanzmärkte

Michel Aglietta/Joachim Bischoff/
Paul Boccara/Wolfgang F. Haug/
Jörg Huffschmid/Immanuel Wallerstein

Umbau der Märkte

Riccardo Bellofiore
Suzanne de Brunhoff
Gérard Duménil
Richard Detje
Liêm Hoang-Ngoc
Michel Husson
Bob Jessop
Dominique Lévy
Jean Magniadas
Herbert Schui

Akkumulation
Finanzkapital
Soziale Kräfte

Die »Bibel« der Bewegung zur Regulierung der internationalen Finanzmärkte.
248 Seiten; € 15,30
ISBN 3-87975-736-4

Herbert Schui
**Neoliberalismus:
Theorie, Gegner, Praxis**
180 Seiten; € 15,50
ISBN 3-87975-854-9

Zentrale Beiträge einer linken europäischen Verständigung über die Entwicklungstendenzen des Kapitalismus.
284 Seiten; € 20,40
ISBN 3 87975-029-8

Joachim Bischoff
Mythen der New Economy
Zur politischen Ökonomie
der Wissensgesellschaft
172 Seiten; € 12,80
ISBN 3-87975-808-5

Karl Georg Zinn
Zukunftswissen
Die nächsten zehn Jahre im Blick
der Politischen Ökonomie
172 Seiten; € 12,80
ISBN 3-87975-855-7

Prospekte anfordern!

VSA-Verlag
St. Georgs Kirchhof 6
20099 Hamburg
Tel. 040/28 05 05 67
Fax 040/28 05 05 68
mail: info@vsa-verlag.de

http://www.vsa-verlag.de